本书受到"司法部国家法治与法学理论研究项目一般课题（项目编号：09SFB2038）"和"山东省社科规划项目（项目编号：09CFXZ15）"资助

中国土地法体系构建与制度创新研究

The Construction and
Innovation of Chinese Land Law System

吴春岐 著

图书在版编目（CIP）数据

中国土地法体系构建与制度创新研究/吴春岐著．—北京：经济管理出版社，2012.8
ISBN 978-7-5096-2021-2

Ⅰ．①中…　Ⅱ．①吴…　Ⅲ．①土地法—研究—中国　Ⅳ．①D922.304

中国版本图书馆 CIP 数据核字（2012）第 142212 号

组稿编辑：	宋　娜
责任编辑：	张　马
责任印制：	黄　铄
责任校对：	曹　平

出版发行：经济管理出版社
　　　　　（北京市海淀区北蜂窝 8 号中雅大厦 11 层　100038）
网　　址：www.E-mp.com.cn
电　　话：（010）51915602
印　　刷：北京银祥印刷厂
经　　销：新华书店
开　　本：720mm×1000mm/16
印　　张：22.5
字　　数：468 千字
版　　次：2012 年 12 月第 1 版　2012 年 12 月第 1 次印刷
书　　号：ISBN 978-7-5096-2021-2
定　　价：85.00 元

·版权所有　翻印必究·
凡购本社图书，如有印装错误，由本社读者服务部负责调换。
联系地址：北京阜外月坛北小街 2 号
电话：（010）68022974　邮编：100836

编委会及编辑部成员名单

(一) 编委会

主　任：李　扬　　王晓初

副主任：晋保平　张冠梓　孙建立　夏文峰

秘书长：朝　克　吴剑英　邱春雷　胡　滨（执行）

成　员（按姓氏笔画排序）：

卜宪群　王利明　王国刚　王建朗　王　巍　厉　声　刘　伟
朱光磊　朱佳木　吴玉章　吴恩远　吴振武　张世贤　张宇燕
张伯里　张昌东　张顺洪　李　平　李汉林　李向阳　李　周
李　林　李培林　李　薇　杨　光　杨　忠　陆建德　陈众议
陈泽宪　陈春声　卓新平　周五一　周　弘　房　宁　罗卫东
郑秉文　金　碚　赵天晓　赵剑英　高培勇　黄　平　朝戈金
程恩富　谢地坤　谢红星　谢寿光　谢维和　韩　震　蔡文兰
蔡　昉　裴长洪　潘家华

(二) 编辑部

主　任：张国春　刘连军　薛增朝　李晓琳

副主任：宋　娜　卢小生　高传杰

成　员（按姓氏笔画排序）：

刘丹华　孙大伟　金　烨　陈　颖　袁　媛　曹　靖　薛万里

序 一

　　博士后制度是19世纪下半叶首先在若干发达国家逐渐形成的一种培养高级优秀专业人才的制度，至今已有一百多年历史。

　　20世纪80年代初，由著名物理学家李政道先生积极倡导，在邓小平同志大力支持下，中国开始酝酿实施博士后制度。1985年，首批博士后研究人员进站。

　　中国的博士后制度最初仅覆盖了自然科学诸领域。经过若干年实践，为了适应国家加快改革开放和建设社会主义市场经济制度的需要，全国博士后管理委员会决定，将设站领域拓展至社会科学。1992年，首批社会科学博士后人员进站，至今已整整20年。

　　20世纪90年代初期，正是中国经济社会发展和改革开放突飞猛进之时。理论突破和实践跨越的双重需求，使中国的社会科学工作者们获得了前所未有的发展空间。毋庸讳言，与发达国家相比，中国的社会科学在理论体系、研究方法乃至研究手段上均存在较大的差距。正是这种差距，激励中国的社会科学界正视国外，大量引进，兼收并蓄，同时，不忘植根本土，深究国情，开拓创新，从而开创了中国社会科学发展历史上最为繁荣的时期。在短短20余年内，随着学术交流渠道的拓宽、交流方式的创新和交流频率的提高，中国的社会科学不仅基本完成了理论上从传统体制向社会主义市场经济体制的转换，而且在中国丰富实践的基础上展开了自己的伟大创造。中国的社会科学和社会科学工作者们在改革开放和现代化建设事业中发挥了不可替代的重要作用。在这个波澜壮阔的历史进程中，中国社会科学博士后制度功不可没。

值此中国实施社会科学博士后制度创设20周年之际，为了充分展示中国社会科学博士后的研究成果，推动中国社会科学博士后制度进一步发展，全国博士后管理委员会和中国社会科学院经反复磋商，并征求了多家设站单位的意见，决定推出《中国社会科学博士后文库》（以下简称《文库》）。作为一个集中、系统、全面展示社会科学领域博士后优秀成果的学术平台，《文库》将成为展示中国社会科学博士后学术风采、扩大博士后群体的学术影响力和社会影响力的园地，成为调动广大博士后科研人员的积极性和创造力的加速器，成为培养中国社会科学领域各学科领军人才的孵化器。

创新、影响和规范，是《文库》的基本追求。

我们提倡创新，首先就是要求，入选的著作应能提供经过严密论证的新结论，或者提供有助于对所述论题进一步深入研究的新材料、新方法和新思路。与当前社会上一些机构对学术成果的要求不同，我们不提倡在一部著作中提出多少观点，一般地，我们甚至也不追求观点之"新"。我们需要的是有翔实的资料支撑，经过科学论证，而且能够被证实或证伪的论点。对于那些缺少严格的前提设定，没有充分的资料支撑，缺乏合乎逻辑的推理过程，仅仅凭借少数来路模糊的资料和数据，便一下子导出几个很"强"的结论的论著，我们概不收录。因为，在我们看来，提出一种观点和论证一种观点相比较，后者可能更为重要：观点未经论证，至多只是天才的猜测；经过论证的观点，才能成为科学。

我们提倡创新，还表现在研究方法之新上。这里所说的方法，显然不是指那种在时下的课题论证书中常见的老调重弹，诸如"历史与逻辑并重"、"演绎与归纳统一"之类；也不是我们在很多论文中见到的那种敷衍塞责的表述，诸如"理论研究与实证分析的统一"等等。

我们所说的方法，就理论研究而论，指的是在某一研究领域中确定或建立基本事实以及这些事实之间关系的假设、模型、推论及其检验；就应用研究而言，则指的是根据某一理论假设，为了完成一个既定目标，所使用的具体模型、技术、工具或程序。众所周知，在方法上求新如同在理论上创新一样，殊非易事。因此，我们亦不强求提出全新的理论方法，我们的最低要求，是要按照现代社会科学的研究规范来展开研究并构造论著。

我们支持那些有影响力的著述入选。这里说的影响力，既包括学术影响力，也包括社会影响力和国际影响力。就学术影响力而言，入选的成果应达到公认的学科高水平，要在本学科领域得到学术界的普遍认可，还要经得起历史和时间的检验，若干年后仍然能够为学者引用或参考。就社会影响力而言，入选的成果应能向正在进行着的社会经济进程转化。哲学社会科学与自然科学一样，也有一个转化问题。其研究成果要向现实生产力转化，要向现实政策转化，要向和谐社会建设转化，要向文化产业转化，要向人才培养转化。就国际影响力而言，中国哲学社会科学要想发挥巨大影响，就要瞄准国际一流水平，站在学术高峰，为世界文明的发展作出贡献。

我们尊奉严谨治学、实事求是的学风。我们强调恪守学术规范，尊重知识产权，坚决抵制各种学术不端之风，自觉维护哲学社会科学工作者的良好形象。当此学术界世风日下之时，我们希望本《文库》能通过自己良好的学术形象，为整肃不良学风贡献力量。

中国社会科学院副院长

中国社会科学院博士后管理委员会主任

2012 年 9 月

序 二

在21世纪的全球化时代，人才已成为国家的核心竞争力之一。从人才培养和学科发展的历史来看，哲学社会科学的发展水平体现着一个国家或民族的思维能力、精神状况和文明素质。

培养优秀的哲学社会科学人才，是我国可持续发展战略的重要内容之一。哲学社会科学的人才队伍、科研能力和研究成果作为国家的"软实力"，在综合国力体系中占据越来越重要的地位。在全面建设小康社会、加快推进社会主义现代化、实现中华民族伟大复兴的历史进程中，哲学社会科学具有不可替代的重大作用。胡锦涛同志强调，一定要从党和国家事业发展全局的战略高度，把繁荣发展哲学社会科学作为一项重大而紧迫的战略任务切实抓紧抓好，推动我国哲学社会科学新的更大的发展，为中国特色社会主义事业提供强有力的思想保证、精神动力和智力支持。因此，国家与社会要实现可持续健康发展，必须切实重视哲学社会科学，"努力建设具有中国特色、中国风格、中国气派的哲学社会科学"，充分展示当代中国哲学社会科学的本土情怀与世界眼光，力争在当代世界思想与学术的舞台上赢得应有的尊严与地位。

在培养和造就哲学社会科学人才的战略与实践上，博士后制度发挥了重要作用。我国的博士后制度是在世界著名物理学家、诺贝尔奖获得者李政道先生的建议下，由邓小平同志亲自决策，经国务院批准

中国土地法体系构建与制度创新研究

于1985年开始实施的。这也是我国有计划、有目的地培养高层次青年人才的一项重要制度。二十多年来,在党中央、国务院的领导下,经过各方共同努力,我国已建立了科学、完备的博士后制度体系,同时,形成了培养和使用相结合,产学研相结合,政府调控和社会参与相结合,服务物质文明与精神文明建设的鲜明特色。通过实施博士后制度,我国培养了一支优秀的高素质哲学社会科学人才队伍。他们在科研机构或高等院校依托自身优势和兴趣,自主从事开拓性、创新性研究工作,从而具有宽广的学术视野、突出的研究能力和强烈的探索精神。其中,一些出站博士后已成为哲学社会科学领域的科研骨干和学术带头人,在"长江学者"、"新世纪百千万人才工程"等国家重大科研人才梯队中占据越来越大的比重。可以说,博士后制度已成为国家培养哲学社会科学拔尖人才的重要途径,而且为哲学社会科学的发展造就了一支新的生力军。

哲学社会科学领域部分博士后的优秀研究成果不仅具有重要的学术价值,而且具有解决当前社会问题的现实意义,但往往因为一些客观因素,这些成果不能尽快问世,不能发挥其应有的现实作用,着实令人痛惜。

可喜的是,今天我们在支持哲学社会科学领域博士后研究成果出版方面迈出了坚实的一步。全国博士后管理委员会与中国社会科学院共同设立了《中国社会科学博士后文库》,每年在全国范围内择优出版哲学社会科学博士后的科研成果,并为其提供出版资助。这一举措不仅在建立以质量为导向的人才培养机制上具有积极的示范作用,而且有益于提升博士后青年科研人才的学术地位,扩大其学术影响力和社会影响力,更有益于人才强国战略的实施。

今天,借《中国社会科学博士后文库》出版之际,我衷心地希望更多的人、更多的部门与机构能够了解和关心哲学社会科学领域博士后及其研究成果,积极支持博士后工作。可以预见,我国的博士后事业也将取得新的更大的发展。让我们携起手来,共同努力,推动实现社会主义现代化事业的可持续发展与中华民族的伟大复兴。

人力资源和社会保障部副部长

全国博士后管理委员会主任

2012年9月

摘　要

当下中国，土地问题不但是关系国计民生的问题之一，而且随着土地征收征用过程中频频出现和升级的冲突，以及土地财政和高房价等围绕土地的诸多社会问题的日益突出和尖锐，土地问题已经成为关系社会稳定甚至国之命脉的大问题。为了破解上述社会矛盾，我国《土地管理法》的修订已经紧锣密鼓地提上议程，但面对土地财政积重难返、土地权利人权利意识不断觉醒等诸多尖锐矛盾，相关诸多土地制度的修订和设计不免陷入顾此失彼、左右为难的处境，其修订的进程举步维艰。《中国土地法体系构建与制度创新研究》一书即是在此背景下，基于土地管理学的研究成果，从法学的研究视角，立足于我国土地法律制度的历史与现实，综合运用历史分析、实证分析等方法，着眼于构建我国科学有效的土地法律体系和制度创新进行研究的成果。

本书首先从体系化的视角分析和研究了我国新时期土地法的体系构建问题，创新性地提出土地法应该着力构建土地权利法和土地管理法两大支柱，系统提出了土地保护和土地利用并重的思想，摒弃了目前盛行的重土地管理、轻土地权利的倾向，并针对土地征收征用中漠视土地权利人权利之时弊，提出应将土地权利法作为当下中国土地法体系之基石的创新性思想。本书在研究、分析我国土地所有与使用制度历史发展与启示的基础上，就目前我国土地法理论和实践中存在诸多分歧并迫切需要厘清的土地承包经营权法律制度、建设用地使用权法律制度、农村宅基地使用权法律制度、集体建设用地法律制度、土地登记法律制度、国有土地上房屋征收法律制度、我国集体土地征收补偿及其争议解决机制问题、我国土地管理中的监督检查及归责八个核心问题进行了研究分析，针对相关理论困境和实践难题尝试性地提出了一些创新性意见和方案，以期抛砖引玉，为中国土地问题之有效解决尽绵薄之力。

本书的学术价值在于：一方面，就我国土地法理论和实践中存在根本分歧并迫切需要厘清的土地法体系等基础性问题和土地征收补偿等现实性问题提出了一些具有一定创新性的观点和思想，相信其对于我国土地法基础理论的进一步深入研究和目前围绕土地问题的尖锐矛盾的缓解和解决具有一定的理论意义和实践价值。另一方面，针对正在紧锣密鼓提上议程的我国《土地管理法》修订工作，本书诸多具有创新性的思想和观点，对于利用法律修订的良机来破解目前盛行的重土地管理、轻土地权利的倾向，以及在土地征收征用中漠视土地权利人基本权利之时弊等诸多理论和实践难题具有一定的借鉴意义和参考价值。

关键词：土地　土地法　体系　制度　创新

Abstract

Nowadays in China, the conflicts and violence during the land expropriation process appear frequently and are becoming more and more severe. At the same time, other social problems related to land are growing prominent and more incisive, such as the land finance and the extraordinary high house prices constantly complained about by the public. So the land issues in China now are not only closely related to national economy and people's livelihood, but also have significant effect on social stability and even the future prosperity of the whole nation. In order to solve those social problems, the revision of The Law of Land Administration of the People's Republic of China (The Law of Land Administration) has been put on the agenda. However, the land finance model is endorsed by the local government too much to be changed over ashort time, and the land rights holders are getting aware of the importance of their property rights and the way to use them to protect their own interests. Such situations and many other sharp contradictions make it a great challenge to revise the land law system, because the design and revision of the current land system will unavoidably fall into embarrassing dilemmas and it's impossible to attend all problems simultaneously. Under this background, "The Construction and Innovation of Chinese Land Law System" refers to the existing research achievements of Land Administration, based on the history and reality of Chinese land law system, employs the research methods of historical analysis and empirical analysis, constructs a scientific and effective land legal system of China and proposes several institutional innovations from the angle of jurisprudence.

In this book, I firstly researched and analyzed Chinese land law system construction problems in the new era from the perspective of systematization. I innovatively put forward that the land law should focus on the construction of two pillars: the Land Rights Law and the Land Administration Law. We should pay equal attention to land conservation and land use, and abandon the current trend of preferring land administration to land right. In order to redress the malpractices and the ignorance of land rights holders' rights during the land expropriation process, we should treat the Land Rights Law as the cornerstone of contemporary Chinese land law system. Next, based on the research and analysis of the historical development of the land tenure and use institution in China, I discussed the present divergence among China's land law theories and practices and eight core issues that need to be clarified urgently: the contracted management of rural land legal system; the right to use construction land legal system; the rural homestead -land -use -right legal system; the collective construction land legal system; the land registration legal system, the condemnation of houses on state-owned land legal system; the resolution mechanism for collective land expropriation compensation and disputes; and the supervision, inspection and accountability for land administration. At last, I proposed some tentative and implementation ideas and plans to deal with corresponding theoretic dilemmas and implementation problems. I hope my effort and proposal can contribute to the resolution of China's land problems and attract many more scholars and elite to this issue.

The academic value of this book lies in the following two aspects. On one hand it generates some innovative ideas about basic issues, such as the land law system, in China's land law theories and implementation-where fundamental opinion divergence exists and need to be clarified urgently-and about the practical problems such as the land expropriation compensation. I believe that those ideas have certain theoretical and practical value in facilitating further research on the Chinese land law fundamental theory and in alleviating and resolving the current sharp conflicts related to land issues. On the other hand, the book proposes many innovative thoughts and opinions that are instrumental for the revision of The Law of Land Administration that has been on the agenda. At present with the legal revision, those thoughts and opinions can be valuable and helpful in redressing the present imbalance that the land administration is more attended to than land rights, as well as the malpractices and ignorance of the land rights holders' basic rights during land expropriation.

Key Words: The Land; The Law of Land; System; Institution; Innovation

目 录

第一章 新时期我国土地法体系的构建 ·················· 1
  第一节 问题的提出 ································· 1
  第二节 我国土地法体系的反思与重构：坚守与突破 ········ 3
    一、关于我国土地法体系构建的观点与分析 ············· 3
    二、我国未来土地法体系的构建 ······················ 4
  第三节 我国土地制度存在的问题分析及创新趋向：保护与利用 ·· 14
    一、我国土地权利制度的问题分析及其未来发展趋势 ····· 14
    二、我国土地管理制度的问题分析及其未来发展趋势 ····· 15
  第四节 结语 ······································· 19

第二章 我国土地所有与使用制度的历史考察与启示 ······· 21
  第一节 我国土地所有与使用制度的历史概观 ············ 21
    一、我国土地所有制度的历史概观 ···················· 21
    二、我国土地使用制度的历史概观 ···················· 23
  第二节 我国土地所有与使用制度演进的法律分析和启示 ··· 25
    一、土地所有与使用制度发展的决定因素 ·············· 25
    二、土地所有与使用制度的法律保障 ·················· 26
    三、对我国新时期土地所有与使用制度构建的启示 ······ 28
  第三节 结语 ······································· 29

第三章 我国土地承包经营权法律制度创新研究 ·········· 31
  第一节 我国农地使用制度的历史发展 ·················· 32
    一、我国古代及近代农地使用制度——永佃制与永佃权 ··· 32
    二、我国现代农地使用制度——家庭联产承包责任制与
       土地承包经营权 ································ 33
  第二节 土地承包经营权的基本理论 ···················· 35
    一、土地承包经营权的概念理解 ······················ 35

  二、土地承包经营权的属性之辨 ……………………………… 39
  三、土地承包经营权的分类 …………………………………… 41
 第三节 土地承包经营权的设立 ………………………………… 42
  一、土地承包经营权的设立方式 ……………………………… 43
  二、土地承包经营权的设立登记 ……………………………… 47
 第四节 土地承包经营权的流转 ………………………………… 48
  一、通过家庭承包取得的土地承包经营权的流转 …………… 49
  二、通过其他方式取得的土地承包经营权的流转 …………… 60
 第五节 承包地的调整、收回与征收 …………………………… 62
  一、承包地的调整 ……………………………………………… 62
  二、承包地的收回 ……………………………………………… 65
  三、承包地的征收 ……………………………………………… 66
 第六节 农村土地承包经营纠纷的范围及解决机制 …………… 68
  一、农村土地承包经营纠纷的范围 …………………………… 69
  二、农村土地承包经营纠纷解决机制 ………………………… 70

第四章 我国建设用地使用权法律制度创新研究 ………… 75
 第一节 建设用地使用权的一般理论 …………………………… 75
  一、建设用地使用权的概念 …………………………………… 75
  二、建设用地使用权与相关概念的比较与反思 ……………… 80
 第二节 建设用地使用权的设立 ………………………………… 85
  一、建设用地使用权设立的概述 ……………………………… 85
  二、建设用地使用权的设立范围 ……………………………… 87
  三、建设用地使用权的设立方式 ……………………………… 92
  四、建设用地使用权的设立登记 ……………………………… 105
 第三节 建设用地的利用与管理 ………………………………… 106
  一、建设用地的利用 …………………………………………… 106
  二、对建设用地利用的管理 …………………………………… 108
 第四节 建设用地使用权的消灭 ………………………………… 116
  一、建设用地使用权消灭的原因 ……………………………… 116
  二、建设用地使用权消灭的法律效果 ………………………… 121

第五章 我国农村宅基地使用权法律制度创新研究 ……… 125
 第一节 我国宅基地使用权的历史发展与现行法概观 ………… 125
  一、我国宅基地使用权制度的历史发展 ……………………… 125

二、对我国宅基地使用权制度历史发展的思考 …………………… 128
　第二节　宅基地使用权——特殊的土地用益物权 ……………………… 129
　　一、宅基地使用权的用益物权属性的确定 …………………………… 130
　　二、宅基地使用权的特殊性 …………………………………………… 131
　第三节　宅基地使用权的取得及登记 …………………………………… 134
　　一、宅基地使用权的取得 ……………………………………………… 134
　　二、宅基地使用权的登记 ……………………………………………… 137
　第四节　宅基地使用权的流转 …………………………………………… 138
　　一、现行法下宅基地使用权的流转 …………………………………… 138
　　二、我国农村宅基地使用权流转中存在的法律问题 ………………… 139
　　三、宅基地使用权流转应当允许进行流转 …………………………… 141
　第五节　农村宅基地闲置问题 …………………………………………… 142
　　一、农村中存在大量闲置宅基地的情况 ……………………………… 142
　　二、宅基地闲置问题的解决 …………………………………………… 143

第六章　我国集体建设用地法律制度创新研究 ………………………… 145
　第一节　现行集体建设用地的法律规定与制度 ………………………… 145
　　一、集体建设用地制度的历史发展及其现行法规定 ………………… 145
　　二、集体建设用地法律制度 …………………………………………… 147
　第二节　当前集体建设用地制度的现实问题与困局 …………………… 151
　　一、政府垄断土地一级市场，限制集体建设用地流转 ……………… 152
　　二、立法保护不足，农民土地权利缺失，利益受损 ………………… 152
　　三、管理缺位，造成违法用地严重，土地利用低效 ………………… 154
　第三节　"三位一体"模式下的集体建设用地使用权的流转之变 …… 154
　　一、集体建设用地使用权应当实现流转 ……………………………… 154
　　二、"三位一体"集体建设用地使用权的流转模式 ………………… 157

第七章　我国土地登记法律制度创新研究 ……………………………… 165
　第一节　我国土地登记制度的概观 ……………………………………… 165
　　一、土地登记的概念 …………………………………………………… 165
　　二、土地登记的一般规定 ……………………………………………… 167
　　三、土地登记的类型 …………………………………………………… 168
　第二节　土地登记机构的审查形式 ……………………………………… 174
　　一、理论界的争议及现行规定存在的问题 …………………………… 175
　　二、国外关于不动产登记机构审查责任规定及其借鉴意义 ………… 176

        三、土地登记应突破传统意义上的实质审查和形式审查 ……… 177
        四、以准确登记为目的，明确规定登记机构的审慎审查义务 …… 178
    第三节　土地登记的几个实务问题 ……………………………………… 179
        一、集体土地所有权登记问题 ……………………………………… 180
        二、新农村建设涉及的土地登记发证问题 ………………………… 182
        三、空间建设用地使用权登记问题 ………………………………… 183
        四、土地使用权抵押登记问题 ……………………………………… 185
        五、商品房土地使用权分割登记的问题 …………………………… 191
        六、预告登记的相关问题 …………………………………………… 192
        七、查封登记的相关问题 …………………………………………… 194
        八、土地登记资料查询的相关问题 ………………………………… 195
    第四节　房地产登记机构的统一 ………………………………………… 197
        一、我国房地产登记现状 …………………………………………… 197
        二、我国应加快推进房地产统一登记 ……………………………… 200
        三、我国已经基本具备房地产统一登记的条件 …………………… 201
        四、构建我国房地产统一登记制度的构想 ………………………… 202

第八章　我国国有土地上房屋征收法律制度创新研究 ……………… 205
    第一节　房屋征收的法理基础之所在：自由与限制的平衡 ………… 206
        一、财产权之自由 …………………………………………………… 206
        二、财产权自由的限制 ……………………………………………… 207
        三、公益征收之平衡原则 …………………………………………… 208
    第二节　我国房屋征收补偿制度的历史发展与现行规定的概观 …… 210
        一、我国房屋征收补偿制度的历史发展 …………………………… 210
        二、新条例确定的房屋征收补偿制度 ……………………………… 211
    第三节　对国有土地上房屋征收制度若干问题的探讨 ……………… 216
        一、房屋征收之公共利益范围的界定 ……………………………… 216
        二、房屋征收补偿的内容 …………………………………………… 218
        三、房屋征收后的搬迁与强制执行 ………………………………… 221

第九章　我国集体土地征收补偿及其争议解决机制 ………………… 225
    第一节　我国集体土地征收补偿及其争议解决制度的概观 ………… 226
        一、我国集体土地征收补偿及其争议解决机制的历史考察 ……… 226
        二、我国集体土地征收补偿及其争议解决机制的现行规定 ……… 231
    第二节　我国集体土地征收补偿及其争议解决机制的问题检讨 …… 236

一、关于集体土地征收补偿的一起实际案例的介绍与分析 …… 236
　　二、从比较研究的角度对我国集体土地征收补偿及其争议解决
　　　　机制的问题检讨 …………………………………………… 238
　第三节　新时期集体土地征收补偿及其争议解决机制的改进分析 …… 246
　　一、土地征收补偿程序的完善 ………………………………… 246
　　二、土地征收补偿之内容 ……………………………………… 249
　　三、土地征收补偿的分配 ……………………………………… 253
　　四、土地征收补偿争议解决机制 ……………………………… 254

第十章　我国土地管理中的监督检查及归责制度 …………… 261
　第一节　我国土地监督检查及归责的法律制度概述 ……………… 262
　　一、土地违法行为的类型化分析及其意义 …………………… 263
　　二、土地监督检查机制 ………………………………………… 266
　　三、土地违法行为的归责制度 ………………………………… 274
　　四、典型土地违法案件的介绍与分析 ………………………… 281
　第二节　国外土地监督检查及归责制度的比较研究 ……………… 284
　　一、典型国家土地监督检查与归责制度的介绍 ……………… 285
　　二、对国外相关经验和制度的分析和借鉴 …………………… 288
　第三节　我国土地监督检查及归责制度的检讨与改进 …………… 290
　　一、土地监督检查概念的再厘定 ……………………………… 290
　　二、土地监督检查"难"的问题检讨 ………………………… 293
　　三、土地督察制度的建构 ……………………………………… 295
　　四、土地行政处罚的改进 ……………………………………… 299
　　五、土地犯罪规定的缺陷与补足 ……………………………… 305

参考文献 ……………………………………………………………… 309

索　引 ………………………………………………………………… 317

后　记 ………………………………………………………………… 327

Contents

1 Introspection and Construction of Chinese Land Law System in the New Era 1

   1.1 Drawing Out the Issues 1
   1.2 Introspection and Reconstruction of Chinese Land Law System: Persistence and Breakthrough 3
      1.2.1 Perspective and Analysis for Reconstruction of Chinese Land Law System 3
      1.2.2 Reconstructing the Chinese Land Law System in the Future 4
   1.3 Analysis of the Problem Existing in Chinese Land Institution and the Trend of Institutional Innovation: Conservation and Utilization 14
      1.3.1 Analysis of the Problem Existing in Chinese Land Rights Institution and Future Development of Such Institution 14
      1.3.2 Analysis of the Problem Existing in Chinese Land Administrative Institution and Future Development of Such Institution 15
   1.4 Summary 19

2 Research and Analysis of the Historical Development of the Land Tenure and Use Institution in China 21

   2.1 The Historical Development of the Land Tenure and Use Institution in China 21
      2.1.1 The Historical Development of the Land Tenure in China 21
      2.1.2 The Historical Development of the Land Use Institution in China 23
   2.2 Legal Analysis and Inspiration of the Historical Development of the Land Tenure and Use Institution in China 25
      2.2.1 Determinants of the Development of the Land Tenure and Use

		Institution ·· 25

- 2.2.2 Legal Protection of the Land Tenure and Use Institution ········ 26
- 2.2.3 Inspiration to Construct the Land Tenure and Use Institution in China in the New Era ··· 28
- 2.3 Summary ··· 29

3 Research on the Legal Institutional Innovation of the Right to Contract for Management of Land ··· 31

- 3.1 The Historical Development of Agricultural Land Use Institution ·· 32
  - 3.1.1 The Agricultural Land Use Institution in Ancient China: The Institution and Right of Perpetual Lease ···················· 32
  - 3.1.2 The Agricultural Land Use Institution in Ancient China: Household Contract Responsibility System and the Right to Contract for Management of Land ································ 33
- 3.2 The Fundamental Theory of the Right to Contract for Management of Land ··· 35
  - 3.2.1 Concept of the Right to Contract for Management of Land ······ 35
  - 3.2.2 Attribute of the Right to Contract for Management of Land ······ 39
  - 3.2.3 Classification of the Right to Contract for Management of Land ·· 41
- 3.3 Creation of the Right to Contract for Management of Land ·········· 42
  - 3.3.1 The Form of Creating the Right to Contract for Management of Land ··· 43
  - 3.3.2 The Registration of Creation of the Right to Contract for Management of Land ··· 47
- 3.4 Circulation of the Right to Contract for Management of Land ······ 48
  - 3.4.1 The Right to Contract for Management of Land Is Circulated by Household Contract ··· 49
  - 3.4.2 The Right to Contract for Management of Land Is Circulated by Other Means ·· 60
- 3.5 Readjust, Take Back and Expropriate the Contracted Land ······ 62
  - 3.5.1 Readjust the Contracted Land ······································ 62
  - 3.5.2 Take Back the Contracted Land ···································· 65
  - 3.5.3 Expropriate the Contracted Land ·································· 66

3.6 The Scope and Resolution Mechanisms for the Dispute Related to Contracted Land Management ································ 68
    3.6.1 The Scope of the Dispute Related to Contracted Land Management ································ 69
    3.6.2 Resolution Mechanisms for the Dispute Related to Contracted Land Management ································ 70

4 Research on the Innovative Legal System of the Right to Use Construction Land in China ································ 75

4.1 Fundamental Theory of the Right to Use Construction Land ······ 75
    4.1.1 Concept of the Right to Use Construction Land ················ 75
    4.1.2 Concept Comparison and Introspection ································ 80
4.2 Creation of the Right to Use Construction Land ································ 85
    4.2.1 Overview of the Creation of the Right to Use Construction Land ································ 85
    4.2.2 Scope of Creation of the Right to Use Construction Land ······ 87
    4.2.3 Form of Creating the Right to Use Construction Land ············ 92
    4.2.4 Register the Creation of the Right to Use Construction Land ··· 105
4.3 Utilization and Management of Construction Land ················ 106
    4.3.1 Utilization of Construction Land ································ 106
    4.3.2 Manage the Use of Construction Land ································ 108
4.4 Termination of the Right to Use Construction Land ················ 116
    4.4.1 Cause of Termination of the Right to Use Construction Land ································ 116
    4.4.2 Legal Effect of Termination of the Right to Use Construction Land ································ 121

5 Research on the Innovative Legal System of the Right to Use House Sites in China ································ 125

5.1 Overview on the Historical Development and Effective Laws of the Right to Use House Sites ································ 125
    5.1.1 The Historical Development of the Right to Use House Sites ································ 125
    5.1.2 Thought about the Historical Development of the Right to Use House Sites ································ 128

5.2　The Right to Use House Sites: A Special Usufructary Right ……………………………………………… 129
　　5.2.1　The Right to Use House Sites Is a Kind of Usufructary Right ……………………………………… 130
　　5.2.2　Specific Characteristics of the Right to Use House Sites …… 131
5.3　Acquiring and Registration the Right to Use House Sites ……… 134
　　5.3.1　Acquire the Right to Use House Sites ……………………… 134
　　5.3.2　Register the Right to Use House Sites ……………………… 137
5.4　Circulation of the Right to Use House Sites …………………… 138
　　5.4.1　Circulation of the Right to Use House Sites under the Effective Laws ……………………………………………… 138
　　5.4.2　The Legal Issues Existing in the Circulation of the Right to Use House Sites ………………………………………… 139
　　5.4.3　Circulation of the Right to Use House Sites Shall Be Allowed ………………………………………………… 141
5.5　The Issues of Unused House Sites ……………………………… 142
　　5.5.1　The Unused House Sites in the Rural Area ………………… 142
　　5.5.2　Solve the Problem of Unused House Sites ………………… 143

6　Research on the Innovative Legal System of the Collectively-owned Construction Land ………………………………………… 145
　6.1　The Effective Regulations and Institution of the Collectively-owned Construction Land …………………………………… 145
　　　6.1.1　The Historical Development and Effective Laws of the Collectively-owned Construction Land ……………………… 145
　　　6.1.2　Legal System of the Collectively-owned Construction Land ………………………………………………………… 147
　6.2　The Practical Problem and Dilemma of the Current System of the Collectively-owned Construction Land ………………… 151
　　　6.2.1　Government Monopolizes the First-level Land Market, and Limits the Circulation of Collectively-owned Construction Land ………………………………………………………… 152
　　　6.2.2　Shortage of Legal Protection, Peasants' Land Rights Are Ignored, and Their Interests Have Been Infringed …………… 152

　　　　6.2.3　Land Management Is Absent, Which Causes the Illegal Land
　　　　　　　Use and Inefficient Land Use ·· 154
　　6.3　The Circulation of the Right to Use Collectively-owned
　　　　Construction Land under the "Trinity" Mode ···················· 154
　　　　6.3.1　The Right to Use Collectively-owned Construction Land Shall Be
　　　　　　　Circulated ·· 154
　　　　6.3.2　The "Trinity" Circulation Mode of the Right to Use
　　　　　　　Collectively-owned Construction Land ·································· 157

7　Research on the Innovative Legal System of Land Registration
　　in China ·· 165
　　7.1　Overview of Land Registration in China ···························· 165
　　　　7.1.1　Concept of Land Registration ·· 165
　　　　7.1.2　General Provisions of Land Registration ······························ 167
　　　　7.1.3　Types of Land Registration ·· 168
　　7.2　The Form of Examination Done by the Land
　　　　Register Agency ·· 174
　　　　7.2.1　Theoretical Debates and the Problems Existing in the
　　　　　　　Effective Laws ·· 175
　　　　7.2.2　International Comparison ·· 176
　　　　7.2.3　Breakthrough of the Traditional Substantive Examination and
　　　　　　　Formal Examination ·· 177
　　　　7.2.4　Register Agency's Duty of Prudence ···································· 178
　　7.3　Some Issues Related to Land Registration Arisen
　　　　in Practice ·· 179
　　　　7.3.1　Issue Related to Registration of Collectively-owned
　　　　　　　Land Ownership ·· 180
　　　　7.3.2　Issue Related to the Certificate on the Land Registration
　　　　　　　Involving in the New Construction in the Rural Area ············ 182
　　　　7.3.3　Issue Related to the Right to Use Construction Land that Has
　　　　　　　Been Created Separately on the Surface of or above or under
　　　　　　　the Land ·· 183
　　　　7.3.4　Issue Related to the Mortgage that Has Been Established on
　　　　　　　the Right to Use the Land ·· 185

    7.3.5 Issue Related to the Registration on the Right to Use Commercial House Land that Has Been Divided ………… 191
    7.3.6 Issue Related to Advance Notice Registration ………………… 192
    7.3.7 Issue Related to Registration of Foreclosure ………………… 194
    7.3.8 Issue Related to the Inquiry about the Land Registration Data ………………………………………………… 195
  7.4 Unity of Real Estate Registration Agency ……………………… 197
    7.4.1 Current Situation of the Real Estate Registration in China …… 197
    7.4.2 The Unity of Real Estate Registration Shall Be Promoted in China ……………………………………………………… 200
    7.4.3 Ready to Realize the Unity of Real Estate Registration ……… 201
    7.4.4 Tentative Plan to Build the United System of Real Estate Registration ……………………………………………………… 202

8 Research on the Innovative Legal System of the House Expropriation on the State-owned Land in China ……………………………………… 205

  8.1 The Legal Basis of the House Expropriation: A Balance Between Freedom and Limitation ……………………………………… 206
    8.1.1 Property Rights' Freedom ……………………………………… 206
    8.1.2 Limitation on Property Rights' Freedom …………………… 207
    8.1.3 The Principle of Balance for Requisition that Meets the Demands of Public Interests ………………………………… 208
  8.2 Overview of the Historical Development and Effective Regulations of the Compensation Mechanism for House Expropriation in China ……………………………………………… 210
    8.2.1 The Historical Development of China's House Expropriation and Compensation System ……………………………………… 210
    8.2.2 The New Regulation ………………………………………… 211
  8.3 Discussion of the Disputes Related to the Compensation Mechanism for House Expropriation on the State-owned Land …………………………………………………………………… 216
    8.3.1 Determine the Scope of Public Interests that the House Expropriation Should Meet …………………………………… 216
    8.3.2 Content of the House Expropriation and Compensation ……… 218
    8.3.3 The Relocation and Compulsory Enforcement after

Expropriating the House 221

9 Research on the Compensation and Resolution Mechanism for Requisitioning the Land Owned Collectively 225

9.1 Overview of the Compensation and Resolution Mechanism for Requisitioning the Land Owned Collectively 226
    9.1.1 The Historical Development of the Compensation and Resolution Mechanism for Requisitioning the Land Owned Collectively 226
    9.1.2 Effective Regulations of the Compensation and Resolution Mechanism for Requisitioning the Land Owned Collectively 231

9.2 Issues Related to the Compensation and Resolution Mechanism for Requisitioning the Land Owned Collectively 236
    9.2.1 Case Study 236
    9.2.2 From the Comparative Point of View 238

9.3 The Compensation and Resolution Mechanism for Requisitioning the Land Owned Collectively in the New Era 246
    9.3.1 Improve the Compensation Procedure for Land Requisition 246
    9.3.2 Content of the Compensation for Land Requisition 249
    9.3.3 The Distribution of Compensation for Land Requisition 253
    9.3.4 Dispute Resolution Mechanism for Compensation of Land Requisition 254

10 Research on the Supervision and Inspection for the Land Administration in China 261

10.1 Overview of the Legal System of the Supervision, Inspection and Accountability for the Land Administration 262
    10.1.1 Classification of the Violations Related to Land 263
    10.1.2 The Supervision and Inspection for the Land Administration 266
    10.1.3 Accountability for the Violations Related to Land 274
    10.1.4 Typical Cases of the Violations Related to Land 281

10.2 International Comparison 284
    10.2.1 Introduction of the Supervision, Inspection and

		Accountability for the Land Administration ………… 285
	10.2.2	Learn from the Experiences of Others ……………… 288
10.3	Review and Improvement of the Supervision, Inspection and Accountability for the Land Administration in China ………… 290	
	10.3.1	Redefine the Concept of the Supervision and Inspection for the Land Administration ……………………………… 290
	10.3.2	Problems and Difficulties ………………………………… 293
	10.3.3	Construct the Supervision Mechanism for the Land Administration ……………………………………………… 295
	10.3.4	Improve the Administrative Penalty Related to Land ……… 299
	10.3.5	Defects in the Regulation Regarding the Land-related Crime ……………………………………………………… 305

References …………………………………………………………… 309

Index ………………………………………………………………… 317

Acknowledgments …………………………………………………… 327

第一章　新时期我国土地法体系的构建

第一节　问题的提出

土地法自古以来就是各个国家非常重要的一个部门法。公元前20世纪，《苏美尔法典》、《中亚述法典》都有田园继承权等土地关系的法律规定。在公元前18世纪《汉谟拉比法典》中有许多关于土地占有、租佃的规定。公元前451~前450年古罗马的《十二铜表法》第七表专门规定了"土地权利法"。罗马法时代对土地设计了独特的民事权利制度，其物权体系由自物权、他物权和占有构成，另外，为了对土地所有权进行限制而设置了相邻权制度。而在我国封建社会时期，自给自足的自然经济一直占据主导地位，由于土地是从事农业生产的物质基础，也是最重要的资源，因此土地立法在各个朝代备受重视，譬如云梦秦简中的"田令"和"田律"，汉时的"田令"，新莽田制，北魏地令，北齐、北周的田令，隋唐均田令和宋田令等，这些都是专门的土地立法。[①] 另外，在秦律、汉九章律、北魏律、北齐律、隋开皇律、唐律等各朝基本律典中也有大量有关土地的规定和制度。从某种程度上来说，土地法源远流长，是人类立法史上最早的法之一。

土地法发展到近现代，在商品经济逐步发展的情况下，土地作为一种重要的财产，关于土地的所有与交易关系日益成为一种商品关系，开始由民法调整。如《法国民法典》第二编——财产及对于所有权的各种限制，就规定了土地所有权、土地用益权的内容、保护和限制，也规定了地役权的内容、设定和消灭等。另外，还在第三编取得财产的各种方法中规定了土地的买卖、租赁、抵押、赠与等关系。随着人类社会经济的发展和科学技术的进步，人类活动对自然环境的破坏加剧，由此导致自然环境的恶化，许多国家开始认识到土地对自然环境的重要意义，因此土地法开始转向对土地开发利用的管理和控制，例如，土地用途管制制

---

① 张晋藩：《中华法系特点再议》，《江西社会科学》2005年第8期。

度、土地规划制度、土地整理制度等。反观中国土地法的发展，则明显与国外的立法进程相脱节。这主要是由于中国发展到近代时期，腐朽的封建制度阻碍了中国社会的发展，虽然在清末出现了"维新变法"，但是最终也未能成功，而在随后的革命动乱时代，法制的发展从某种程度上来说虽有形却无实，① 这也造成了中国法制的落后。在新中国成立以后，我国的土地法制建设主要是为革命胜利的巩固以及社会主义建设服务，在体系以及内容上都不算很完整。我国土地法真正的发展是在改革开放之后，1986年第六届全国人大常务委员会第十六次会议通过并颁布了《中华人民共和国土地管理法》(以下简称《土地管理法》)，② 1994年第八届全国人大常务委员会第八次会议通过了《中华人民共和国房地产管理法》(以下简称《土地管理法》)，③ 2002年第九届全国人大常务委员会第二十九次会议通过了《中华人民共和国农村土地承包法》，④ 2007年第十届全国人民代表大会第五次会议通过了《中华人民共和国物权法》(以下简称《物权法》)。另外，还有大量的行政法规、规章，例如《土地复垦规定》、《土地管理法实施条例》、《基本农田保护条例》、《城市房地产开发经营管理条例》等。可以说，我国土地法经过改革开放30多年的发展已经初步形成了一个体系，也取得了长足的进步，对于社会经济的发展做出了非常大的贡献。

然而随着我国社会经济的高速发展，我国已经进入到一个发展的新时期，即全面建设小康社会的关键时期。在这一时期，我们面临着加快转变经济发展方式，保持经济平稳较快发展，推进农业现代化、加快社会主义新农村建设，积极稳妥推进城镇化，加快建设资源节约型、环境友好型社会等诸多挑战，而这些挑战都会涉及一个问题，那就是土地问题。随着人口的不断增长和社会经济的迅速发展，我国对土地的需求也越来越多，不仅要保证粮食安全，还要提高人民的生活水平。但是我国粗放的经济发展模式导致了土地被严重地浪费污染，再加上我

---

① 国民政府于1927年建都南京以后，为缓和土地矛盾并进而贯彻孙中山先生的土地思想和主张，于1930年制定了《土地法》，这是中国历史上最为完整的一部土地法。为了配合土地法的施行，国民政府还制定了许多配套法规。中华民国民法在继承大清民律的基础上做了一定的完善，在民法物权编中规定了土地所有权以及多项他物权，他物权种类包括地上权、永佃权、地役权、抵押权、质权、典权和留置权等。由此可见，中华民国时期土地法明显形成了相当完备的土地法律体系，甚至可以说在当时世界范围内都是非常先进的。但是，这些土地法规不符合中国社会之现实情况，形式大于实质，而且并没有很好地得以实施，使土地法成为一纸具文。
② 根据1988年12月29日第七届全国人民代表大会常务委员会第五次会议《关于修改〈中华人民共和国土地管理法〉的决定》第一次修正，1998年8月29日第九届全国人民代表大会常务委员会第四次会议修订，根据2004年8月28日第十届全国人民代表大会常务委员会第十一次会议《关于修改〈中华人民共和国土地管理法〉的决定》第二次修正。
③ 根据2007年8月30日第十届全国人民代表大会常务委员会第二十九次会议《关于修改〈中华人民共和国城市房地产管理法〉的决定》修正。
④ 根据2009年8月27日第十一届全国人民代表大会常务委员会第十次会议《关于修改部分法律的决定》修正。

国农业基础薄弱、农民生活水平急需提高，因此需要高质量、高效率地开发、利用和保护土地。这些问题都对土地法提出了新的要求，因此需要在社会主义市场经济条件下重新构建我国土地法的体系和重新定位其制度的发展方向。

第二节　我国土地法体系的反思与重构：坚守与突破

一、关于我国土地法体系构建的观点与分析

2011年1月24日，全国人大常委会召开形成中国特色社会主义法律体系座谈会。吴邦国委员长出席会议并发表了重要讲话，高度概括了中国特色社会主义法律体系形成的光辉历程，深刻阐述了形成中国特色社会主义法律体系的重大意义，认真总结了形成中国特色社会主义法律体系的基本经验，精辟分析了完善中国特色社会主义法律体系的新形势新任务。他指出，在新的历史起点上完善中国特色社会主义法律体系，推进依法治国基本方略，建设社会主义法治国家，具有十分重要的意义。所以新时期土地法所面对的第一个问题就是体系问题，但是综观我国的土地法律，却并没有一个系统而完整的法律体系。如何实现土地各部分的衔接，如何确定各自的法律地位究竟如何及其调整的范围是哪些，这些问题一直存在争议。目前学界对土地法的体系存在很多观点，主要有以下几个：

（1）土地法由三部分构成，一是土地产权方面，二是土地产权管理方面，三是土地综合调控方面。其中土地产权方面主要包括土地双重主体权能方面、土地资源客体保护方面、土地内容调控方面，土地产权管理方面主要包括城市土地产权调节方面、农地产权调节方面、地产流转管理方面，土地综合调控方面主要包括程序管理方面、地籍管理方面、土地监督监察方面。①

（2）土地法律制度体系是以宪法为依据，主要由土地民事法律制度、土地经济法律制度和土地行政法律制度构成的。其中土地民事法律制度包括土地所有权制度和土地限制物权制度，土地经济法律制度主要是指土地利用规划法律制度，土地行政管理制度主要包括地籍管理制度、耕地保护、建设用地管理、土地开发与复垦管理、土地行政执法监督检查等。②

（3）应当以土地管理权和土地所有权及其运行为基本线索，建立和完善我国

---

① 参见沈守愚：《土地法学通论》（上），中国大地出版社2002年版，第150–159页。
② 参见韩松：《论土地法律制度体系》，《政法论坛》1999年第5期。

科学的土地法法律体系。以土地管理权的运行为其基本线索，形成土地管理权法律制度，具体包括：土地征用法律制度、土地规划法律制度、土地税收法律制度、土地复垦法律制度、土地荒芜收费法律制度、耕地特殊保护法律制度、土地监察法律制度、土地登记法律制度，等等；以土地所有权的运行为其基本线索形成土地所有权法律制度，具体包括：土地使用权出让、转让法律制度，土地划拨法律制度，土地使用权回收法律制度，地役权法律制度等。①

（4）我国的土地法应当而且也必须是调整以土地为客体的民事法律规范和行政法律规范的有机结合，是具有特殊性的一个相对独立的法律部门。首先，加紧制定《中华人民共和国土地法》，并作为统率我国土地法律体系的基本法典。其次，注意土地立法和民法中物权立法的有机衔接，解决土地立法和民事立法对土地产权的确权、转让、法律保护措施等方面可能出现的不协调问题，使土地立法和民事立法相辅相成，在法律实施中发挥共同的效用。最后，抓紧制定配套法律、法规、规章和其他土地法律规范性文件，解决土地资产管理和土地市场管理较弱、法律规范操作性不强的问题。②

以上的观点，笔者认为大同小异，从根本上来说，都集中在土地权利和土地管理两个方面的讨论，当然每个观点在这两方面的侧重点和具体制度设计都有所不同。从某种程度上来说，我国土地立法也基本上是按照这个体系在逐步构建，最突出的表现就是《土地管理法》与《物权法》的相继出台。然而，必须看到的是，这是一个模糊而松散的框架，土地权利法和土地管理法还是互相分立，没有很好地实现对接。另外，关于二者的关系仍然没有厘清。这些问题的存在导致了有关土地的法律法规没有发挥出整体的综合效应，在一定程度上没有实现土地权利的行政保护和土地管理的权利保护。所以有必要重新构建土地法的体系，厘清土地权利法和土地管理法之间的关系。

二、我国未来土地法体系的构建

法律体系，谓之法的内在结构，与法的渊源互为表里，共同构成了法。而法律体系又可以划分为独立的法律部门，法律部门又可以划分为子法律部门。笔者认为，我国土地法的体系可以从内外两个方面考察，内部体系是指土地法的内在结构及其关系，外部体系是指土地法在整个法律体系中的地位以及与其他部门法的关系。只有从内外两方面来认识土地法，才能更好地把握土地法的体系。

1. 土地法的内部体系

在理解土地法的体系之前，有必要对土地法的概念进行定义。简单来说，土

---

① 参见刘俊：《论土地法律体系的建立与完善》，《现代法学》1993年第3期。
② 参见龙翼飞：《完善我国土地立法的思考》，《中国土地科学》1996年第10卷第5期。

地法是指有关土地的权利、利用和管理的法律规范的总称。由此可知，土地法之概念，并非单一之制定法，而系规范人地关系等之整体土地立法；亦即，土地所有与利用相关公法、私法规范之总称。① 所以土地法的体系应当是私法与公法相结合的体系，也就是土地权利法与土地管理法的结合。

（1）土地权利法，顾名思义，就是关于土地权利的法。笔者认为土地权利作为一种财产权，分为土地物权和土地债权。根据《物权法》的规定，土地物权包括土地所有权、土地用益物权和土地抵押权，其中土地用益物权分为土地承包经营权、建设用地使用权、宅基地使用权和地役权。而土地债权则主要是指租赁权，包括土地租赁权和土地使用权租赁权。土地权利可以从整体上分为所有权和使用权，但这里的使用权是一项独立的权利，包括物权性的土地使用权和债权性的土地使用权。土地权利结构和关系见图1-1。

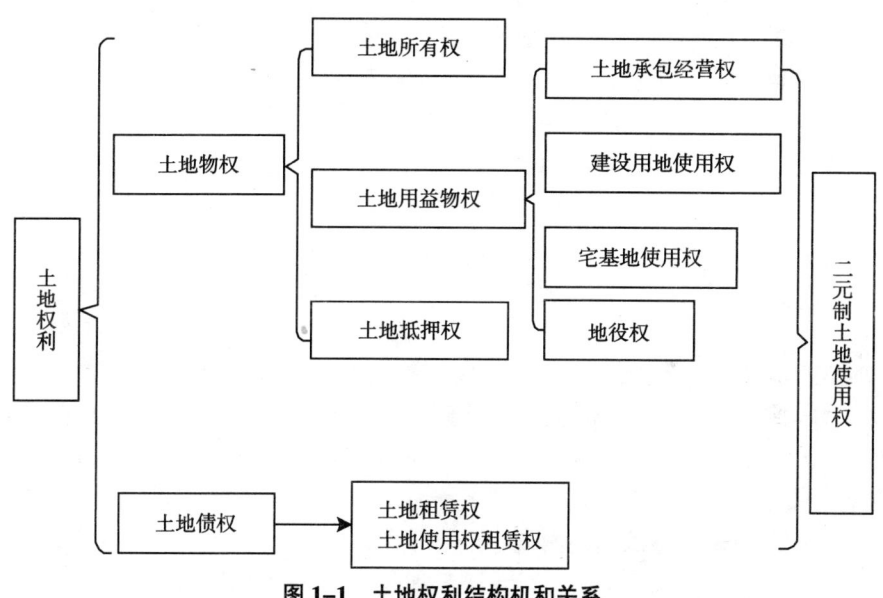

图1-1　土地权利结构机和关系

土地所有权是指土地所有人依法对自己的土地享有的占有、使用、收益和处分的权利。土地所有权根据主体不同，可分为两类：一是国家土地所有权，即全民所有，主要包括城市的土地、法律规定属于国家所有的农村和城市郊区的土地等；二是集体土地所有权，主要包括法律规定的属于集体所有的土地，农村和城市郊区的土地，除由法律规定属于国家所有的以外，属于集体所有，另外，宅基

---

① 陈立夫：《土地法研究》，新学林出版股份有限公司2007年版，第1页。

地和自留地、自留山，也属于集体所有。在法律上，两者在地位、内容等方面存在较大差别，特别是对集体土地所有权过于严格的限制致使其权能残缺，使其成为一种"不完全的所有权"。

土地承包经营权是我国农村集体经济组织实行的以家庭联产承包经营为基础、统分结合的双层经营体制的产物。土地承包经营权是指土地承包经营权人对集体所有或者国家所有由集体使用的土地，依照法律和合同的规定享有的从事种植业、林业、畜牧业等农业生产的权利。土地承包经营权物权属性的确定，使农民获得了长期的更有保障的农用地使用权。但是集体农用地如果只限于农民集体组织成员才能取得利用，将会不利于农业规模化生产以及农村经济的发展，笔者认为，在承认农民土地承包经营权的前提下，应当允许集体农用地通过出让、租赁等方式流向农村集体组织以外的人进行利用。当然这有个必要的前提，就是不得改变土地所有权的性质和土地的用途。

建设用地使用权是指建设用地使用权人依法对土地享有的占有、使用、收益并利用该土地建造建筑物、构筑物及其附属设施的权利。建设用地使用权是我国在实践中逐步确立的概念，类似于国外的"地上权"概念，但是两者存在较大的差别。建设用地使用权应当包括国有建设用地使用权和集体建设用地使用权，但是我国《物权法》第135条只提及"国有土地"上的建设用地使用权，而在第151条规定，集体所有的土地作为建设用地的，应当依照土地管理法等法律规定办理。也就是《物权法》将国有建设用地使用权和集体建设用地使用权区别对待，笔者认为这种规定存在着不合理之处。虽然相关法律对集体建设用地使用权做了特殊规定，但这并不意味着应当将"集体建设用地使用权"排除在"建设用地使用权"的概念范围之外。而且在目前法律规定中集体建设用地使用权是存在的，①虽然关于它们的法律规定与国有建设用地使用权不同，但是其地位应当获得法律的肯定，其权利人也应当受到法律的保护。

宅基地使用权是土地用益物权体系中非常特殊的一种。虽然它和建设用地使用权一样都是为了建设目的，但是我国却把这一权利独立出来，这主要是由我国特殊的国情和历史所造成的。所谓的宅基地使用权是指农村集体经济组织成员依法享有的在集体所有土地上建造住宅及其附属设施的权利。由于宅基地使用权在某种程度上带有社会保障和福利的色彩，所以法律对宅基地使用权作出了限制性规定，一般需要依申请审批才能取得，而且在流转方面也做了限制。从某种程度

---

① 《土地管理法》第43条规定，任何单位和个人进行建设，需要使用土地的，必须依法申请使用国有土地；但是，兴办乡镇企业和村民建设住宅经依法批准使用本集体经济组织农民集体所有的土地的，或者乡（镇）村公共设施和公益事业建设经依法批准使用农民集体所有的土地的除外。由此可知，乡镇企业等主体都可能依据法律规定取得集体建设用地使用权。

上来说，宅基地使用权作为一种农民的社会保障和福利，其发挥的作用应当值得肯定，但其作为一种权利的属性相对较弱，国家更多的是将其看做管理的对象。而且，目前农村中的宅基地使用制度也确实存在着非常多的问题，如分配不均、闲置浪费、隐性流转等，如何改革宅基地使用权制度将是一项非常重要的课题。

地役权是指通过约定使用他人不动产而提高自己不动产效益的权利，也就是说地役权人有权按照合同约定，利用他人的不动产，以提高自己的不动产的效益。在地役权法律关系中，为自己不动产效益而利用他人不动产的一方称为需地役权人，又称需役地人；将自己不动产提供给他人使用的一方称为供地役权人，又称供役地人；需要他人不动产提供便利的不动产称为需役地，提供便利的不动产称为供役地。

抵押权是指债权人对于债务人或第三人提供的、不移转占有而作为债务履行担保的财产，在债务人到期不能履行债务或发生当事人约定的实现抵押权的情形时，可就该财产折价或就拍卖、变卖财产的价款优先受偿的权利。在我国，由于土地所有权属于国家和集体，所以土地所有权不能用于抵押，只有土地使用权可以用于抵押。土地抵押权从实质上来说应该是土地使用权的抵押权，但是为了方便使用，一般称为土地抵押权。当然，并不是所有的土地使用权都可以进行抵押，根据《物权法》第180条的规定，只有建设用地使用权和以招标、拍卖、公开协商等方式取得的荒地等土地承包经营权才可以作为抵押财产由权利人自由设定抵押权。这些土地使用权之所以可以进行抵押，主要原因在于其具有可流转性，而农民土地承包经营权、宅基地使用权等的流转都受到了法律的限制。笔者认为农民的土地承包经营权只要在不改变土地所有权和土地用途的前提下完全可以进行抵押，而对宅基地使用权的抵押还是要持谨慎态度。

土地租赁权和土地使用权租赁权是不同的概念。所谓土地租赁权是指土地所有权人将其土地进行租赁的权利，而土地使用权租赁权是指土地使用权人将其土地使用权进行租赁的权利，两者最大的区别在于权利主体和权利客体的不同。土地租赁权根据权利主体的不同可以分为集体土地租赁权和国有土地租赁权，根据土地的用途可以分为农用地租赁权和建设用地租赁权。而土地使用权租赁权则是土地使用权人在取得土地用益物权之后再将该土地用益物权出租给他人，根据土地使用权的不同可以分为土地承包经营权租赁权和建设用地使用权租赁权。这里需要注意的是债权性质的土地租赁权在没有经过土地所有权人的同意的前提下，不能进行再出租。笔者认为，通过租赁方式获得的土地使用权是一种债权，而不是一种用益物权，这需要作出严格的区分。目前，有些学者认为通过租赁方式取得建设用地的使用权是一种用益物权。①笔者认为建设用地使用权的设立方式与国有土地的使用方式不同。土地使用人可以基于物权，也可以基于债权而使用建设用地，但是建设用地使用权作为一种物权要遵循物权法定原则，其设立方式也应法定化。也就是说，在物权法定原则之下，物权的取得方式应须依法而定，亦即"物权得因何种原因、方式与条件取得，概由法律规定"。②因此，《物权法》第137条规定的建设用地使用权设立方式仅限于"出让"和"划拨"两种，并不包括"租赁"。③由此可知，土地租赁权和土地使用权租赁权只是一种债权性质的土地使用权，这与《物权法》规定的土地用益物权是两种不同性质的土地使用权。有关土地的租赁权见图1-2。

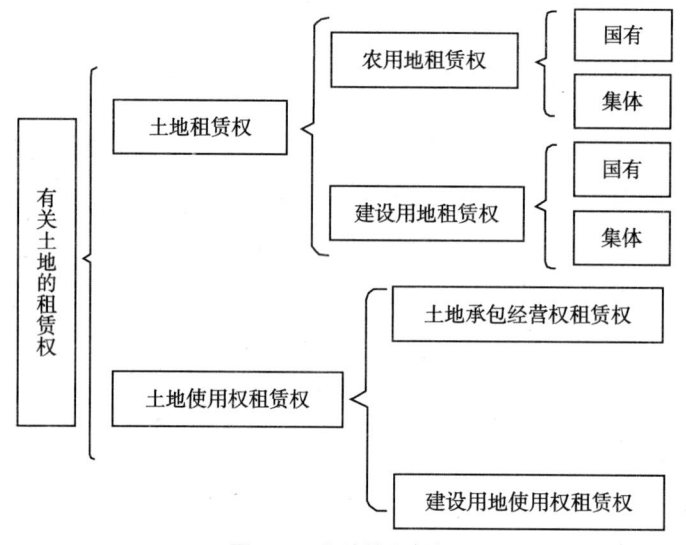

图1-2 土地的租赁权

综上，笔者认为应当建立二元土地使用权制度，也就是物权性质的土地使用权（土地用益物权）和债权性质的土地使用权并存的土地使用权制度。租赁土地进行使用，相对于取得土地用益物权要更为方便和快捷，当然在稳定性和支配性

---

① 参见张东伟：《建设用地使用权法律适用与疑难释解》，中国法制出版社2008年版，第33页；高延利主编：《土地权利理论与方法》，中国农业出版社2008年版，第64页；梁慧星：《中国物权法草案建议稿附理由》（第2版），社会科学文献出版社2007年版，第404页。
② 刘保玉：《物权法》，中国法制出版社2007年版，第60页。
③ 参见王利明：《物权法研究》（修订版）（下卷），中国人民大学出版社2007年版，第104-105页；高圣平：《土地管理法修改专题之二：建设用地使用权设立规则研究——兼及〈土地管理法〉与〈房地产管理法〉之间调整范围的区分》，《中国土地》2009年第11期；房绍坤：《物权法·用益物权编》，中国人民大学出版社2007年版，第201页。

等方面肯定不如土地用益物权。但是随着租赁权物权化的倾向，对于租赁权的保护也将更加完善。所以笔者认为，通过租赁制度可以解决目前我国存在的一些土地问题，当然其中还有些理论和制度需要继续加以论证和完善。

（2）土地管理法，就是指有关对土地利用进行管理的法律规范的总称。1978年中共十一届三中全会通过了《关于加快农业发展若干问题的决定》，该决定明确规定"要尽快制定和颁布土地法"，因此原农业部与国家计委开始着手起草土地法，于1981年3月联名上报了《中华人民共和国土地法》（送审稿）。此后经国务院讨论通过，提请全国人大常务委员会审议。全国人大常务委员会认为草案基本上是可行的，但是考虑到该法主要是加强土地管理，解决乱占耕地、滥用土地的问题，关于国土规划、国土整治、国土开发等问题，由于实践经验不够，草案未作规定，因此建议将"土地法"改为"土地管理法"。[①] 1986年6月25日第六届全国人大第16次会议通过并颁布了《中华人民共和国土地管理法》，于1987年1月1日起实施。这是我国第一部关于土地管理的法律。在《土地管理法》制定之后，国家又陆续出台了一些涉及土地管理的法规规章，例如《城镇国有土地使用权出让和转让暂行条例》、《土地管理法实施条例》、《基本农田保护条例》、《土地复垦规定》、《土地登记办法》等，可以说基本上已经初步建立了土地管理法的体系。到目前为止，我国土地管理法的体系主要包括：总则、土地的所有权和使用权、土地利用总体规划、耕地保护、建设用地、监督检查、法律责任、附则。

但是通过分析我们可以发现，我国土地管理法的体系还存在一些问题：第一，体系较为混乱、分散，未能形成一个统一完整的体系；第二，相关立法的效力层次较低，只有一部专门法律，大多规定集中于法规、规章；第三，有些法律法规已经不符合当前社会经济发展的要求，迫切需要修改或废止；第四，随着我国经济的飞速发展及环境的不断恶化，一些新的土地问题开始出现，在立法上需要对其进行回应；第五，在《物权法》颁布后，特别是未来民法典制定后，土地管理法面临着与之衔接的问题，如何保护土地权利成为土地管理的重点之一。所以我国土地管理法的体系构建任重而道远，不仅需要满足当前社会之需要，更要有一定前瞻性，为未来土地管理勾勒宏伟蓝图。所以笔者建议现行土地管理法的体系构建可以向一个管理基本法转变，将涉及土地管理的内容做原则性规定，同时将许多部门规章办法提升为法律法规，对土地管理法进行补充完善，这样就形成了一个在土地管理法统领下，各个法律法规协调运作的体系。具体来说，主要从以下几个方面进行构建：

（1）将第二章"土地所有权与使用权"的规定与《物权法》相衔接，可以统

[①] 参见沈守愚：《土地法学通论》（上），中国大地出版社2002年版，第283页。

称为"土地权利",或者直接称为"土地物权"。这里关于土地物权的规定一定要与《物权法》相衔接,对于《物权法》没有明确的内容可以在一定范围内予以明确,但是需要注意的是《土地管理法》的侧重点在于土地管理,所以关于土地物权的规定可以简化,没有必要作详细的规定,只需要写明"具体规定参见《物权法》等法律"。另外,关于土地用益物权的种类,《土地管理法》虽然有权对此作出规定,①但是笔者认为,《土地管理法》的主要作用在于土地管理,而非土地权利法,所以还是要以《物权法》的规定为准,台湾地区"土地法"即是采取此种立法安排。②这样可以减少这一章的条文数量,尽量做到立法的简洁、不重复,也可以防止立法上的冲突。这里还有一个问题,那就是关于土地权利争议的调处规定。

(2)设立"地籍管理"一章。在我国法律中没有"地籍"一词,但是在理论和实践中都有关于地籍的使用,例如国土资源部就设有地籍管理司,所以说可以在立法中肯定这一术语,使之法律化。这里的地籍管理包括土地调查、土地等级评定、土地登记、土地统计、地籍信息系统等内容。当然《土地管理法》没有必要将这些规定都详尽规定,只需要作出原则性的规定。到目前为止,关于地籍管理的法规规章主要有《土地登记办法》、《土地调查条例》、《土地调查条例实施办法》等。

(3)现行《土地管理法》第三章为"土地利用总体规划",但是这一章中还有土地利用计划的规定,所以有必要改为"土地利用规划与计划"。到目前为止,关于土地利用规划和计划都有专门的规章加以补充,即《土地利用总体规划编制审查办法》和《土地利用年度计划管理办法》。

(4)设立"土地整治"一章。现行《土地管理法》将土地整理、开发、复垦的制度规定在了"耕地保护"一章,笔者认为虽然从广义上来说土地整治是保护耕地的一种措施,但是从我国的实际情况来看,经过多年的发展和完善土地整治制度已经不再仅仅是耕地保护的一种措施了,而已经可以独立为一项专门的制度,其主要作用是对低效利用、不合理利用和未利用的土地进行整治,对生产建设破坏和自然灾害毁损的土地进行恢复利用,以提高土地利用率。

(5)将土地征收制度从"建设用地"一章中独立出来,与土地征用制度合并组成一章,即"土地征收和征用"。目前,集体土地的征收和征用已经成为我国社会的一个焦点问题,因土地的征收和征用而发生的纠纷可谓数不胜数。因此土地管理法需要专章对这一问题作出规定。

(6)关于"建设用地"一章,笔者认为应当加以完善和补充。其中最重要的

---

① 《物权法》第5条规定,物权的种类和内容,由法律规定。《土地管理法》属于法律,所以可以对物权的种类和内容作出规定。
② 台湾地区"土地法"第11条规定,土地所有权以外设定他项权利之种类,依民法之规定。

是要对集体建设用地问题做出合理的规定，另外还要对利用建设用地行为的进行规定。是否有必要设立"土地交易"一章，需持谨慎的态度。到目前为止，我国尚未真正形成城乡统一的土地市场，土地交易主要还是国有建设用地使用权的交易，所以关于现有"土地交易"的内容完全可以规定在"建设用地"一章。

（7）1986年制定《土地管理法》时考虑到国家已经在征收农业税，如果再征收土地税会加重农民负担，所以没有将土地税纳入到其调整的范围。① 但是现在农业税已经取消，而土地税作为非常重要的土地管理措施之一被许多国家采用，所以应当将其纳入到土地管理法的体系中。而且随着土地财政制度的改革，土地税将会发挥重要的调控作用，土地管理法需要对此作出一个原则及方向性的规定，以肯定土地税的地位。

（8）2006年根据《国务院关于深化改革严格土地管理的决定》（国发〔2004〕28号），经国务院批准，建立了国家土地督察制度。到目前为止，土地督察制度已经逐步实现了确立和完善。作为一项对地方政府的土地利用和管理行为进行监督检查的制度，土地督察制度需要在《土地管理法》中得到确认。所以笔者认为应当在"监督检查"一章中加入土地督察制度，称为"监督检查和国家督察"。

（9）随着社会的发展，关于土地的纠纷和争议越来越多，例如土地权属争议、土地侵权纠纷、土地征收补偿争议等，这些纠纷和争议有的需要通过政府部门才能解决，有的需要通过法院才能解决，致使当事人的权益很难得到保障。所以我们建议设立"土地纠纷争议解决机制"一章，对这些争议纠纷解决机制作出详细的规定。

综上，笔者认为土地管理法的体系应当是总则、土地权利、地籍管理、土地利用规划与计划、耕地保护、土地整治、土地征收与征用、建设用地、土地税、监督检查与督察、争议纠纷解决机制、法律责任等。

2. 土地法的外部体系定位

现今世界主要存在两大法系，即大陆法系和英美法系，二者在法律体系结构上是不同的。英美法系以普通法、衡平法为法律体系的构成要素；而大陆法系以公法、私法为法律体系的构成要素。近些年来，两大法系也在不断地融合，但总的来说两大法系还是存在着较大差异。我国属于大陆法系，所以我们主要从大陆法系的法律体系角度进行分析。

大陆法系主要是以公法和私法划分法律体系。但是进入到21世纪以来，国家干预成为社会经济发展的一个重要方面，这在一定程度上影响了公法和私法的划分。有些西方学者认为，公法与私法、公共权力行使领域与私人自治领域之间

---

① 参见沈守愚：《土地法学通论》（上），中国大地出版社2002年版，第284页。

的界限不是固定不变的、绝对的，而是流动的、活的，并且正在形成一些介于公法与私法之间的具有两个领域特征的"中间领域"。①也就是说出现了一些新的混合法，也称社会法。关于社会法的确切内涵，目前在立法和理论界都存在着争议。第九届全国人大立法规划中第一次提出了中国七大法律部门的划分，并以此确定构建中国社会主义市场经济法律体系的总目标。第十届全国人大重提七大法律部门，并以2010年为基本确立该体系的预期时间，七大法律部门包括宪法、行政法、刑法、诉讼法、民商法、经济法和社会法。对于社会法的定义存在争议，对社会法也存在着三个层面的理解。广义的社会法是指带有公法和私法融合色彩的法律，可能扩展至环境法、消费者权益保护法甚至经济法等；狭义的社会法是指规范劳动、社会保障、社会福利和特殊群体权益保障方面的法律关系的总和，最狭义的社会法仅指社会保障法。目前，狭义的社会法是主流的观点。由此可知，虽然土地法既涉及私人土地权利问题，也涉及国家对土地利用行为的管理问题，具有公法和私法混合的特征，但是它并不属于我国社会主义法律体系的社会法范畴。当然，在某种程度上来说，土地法还是属于广义上的社会法。

到目前为止，我国并没有制定一部包括土地权利和土地管理在内的综合性的土地法，我们这里所谓的"土地法"实际上是指调整土地权利、利用和管理的法律规范的总称，它是由《物权法》中关于土地的规定、《土地管理法》、《农村土地承包经营法》等法律法规组成的一个法律系统。对此学者曾提出制定一部《土地法》，作为统率我国土地法律体系的基本法典，解决现行土地立法过于分散而不便执行并经常发生立法冲突的问题。②对于我国要不要单独制定一部《土地法》，笔者认为可以从两方面进行分析。

（1）从比较法来看，目前单独制定"土地法"的国家和地区并不是很多，主要有我国台湾和澳门地区，俄罗斯、西班牙、柬埔寨、越南、朝鲜等国家。我国台湾地区的"土地法"主要规定了地权、地籍、土地使用、地价与地税、土地征收等内容。俄罗斯的土地法典主要规定了俄罗斯联邦土地资源管理的基本原则；国家机关和部门对土地管理的权限；土地保护的本质，违反土地使用和保护制度的问责制概念；土地权的内容，土地权产生的可能性以及土地权终止的原则；土地市场的规定；土地所有权持有者、土地使用者、土地实际控制者的权利和义务；土地价格的评估原则和土地使用费支付原则；土地规划的概念与国家土地统计的概念；所有土地概念的法律规章制度等内容。西班牙土地法主要包括五章内

---

① 参见朱景文：《比较法社会学的框架和方法——法制化、本土化和全球化》，中国人民大学出版社2001年版，第100页。
② 参见龙翼飞：《完善我国土地立法的思考》，《中国土地科学》1996年第10卷第5期。另外还有一些学者持相同意见，参见严金明：《土地立法与〈土地管理法〉修订探讨》，《中国土地科学》2004年第18卷第1期；钟京涛：《我国土地立法评价》，《国土资源科技管理》2003年第3期。

容,总则部分阐述了法律适用对象、城市和空间可持续性开发的基本原则等;第一章介绍公民有关土地的权利和义务;第二章是基本土地制度,包括土地利用的基本标准,城市公共管理文件发布和效力,土地利用基本状况,农用地利用,城市更新改造调控,城市可持续发展评价和监控等;第三章是不动产估价;第四章是强制征用和政府责任,对征用制度和撤销征用的条件进行了规定;第五章是产权的社会宗旨和土地管理,包括强制出售和转让、公共土地资产和地表权等方面内容;最后是附加条款和过渡性条款。① 通过比较我们可以发现,这些国家土地法规定的内容基本上我国已经有所规定,但都是分散在不同的法律法规中,如果将这些法律法规整合于一部土地法中,实属不易,亦无实益,相反会有叠床架屋之嫌。

(2) 从我国实际情况来看,土地权利规定于《物权法》等民事法律中,土地管理规定于《土地管理法》等行政法律中,相辅相成,在未来法律修改时只需加强两者之间的互补、联系,就完全可以实现两者作用的最大化。所以笔者认为,没有必要再单独制定一部土地法,但是我们需要对《物权法》、《土地管理法》等法律之间的衔接进行完善。

不制定土地法,并不代表否定土地法的独立部门法的地位。土地法既包含土地权利又包含土地管理,它不可能单纯地属于民法、行政法或经济法,而且任何法律部门都不能全部囊括所有关于土地的法律制度。所以笔者认为应当肯定土地法的独立部门法的地位。② 而且从历史方面来看,在我国,土地一直以来都备受关注,土地和朝代的更替、社会的发展都有着莫大的关系。由此也形成了我国特有的土地法律制度和思想。在中国共产党诞生以后,土地一直都是其革命斗争的核心之一,土地革命也促进了我国最早的社会主义法的产生。③ 可以说土地法一直都是中国共产党立法中的一个独立法律部门,在革命时期出现的时间最早,在中国社会经济的发展中所发挥的作用也最大。到改革开放以后,由于我国的土地保护形势比较严峻,国家将"十分珍惜、合理利用土地和切实保护耕地"确定为我国的基本国策,并明确写进了《土地管理法》,成为我国第一个写进法律的基本国策。由此可以看出土地法的重要性,所以对土地制度和政策予以法律确认,使之稳定下来,对于国家经济社会的发展都大有意义。

---

① 参见李蕾、陈成:《西班牙〈土地法〉介绍及其对我国〈土地管理法〉修改的启示》,《国土资源情报》2007年第10期。
② 当然这里的"独立部门法"并不是指与民法、刑法等法律部门相同,而是指以土地为研究对象的数个法律部门中有关土地的规定的集合。
③ 中国共产党最早颁布通过的法律之一就是《井冈山土地法》,1928年由毛泽东等制定。

第三节 我国土地制度存在的问题分析及创新趋向：保护与利用

一、我国土地权利制度的问题分析及其未来发展趋势

在上文中我们已经介绍了我国土地权利的结构体系，即分为土地物权和土地债权，而土地物权又分为土地所有权、土地用益物权和土地抵押权，土地用益物权又可以分为土地承包经营权、建设用地使用权、宅基地使用权和地役权。与其他国家的土地权利结构体系相比，我国的土地权利结构体系表现出独一无二的特殊性，这主要是由我国的政治、经济和历史原因造成的。其中比较有特色的权利制度是土地所有权与土地使用权分离的土地利用制度、独创的土地承包经营权制度、保障农村居民居住权的宅基地使用权制度等。

一般说来，土地上的权利越是单一，意味着土地资源利用的效用越小，土地所释放出来的财富价值也越少；反之，土地上的权利越多元，意味着土地利用的效用越大，土地所释放出来的财富价值就越大。因此，考察土地上的权利构造是单一的还是多元的，对于判断土地资源的利用和财富效用，是一个较为直接的途径。① 从这一角度来观察我国的土地权利结构，似乎可以得出这样一个结论：我国的土地权利类型较多，除私人土地所有权以外，其他土地权利均存在，所以我国的土地资源利用较好、土地权利受到了法律的保护。但是与现实情况比较来看，这一结论又存在着问题，例如我国耕地资源在不断减少，农民的土地却不断被政府低价征收而后高价出让，严重地损害了农民的集体土地所有权和使用权。笔者认为产生这样问题的原因在于，我国法律对土地权利作了过多的限制，特别是集体土地权利，这体现在很多方面，例如对集体土地流转的严格限制、土地供应市场的国家垄断限制等，这就导致了土地权利人不能按照自己的意愿对其土地权利进行处分。也就是说，我国的土地权利特别是土地物权，与传统的土地物权相比，在很大程度上存在着残缺和不完整。法律之所以要赋予权利主体以土地权利，其目的就在于使权利主体能够按照自己的意愿合理使用土地，发挥土地的最大效用。如果法律在赋予权利的同时，过多地限制权利主体的权利行使，这又是什么逻辑呢？当然我们不得不承认，任何权利都不是绝对的，法律需要对权利作

---

① 柳经纬：《我国土地权利制度的变迁与现状——以土地资源的配置和土地财富的分配为视角》，《海峡法学》2010 年第 1 期。

出约束。但是这不能成为限制权利主体合理行使其土地权利的理由，只要该土地没有变更用途和所有权性质，法律就不应当作出过多的干预。笔者认为在土地权利安排层面要"多予少取放活"，将更多受到法律保护的土地权利交还给农民，同时尽量减少限制和侵犯，这样可以将土地所蕴涵的巨大价值发挥出来，促进农村、农业的发展。农民只有享有充分且完整的土地权利，才能实现自己的土地权益，也才能真正实现我们改革追求的目标。现阶段对于农民问题的解决，笔者认为应当在坚持农民集体土地所有权的前提下，规范宅基地使用权，重点从土地承包经营权和集体建设用地使用权的流转上进行变革，以期实现农民土地效益的最大化。

二、我国土地管理制度的问题分析及其未来发展趋势

土地管理法部分主要包括土地用途管制制度、土地地籍管理制度、土地利用规划计划制度、耕地总量动态平衡制度、土地整治制度、土地征收征用制度、建设用地审批制度、土地储备制度、土地税收制度、土地监察与督察制度、土地纠纷争议解决制度等具体制度。可以说，我国的土地管理者制度已经初具规模。这些土地管理制度对于我国社会经济的发展做出了巨大的贡献，特别是在耕地保护方面更是发挥着至关重要的作用。但是也存在着许多问题，例如建设用地利用粗放、耕地红线屡次被突破、征地致使农民利益被严重侵害、土地利用规划执行不严、土地交易市场不规范、圈地投机问题严重、政府违法批地用地等。这不禁让人产生疑问：为什么最严格的土地管理制度却没有防止上述土地问题的发生？我国的土地管理制度究竟存在何种问题？笔者认为导致上述问题和疑问的产生与我国土地管理制度本身存在的问题有一定关联，但这并不是最根本的原因。我国的土地问题产生于我国的现实情况，它是由经济、政治、法律等诸多原因造成的，所以要想解决我国的土地问题单纯依靠土地管理制度的完善是不可能的，它需要多方面的支持和改进，例如经济发展方式的转变、财税体制的完善、干部考核机制的改进等。对于经济、政治等方面的原因我们在此不作过多讨论，但是在法律制度方面则需要确定一个发展的趋向以指导土地管理制度的完善。土地管理应当以土地权利为基础依法实施，同时要兼顾土地保护和经济发展之间的关系，另外，特别需要注意的是在市场经济条件下政府管理只是起到辅助作用，我们应当发挥市场调节土地保护和经济发展之间关系的作用。

由于土地管理制度较多，而限于篇幅，笔者只对以下几个比较重要的土地管理制度提出改进的建议。

1. 土地利用规划制度

现行《土地管理法》第17条规定，各级人民政府应当依据国民经济和社会发展规划、国土整治和资源环境保护的要求、土地供给能力以及各项建设对土地的

需求，组织编制土地利用总体规划。那么何为土地利用总体规划？目前学界比较主流的观点认为，土地利用总体规划是在一定规划区域内，根据当地自然和社会经济条件以及国民经济发展的要求，协调土地总供给和总需求，确定或调整土地利用结构和用地布局的宏观战略措施。土地利用总体规划的核心是确定或调整土地利用结构和用地布局，它的作用是宏观调控和均衡各行业用地。①可以说，土地利用总体规划是实行最严格土地管理制度的纲领性文件，是落实土地宏观调控和土地用途管制、规划城乡建设和统筹各项土地利用活动的重要依据。所以土地利用总体规划具有非常重要的法律地位和意义。

土地利用总体规划在法律上应当属于行政规划，是一种国家依据职权而实施的活动。具体来说，土地利用总体规划作为一种行政规划，是作为行政主体的国家在实施公共事业之前，综合各种行政目标，事前制定出的规划蓝图，以作为在土地管理方面的行政目标，并要进一步制定为实现该综合性目标所必需的各项政策性大纲。因此，作为一种行政规划，土地利用规划必须走法制化道路，要受到法律的约束和规范，具体来说：首先，土地利用规划的制定必须要以人为本，以环境的可持续发展为本，同时要遵循统筹兼顾和利益平衡原则。其次，行政规划的制定必须保障公众参与。再次，土地利用规划的实施必须遵循公开、公平、公正的正当法律程序。最后，土地利用规划的内容必须具有相对稳定性、权威性和强制性，规划制定机关和规划实施机关都必须遵守土地利用规划，否则就要承担相应的责任。

2. 耕地保护制度

近年来我国耕地面积在逐年减少，已经逼近18亿亩红线。为切实保护有限的耕地资源，我国将耕地保护上升为一项基本国策，并且在《土地管理法》中予以法定化。同时中央政府三令五申，要求各地加强土地管理，节约用地，制止乱占耕地，并在修订的《土地管理法》中特别将耕地总量动态平衡制度、耕地占补平衡制度、基本农田保护制度及土地用途管制制度等上升到法律的高度。尽管这些制度的实施在一定程度上有助于保护耕地，但这些耕地保护制度在某种程度上还存在着一些问题，需要进行修改和补充。

耕地保护要注意从两个方面进行完善：一是确定责任主体，二是保护补偿。具体来说，首先，要确定耕地保护的责任主体，这里的责任主体应当包括地方人民政府，另外还有使用耕地的主体，也就是说要地方政府和耕地使用者共同承担保护耕地的责任，这主要是因为两者都有可能破坏耕地。其次，保护耕地将会导致土地用途不能变更，从本质上来说这是对土地利用的一种限制。关于这种对土

---

① 王万茂主编：《土地利用规划学》（第7版），中国大地出版社2008年版，第73页。

地利用的限制是否应予补偿，理论上存在争议。笔者认为对于土地利用限制的补偿应以该限制是否造成了权利人的特定损失，如果限制是该权利人的社会义务，就不应当进行补偿。对耕地进行保护，限制其用途变更，从某种程度上来说是限制了耕地权利人的发展权，应当对这种限制进行补偿。这种补偿，一方面可以弥补耕地权利人保护耕地的损失，另一方面也是对保护耕地行为的一种奖励，可以激励耕地权利人的保护热情。

3. 建设用地供应与审批制度

当前我国经济发展迅速，对建设用地的需求特别巨大。反观我国的建设用地供应和审批制度却存在诸多问题，这在一定程度上制约了我国社会经济的发展。根据我国《土地管理法》等法律规定，任何单位和个人进行建设，需要使用土地的，必须依法申请使用国有土地。也就是说国家垄断了土地一级市场，任何建设项目都必须使用国有土地，而封闭了集体建设用地进入土地市场的途径。① 笔者认为应当打破国家垄断土地供应一级市场，允许集体建设用地进入土地市场进行流转，当然这里需要进行一定的限制。首先，集体建设用地应当仅限于农村现有非农业用地，不包括宅基地。其次，流转的范围应当进行限制，鉴于我国房地产市场的不稳定性，盲目地允许集体建设用地进入住宅用地市场可能会冲击现有房地产市场的发展，因此对于集体建设用地进入房地产市场应当持谨慎态度。

另外，经批准的建设项目需要使用国有建设用地的，建设单位应当持法律、行政法规规定的有关文件，向有批准权的县级以上人民政府土地行政主管部门提出建设用地申请，经土地行政主管部门审查，报本级人民政府批准。但是根据规定，建设用地的审批程序繁多、效率不高、成本较大，因此存在着一些问题需要加以完善。建设用地审批从性质上来说是一种行政审批。所谓行政审批是指行政审批机关（包括有行政审批权的其他组织）根据自然人、法人或者其他组织依法提出的申请，经依法审查，准予其从事特定活动、认可其资格资质、确认特定民事关系或者特定民事权利能力和行为能力的行为。② 由于行政审批带有计划经济的色彩，已经不能适应市场经济的发展，而且国外的经验也告诉我们，适当的政府管制、简单有效的审批手续是解放生产力、发展生产力之必需。因此国家通过改革减少原有的审批项目、遏止新的审批项目。《行政许可法》的出台是行政审批改革的重大举措，具有极大的意义。根据《行政许可法》第 12 条：有限自然资源开发利用、公共资源配置以及直接关系公共利益的特定行业的市场准入等，需要赋予特定权利的事项可以设定行政许可的规定。笔者认为对于经营性的建设项目

---

① 有一个例外情况，那就是符合土地利用总体规划并依法取得建设用地的企业，因破产、兼并等情形致使土地使用权依法发生转移的。
② 2001 年国务院《关于贯彻行政审批制度改革的五项原则需要把握的几个问题》。

用地可以适用行政许可制度。

4. 土地征收与补偿制度

土地征收是国家或政府为了实现公共利益而享有的一种强制性取得私人土地所有权的行政权力,在实践中土地征收往往会严重侵害被征地人的权利,所以为了充分保护被征地人的权利,许多国家都对土地征收的条件、补偿、程序进行了严格规定,并建立了充分、高效的争议解决机制。我国法律中也对公益征收做了规定。我国《宪法》规定:国家为了公共利益的需要,可以依照法律规定对土地实行征收或者征用并给予补偿。国家为了公共利益的需要,可以依照法律规定对公民的私有财产实行征收或者征用并给予补偿。我国《物权法》也规定:为了公共利益的需要,依照法律规定的权限和程序可以征收集体所有的土地和单位、个人的房屋及其他不动产。2004年《土地管理法》修改时也对土地征收进行了完善,但只是对土地征收与征用进行了区分,关于土地征收的实质规定却并没有加以修改。随着《宪法》的修改、《物权法》的颁布,农民对自己的土地权利有了更深的了解,然而落后的、不合理的土地征收制度并没有发生变化,这就导致了现在社会中违法征收、暴力拆迁问题的不断发生。这不得不引起我们的思考,土地征收制度必须要加以修改。

土地征收制度要从以下几个方面进行修改:

(1) 公共利益的确定。土地具有自然属性和社会属性,土地资源的配置可以通过市场和政府得以实现。土地征收作为政府配置土地资源的方式,主要在于满足公共利益需要,而对于非公共利益需要的项目用地必须采取市场方式予以配置。另外需要注意的是,不管是列举还是概括,公共利益的范围都具有抽象性,政府在征收时必须要将具体的建设事项与之进行衡量对比才能变为具体的公共利益,此时才能列为征收的公益范围。

(2) 征收补偿的市场化。补偿是土地征收制度的核心,有征收必须有补偿。我国当前土地征收补偿以农产值来确定土地补偿费和安置补助费,但是这种以农产值确定补偿费不科学,标准偏低,安置方式单一,抚慰色彩浓,难以保证被征地农民的生活水平不降低,征地补偿安置费管理不到位,拖欠、挪用、截流等现象屡见不鲜。其他国家和地区土地征收补偿均是建立在土地财产权和土地市场的基础上给予完全的市场价格,同时还考虑搬迁费等生活权补偿。我国土地征收补偿应以公平为原则,必须按市场价格进行补偿,补偿以实际发生的物质损失为限。

(3) 保障被征收人的参与知情权。虽然现行土地征收制度建立了"两公告一登记"和听证程序,但是被征地人知情权、参与权保护仍显不足。因此应当建立事前公告和听证程序,同时要赋予农民异议权,可以对征收方案提出异议。

(4) 土地征收争议的解决机制。现有的土地征收争议解决方式简单、低效、非制度化，难以满足日益纷繁复杂的土地征收争议解决的需要。在某些国家有土地裁判所一样的专门机构解决土地征收争议，解决争议过程中注重双方协商合意解决。

应当建立系统的土地征收救济体系，包括完善行政裁决制度，建立专门的土地裁判机构，将裁决的案件范围扩大至所有因土地征收的争议；完善司法救济，将土地征收行为本身合法性和其中带有抽象行政行为的性质和特点的行为纳入诉讼审查范围。

5. 土地违法监察与督察制度

当前在土地利用与管理中有法不依、执法不严的现象仍旧存在，各类土地违法案件屡禁不止，造成耕地资源和国有土地资产大量流失。由于缺乏有效的执法手段和明确的执法权力，土地执法难以到位，严重地削弱了法律应有的权威，因此，如何解决当前土地执法监察中面临的种种问题就显得极为迫切。

为全面落实科学发展观，切实加强土地管理，2006年7月国家正式启动土地督察制度，设立国家土地总督察及其办公室，并向地方派驻国家土地督察。所谓土地督察就是我国土地督察机构对省、自治区、直辖市以及计划单列市人民政府土地利用和管理情况进行监督检查的行为。到目前为止，我国的土地督察制度已经初具规模，这就需要在《土地管理法》中加以规定，为其提供法律上的依据。这里需要注意的是，土地督察与土地监察之间的关系问题。在对土地违法行为的查处中，土地监察应当发挥首要作用，但是当土地管理部门出现监察不力或政府出现利用管理土地违法行为时，土地督察就要强势介入，对这些土地违法行为进行查处。所以在《土地管理法》修改时应当将有关于土地督察的规定放在土地监察之后，并对两者之间的关系和衔接作出说明。对于土地监察的完善，笔者认为应当着重在土地执法权和处罚力度的加强，另外对于地方政府的土地违法行为可以由其上一级政府的土地管理部门进行查处，而不是由同级政府的土地管理部门查处。

第四节　结　语

在进入21世纪之后，我国的土地问题依然很多，耕地保护形势依旧严峻、经济发展对建设用地的需求依然较大、农民的合法土地权益需要法律保护、土地违法行为屡见不鲜，等等。在面临诸多挑战的时候，我们的土地制度改革是应当阔步前进还是畏首畏尾，将会对我国的社会经济的发展产生重大的影响。值《土地管理法》修改之际，笔者希望立法者能够洞悉中国未来发展之趋势、顺应人民之心声，对我国的土地制度作出长久的规划和设计，以造福于百姓、贡献于国家。虽然我国的社会经济发展并不单纯地依赖土地制度，它还需要在经济制度、政治制度等各个方面进行改革和完善。希望新时期土地法的改革和发展能够点燃中国未来持续发展之火，充分发挥土地对社会之进步、经济之繁荣、生活之改善的应有作用。

第二章 我国土地所有与使用制度的历史考察与启示

进入 21 世纪以后特别是随着社会经济的飞速发展，我国工业化和城镇化速度不断加快，这对我国的土地制度提出了新的挑战和要求，所以现行土地制度需要进行改革与创新，以面对新形势和新发展。

我国土地制度的历史源远流长，其中有很多经验和教训值得我们深思和借鉴。特别是在目前我国现实条件下如何发挥土地的作用、实现地尽其用就成了一个亟待解决的问题，而我国土地所有与使用制度的历史演进将会给我们以有益的启示。

第一节 我国土地所有与使用制度的历史概观

我们的先人在原始社会就开始在这块土地上进行耕作生产，但是由于历史的局限性，虽然部落中存在一定的土地制度，但人们还是处于一种蒙昧的认知状态，对此仅是有一些直观而自然的感受。自进入文明社会以来，随着生产力的发展和人们认知水平的提高，开始有意识、有目的地建构土地制度以服务于国家统治和经济发展，其中最主要的就是土地的所有与使用制度。

一、我国土地所有制度的历史概观

从总体上说，自从国家建立以来，中国古代的土地制度，经历了从国有到私有的过程。[①] 在进入近现代社会以后，则在逐渐消灭土地私有制、建立土地公有制。具体来说，我国土地所有制的发展主要经历了四个阶段。

（1）实行单一土地国有制。这主要是在我国奴隶社会时期，也就是夏、商、周时期。由于历史资料和考古发现的有限性，我们无法确切地了解夏朝的土地所有制情况，但是通过一些后世的文献记载，例如"殷因于夏礼、周因于殷礼"、

---

① 陈锋：《中国古代的土地制度与田赋征收》，《清华大学学报》（哲学社会科学版）2007 年第 4 期。

"夏后氏五十而贡，殷人七十而助，周人百亩而彻，其实皆什一也"等，可以看出夏、商、周的很多制度都是前后因循，所以夏、商、周的土地所有制基本相同。商朝土地属于商王所有，而商王则代表国家，也就是土地国有制，正所谓"皇天既付中国民越厥疆土于先王"。①而周人灭商以后仍然因循商制，实行土地国有制，即是"普天之下，莫非王土；率土之滨，莫非王臣"。②因此可以看出，夏、商、周时期国王对全国土地拥有所有权，这种国王所有制也是国有制。另外统治者会将土地分封赐给贵族功臣，但是规定"田里不鬻"。在周后期，由于生产力的发展以及周天子控制力的减弱，诸侯贵族开始买卖交换土地，国有土地逐渐被侵占为私有土地。③值得注意的是，虽然在夏、商、周时期，"普天之下，莫非王土"，但这种土地所有只是一种名义上的所有，很多土地是被私人所占有，当然这种占有并不是以所有者的名义占有的。

（2）私有土地开始出现。土地国有制与土地私有制并存，但是土地国有制占主导地位，这主要是封建社会前期，也就是从秦汉到隋唐时期。春秋战国时期，由于生产力的发展特别是铁制工具和牛耕技术的使用，人们开垦出大量的私田，许多国家都推行改革以适应新的社会经济发展要求，其中最著名的就是商鞅变法，规定"为田开阡陌封疆而赋税平"，④打破田界，重新划分。这种私有土地的出现代表着一种新的土地所有制形式的诞生——封建土地私有制，这也标志着先进的封建制度开始出现。但是私有土地的出现并没有撼动土地国有制的主导地位，根据学者统计，汉代的公田几乎占到了全国土地的94%。⑤可以说，从秦汉到魏晋南北朝再到隋唐，1000多年时间内，国家控制着大部分的土地。但是在唐朝后期，由于社会经济的发展特别是商品经济的发展再加上国家对土地流转的承认，私有土地迅速增加并集中，大地主土地私有制开始占主体地位。

（3）土地国有制与土地私有制并存。土地私有制逐渐代替土地国有制成为主导，这主要是封建社会后期，也就是宋明清时期。两宋时期的社会经济发展水平非常高，特别是商品经济发展水平超过了唐朝，在土地制度上宋代"不立田制"、"不抑兼并"，允许土地私有买卖，"国家的土地所有制形态日渐衰落，私人土地所有制形态迅速发展，以致两宋官田趋于私田化和官租趋于私租化。"⑥由于不抑兼并土地，导致土地被集中，私有土地逐渐超过了国有土地。在随后的明清两

---

① 《尚书·梓材》。
② 《诗经·小雅·北山》。
③ 参见蒲坚主编：《中国历代土地资源法制研究》，北京大学出版社2006年版，第2页。
④ 《史记·商君列传》。
⑤ 参见林甘泉：《中国封建土地制度史》（第1卷），中国社会科学出版社1990年版，第193页。
⑥ 张晋藩：《中华法制文明的演进》（修订版），法律出版社2010年版，第497页。

第二章 我国土地所有与使用制度的历史考察与启示

朝,虽然对土地的兼并集中有所控制,但是都在法律上实行不抑兼并的政策、允许土地的自由流转,国有土地进一步减少,封建地主土地所有制代替了国有制而成为主要的土地所有制形式。例如弘治年间官田数量仅为民田的 1/7,至中后期,由于官田逐渐转为贵族官僚私产,官田的比重也越来越小。①

(4) 逐步消除封建土地私有制,建立土地公有制。这主要是近现代时期。在清朝末年,由于土地高度兼并集中,农民被封建国家和地主盘剥日益严重,生活极其困难。而随着资本主义生产方式逐渐传入中国,封建地主土地所有制下的小农自然经济已不能适应社会发展的要求,再加上日益腐朽的封建统治制度,社会矛盾不断激化。这就在一定程度上导致了革命的爆发,结束了封建专制王朝的统治。在辛亥革命以后,孙中山先生及其领导的国民党希望通过一些措施改变封建土地所有制,实现"平均地权"、"耕者有其田"的目标。但是由于孙中山先生去世后的中国国民党退化为大地主大资产阶级的代表,未能实现"耕者有其田",而中国共产党则通过革命斗争的手段推翻了国民党的反动统治,实现了耕者有其田。这样先后经过中国国民党和中国共产党的努力奋斗,最终消除了在中国存在长达上千年的封建土地所有制。新中国成立后,为了建立社会主义制度和实现工业化建设,中国共产党根据马克思主义土地国有的思想逐步建立了土地公有制,即土地全民所有制,包括土地国有制和土地集体所有制,并写进了《宪法》、《物权法》等法律,得到了法律保障,一直持续到现在。

二、我国土地使用制度的历史概观

从人类社会历史发展来看,历代王朝所实行的井田制、授田制、辕田制、假田制、赋民公田制、均田制等各种形式的土地制度,其实质是土地利用制度,目的是实现土地与劳动之间的合理配置,促进社会经济的发展。② 由于各个朝代的社会经济条件不同,土地的使用制度也各有差异,但总的来说我国的土地使用制度与土地所有制度有一定的契合性,具体来说主要有以下几个发展阶段:

(1) 单一土地国有制时期,也就是夏、商、周时期实行井田制。《孟子·滕文公上》较为系统地介绍了井田制:"方里为井,井九百亩,其中为公田。八家皆私百亩,同养公田。公事毕,然后敢治私事。"由此可知,井田分为公田和私田,其中公田是指土地占有者的禄田,即俸禄之田,私田是劳动者维持基本生活的份田。这些劳动者必须先在公田上无偿耕作,然后才能耕种自己的份地。由于土地国有制的存在,整个夏、商、周时期均实行井田制。这一时期实

---

① 张晋藩:《中华法制文明的演进》(修订版),法律出版社 2010 年版,第 715 页。
② 汪军民:《土地利用制度的法经济学思考——兼论我国古代土地制度的法律特征》,《武汉大学学报》(哲学社会科学版) 2008 年第 3 期。

行井田制,主要原因除了奴隶主剥削奴隶的需要之外,还在于当时生产水平不是很高,需要集体协作生产。但是春秋战国时期,生产力水平迅速得到提高,私有土地开始出现,破坏了土地国有制,井田制也逐渐被历史淘汰。公元前359年和前350年,商鞅在秦变法,"坏井田、开阡陌",终于在中国历史上比较完整地从法权方面废除了井田制——农村公社或其次生形态田土形式的正式废除。①

(2) 封建社会前期,国家通过授田制(名田制)、屯田制、均田制等制度将国家所有的土地授予个人耕种,②同时在私人所有的土地上出现了佃耕,但并不是主要的土地使用制度。从秦汉到隋唐时期,土地国有制一直占主体地位,国家需要将自己控制的土地分配给人民进行耕种,并且收取田租税赋。这里主要介绍一下秦汉时期的授田制和隋唐时期的均田制。秦汉时期的授田制与战国时期实行的授田制是一脉相承的,国家按照法律所确定的等级标准,分别将公田分给人民自行耕种。秦汉时期的授田制将土地分配给各户经营,按亩征收,劳动者的积极性高涨了,对土地的劳动投入增加了,产量自然就能得到提高。③秦汉时期颁布了多项法律对授田制进行规定,例如秦《田律》和《厩苑律》,汉《户律》、《厩律》、《田律》等。均田制始于北魏,北齐、北周、隋、初唐时均沿此制。在土地以国有为主的情况下,政府将国有土地分配给农民耕种,从中收取赋税。但是对贵族官僚授予的永业田过多再加上土地兼并加剧,使得国家能提供的均田数量逐渐减少,而人口的迅速增长和国家赋税的加重,导致了均田制瓦解。而私有土地的增加、庄园经济发展迅速,农民开始放弃均田制而转向租佃。

(3) 封建社会后期到民国时期,由于私有土地大量出现,租佃制开始占主导地位,并逐渐发展完善,形成了具有中国特色的永佃制度。在"不抑兼并"政策的推行和商品经济的作用下,从宋朝时期土地私有制开始占主导地位,在此基础上租佃制得到了广泛发展。至明朝中后期,在租佃制度下发展出了永佃权。所谓永佃权是指以缴纳地租为代价永远耕种土地所有权人田地的权利。一般而言,永佃权制度的形成原因有以下几种:一是农民基于开垦地主之荒田或无主荒田而享有永久佃作的权利;二是农民将自有土地卖与他人但保留土地的耕作权;三是基于契约买卖取得他人土地的耕作权;四是以缴纳押租的方式获取他人土地用益物权。①随着永佃权的确立,土地租佃关系变得复杂化,需要法律加以详细规定。

---

① 赵俪生:《中国土地制度史》,齐鲁书社1982年版,第241页。
② 参见张履鹏、孙陶生、李扬、张翔迅:《中国农田制度变迁与展望》,中国农业出版社2009年版,第2页。
③ 蒲坚主编:《中国历代土地资源法制研究》,北京大学出版社2006年版,第99页。

第二章 我国土地所有与使用制度的历史考察与启示

到清朝时期永佃制度取得了极大的发展，佃户获得了世代耕种的权利，田主只要收取地租便不得自行转佃。永佃制度到清末民国时期仍然实行，并被作为具有中国特色的土地使用制度以外国用益物权制度加以改造，写进了《大清民律（草案）》和《中华民国民法》、《中华民国土地法》。①

（4）新中国成立以后，为了建立社会主义制度以及实现工业化建设，国家对土地改革之后确立的土地农民所有制进行了改革，通过互助组、合作社、人民公社等确立集体土地所有制，并在城市也确立土地国有制，这样我国就确立了土地公有制，而现在我国的土地使用制度就是建立在公有土地之上的。总的来说，新中国成立以来土地使用制度发展大体上经过了两个阶段：第一个阶段是新中国成立后到改革开放前，这一时期主要是集体土地实行集体劳动、国有土地免费无偿使用；第二个阶段就是改革开放以后，在土地公有制之下我国开始实行集体土地承包经营和国有土地有偿有期限使用制度，特别是引进借鉴了国外用益物权的制度，并结合我国特殊情况将土地所有权与使用权分离，确定了土地承包经营权、建设用地使用权、宅基地使用权和地役权等土地使用制度。

第二节 我国土地所有与使用制度演进的法律分析和启示

一、土地所有与使用制度发展的决定因素

总的来说，土地所有与使用制度作为一定社会的上层建筑，要由该社会的经济基础所决定，这体现在土地的所有与使用制度根源于一定的经济基础，同时又要与一定的经济基础相适应，随其变化而变化。而经济基础是生产关系的综合，生产关系是由生产力所决定的。生产力的发展推动了生产、交换、分配的变化，从而推动了包括土地所有与使用制度在内的上层建筑的不断深化。土地所有与使用制度从产生时起就始终受着生产力发展水平的影响和制约。生产力通过影响生产关系也就是经济基础推动着土地所有与使用制度的发展。也就是说我国土地所有与使用制度的发展演进归根结底是由生产力的发展水平所决定的。下面笔者将做一具体分析。

在奴隶社会时期，由于生产力极其低下，需要集体劳动，所以决定了夏商周

---

① 参见刘云生：《永佃权之历史解读与现实表达》，《法商研究》2006年第1期。

时期的土地国有制和井田制，全国土地归国王一人所有，而国王代表国家将土地平均分配给每个人耕种，共同在井田之上劳作。到春秋战国时期，由于生产力的发展如铁制工具、牛耕技术等，人民开垦土地的能力逐渐增强，私有土地开始出现，这就冲击了奴隶社会时期的土地单一国有制和井田制，这也标志着奴隶社会的瓦解，封建社会的开始。在封建社会前期，土地总的来说仍然是由国家所有，国家通过实行授田制、均田制等方式将土地分配给个人耕种，并收取赋税。但是随着社会的发展特别是商品经济的发展，在封建社会的后期土地作为一种有价值的物开始被兼并集中，封建地主所有制开始占主导地位。在大地主所有制之下土地仍然需要耕种，于是出现了租佃制。到了近代，资本主义生产方式及其法律制度和思想开始传入中国，再加上封建地主土地所有制和租佃制对农民的盘剥压榨日益严重，于是在中国爆发了革命，封建专制王朝被推翻，这也导致了封建地主土地所有制的消灭。中华民国时期，虽然孙中山先生提出了"平均地权"、"耕者有其田"的主张，而且制定了先进的土地法律制度特别是借鉴国外经验建立了土地用益物权制度，但因为当时的战乱情况导致这些制度没有很好地贯彻实施，孙中山先生的愿望并没有得到实现。中国共产党继承了"耕者有其田"的主张，但是另辟蹊径，采取了一套"打土豪、分田地"的方式，消灭了封建地主土地所有制，实现了农民土地所有制。但是在新中国成立以后为了建立社会主义制度中国共产党逐步建立了土地公有制，并逐渐将所有权与使用权分离，在借鉴国外成熟经验的基础上根据我国具体情况建立了土地用益物权制度，包括土地承包经营权、建设用地使用权、宅基地使用权和地役权。

综上可知，我国历史上的土地所有与使用制度基本上顺应了生产力的发展要求，促进了社会经济的进步。虽然在封建社会中后期我国曾经出现过资本主义萌芽，特别是在近现代外国资本主义进入过中国，但是总的来说我国两千多年来自给自足的小农自然经济一直占主导地位，不管是土地国有制及其使用制度还是封建私有制及其使用制度都是建立在此基础之上的，虽然两者都对社会经济的发展做出过贡献，但是都具有其局限性，根本满足不了现代社会经济的发展要求，所以最终也被淘汰废除。我国新时期土地所有与使用制度是以社会主义市场经济为基础的，其构建与发展一定要遵循社会经济发展规律，一定要满足当前社会经济发展的需求，以适应生产力的发展。关于我国新时期土地所有与使用制度如何进行建构以适应当前社会经济的要求而促进生产力的发展，将在下面进行详细论述。

二、土地所有与使用制度的法律保障

生产力的发展促进了土地的所有与使用制度的不断发展变化，由单一国有制

第二章 我国土地所有与使用制度的历史考察与启示

到国有制与私有制并存,不同的历史发展阶段都会根据社会经济的发展水平确立适宜的土地所有与使用制度。但是这种土地所有与使用制度只是一定社会的上层建筑,它反映了人类生产生活过程中人与人之间对土地这种生产资料的占有和使用方面的经济关系。也就是说,土地所有与使用制度是一种抽象的概念,需要实现土地的所有与使用制度的具体化。通过法律对土地所有与使用关系进行确定具体化,建立土地所有权与使用权,这样土地所有人与使用人就可以在法律的保障下实现对土地的占有、使用。我国专门制定相关法律法规以确定和保障土地所有与使用关系的历史非常久远。

夏、商、周时期,对土地的法律规定比较低级散乱,但根本的规定是"普天之下,莫非王土"以及"田里不鬻"。①经过春秋战国后,秦统一了六国,建立了第一个封建专制王朝——秦朝。秦汉时期的成文立法就比较成熟了,通过湖北云梦睡虎地秦墓发现的竹简来看,秦朝的土地立法就比较发达,主要有《田律》、《田令》、《厩苑律》、《仓律》等,但最主要的是《田律》,它规定了秦朝的国有土地所有制、向农民授田制、田地管理等。另外秦律中还对侵犯土地所有权的行为进行严厉打击,这也都反映了秦朝保障土地所有与使用权的情况。②汉律在土地所有与使用制度方面基本沿袭了秦朝,主要的土地立法有《田律》、《户律》、《厩律》等,分别对土地的所有、授受、分配、开垦、管理、保护等进行了规定。魏晋南北朝时期虽然比较混乱,但是土地法制却也有重大发展。其中最著名的,也是对后世影响深远的就是北魏的均田令,确定了均田制度,这应当是我国历史上现存最早的有关土地所有与使用制度的成文法。北魏的均田制为后世所沿袭,特别是隋唐时期仍然沿用,存续大约300年之久。另外隋《开皇律》、《唐律疏议》、《唐六典》、唐《田令》等法律法规也都对土地的所有、使用、流转、保护、管理等做了详细规定,其中有很多法律规定都为后世的法典所借鉴吸收。到了宋朝,由于国家实行"不立田制"的政策,关于土地所有与使用制度的立法就比较少,这也是导致宋朝土地兼并问题的原因所在。明清时期制定了《大明律》、《明会典》、《大清律例》、《大清会典》、《户部则例》等法律法规,另外还有大量的令、例等,形成了一个完整的土地法律制度,对土地的所有与使用制度予以规定,严厉打击非法侵占土地资源的违法犯罪行为。到晚清民国时期,更是根据西方先进的法律制度和思想,制定了民法、土地法等法律,对土地的所有与使用权作了完备的规定。中国共产党一直以来都非常重视土地立法,对其主张的土地所有与使用制度积极地立法保障,积累了大量的经验。

---

① 参见蒲坚主编:《中国历代土地资源法制研究》,北京大学出版社2006年版,第37页。
② 例如秦简《法律答问》中规定了"盗徙封,赎耐",参见《睡虎地秦墓竹简》,文物出版社1978年版,第178–179页。

通过以上分析可知，土地所有与使用制度随着生产力的发展而发展，而对土地所有与使用制度的具体化就需要法律对土地所有权和使用权加以规定，以保障土地的合理开发利用。在我国历史上土地所有权与使用权很早就实现了分离，法律不仅应当注重对土地所有权的保障，更要对土地使用权进行保障。从一定程度上来说，当土地所有权确定以后，土地的使用权就比所有权更加重要。所以历朝历代都会将国有土地以一定的方式分配给人民使用，即使私有土地也产生了租佃制度，甚至发展出了永佃权和土地承包经营权。如果要实现地尽其利、地尽其用，我国新时期土地所有与使用制度就必须要注重法律保障，特别是土地使用权的保障。

三、对我国新时期土地所有与使用制度构建的启示

我国新时期的土地所有与使用制度的构建应当根据生产力发展的水平，满足当前社会经济发展的需求。随着社会主义市场经济的发展，我国已经在借鉴外国先进经验的基础上结合我国的具体情况建立了土地物权制度，确定了土地所有权、土地用益物权和土地抵押权。应当说这种将土地所有与使用关系物权化的做法值得肯定。但是我国土地物权制度仍然存在着一些问题，其中最大的问题就是土地二元所有、差别对待的制度，也就是说我国土地所有权分为国家所有权和集体所有权，而这两种土地之上的土地用益物权法律规定却存在很大的差异。市场经济的基本特征就是以市场调节配置资源，这里当然包括土地在内，而且在市场经济条件下，所有的经济主体应当地位平等独立，他们之间的法律权利义务关系清晰，可以进行自由的交换。目前我们国家已经通过《民法通则》、《物权法》、《土地管理法》等法律对土地权利作出了比较清晰的规定，尤其是突出了土地用益物权制度。应当说，这一做法是符合市场经济的发展要求的，但这只是稳定的市场经济关系的基础。各种商品和生产资料要素的自由流动以服务于市场，这才是市场经济得以持续发展的根本动力。而我国城乡土地要素配置市场的发育程度已经严重脱节，农村土地的配置并不是按照市场效率最优的原则进行的。① 所以说，土地的所有与使用制度应当以市场经济的发展要求为其构建的基础，也就是说要实现国有土地和集体土地之上权利的平等，真正实现集体土地和国有土地的"同地"、"同权"、"同价"。但是应当注意的是，以市场经济为基础的土地所有与使用制度仍然需要法制的保障，特别是法律要根据社会公共利益和人民群众的根本利益为准则对其进行监督控制。也就是说，虽然土地的所有与使用制度要以市场经济规律为建构基础，但是仍然应当保障国家的粮食安全、居民基本住房保障

---

① 黄祖辉等：《我国土地制度与社会经济协调发展研究》，经济科学出版社2010年版，第349页。

等公共利益，实行严格的土地管理法律制度。

自古以来，国家都在试图控制土地的流转，以防止土地过分集中、农民失去土地成为流民从而威胁自己的统治，但是从效果来看，往往都是适得其反。而如果对土地不加控制、不抑兼并，又会像宋朝一样出现"富者有弥望之田，贫者无立锥之地"的局面，结果还是会威胁国家的稳定。所以说，严格限制的土地流转或无控制的土地流转不管是对农民还是国家，都不是最好的选择。而且当前在农村，农民的土地承包经营权和宅基地使用权承担了社会保障功能，所以集体土地的用益物权的流转还是应当谨慎。笔者认为可以先建立集体土地租赁制度，发挥土地租赁市场的作用，农民集体所有而为个人所有的土地承包经营权等用益物权都可以在这个市场上流转。值得注意的是，通过租赁获得集体土地之上的用益物权进行使用的权利并不是一种物权，但是也应当区别于普通债权，也就是债权物权化。具体有以下几个方面的表现：第一，承认租赁权的物权效力，并以登记公示制度强化之；第二，限制出租人的解决权；第三，承认租赁权的可转让性；第四，承认租赁权的长期存续性；第五，租赁权免受违约金的约束。① 随着工业化和城镇化的发展，对土地的需求肯定会越来越多，如果有更多的集体土地使用权进入土地租赁市场，在时机成熟之际，可以建立统一土地市场，实现集体土地和国有土地的"同地、同权"，这样必将会对社会经济的发展具有重要的作用。

第三节　结语

虽然我国土地所有与使用制度的历史源远流长，但是其演进发展基本上来说是符合生产力发展的规律和要求的。在不同历史时期，土地所有与使用制度的变化发展都促进了社会的进步。我国新时期土地所有与使用制度的构建应当满足社会生产力的发展要求，同时用法律对其进行确定和保障，以实现地尽其用、地尽其利。

---

① 参见王卫国：《中国土地权利研究》，中国政法大学出版社1997年版，第228-229页。

第三章 我国土地承包经营权法律制度创新研究

始于20世纪70年代末的农村土地使用制度的改革是中国经济改革的突破口，土地承包经营制度的实行给中国农业、农村、农民以至整个社会都带来了深刻的变化。而土地承包经营权是我国农民在承包经营生产中逐步发展出来的一种土地权利，它自下而上地被国家政策所认可，并逐步被纳入到法律的调整范围，最终为现代物权法所接受并得到进一步完善。由于土地承包经营权是由我国农民在生产实践中发展而来的，所以说其本身带有了强烈的中国特色，经过现代物权制度的改造，土地承包经营权已经成为我国非常特殊的一项土地用益物权。

我国目前关于土地承包经营权的法律规定主要有《物权法》、《农村土地承包法》、《土地管理法》、《农村土地承包经营纠纷调解仲裁法》、《农村土地承包经营权流转管理办法》等，可以说土地承包经营权法律制度已经初具规模，关于其法律规定也渐趋完善。然而，关于土地承包经营权的问题和争议却一直没有间断。这些问题和争议主要集中在土地承包经营权的法律制度本身和我国农地使用制度的未来发展方向两方面。具体来说，一方面，我国现行的土地承包经营权法律制度本身确实存在着许多问题没有得到解决和确定，而且我国土地承包经营权法律制度受国家政策的影响比较大，在稳定性和规范性等问题上需要妥善解决。另一方面，我国处在社会经济高速发展时期，未来农地使用制度的发展方向在某种程度上制约着当前的发展速度，如何进行变革是当前我国面临的一个非常重要的问题。从某种程度上来说，未来土地承包经营权法律制度的变革和完善将会对我国"三农"问题、城乡统筹发展、全面建设小康社会等产生重要的影响。

从土地承包经营权的产生开始梳理其发展历史，探讨土地承包经营权的法律理论与制度，并提出完善意见，对我国农地使用制度做出反思，提出未来之发展趋向，以期对我国社会经济的发展有所裨益。

中国土地法体系构建与制度创新研究

第一节 我国农地使用制度的历史发展

我国在2000多年封建历史发展过程中一直都是以农业为本，也就是所谓的"重农抑商"，所以在中国封建时期土地作为最重要的生产资料之一深深地影响着整个社会经济的发展，关于土地的制度建设也就备受国家统治者的重视。土地制度作为一定社会的上层建筑，要由该社会的经济基础所决定，这体现在土地的制度根源于一定的经济基础，同时又要与一定的经济基础相适应，随其变化而变化。在土地制度中，最为重要的就是土地所有与使用制度。从总体上说，自从国家建立以来，中国古代的土地所有制度，经历了从国有到私有的过程。① 在进入近现代以后，则在逐渐消灭土地私有制、建立了土地公有制。而在土地使用制度方面，总体上来说是与土地所有制度有一定的契合性，但相对来说又比较复杂多样。我国历代王朝所实行的井田制、授田制、辕田制、假田制、赋民公田制、均田制等各种形式的土地使用制度，其实质是土地利用制度，目的是实现土地与劳动之间的合理配置，促进社会经济的发展。② 由于各个朝代的社会经济条件不同，土地的使用制度也各有差异。下面介绍一下我国各个时期农地使用制度的发展和变化。③

一、我国古代及近代农地使用制度——永佃制与永佃权

由于土地国有制的存在，整个夏商周均实行井田制。但是春秋战国时期，生产力水平迅速得到提高，私有土地开始出现，破坏了土地国有制，井田制也逐渐被历史淘汰。公元前359年和前350年，商鞅在秦变法，"坏井田、开阡陌"，终于在中国历史上比较完整地从法权方面废除了井田制——农村公社或其次生形态田土形式的正式废除。④ 从秦汉到隋唐时期，土地国有制一直占主体地位，国家需要将自己控制的土地分配给人民进行耕种，并且收取田租税赋。秦汉时期实行的是授田制，到隋唐时期实行的是均田制。但是对贵族官僚授予的永业田过多

---

① 陈锋：《中国古代的土地制度与田赋征收》，《清华大学学报》（哲学社会科学版）2007年第4期。
② 汪军民：《土地利用制度的法经济学思考——兼论我国古代土地制度的法律特征》，《武汉大学学报》（哲学社会科学版）2008年第3期。
③ 在长期的封建历史发展过程中，自耕农的土地所有制在历史发展过程中处于不稳定状态，它总是受到地主土地所有制和国家所有制的挤压，因此自耕制度的发展也具有较大的局限性，在此我们主要讨论农民利用地主或国家所有的土地进行耕作的制度。
④ 赵俪生：《中国土地制度史》，齐鲁书社1982年版，第241页。

再加上土地兼并加剧，使得国家能提供的均田数量逐渐减少，而人口的迅速增长和国家赋税的加重，导致了均田制的瓦解。而私有土地的增加、庄园经济发展迅速，农民开始放弃均田制而转向租佃。

在"不抑兼并"政策的推行和商品经济的作用下，从宋朝时期土地私有制开始占主导地位，在此基础上租佃制得到了广泛发展，并且在租佃制度下产生了永佃制。到明清时期永佃制取得了极大的发展，成为一种最主要的农地使用制度。在永佃制下，土地的所有权和使用权被分割为两个完全独立的权利，地主享有对土地的所有权和租金收益权，并不得增租夺佃；佃农则在不拖欠地租的条件下享有对土地长期的使用权。到清末时期永佃制度仍然实行，所以在清末变法运动中这种具有中国特色的农地使用制度经西方现代物权理论加以改造后写进了《大清民律（草案）》，该草案分总则、债权、物权、亲属和继承五编，在第三编《物权》中设"永佃权"专章，从第1086~1101条，共16条。由于《大清民律（草案）》的总则、债权、物权三编是由日本人撰写，所以关于"永佃权"的内容，主要仿照日本民法典第五章"永小作权"而定。这一时期的永佃权是指永佃权人得支付佃租而于他人土地为耕作或牧畜的权利。①《大清民律（草案）》对其后中华民国的民法典制定产生了巨大的影响。《中华民国民法》的第三编物权中，仍列"永佃权"一章，共9条（第842~850条）。可以说《中华民国民法》中的"永佃权"吸取了《大清民律（草案）》的经验和教训，作出了较为妥帖的改进，特别是在指导思想方面，融入了孙中山先生的"平均地权"、"耕者有其田"的思想。

这里需要注意的一个问题就是我国的永佃权与永佃制的产生时间是不同的，并不能当然地认为出现永佃制就产生了永佃权。有学者就指出："永佃权与'永佃'，虽仅一字之差，其渊源、内涵及意义等则相去甚远。'永佃'如同'世耕'、'永耕'，乃清代民间契约用语，它们直接反映某种租佃关系。永佃权则否，它是一个分析概念，其确定内涵首先来自于现代民法，其渊源又可以追溯至古代罗马。"②所以我国近代意义上的永佃权是经过现代民法物权理论改造后一项农地用益物权。

二、我国现代农地使用制度——家庭联产承包责任制与土地承包经营权

新中国成立以后，我国废除了国民党时期的"六法全书"，所以也就放弃了永佃权形式的农地使用制度，而采取了另外一种截然不同的道路。1949年9月29日在中国人民政治协商会议第一届全体会议上通过的起着临时宪法作用的

---

① 参见《大清民律（草案）》第1086条规定。
② 梁治平：《清代习惯法：社会与国家》，中国政法大学出版社1996年版，第88页。

《中国人民政治协商会议共同纲领》明确规定,"有步骤地将封建、半封建的土地所有制改变为农民的土地所有制"。这是新中国农村土地改革和建立新型土地制度的基本依据和准则。1950年我国政府颁布了《土地改革法》、《城市郊区土地改革条例》,规定了农民土地所有权。1954年我国颁布的第一部《宪法》也明确规定,"国家依照法律保护农民的土地所有权和其他生产资料所有权"。从此我国农民对土地的所有权以国家根本大法加以确认和保护,使农民在法律上真正成为土地的主人。

在土地改革运动之后,随着农村集体化运动的兴起,经过初级合作社、高级农业合作社和人民公社几个阶段,农村土地私人所有制迅速转变为集体所有制。1956年6月第一次全国人民代表大会第三次会议通过的《高级农业合作社示范章程》规定入社的农民必须将私有土地转为合作社集体所有,这标志着从此结束了我国农村土地农民私人所有制的历史,进入了农村土地由集体所有的时期。1962年中共中央发布《农村人民公社条例修改草案》,正式将农村"三级所有,队为基础"的土地权属关系确定下来。在这一时期,农民没有了私人的土地所有权,而进入到了人民公社进行集体劳作。

但是公社化的农村搞平均主义,农民的劳动积极性不高,生产力受到了严重制约,农村的形势非常严峻,而且经过"文革"之后,国民经济到了崩溃的边缘,百废待兴。如果不进行改革,中国只有死路一条。在20世纪70年代末,中国农村开始了土地承包经营运动,土地所有权没有变化,但是土地使用权到了农民手中,过去的集体经营变成了农户私人经营。①这场农村土地改革运动受到了一些党和国家领导人的支持,也逐渐为国家所认可。1980年5月,邓小平发表了《关于农村政策问题》的重要谈话,他认为"农村政策放宽以后,一些适宜搞包产到户的地方搞了包产到户,效果很好,变化很快"。1980年9月,中央通过了《中共中央关于进一步加强和完善农业生产责任制的几个问题的通知》(中发1980年75号文件),该文件指出,"实行包产到户,在落后地区是联系群众、发展生产、解决温饱问题的一种必要措施"。这就使包产到户由原则上不合法成为局部合法。放开后的包产到户迅速发展,很快就突破了局部地区。实行包产到户的广大农民和地方官员强烈要求中央将包产到户完全合法化。在这个背景下,中央于1981年底召开农村工作会议,讨论农村政策问题,通过了《全国农村工作会议纪要》(中发1982年1号文件),该文件明确指出,包产到户和包干到户"都是社会主义集体经济的生产责任制"。这样,包产到户就由局部合法成为完全

---

① 早在1956~1957年、1961~1962年中国农村曾发生过包产到户浪潮。但是在当时的历史条件下,包产到户被认为是"走资本主义道路",特别是受到了毛泽东的批评,甚至将包产到户上升到"是实行无产阶级专政还是实行资产阶级专政,是走社会主义道路还是走资本主义道路"的问题。

合法。在此之后，中央又连续下发文件，进一步从理论上、政策上将包产到户稳定化、合理化、长期化、规范化。由此，家庭联产承包责任制初步形成。

由家庭联产承包责任制产生出一种利用农地的权利，即土地承包经营权。伴随着中国农村土地制度改革的深入，涉及农村土地承包经营权制度的法律、法规体系也逐步地建立起来。我国《宪法》第 8 条规定："农村集体经济组织实行家庭承包经营为基础、统分结合的双层经营体制。"这就表明家庭联产承包责任制为国家大法所肯定，是关于土地承包经营权的宪法渊源。1986 年《民法通则》第一次以法律的形式确认了土地承包经营权制度，该法第 80 条第 2 款规定："公民、集体依法对集体所有的或者国家所有由集体使用的土地的承包经营权，受法律保护。承包双方的权利和义务，依照法律由承包合同规定。"而同年通过的《土地管理法》亦对土地承包经营权制度进行了确认，该法第 12 条规定："集体所有的土地，全民所有制单位、集体单位使用的国有土地，可以由集体或个人承包经营，从事农、林、牧、渔业生产。承包经营土地的集体和个人，有保护和按承包合同规定的用途合理利用土地的义务。土地的承包经营权受法律保护。"以上规定使土地承包经营权得到了法律的认可和保护，使土地承包经营权走上了法制轨道。2002 年第九届全国人民代表大会常务委员会第二十九次会议通过的《农村土地承包法》对农村土地承包经营权作了详细具体的规定，其中涉及承包方的权利和义务、土地承包经营权的保护以及土地承包经营权的流转等相关问题。这就进一步将土地承包经营权规范化、制度化。特别值得注意的是，2007 年通过的《物权法》以专章的形式将土地承包经营权肯定为一种用益物权，从而将土地承包经营权纳入到了物权的范畴，使得土地承包经营权焕发了新的活力。

第二节　土地承包经营权的基本理论

一、土地承包经营权的概念理解

在《物权法》出台之前，学界对土地承包经营权的概念名称和具体定义都存在着较大争议。

1. 土地承包经营权的概念名称之争

（1）农地使用权说。土地承包经营权是债法的范畴，其债权性质不利于土地的有效利用，"承包经营"、"承包经营权"等都是典型的债法范畴的概念。它的词语意义与所表示的权利内涵、外延不相称，不能与农村中的土地使用权和企业的土地承包经营权以及债法意义上的农村土地承包经营权相区别。为了完善农村土地使用权制度，这种土地用益权不应再沿用"土地承包经营权"这一名称，而应当以"农地使用权"替代为宜。①

（2）农用权说。应把进行农、林、牧、渔生产经营的土地使用权统称为农用权，并包括现行法中的土地承包经营权和"四荒"土地使用权。我国台湾地区1993年提出的"民法"物权编修正草案初稿已对永佃权作了修改，改为农用权，这种做法值得我们借鉴。农用权的概念有助于加强此种权利的物权效力，保护农户的利益。②

（3）永佃权说。应当借鉴罗马法永佃权制度所具有的物权性、永佃权人享有权利的充分性以及永佃权存续期限的永久性等优点，将土地承包经营权改为永佃权。③土地承包经营权与永佃权在性质、主体、客体、内容等方面都存在相同之处，因此可以用永佃权制度来完善我国的土地承包权制度。④

（4）耕作权说。物权法应确认因耕作或种植而使用国家或集体所有的土地权利。⑤采用耕作权的概念可以将土地使用权进一步细化、明确化，使土地利用的目的明确，也更容易实现对耕地的保护。⑥

（5）承包土地使用权说。"土地承包经营权"的名称是不妥当的，不能反映承包土地使用权的本质，而应当用"承包土地使用权"这一概念替代"土地承包经营权"。⑦

（6）继续保留土地承包经营权的名称。如果简单地废弃土地承包经营权的概念，实际上也将有可能抛弃我国农村改革以来所采用的家庭联产承包经营的做法和经验，这不仅在理论上缺乏足够的支持，而且在立法上也缺乏足够的依据，也容易导致广大农民对法律产生一些认识上的偏差，误以为我国的农村土地制度会发生较大的改变。⑧我国大多数学者还是主张继续保留土地承包经营权这一概念。

以上各种观点都有其合理之处。在立法实践上，我国《物权法》最终仍然坚持了土地承包经营权的概念。笔者认为《物权法》最终选择"土地承包经营权"这一概念，是对我国农村土地改革成就的一次立法上的肯定和总结，总体上来说政治考虑要大于法理考量，而且这一概念极有可能将会被写入我国未来的民法典之中。既然我国立法选择继续使用"土地承包经营权"的概念，就说明这一概念

---

① 梁慧星：《中国物权法草案建议稿》，社会科学文献出版社2000年版，第623页。
② 崔建远：《土地上的权利群论纲——我国物权立法应重视土地上权利群的配置与协调》，《中国法学》1998年第4期。
③ 张红霞：《罗马法上的永佃权制度与我国农地承包经营制度的改革》，《法学》1999年第9期。
④ 江平主编：《中国土地立法研究》，中国政法大学出版社1999年版，第320页。
⑤ 钱明星：《我国物权法的调整范围、内容特点及物权体系》，《中外法学》1997年第2期。
⑥ 孙宪忠：《论我国土地权利制度的发展趋势》，《中国土地科学》1997年第6期。
⑦ 刘俊：《中国土地法理论研究》，法律出版社2006年版，第261页。
⑧ 王利明：《物权法研究》（下），中国人民大学出版社2007年版，第49–50页。

还有存在之必要性。至于以后农用地用益物权会如何变化,将取决于未来社会经济发展的必要。①

2. 土地承包经营权的具体定义与理解

即使承认继续使用"土地承包经营权"这一概念,很多学者对"土地承包经营权"的定义也是不同的。具体来说有以下几种观点:

(1) 土地承包经营权是指农户或其他自然人、法人基于农业生产目的经营集体土地或国有土地的占有权。②

(2) 农村土地承包经营权是农村集体经济组织的农户以及其他的单位或者个人对农村土地享有的占有、使用与收益的权利。③

(3) 土地承包经营权是指土地承包经营权人以耕作、竹木、养殖或者畜牧为农业生产方式,并以从事种植业、林业、渔业、畜牧业等为农业目的,对国家或者农民集体所有的农用土地直接支配的权利。④

(4) 土地承包经营权是自然人或法人占有集体所有土地或国有土地从事农业生产经营活动的权利。⑤

以上各种定义都各有侧重点和合理之处,这些观点也对《物权法》的规定产生了一定的影响。我国《物权法》并没有对"土地承包经营权"作出具体的定义,但是我国《物权法》第 125 条规定,在某种程度上对土地承包经营权的概念作了定义,"土地承包经营权人依法对其承包经营的耕地、林地、草地等享有占有、使用和收益的权利,有权从事种植业、林业、畜牧业等农业生产"。由此可以看出,所谓的土地承包经营权是指土地承包经营权人对集体所有或者国家所有由集体使用的土地,依照法律和合同的规定享有的从事种植业、林业、畜牧业等农业生产的权利。⑥

对土地承包经营权可以从以下几个方面理解:

---

① 例如我国台湾地区的"民法"物权编自 1930 年公布施行以来,已经有 80 多年的历史了。但是在这期间社会结构、经济形态及人民生活观念,均有重大变迁,原本基于农业生活形态的"民法"物权编规定,已难适应今日多变的生活态样。所以台湾地区对"民法"物权编进行了修订,其中比较引人瞩目的是废除了永佃权,创设农育权,即在他人土地为农作、森林、养殖、畜牧、种植竹木或保育之权。关于台湾地区农育权的规定可参见王泽鉴:《民法物权》(第 2 版),北京大学出版社 2010 年版,第 313—319 页。
② 孟勤国:《中国物权法草案建议稿》,《法学评论》2002 年第 5 期。
③ 王利明主编:《中国民法典草案建议稿及说明》,中国法制出版社 2004 年版,第 124 页。
④ 丁关良:《〈物权法〉中"土地承包经营权"条文设计研究》,《浙江大学学报》(人文社会科学版) 2005 年第 2 期。
⑤ 胡昌银:《土地承包经营权的物权重构》,《扬州大学》(人文社会科学版) 2004 年第 5 期。
⑥ 《物权法》出台之后,很多学者的定义都存在某种程度上的一致性。参见郭明瑞主编:《中华人民共和国物权法释义》,中国法制出版社 2007 年版,第 214 页;房绍坤:《物权法·用益物权编》,中国人民大学出版社 2007 年版,第 40 页;黄松有主编:《〈中华人民共和国物权法〉条文理解与适用》,人民法院出版社 2007 年版,第 373 页。

(1) 土地承包经营权的目的。土地承包经营权设立的目的是从事农业生产经营。这在《物权法》第 125 条中作出了明确的规定,土地承包经营权人只能在土地之上从事种植业、林业、畜牧业等农业生产。这里的农业生产应作广义理解,但是应当区别于《农业法》中的"农业",也就是不包括与农业相关的产前、产中、产后的服务产业。由于土地承包经营权的目的是从事农业生产,因此权力人在行使权力的过程中应当维持土地的农业用途,不得将土地用于非农建设和生产。①

(2) 土地承包经营权的主体。土地承包经营权人主要是以家庭为单位的农户,但又不限于农户,只要是从事农业生产的个人、法人或其他组织都可以。我国《民法通则》规定了"农村承包经营户"的概念,但是《物权法》并没有予以继承和使用,而是使用了"土地承包经营权人"的提法,这不仅高度概括了承包经营权的主体,也使《物权法》的主体范畴更加具有包容性。这里的土地承包经营权人的主体范围并不局限于本集体经济组织的成员,本集体经济组织以外的单位和个人也可以成为土地承包经营权的主体。例如本集体经济组织以外的单位或个人可以成为"四荒"土地的承包经营权人,也可以在受让土地承包经营权时成为土地承包经营权的主体。但一般来说,土地承包经营权的主体主要还是本集体经济组织的成员,土地承包经营权是以农民集体组织成员权为基础。

(3) 土地承包经营权的客体。土地承包经营权的客体是指土地承包经营权人依法承包的耕地、林地、草地等农业用地,其范围主要包括集体所有的土地和国家所有但由农村集体使用的土地。除此之外,其他农业用地也是土地承包经营权的客体,主要就是指可以被垦为农用地的"四荒"土地。但是除法律另有规定或当事人另有约定之外,一般不包括地下以及地上空间。随着我国社会经济的发展,特别是科学技术的发展,可以进行农业生产的土地的方位肯定会扩大,可能在水面之上,甚至地下种植粮食。所以说这里的农用地的范围也是可能会发生变化的。

(4) 土地承包经营权的内容。根据《物权法》第 125 条规定,土地承包经营权的内容包括占有、使用、收益的权利。在内容法定的前提下,有关土地承包经营权的内容也可以由有关发包方和承包方通过合同具体约定,从而将法定的内容具体化、明晰化。另外需要注意的是,土地承包经营权的内容不包括处分权,这是从保护耕地和农民长远利益考虑出发对土地承包经营权的流转作出的严格限制,而且禁止将其抵押,当然《物权法》仍然肯定了土地承包经营权人依照农村土地承包法的规定,有权将土地承包经营权采取转包、互换、转让等方式流转。

---

① 江平主编:《中华人民共和国物权法精解》,中国政法大学出版社 2007 年版,第 167 页。

(5)土地承包经营权的期限。土地承包经营权具有期限性,《物权法》和《农村土地承包法》都对各种农业用地的承包期做了规定,此种期限属于法定期限,不允许当事人通过合同随意修改变更。《物权法》第126条规定:耕地的承包期为30年;草地的承包期为30~50年;林地的承包期为30~70年;特殊林木的林地承包期,经国务院林业行政主管部门批准可以延长。前款规定的承包期届满,由土地承包经营权人按照国家有关规定继续承包。由此可以看出,为了保障土地承包经营权的长期稳定性,维护广大农民的切身利益,法律对土地承包经营权规定了长期的期限,并且到期可以依法继续承包,并不会导致土地承包经营权人的资格丧失。这一规定,对于广大农民来说就具有了一定的社会保障性质,这也是尊重我国基本国情和历史作出的规定。

二、土地承包经营权的属性之辨

在联产承包责任制下的土地承包经营是作为农业生产经营的方式而存在的,所以很多人并没有把土地承包经营权当做一种独立的权利对待,对其权利属性关注不多,人们更多的是讨论其具体的制度内容。但是随着改革的发展,土地承包经营权的独立性越来越明显,土地承包经营权面临着法律认可的问题。对于这种权利在法律上的地位和属性究竟如何,学界对此看法不一。

债权说认为,就目前我国农村土地承包经营权的法律性质而言,应属于债权而非物权。其理由是:

(1)从土地承包经营权的连带性上看,土地承包经营权连带于联产承包,不是一个独立的物权。"联产"意味着承包人必须根据承包经营合同或发包人的意思完成规定的生产经营任务,发包人在承包合同的范围内对承包的土地仍有相当大的支配力。

(2)从承包人与土地所有者的关系上看,是承包合同关系。依据《民法通则》、《农地承包法》的规定,土地承包经营权依据合同而产生,承包合同是农户取得土地承包经营权的法律依据。①

(3)从土地承包经营权的转让条件来看,承包人不能自主转让承包权,须经发包人同意,这种转让方式,完全是一种普通债权的转让方式等。

物权说认为,土地承包经营权属于一种物权:

(1)土地承包经营权是直接规定在《民法通则》中的"财产所有权与财产所有权有关的财产权"一节之中,而本节实际上是关于用益物权的规定。此外,《农村土地承包法》确立的承包经营权,从本质上说已经实现了物权化,使土地

---

① 王晓慧、李志君:《土地承包经营权的性质与制度选择》,《当代法学》2006年第4期。

承包经营权成为一种他物权和新型的用益物权。

（2）土地承包经营权具有"及物性"，表现在：土地承包合同一经生效，承包户即享有对土地的直接控制、利用的权利。"土地承包经营权实现的是农民对土地的直接支配、占有和利用土地，土地承包经营权从来就是地地道道的物权。"①

（3）土地承包经营权具有排他性。就同一土地上不能并存同一内容的两个承包经营权，其实质上是物权排他性的体现。因而，土地承包经营权是一种物权。②

还有人认为，土地承包经营权具有债权与物权双重属性。"首先，承包经营权是物权的一种，是《民法通则》第五章'民事权利'第一节'财产所有权和与财产所有权有关的财产权'所规定的权利，具有物权性质。但是土地承包经营权经营的是不属于自己所有的土地，因而只是物权中的他物权，不是所有权，与所有人经营自己的土地有不同的权利内容。其次，土地承包经营权又具有债权性质，因为它是基于承包合同产生的，是发包人和承包人双方合意的结果。"③

以上各种观点都有其合理之处。从立法实践来看，根据2007年通过的《物权法》和2009年修订的《农村土地承包法》，土地承包经营权应当是一种用益物权，属于物权的一种。笔者认为，不同时期的土地承包经营权在法律属性上确实存在着某些差异性，早期的土地承包经营权从某种程度上来说是一种债权，在很多方面都与物权有所区别，例如在流转限制、期限较短等方面。但是随着社会经济的发展，债权性质的土地承包经营权带来了一些问题，例如不利于维护农民的生产经营积极性、不利于农用土地的市场性流转、不利于农用土地使用制度稳定等问题。所以中国法学界和经济学界提出了土地承包经营权的物权化。所谓土地承包经营权物权化是指将土地承包经营权从土地承包经营合同关系中分离出来，成为一个独立的、真正意义上的物权，其实质是土地承包经营权的长期化、法定化、稳定化，这主要体现在土地承包经营权的期限加长、权属法定、流转自由等方面。最终，经过现代物权理论改造的土地承包经营权实现了由债权向物权的转变，《物权法》对此也做了肯定性的规定。这具有非常重要的意义：第一，稳定承包关系，保护农民利益；第二，赋予排他效力，排斥他人侵害；第三，促进土地流转，提高土地效益；第四，鼓励土地投资，防止耕地流失；第五，规范土地征收，完善征收补偿。总的来说，农村土地承包经营权的物权化是由我国广大农村改革的现实需要所决定的，这将改变行政性配置土地资源的方式，真正促使农民与土地的利益结合在一起，从而更好地维护土地资源，发挥农地的效益。④

---

① 孟勤国：《物权二元结构论——中国物权制度的理论重构》，人民法院出版社2004年版，第231-232页。
② 王利明：《民法新论》（下），中国政法大学出版社1998年版，第238页。
③ 曹建民：《土地承包经营权物权化的意义》，《中国土地》2005年第1期。
④ 王利明：《物权法研究》（修订版）（下），中国人民大学出版社2007年版，第57-60页。

第三章 我国土地承包经营权法律制度创新研究

这里需要注意一个问题,那就是土地承包经营权在某种程度上是与农民的集体经济组织成员的身份结合在一起的。传统的大陆物权法将用益物权视为非所有人利用所有人的物的独立权利,一般不与用益物权人的特定身份相联系。但在中国的法律上,作为用益物权的土地承包经营权,在权利取得、权利行使和权利消灭等方面,都与主体的特定身份——农村集体经济组织的成员身份密切关联。身份制约构成了土地承包经营权的鲜明特征。①《农村土地承包法》第3条规定:"国家实行农村土地承包经营制度。农村土地承包采取农村集体经济组织内部的家庭承包方式,不宜采取家庭承包方式的荒山、荒沟、荒丘、荒滩等农村土地,可以采取招标、拍卖、公开协商等方式承包。"这就表明土地承包经营权可以通过两种方式取得,一是农村集体经济组织内部的家庭承包方式,二是招标、拍卖、公开协商等方式,但是后者只能取得不宜采取家庭承包方式的荒山、荒沟、荒丘、荒滩"四荒"农村土地的承包经营权。也就是说一般意义上的土地承包经营权都是通过农村集体经济组织内部的家庭承包方式取得的,这就必然与农村集体经济组织的成员身份有关系,只有农村集体经济组织的成员才能取得土地承包经营权,除此之外其他人都不能取得。②虽然土地承包经营权具有某些身份属性,但是这并不能从根本上否定其财产属性,它仍然属于一种物权。当然在未来之发展趋势上,应当逐步淡化土地承包经营权的身份色彩,更加突出其财产权属性。

三、土地承包经营权的分类

土地承包经营权依不同的标准可以分成多种类型,主要有以下几种分类:

(1)依承包土地的性质不同,可以分为农村土地承包经营权与国有土地承包经营权。前者是以农民集体所有的土地为客体的,后者是以国家所有的农地为客体的。当然,属于国有但是由农民集体使用的农地仍然是农村土地承包经营权的客体。对此,有学者认为以国家所有依法由农民集体经济组织使用的土地为客体的为国有土地承包经营权。③笔者认为这种观点没有分清农村土地与国有土地的界限。我国《农村土地承包法》明确规定,④"本法所称农村土地,是指农民集体所有和国家所有依法由农民集体使用的耕地、林地、草地,以及其他依法用于农业的土地"。这里的农村土地就包括了国家所有依法由农民集体使用的农用地,所以农村土地承包经营权的客体是指集体所有的土地和国家所有但由农民集体使用的土地,而且这种观点也在某种程度上否认了国有农用地及其承包经营权的存

---

① 周应红:《论土地承包经营权的身份制约》,《法学论坛》2010年第4期。
② 这里的取得是创设物权性的继受取得,而不是移转性的继受取得。农村集体经济组织以外的人是可以通过流转方式取得土地承包经营权的。具体可参见《农村土地承包法》第33条。
③ 房绍坤:《物权法·用益物权编》,中国人民大学出版社2007年版,第48页。
④ 《农村土地承包法》第2条。

在。但是，通常来说土地承包经营权一般是指农村土地承包经营权，我们这里所讨论的也是一般意义上的农村土地承包经营权，关于国有农地承包经营将在下文中专门加以论述。

(2) 依取得承包方式不同，可以将农村土地承包经营权分为依家庭承包方式取得的土地承包经营权和依其他方式取得的土地承包经营权。前者是指本集体经济组织成员采用家庭承包方式取得的土地承包经营权，也可简称为家庭承包经营权；后者是指对不宜采取家庭承包方式的"四荒"土地通过招标、拍卖、公开协商等方式承包所取得的土地承包经营权，也可简称为"四荒"土地承包经营权。通常意义上所讲的土地承包经营权是指以家庭承包方式取得的土地承包经营权。对于"四荒"土地承包经营权，《物权法》第133条规定，依照农村土地承包法等法律和国务院的有关规定。

(3) 依承包地的分类不同可以分为耕地承包经营权、林地承包经营权、草地承包经营权、"四荒"土地承包经营权等。耕地承包经营权是以耕地为客体的土地承包经营权，这也是土地承包经营权的主要部分。林地承包经营权是以林地为客体的土地承包经营权。草地承包经营权是以草地为客体的土地承包经营权。"四荒"土地承包经营权，是以荒山、荒沟、荒丘、荒滩等为客体的土地承包经营权。

第三节　土地承包经营权的设立

土地承包经营权可以通过法律行为取得，也可以基于法律行为以外的事实取得，但主要还是通过法律行为取得的。土地承包经营权的设立对于土地承包经营权人来说是一种权利取得的方式，当然土地承包经营权人还可以通过流转等方式取得土地承包经营权。这里我们所讨论土地承包经营权的设立是一种创设物权性质的取得方式，不同于通过流转方式的移转取得。总的来说，土地承包经营权的设立行为就是一种承包行为。所谓承包，准确地说应当是承包经营管理，这是一个经济学或管理学上的用语，一般是指企业与承包者间订立承包经营合同，将企业的"经营管理权"全部或部分在一定期限内交给承包者，由承包者对企业进行经营管理，并承担经营风险及获取企业收益的行为。土地承包经营制度中的承包是在此基础上加以改变的，已经在某种程度上脱离了原来的含义。目前《物权法》、《农村土地承包法》等法律法规中关于承包的含义从本质上来说应当是一种设立土地承包经营权的行为。《农村土地承包法》第3条规定："国家实行农村土地承包经营制度。农村土地承包采取农村集体经济组织内部的家庭承包方式，不宜采取家庭承包方式的荒山、荒沟、荒丘、荒滩等农村土地，可以采取招标、拍卖、公开协商等方式承包。"由此可以看出，承包包括了家庭承包和其他方式的承包，其形式是多种多样的。

一、土地承包经营权的设立方式

1. 家庭承包

所谓家庭承包是指对具有社会保障性质的耕地、林地、草地等农村土地采取农村集体经济组织内部的承包方式时，以该农村集体经济组织成员（农民）人人有份，内部家庭（农户）为经营单位的承包。①

（1）当事人及其权利义务。这里的当事人包括发包方和承包方。由于我国集体土地的所有权归属比较分散，所以发包方也因集体土地所有者的不同而不同。具体来说，农民集体所有的土地依法属于村农民集体所有的，由村集体经济组织或者村民委员会发包；已经分别属于村内两个以上农村集体经济组织的农民集体所有的，由村内各该农村集体经济组织或者村民小组发包。村集体经济组织或者村民委员会发包的，不得改变村内各集体经济组织农民集体所有的土地的所有权。国家所有依法由农民集体使用的农村土地，由使用该土地的农村集体经济组织、村民委员会或者村民小组发包。发包方享有的权利包括：发包方集体所有的或者国家所有依法由本集体使用的农村土地；监督承包方依照承包合同约定的用途合理利用和保护土地；制止承包方损害承包地和农业资源的行为；法律、行政法规规定的其他权利。同时，发包方也要承担相应的义务：维护承包方的土地承包经营权，不得非法变更、解除承包合同；尊重承包方的生产经营自主权，不得干涉承包方依法进行正常的生产经营活动；依照承包合同约定为承包方提供生产、技术、信息等服务；执行县、乡（镇）土地利用总体规划，组织本集体经济组织内的农业基础设施建设；法律、行政法规规定的其他义务。

家庭承包的承包方是本集体经济组织的农户。承包方享有下列权利：依法享有承包地使用、收益和土地承包经营权流转的权利，有权自主组织生产经营和处置产品；承包地被依法征收、征用、占用的，有权依法获得相应的补偿；法律、行政法规规定的其他权利。当然，承包方也要承担一定的义务：维持土地的农业用途，不得用于非农建设；依法保护和合理利用土地，不得给土地造成永久性损害；法律、行政法规规定的其他义务。

这里有一个问题，有学者对家庭承包的承包方到底是农户还是集体组织成员

---

① 丁关良：《土地承包经营权基本问题研究》，浙江大学出版社2007年版，第114页。

存在较大争议。① 在立法上，也存在着很多不一致，因为《土地管理法》规定"农民集体所有的土地由本集体经济组织的成员承包经营，从事种植业、林业、畜牧业、渔业生产。"这里的承包方是集体经济组织的成员。而在《农村土地承包法》中却又规定"家庭承包的承包方是本集体经济组织的农户"。承包方以户为单位主要是在20世纪80年代普遍推行联产承包责任制时采取的包产到户的做法。此后，国家力求稳定承包关系，并提倡"增人不增地、减人不减地"的要求。这样，以户为单位的做法就一直保留下来，并为现行法所沿用。② 笔者认为要解决这一问题首先需要厘清农户与集体组织成员之间的关系。根据《民法通则》第27条规定，"农村集体经济组织的成员，在法律允许的范围内，按照承包合同规定从事商品经营的，为农村承包经营户"。由此可以看出，集体经济组织成员按照承包合同从事商品经营的就变为了农村承包经营户。那么这里的农村承包经营户是指农户吗？农村承包经营户的概念，其他法律中均未见到，是《民法通则》率先提出来的。农村承包经营户和商品经营紧密联系，从事商品经营是农村承包经营户的本质特征。在我国，农村承包经营户是从1984年以后大量出现的。③ 而一般意义上的"农户"的范围较广，不仅包括农村承包经营户，还包括不从事商品经营的农村住户，《农村土地承包法》中所称的"农户"应当是指农村承包经营户。笔者认为"集体经济组织成员"与"农户"之间并不是两个没有关系的独立主体，两者之间是存在着紧密联系的。集体经济组织成员承包土地是以家庭承包的形式承包的，该承包家庭就是农村承包经营户。所以说，"农户"只是承包土地的形式主体，集体经济组织成员才是承包土地的实质主体，两者从本质上来说不是矛盾的。关于农户（或承包家庭）中各集体经济组织成员对其享有的土地承包经营权的权利状态，有学者提出将之界定为一种按份共有或准按份共有，允许其中个别主体将其权利份额分出或转让。④ 笔者认为这一观点有其合理之处，但是通过家庭承包取得的土地承包经营权应当属于承包家庭的共有财产或者夫妻双方共有的财产，在我国家庭共有财产或夫妻共有财产属于类似于共同共有的共有财产，因为土地承包经营权是一种用益物权，而非所有权，所以这种土地承包经营权的共有是一种准共同共有。家庭成员对该财产享有平等权利，任何人不能随

---

① 有学者认为以农户为承包方是合理的，但是也有学者对此提出了质疑。支持理由参见张平华：《农村土地承包权的个案调查与研究》，载王利明主编：《物权法专题研究》，吉林人民出版社2002年版。反对理由参见白呈明："农户"内部法律关系解析》，《法学论坛》2003年第4期。
② 尹飞：《物权法·用益物权》，中国法制出版社2005年版，第313页。
③ 王胜明：《试论个体工商户、农村承包经营户》，《中国法学》1986年第4期。
④ 参见白呈明："农户"内部法律关系解析》，《法学论坛》2003年第4期；尹飞：《物权法·用益物权》，中国法制出版社2005年版，第313页；房绍坤：《物权法·用益物权编》，中国人民大学出版社2007年版，第72页。

意分割共有财产，当然如果法律另有规定或家庭成员另有约定则可以该土地承包经营权进行分割，例如分家、离婚等情况下就可以进行分割。1999年《最高人民法院关于审理农业承包合同纠纷案件若干问题的规定（试行）》第30条规定："在承包合同履行期间，承包方分户时，其家庭内部就承包经营的权利义务未能达成协议，或者虽有协议，但是以分户的方式逃避履行承包合同义务，损害发包方利益的，所分各户之间，应对承包合同所确定的义务，承担连带责任。"也就是即使承包方分户的，所分各户之间仍然要对未分户之前的债务承担连带责任，而非按份之责。这就表明立法上也是肯定了承包经营户成员之间共同共有通过家庭承包取得的土地承包经营权。

（2）承包原则。土地承包应当遵循以下原则：首先，按照规定统一组织承包时，本集体经济组织成员依法平等地行使承包土地的权利，也可以自愿放弃承包土地的权利。其次，民主协商，公平合理。再次，承包方案应当按照《农村土地承包法》第12条的规定，依法经本集体经济组织成员的村民会议2/3以上成员或者2/3以上村民代表的同意。最后，承包程序合法。

（3）承包程序。土地承包应当按照以下程序进行：①本集体经济组织成员的村民会议选举产生承包工作小组；②承包工作小组依照法律、法规的规定拟订并公布承包方案；③依法召开本集体经济组织成员的村民会议，讨论通过承包方案；④公开组织实施承包方案；⑤签订承包合同。

（4）承包合同。发包方应当与承包方签订书面承包合同。承包合同一般包括以下条款：①发包方、承包方的名称，发包方负责人和承包方代表的姓名、住所；②承包土地的名称、坐落、面积、质量等级；③承包期限和起止日期；④承包土地的用途；⑤发包方和承包方的权利和义务；⑥违约责任。

2. 其他方式的承包

所谓其他方式的承包是指不宜采取家庭承包方式的荒山、荒沟、荒丘、荒滩等农村土地，通过招标、拍卖、公开协商等方式承包。

（1）承包人。与通过家庭承包方式取得土地承包经营权不同，"四荒"土地承包经营权的承包方不限于本集体经济组织成员，也可以是本集体经济组织成员以外的单位或个人。但是发包方将农村土地发包给本集体经济组织以外的单位或者个人承包，应当事先经本集体经济组织成员的村民会议2/3以上成员或者2/3以上村民代表的同意，并报乡（镇）人民政府批准。但是，在同等条件下，本集体经济组织成员享有优先承包权。

（2）承包土地。这里的承包土地只限于荒山、荒沟、荒丘、荒滩等农村土地,① 一般简称为"四荒"土地。这类土地不属于农用地和建设用地,因此被归于未利用地的范畴,② 属于可利用土地的后备资源。这些荒地既可能被开垦为耕地等农用地,也可能被开发为建设用地,只有那些可以被开垦为农用地的"四荒"土地才能成为土地承包经营权的客体。而要将这些荒地开垦为农用地,需要投入大量的人力、物力和财力,如果将这些荒地交由农村集体组织或成员开发,可能会增加农民的负担,所以法律并未禁止集体经济组织成员以外的单位和个人进行承包经营。我国《土地管理法》对此也做了规定:"国家鼓励单位和个人按照土地利用总体规划,在保护和改善生态环境、防止水土流失和土地荒漠化的前提下,开发未利用的土地;适宜开发为农用地的,应当优先开发成农用地。"

(3) 设立方式。荒山、荒沟、荒丘、荒滩等可以直接通过招标、拍卖、公开协商等方式实行承包经营,也可以将土地承包经营权折股分给本集体经济组织成员后,再实行承包经营或者股份合作经营。也就是说"四荒"土地可以采取两种方式承包经营:第一种是直接通过招标、拍卖、公开协商等方式将"四荒"土地对外发包,由集体经济组织以外的单位和个人进行承包经营。第二种是先设定"四荒"土地承包经营权,集体经济组织成员对该权利享有平等的份额,然后再实行承包经营或股份合作经营。其中,实行承包经营的,本集体经济组织成员一起进行土地承包经营的,折股分享承包费等收益;实行股份合作经营的,本集体经济组织成员从经营收益中获得股份分红。③

(4) 承包合同。以招标、拍卖、公开协商等方式承包农村土地的,应当签订承包合同。当事人的权利和义务、承包期限等,由双方协商确定。以招标、拍卖方式承包的,承包费通过公开竞标、竞价确定;以公开协商等方式承包的,承包费由双方议定。如果由本集体经济组织以外的单位或者个人承包的,应当对承包方的资信情况和经营能力进行审查后,再签订承包合同。在实践中可能会出现这样一种情况:发包方将同一土地承包给两个以上的人,签订了两份承包合同,该如何处理?对此,《最高人民法院关于审理涉及农村土地承包纠纷案件适用法律问题的解释》第20条规定:"发包方就同一土地签订两个以上承包合同,承包方均主张取得土地承包经营权的,按照下列情形分别处理:①已经依法登记的承包方,取得土地承包经营权;②均未依法登记的,生效在先合同的承包方取得土地承包经营权;③依前两项规定无法确定的,已经根据承包合同合法占有使用承包地的人取得土地承包经营权,但争议发生后一方强行先占承包地的行为和事实,

---

① 当然有些法律并没有做出详细的划分,只是笼统地称为"荒地"。参见《物权法》第133条规定:"通过招标、拍卖、公开协商等方式承包荒地等农村土地,依照农村土地承包法等法律和国务院的有关规定,其土地承包经营权可以转让、入股、抵押或者以其他方式流转。"
② 所谓未利用地是指农用地和建设用地以外的土地。参见《土地管理法》第4条。
③ 参见黄松有:《农村土地承包法律、司法解释导读和判例》,人民法院出版社2005年版,第102页。

不得作为确定土地承包经营权的依据。"

二、土地承包经营权的设立登记

关于土地承包经营权的设立登记问题，学界是存在较大争议的。在《物权法》起草过程中，土地承包经营权是否需要经过登记才能设立，存在着几种不同的观点：

（1）赞成说。土地承包经营权必须要经过登记才能产生物权设立的效力。既然土地承包经营权是一种物权，必须要按照物权变动的一般原则，即采取合意加公示的方法。当事人不登记，就不能产生物权设立和变动的效力，而只是在当事人之间产生合同的效力。承包合同只能充当土地承包经营权设立行为的根据以及明确农户与集体之间的与农地承包有关的给付义务的根据。①

（2）反对说。土地承包经营权不需采取登记的方式，可以直接基于当事人之间的合同而设立。因为土地承包经营权都实行登记，将加大农民的成本，增加农民的负担。且我国农村基本上还是熟人社会，土地承包经营权即使不登记，其权属仍然是清楚的。更何况，各级政府都颁发了土地承包经营权证书，这种证书在一定程度上起到了物权公示的效力。②

（3）折中说。在设立时不需经过登记，只要订立承包合同，合同一旦生效，土地承包经营权即为设立。当然，在土地承包经营权初始设立后，如果权利人意欲对之处分，则为维护交易安全，应当办理登记。③

最终《物权法》第127条规定："土地承包经营权自土地承包经营权合同生效时设立。县级以上地方人民政府应当向土地承包经营权人发放土地承包经营权证、林权证、草原使用权证，并登记造册，确认土地承包经营权。"这一规定延续了《农村土地承包法》关于以家庭承包取得的土地承包经营权的设立登记的规定，而且将以其他方式取得的"四荒"土地承包经营权的设立登记也纳入了调整的范围。④由此可以看出，我国的农村土地承包经营权没有采取一般意义上的不动产物权的设立方式，即合意加公示。也就是说土地承包经营权的设立只需要通

---

① 梁慧星主编：《中国民法典草案建议稿附理由·物权编》，法律出版社2005年版，第254–255页。
② 郭明瑞、唐广良、房绍坤：《民商法原理（二）——物权法知识产权法》，中国人民大学出版社1999年版，第189页。
③ 尹飞：《物权法·用益物权》，中国法制出版社2005年版，第319页。
④ 《农村土地承包法》并没有规定以其他方式取得的土地承包经营权因承包合同生效而发生物权效力，只是规定通过招标、拍卖、公开协商等方式承包农村土地，经依法登记取得土地承包经营权证或者林权证等证书的，其土地承包经营权可以依法采取转让、出租、入股、抵押或者其他方式流转。按照该法律制定的本意，在没有登记的情况下，承包人取得的只是债权，而登记发生创设物权的效力。参见柳随年：2001年6月26日在第九届全国人大常委会第22次会议上《关于〈中华人民共和国农村土地承包法（草案）〉的说明》。

过承包合同就可以完成，不以登记为生效要件。

另外值得注意的是，这里的土地承包经营权证是确认土地承包经营权的凭证，也是物权的权利凭证，它也可以证明土地承包经营合同关系的存在和内容。但是这种土地承包经营权证书仅具有证明的效力，并不是土地承包经营权成立的要件。在发生了土地承包经营权纠纷的情况下，土地承包经营权证书可以作为确权的依据。而所谓的登记造册是指政府将土地的使用权属、用途、面积等情况登记在专门的簿册上，以确认土地承包经营权的法律制度。作为一种政府管理土地承包关系的方式，它只具有确认土地承包经营权归属的作用，不是权利设立的依据。如果当事人对证书真伪不明发生争议，登记造册具有较强的证明力。但是该种登记只是对承包权的确认，而非创设。如果登记发生错误，不能以此否认合同和物权的效力。①

第四节　土地承包经营权的流转

土地承包经营权的物权属性并不是从一开始就确定的。在很长一段时间内，土地承包经营权的性质模糊不清，造成了在流转方面的障碍。基于债权性质的土地承包经营权，承包人取得的权利都是短期性的，承包人也不能自主转让承包权，而须经发包人同意，这种转让方式完全是普通债权的转让方式。另外，受让人原则上也被限定在本村范围内，具有一定程度的封闭性。随着《农村土地承包法》特别是《物权法》的出台，土地承包经营权的物权属性得以确定。作为一种物权，其权利人是可以对其权利进行处分的，也就是说在不违反法律规定或约定的前提下，土地承包经营权人可以按照自己的意志对其权利进行处分，不受承包土地所有权人的干预。但是反观我国关于土地承包经营权的流转的规定，似乎权利人的处分权能受到很大的限制。有人认为这种限制是必要的，其理由有以下几个：

（1）土地社会保障职能。在中国，土地不仅仅是生产资料，而且具有社会保障功能，农民的生老病死主要依赖土地。一旦允许土地承包经营权流转，农民离开了土地，社会又不能对农民提供保障，这将会使农民丧失基本的生活保障。

（2）防止兼并。在中国这样一个拥有众多农业人口的农业大国，如果允许农地使用权的转让，势必重演历史上农村两极分化，出现大批无地少地农民的社会问题。

---

① 胡康生：《中华人民共和国土地承包法释义》，法律出版社2002年版，第286页。

(3) 保护耕地。农村土地承包经营权的流转，将导致大量农用地转化为商业开发用地，不利于国计民生和我国自给自足的粮食安全战略。所以目前我国法律法规对土地承包经营权的流转还是持比较谨慎的态度。

但是也有学者对此持相反的意见，认为应当允许农村土地承包经营权进行流转，这将会有利于农民获得转换身份的自由，借以融通创业资金，从事非农产业，以调整和完善农村产业结构，同时有利于物尽其用，发展农业的规模经营，提高土地利用效率。① 当然我们也要看到，关于土地承包经营权的流转，国家政策是在一步步地放松，这一点是非常值得肯定的。在进入21世纪之后，特别是我国在面临统筹城乡发展、全面建设小康社会的挑战时，加快农村土地承包经营权的流转将会对农村、农业、农民的发展产生重要的影响。

现行的法律规定，土地承包经营权可以通过家庭承包方式或者招标、拍卖、公开协商等方式取得，基于不同方式取得的土地承包经营权在流转方面的规则是不同的。根据《物权法》、《农村土地承包法》等的规定，通过招标、拍卖、公开协商等方式取得的"四荒"土地承包经营权经依法登记取得土地承包经营权证或者林权证等证书的，可以依法采取转让、出租、入股、抵押或者其他方式流转。虽然法律也规定，通过家庭承包取得的土地承包经营权可以依法采取转包、出租、互换、转让或者其他方式流转，但是这种土地承包经营权的流转受到很多的限制。之所以会有所不同，最主要的原因在于通过家庭承包方式取得土地承包经营权带有强烈的社员身份性质，它并不是通过市场进行配置的，而是采取了"人人有份"的分配方式，其侧重的是社会保障，以实现社会的公平。而通过招标、拍卖、公开协商等方式取得的土地承包经营权则没有这种情况的存在，招标、拍卖、公开协商等方式明显具有市场配置的性质，其侧重的是资源利用的效率以提高资源的经济效益，所以其权能是比较全面的，权利人有权对其土地承包经营进行完全自由的处分，这与通过出让方式取得的建设用地使用权比较相似。因此，立法上对这两种不同的土地承包经营权的流转做了不同的规定。

一、通过家庭承包取得的土地承包经营权的流转

根据《物权法》、《农村土地承包法》、《农村土地承包经营权流转管理办法》等法律规章的规定，通过家庭承包取得的土地承包经营权的流转规则主要有以下几个方面：

(1) 流转原则。土地承包经营权流转应当遵循以下原则：①平等协商、自愿、有偿，任何组织和个人不得强迫或者阻碍承包方进行土地承包经营权流转；

---

① 参见马特：《土地承包经营权流转刍议——兼评〈物权法〉第一百二十八条》，《河北法学》2007年第11期。

②不得改变土地所有权的性质和土地的农业用途;③流转的期限不得超过承包期的剩余期限;④受让方须有农业经营能力;⑤在同等条件下,本集体经济组织成员享有优先权。

(2) 流转当事人。承包方有权依法自主决定承包土地是否流转、流转的对象和方式。任何单位和个人不得强迫或者阻碍承包方依法流转其承包土地。农村土地承包经营权流转的受让方可以是承包农户,也可以是其他按有关法律及有关规定允许从事农业生产经营的组织和个人。在同等条件下,本集体经济组织成员享有优先权。受让方应当具有农业经营能力。这里需要注意的是,承包方与受让方达成流转意向后,以转包、出租、互换或者其他方式流转的,承包方应当及时向发包方备案;以转让方式流转的,应当事先向发包方提出转让申请,经其同意后方可转让。受让方将承包方以转包、出租方式流转的土地实行再流转,应当取得原承包方的同意。

(3) 流转方式及流转合同。通过家庭承包取得的土地承包经营权可以依法采取转包、出租、互换、转让或者其他方式流转。另外,承包方之间为发展农业经济,可以自愿联合将土地承包经营权入股,从事农业合作生产。土地承包经营权采取转包、出租、互换、转让或者其他方式流转,当事人双方应当签订书面合同。土地承包经营权采取互换、转让方式流转,当事人要求登记的,应当向县级以上地方人民政府申请登记。未经登记,不得对抗善意第三人。

目前关于家庭承包方式的土地承包经营权存在着一些争议问题,集中讨论以下几个问题。

1. 转让中的发包方同意问题

作为物权的土地承包经营权,其自由流转似乎是当然的。然而,从允许土地承包经营权流转伊始,法律就对土地承包经营权流转规定了发包方同意这样一种限制。那么,对土地承包经营权流转做此种限制,其目的为何?对此不同学者给出了不同的理解:第一种观点认为,之所以应当经过发包方同意,这是因为承包经营权的转让时向本集体经济组织以外的其他人转让,改变了土地的承包规划,也可能影响到该集体经济组织的集体利益。尤其是考虑到土地承包经营权的转让是权利义务的概括移转,受让人是否能够履行相关的义务难以确定,从维护发包人利益考虑,需要经过发包人同意。① 第二种观点认为,土地承包经营权转让,将使原承包方(即流出方)失去全部或部分农村承包地,也即失去在农村的生活保障,如原承包方没有稳定的非农职业或者没有稳定的收入来源,允许自由转让土地承包经营权,则会使该原承包方造成生活困难,同时会引起农村社会的不稳

---

① 王利明:《物权法研究》(下),中国人民大学出版社 2007 年版,第 83 页。

定。因此，转让土地承包经营权，须经发包方同意是必要的。①第三种观点认为，通过对发包方同意的规范背后的法政策考量，发现这种法政策的考量主要是基于治理视角的观察，即发包方同意是以基层政权与村社共同体成员之间的结构性利益分离状况下的国家治理方式作为法政策基础的。在基层政权和村社共同体之间建立共同的利益关联结构之前，国家必须在村社共同体成员与基层政权之间不断地寻求平衡，这一治理考量对于农村土地制度的规则设计产生了重大影响。它一方面扩大土地承包方对于土地的自主性，另一方面又必须保留作为发包方的基层政权对于集体土地的一定控制权，以使基层政权享有治理权力以辅助国家对于村社共同体的治理。土地承包经营权流转体现了前者，而土地承包经营权流转中的发包方同意这个限制又体现了后者。土地承包经营权流转中存在发包方同意这一限制，事实上是发包方分割了承包方对于土地的控制权，发包方作为基层政权对于集体土地的控制权也由此得到了扩大，而在村社共同体之中，基层政权对于集体土地的控制意味着基层政权享有了对村社共同体的治理权力，这样国家对于村社共同体的治理权力才能贯彻下去。②以上观点从不同方面论述了土地承包经营权转让中发包方同意这一规定的目的所在。

我国《农村土地承包法》规定了土地承包经营权的转让经发包人同意的原则，但并没有对发包方同意权性质作进一步的界定，因此对发包方同意权的性质作出界定很有必要。虽然法律对发包方做出了规定，但是主体的模糊性使很多集体经济组织负责人取得了发包的权利。鉴于土地承包经营权转让中的利益关系，受让人可能通过非正式途径拉拢、利诱这些负责人，以寻求低价受让土地承包经营权，这些负责人也可能在集体经济组织成员转让土地承包经营权时以种种借口不同意转让，从而使同意权表现为一种决定权。对此，有学者认为，结合土地承包经营权的物权属性以及保护农地的需要，同意权在性质上应作为一种监督权而并非决定权来理解。发包人的同意权的行使必须是以尊重承包人的意愿为前提。若承包人不愿意转让土地承包经营权，发包人自无行使同意权的必要。若承包人要求转让自己的土地承包经营权，发包人也不能无理阻挡。③对此，笔者认为这一观点有其合理之处。但是，土地承包经营权的转让将使原来的承包关系消灭，这将对转让方和受让方产生重要的影响。如果转让方有稳定的非农职业或者有稳定的收入来源的，转让承包地不会使其丧失生活保障；如果受让方具有农业承包经营的能力，受让承包地之后将会继续进行农业生产，但是如果受让方不具有农业经营能力，将会对发包方和承包地产生不利影响。所以说发包方的同意并不是单

---

① 丁关良：《土地承包经营权基本问题研究》，浙江大学出版社2007年版，第196页。
② 朱虎：《土地承包经营权流转中的发包方同意——一种治理的视角》，《中国法学》2010年第2期。
③ 参见左平良：《土地承包经营权流转法律问题研究》，中南大学出版社2007年版，第109-110页。

纯地进行事后监督，在转让之前还负有责任对转让双方的条件和情况进行审查，如果符合法定转让条件就应当尊重双方当事人的意思同意转让，但是如不符合法定条件就应当不同意双方进行转让。所以这种同意权既是一种监督权，也是一种审查权。审查侧重于转让前的规范，监督则侧重于转让中和转让后的规范。

根据《关于审理涉及农村土地承包纠纷案件适用法律问题的解释》第13条规定，在未经发包方同意的前提下，转让土地承包经营权的合同无效。但是，从规范性质的角度出发，该条是否属于效力性强制规定？在违反该条的前提下，是否就一定导致合同无效？笔者认为，这个规定实质上所规范的是交易关系背景下交易当事人与交易关系以外特定第三人的利益关系，即民事主体与民事主体之间的利益关系，不涉及民事主体与公共利益之间的关系。因此，未经发包方同意而转让土地承包经营权，实质上构成对合同关系以外特定第三人利益的损害。由于没有涉及损害国家利益、社会利益的问题，所以将规范界定为效力性强制规定似乎并不妥当。在承包人违反该条之规定，未经发包人同意就将土地承包经营权转让于受让人时，如果简单地就认定该合同为无效合同，那么无疑将会对转让当事人造成不利影响，特别是对那些符合法律规定的条件但是未经发包人同意的转让。在未经发包方同意就转让的情况下，承包方与第三人签订转让土地承包经营权合同的行为，应当属于无权处分行为，对于此种合同，并非一律无效，如经过发包方的事后追认，同样可以产生合同效力。

还有一个问题值得注意，那就是应否废除"发包人同意"这一限制条件。一些学者提出了反对主张，认为应当将"发包人同意"这一土地承包经营权转让的限制条件予以废除，因为：第一，实质上，在许多地方发包人已名存实亡。农村土地所有者、发包者是含混不清的，是虚化的。有的发包人已名存实亡，所以找不到发包人，因此就无法获得发包人的同意。第二，不利于农村土地资源的充分利用。由于现行转让制度的制约，向城市转移的农村人口不能很顺利地把土地承包经营权转让给他人，只好采取低投入、低产出的粗放型农业生产模式或干脆抛荒，而且这也不利于农业人口转化为非农业人口，不利于农业国转化为工业国。第三，不利于增加农民收入。通过让符合条件农民转让土地承包经营权作为社会保障和保险的资金，使他们成为名副其实的城镇人口，可以使农民人均耕地面积增多，提高农业经营规模，提高农业收入。如果法律严格限制土地承包经营权转让，把农民都束缚于农村，其结果是他们勉强维持生计，甚至温饱问题也不能解决。① 对于"发包人同意"这一限制条件的存废问题，应当有条件、分步骤地废除该限制条件，因为考虑到"发包方同意"这个限制在一定程度上有利于发包方

---

① 参见曹务坤：《农村土地承包经营权流转研究》，知识产权出版社2007年版，第181–184页。

的审查监督权的行使,可以制止承包方损害承包地和农业资源,并且有利于保障承包方的利益、防止承包方轻易丧失作为基本保障的土地承包经营权,而且由于我国的村民自治、基层政权、农村社会保障等多项制度还不尽完善,所以"发包人同意"这一限制条件在一定时期内还有存在的必要。

2. 土地承包经营权抵押问题

关于土地承包经营权是否可以抵押,学界对此争议非常大。有学者认为应当否定土地承包经营权可以抵押,其理由主要有:

(1) 中国目前尚未建立农民的社会保障和失业保险体系,土地承包经营权担负的不仅仅是生产职能,更重要的是农民的社会保障和失业保险职能。农民的生老病死主要依赖土地,土地承包经营权是农民安身立命之本,从事非农产业的农民失业了,仍然可以利用承包的土地从事农业生产,从而抵御失业的风险。如果允许农民用土地承包经营权进行抵押,则当抵押权实现时,农民会丧失土地,势必重演历史上农村两极分化,出现大批无地少地农民的社会问题。①

(2) 土地承包经营权的抵押权实现后,农用地可能更容易被转化为商业开发用地,不利于耕地的保护。另外,我国目前集体组织成员拥有的土地使用权,具有团体内部分配的性质,因此它的转让对象通常以本集体成员为限。这种限制,实际上起着保护集体土地公有公用的作用,可以保护集体成员的利益和维护农村社会的稳定,防止出现大范围的土地产权流动以及随之而来的大范围的人口流动。②

(3) 土地承包经营权抵押权的实现会导致土地承包经营权落入集体经济组织之外的主体手中,进而瓦解了集体经济组织。③

(4) 我国农村土地承包经营权尚未形成健全的流转市场。流转中介组织较少,一些地方组织虽然建立了流转中介组织,但真正按市场法则对土地流转进行运作的并不多,从而影响了生产要素的合理流动和优化配置。④ 这就导致土地承包经营权抵押可操作性差,而且抵押实现时亦面临权利实现的困难。

但是我们也应该看到,改革开放初期,生产力水平低下,市场经济不发达,农民对土地依赖性强,土地在相当程度上承担着社会保障功能,但是随着我国社会经济的飞速发展,农民越来越多地开始脱离农村,另外耕种土地所提供的社会保障已经远远不能达到农民的需求。如果继续强调土地对农民的社会保障作用,将农民束缚在土地之上,实现城乡统筹发展、促进"三农"问题的解决将很难实

---

① 中国物权法研究课题组:《中国物权法草案建议稿条文、说明、理由与参考立法例》,社会科学文献出版社2003年版,第532页。
② 王卫国:《中国土地权利研究》,中国政法大学出版社1997年版,第194页。
③ 江平:《中国物权法教程》,知识产权出版社2007年版,第315页。
④ 参见中国人民银行三明市支行:《农村土地承包经营权流转与抵押信贷的实践与探索》,《福建金融》2007年第2期。

现。所以，随着市场经济的发展，当农民产生了对土地承包经营权流转及融资的需求，土地承包经营权的价值取向应该更多地从公平向效率倾斜，允许农民将土地承包经营权抵押，获得资金用于发展农业，发挥土地的经济职能，这将更有利于保障农民的生产、生活。另外，对土地承包经营权抵押会导致耕地流失的质疑是说不通的，因为我国已经建立起了土地用途管制制度。按照法律规定，当实现抵押权时，未经依法批准，土地承包经营权的受让人不得改变土地农业经营的用途和属性。可以说，在我国，农民对土地承包经营权可以抵押的愿望是非常强烈的，但是这一愿望迟迟不能得以实现。

那么我国的法律是否对土地承包经营权的抵押做了禁止性规定？笔者注意到，和以其他方式取得的土地承包经营权的流转不同，不管是《物权法》、《担保法》还是《农村土地承包法》等，都没有明确规定家庭承包方式的土地承包经营权可以进行抵押。①其实，《物权法（草案）》第五次审议稿第128条曾规定："土地承包经营权人有稳定的收入来源的，经发包方同意，可以将土地承包经营权抵押。实现抵押权的，不得改变承包地的用途。"对此，全国人大法律委员会经同国务院法制办、国土资源部、农业部等部门反复研究，一致认为，从目前范围看，放开土地承包经营权抵押的条件尚不成熟。据此删除了草案中关于土地承包经营权抵押的条款。②由此可以看出，我国《物权法》等法律对土地承包经营权的抵押持谨慎的态度。但是土地承包经营权是否在本质上就不属于抵押财产的范围呢？所谓的抵押财产必须具备几个条件：财产性、特定性、可转让性、可公示性。③对于土地承包经营权的可抵押性，最大的争议就在于其是否具有可转让性，是否具有交换价值。当前，不管是《物权法》还是《农村土地承包法》都没有再禁止土地承包经营权的转让，当然这种转让具有某种限制，但是土地承包经营权仍然具有了可流通性，并且打破了身份的限制，可以由集体经济组织以外的单位或个人受让土地承包经营权。所以说，土地承包经营权进行抵押在现行法律上是没有障碍的。

在现实生活中，对于土地承包经营权抵押的实践也有所突破，以土地承包经营权的抵押取得贷款对农村经济的发展和农民收入的增加发挥了巨大的作用。例如辽宁省灯塔市柳条寨北李大村的100多户农民用土地承包经营权和地上建筑物办理抵押贷款，然后搞蔬菜大棚。2009年当地累计投放设施农业贷款9799万

---

① 有些法律规定，除法律规定可以抵押的以外，耕地、宅基地、自留地、自留山等集体所有的土地使用权不得抵押。参见《物权法》第184条，《担保法》第37条。
② 参见黄松有主编：《〈中华人民共和国物权法〉条文理解与适用》，人民法院出版社2007年版，第388页。
③ 参见王利明：《物权法研究》（修订版）（下），中国人民大学出版社2007年版，第411-412页。

元,贷款回收率99.4%。①宁夏回族自治区的实践则在很大程度上具有创新意义。具体实施如下:①村成立农村承包土地承包经营抵押贷款协会。②申请贷款的农户申请加入协会。③贷款条件和贷款程序:协会中成员担任担保人或协会进行担保;担保在贷款人不能偿还到期贷款时,要将抵押的土地承包经营权转让给协会或协会中担任担保人的会员。④贷款期限为1年。

另外一个比较成功的案例则是山东省枣庄的"徐庄模式"。该模式的创新性包括:创设"土地产权证书"——在不改变农村土地所有权和承包经营权的基础上对农村使用权的确认;建立土地合作社——该合作社将农民若干个"土地使用产权证"汇集起来,换成以自己为主体的统一的证书,以此向金融机构申请贷款;同时成立相应的土地产权交易所、专业评估机构;另外,政府配合和司法程序上的保障等机制使得土地承包经营权抵押顺利运行。从实践中比较成功的案例看,能否将土地承包经营权抵押不是(至少不主要是)一个理论上应不应该的问题,更多的是实践操作和制度设计问题。

通过以上分析可知,既然我国法律上实行土地承包经营权抵押没有障碍,而现实中又对其需求极大,所以我们更应当将精力集中于如何制定和完善土地承包经营权抵押的制度。土地承包经营权的抵押应当适用现行法律法规有关抵押的一般规定,同时结合土地承包经营权的特性,从我国农村实际情况出发,改变现行法律中的一些不合理规定,对土地承包经营权抵押的主体、内容、设立、期限、抵押权实现、抵押关系的法律保护、抵押的消灭等作出规范。另外还要建立和完善各种配套制度,为土地承包经营权抵押制度的顺畅运行创造必要条件,例如尽快培育专门的农村土地价值评估系统和评估机构、完善农村社会保障体系、完善农业保险特别是农地抵押贷款保险等。

在土地承包经营权抵押制度中,有学者提出一个想法就是设立国家土地银行,专门负责办理农村土地承包经营权等土地使用权的抵押贷款。目前,世界上许多实行市场经济的国家都普遍建立了以农业土地抵押为特征的农地金融制度,政府纷纷特设土地银行作为抵押权人,接受农业土地为抵押标的物,贷放长期低息的资金以支持农业发展,如德国的土地抵押信用合作社、美国的联邦土地银行、中国台湾地区的土地银行、印度土地发展银行等。②我国可以借鉴其经验,建立由政府特设的类似国外土地银行的政策性银行作为抵押权人,由其提供土地承包经营权的抵押贷款。当然在目前情况下,创设新的土地银行系统比较烦琐,可以考虑通过农村信用合作社或农业银行开展土地承包经营权抵押贷款的试点工

---

① 参见《半月谈》2011年第3期,新华通讯社主办。
② 关于这些国家农地金融制度的具体介绍可以参见李延敏、罗剑朝:《国外农地金融制度的比较及启示》,《财经问题研究》2005年第2期。

作,待制度成熟后可向全国推广。我们相信这一制度必将对于农村经济的发展和农民收入的增加大有裨益,对于推动城乡统筹发展、全面建设小康社会也将发挥重要的作用。

3. 土地承包经营权的入股问题

《农村土地承包法》第42条规定:"承包方之间为发展农业经济,可以自愿联合将土地承包经营权入股,从事农业合作生产。"这是法律对土地承包经营权入股的原则性规定。另外,《农村土地承包经营权流转管理办法》则对土地承包经营权的入股做了进一步规定。根据《农村土地承包经营权流转管理办法》,所谓入股是指实行家庭承包方式的承包方之间为发展农业经济,将土地承包经营权作为股权,自愿联合从事农业合作生产经营。由此,有学者认为,"入股是指,为扩大经营、发展农业生产,承包户之间联合起来,将各自的土地承包经营权经评估后折股投资,合作从事农业生产经营活动,以投入的股份作为分红的依据,但各承包户的承包关系不变"。①这种观点认为,家庭承包方式的土地承包经营权不可以作为资本投入到公司中去,仅限于"从事农业合作生产"的范围。也就是说,这里的入股与公司法上的入股是不同的概念。而另外一种观点则认为,土地承包经营权入股既可以组成合作社从事农业合作生产,也可以作为资本投入到公司中去,享有股权,分取红利。具体来说,土地承包经营权入股是指入股者(原承包方)在通过农村土地承包方式取得物权性质土地承包经营权有效存在的前提下,以土地承包经营权量化为股权,依法将承包地移转给有农业经营能力的合作社或者股份公司等经济组织占有和使用的行为。土地承包经营权入股的结果是,入股者(原承包方)取得合作社或者股份公司等经济组织的股份,享有股权,依法取得红利;合作社或者股份公司等经济组织依法占有和使用承包地。②这两种观点最大的区别就在于土地承包经营权能否入股到公司,由此笔者将土地承包经营权的入股分为狭义和广义两种概念,狭义的入股是不可以作为资本投入到公司中去的,仅限于"从事农业合作生产"的范围;而广义的入股则不限于"从事农业合作生产"的范围,还包括作为资本投入到公司中。

农村土地承包经营权入股的实践运作模式主要有两种:一是入股农村合作社,包括股份合作制以及农民专业合作社。二是入股公司企业。中国农村的股份合作制是于1992年起始于广东南海,随后在其他多个省广泛试用。将土地折股,分为集体股和个人股。个人股是按照每个劳动力的贡献、劳动年限和原来承包地的质量,把土地和固定资产折股量化给农民,农民在获得承包权后,把土地的使用权交给集体,计入股份,由合作组织统一经营;集体股由原社区集体资产折价

---

① 参见宋从越:《农村土地承包经营权物权性流转》,《阴山学刊》2006年第6期。
② 参见丁关良:《土地承包经营权基本问题研究》,浙江大学出版社2007年版,第134页。

入股形成。土地的使用权全部收归社区集体经济组织，由社区集体经济组织统一经营，采取招（投）标方式将土地租或包给企业、个人用于农业规模经营和工业用地。社员享有的土地股份不能买卖、转让和继承，只能以此分红。而农民专业合作社是指在农村家庭承包经营基础上，同类农产品的生产经营者或者同类农业生产经营服务的提供者、利用者，自愿联合、民主管理的互助性经济组织。农民专业合作社以其成员为主要服务对象，提供农业生产资料的购买，农产品的销售、加工、运输、储藏以及与农业生产经营有关的技术、信息等服务。① 以农村土地承包经营权入股农民专业合作社是指农民将农村土地承包经营权按数量和年限作价出资，与货币、实物等其他出资形式一起，组建农民专业合作社。

  关于土地承包经营权入股最大的争议是能否作为出资入股公司企业。在股东出资制度上，《公司法》施行的是出资形式法定主义，即股东以何种财产出资，不完全取决于股东自身拥有何种财产或资源，也不完全取决于公司经营需要何种财产或资源，而是由法律直接规定何种财产可以作为股东对公司的出资。② 我国《公司法》第 27 条规定："股东可以用货币出资，也可以用实物、知识产权、土地使用权等可以用货币估价并可以依法转让的非货币财产作价出资；但是，法律、行政法规规定不得作为出资的财产除外。"由此可知，股东可以用货币出资，也可以用非货币财产出资，但是非货币财产的出资必须具备以下两个法定要件：一是可以用货币估价；二是可以依法转让。那么土地承包经营权是否属于这里的"土地使用权"？笔者认为《公司法》所规定的"土地使用权"应当是国有土地使用权，也就是国有建设用地使用权。因为《公司法》制定时期是 20 世纪 90 年代初期，那时候的"土地使用权"含义非常狭窄，仅指国有土地使用权（国有建设用地使用权）。虽然到目前为止，家庭承包方式的土地承包经营权已经可以实现转让、出租等方式的流转，但是其与社员身份有着密切的关系，其流转仍然不能像国有建设用地使用权或以其他方式取得的土地承包经营权一样自由地流转，所以其不符合非货币财产出资的"可以依法转让"的条件。而且，土地承包经营权入股设立公司，必须面对土地承包经营权评估作价的问题。现行法律中对农村土地承包经营权如何评估作价没有任何规定，这在实践中便导致法定验资机构对农村土地承包经营权不知如何进行评估折价的问题。可以说，土地承包经营权的评估、土地承包经营权市场价格的确认既面临法律上的困境，也成了一个技术性难题。

  在实践中，有些地方对土地承包经营权入股公司进行了一些尝试。重庆曾于 2007 年进行了"股田制"试点，农民不仅可以以土地承包经营权出资入股设立

---

① 《农民专业合作社法》第 2 条。
② 参见赵旭东主编：《公司法学》（第二版），高等教育出版社 2006 年版，第 271–272 页。

农民专业合作社，还可以设立有限公司，甚至独资、合伙等企业。但仅经历了1年多的时间，重庆的"股田制公司"改革就被中央紧急叫停。中央认为，"股田公司"带来的主要问题在于，土地承包经营权入股后，一旦经过股权转让，则非农村集体成员也可能获得土地承包经营权，这与现行的土地承包制度发生冲突；而一旦入股企业破产，土地则可能用于偿还债务，农民面临失地风险，对维护拥有众多人口的农村稳定不利。并且另据报道，按照中央部署，重庆市农委已经起草并经重庆市政府常委会通过了《关于开展农村土地经营权入股，发展农民专业合作社的决定》，将致力于发展农民专业合作社。①

综上所述，在目前情况下，家庭承包方式的土地承包经营权从某种程度上来说还并不适合作为公司的出资形式，而且国家对于土地承包经营权的入股公司所可能产生的问题存在顾虑，在立法和政策上并不十分支持，所以我们对于土地承包经营权入股公司企业还是持一个谨慎的态度。当然，随着我国社会经济的发展，土地承包经营权可以实现自由的流转时，土地承包经营权只是一种农地使用的用益物权，它就可以作为出资，入股到公司企业中去。

4. 土地承包经营权继承问题

自从20世纪80年代初家庭联产承包制在全国推行后，土地承包经营者的土地承包经营权可否由继承人继承即引起学界激烈的争论。1985年《继承法》制定通过时，对土地承包经营权可否继承的问题仍存意见分歧，未做确定性规定，其第4条规定："个人承包应得的个人收益，依照本法规定继承。个人承包，依照法律允许由继承人继续承包的，按照承包合同办理。"1993年《农业法》第13条第4款规定了"承包人在承包期内死亡的，该承包人的继承人可以继续承包"，但令人遗憾的是在2002年底修订时对此规定进行了删除，改为"农村土地承包经营的方式、期限、发包方和承包方的权利义务、土地承包经营权的保护和流转等，适用《中华人民共和国土地管理法》和《农村土地承包法》"。《农村土地承包法》第31条规定："承包人应得的承包收益，依照继承法的规定继承。林地承包的承包人死亡，其继承人可以在承包期内继续承包。"第50条规定："土地承包经营权通过招标、拍卖、公开协商等方式取得的，该承包人死亡，其应得的承包收益，依照继承法的规定继承；在承包期内，其继承人可以继续承包。"而在我国《物权法》、《土地管理法》则没有对土地承包经营权的继承问题作出规定。

根据以上规定，土地承包经营权的继承应当区分两种情况：

（1）承包的收益。它即在被继承人死亡前基于承包所获得的各种收益，例如承包地之上耕种的作物等，这些本身都是财产权益，应当允许被继承人继承。如

---

① 参见宋志红：《土地承包经营权入股的法律性质辨析》，《法学杂志》2010年第5期。

果承包是以农村家庭为单位进行的，如家庭中有部分成员死亡，但农户本身并没有消灭，土地承包经营权不发生继承的问题。① 但是如果作为土地承包经营权人的家庭中其余的成员并不是该集体经济组织的成员，其已经在其他集体经济组织或城镇落户，此时该家庭的其余成员就不能通过继承取得土地承包经营权，因为其已不再具备该农村集体经济组织成员的资格了。② 如果是以单个的集体经济组织成员的身份承包农村集体土地，取得土地承包经营权，在该承包经营权人死亡后，依照《农村土地承包法》第31条的规定，该承包经营权人的继承人可以依法继承承包经营权人应得的承包收益。③

（2）权利的继承。我国法律允许林地承包经营权的继承，主要原因在于林地承包的情况比较特殊，因为林木的生产周期比较长，且林木本身就是一种财产，如果林地承包经营权不能继承，承包经营权关系不能稳定，就会导致林木的乱砍滥伐，对生态环境和资源都会造成重大的破坏。此外，"四荒"土地承包权也可以继承。所以，根据我国《农村土地承包法》等的规定，除林地承包、"四荒"土地承包以外，土地承包经营权原则上不能继承，而只能针对承包收益进行继承。之所以如此规定，更多的是基于家庭承包的特殊性（具有成员权的性质和保障农民基本生活的功能）以及林地之特殊性（如上所述）而作出的。

但是，有学者提出耕地和草地的承包经营权也应当允许继承，因为"土地承包经营权是一种财产权，家庭承包取得的土地承包经营权都可以或应当依法继承，避免法律条文之间的冲突或矛盾，更有利于提高承包方在农村承包地上投入的积极性和信心，以真正维护土地承包经营权人的合法权益"。④ 而且，国家政策方面也是对土地承包经营权的继承有过肯定性的倾斜，例如1995年3月28日国务院批转农业部《关于稳定和完善土地承包关系的意见》规定"保护继承人的合法权益，承包人以个人名义承包的土地（包括耕地、荒地、果园、茶园、桑园等）、山岭、草原、荒滩、水面及计提所有的畜禽、水利设施、农机具等，如承包人在承包期内死亡，该承包人的继承人可以继续承包，承包合同由继承人继续履行，直至承包合同到期"。⑤ 笔者认为，土地承包经营权是一种用益物权，按照法律理论，其可继承性应当是毫无争议的。所以基于对"物尽其用"这一民法基本理念的追求，在没有足够充分且正当的理由能够证明耕地和草地的继承必然会

---

① 参见顾昂然：《关于〈中华人民共和国农村土地承包法（草案）〉修改情况的汇报》，《全国人民代表大会常务委员会公报》2002年第5期。
② 胡康生主编：《中华人民共和国土地承包法释义》，法律出版社2002年版，第86页。
③ 王利明：《物权法研究》（下），中国人民大学出版社2007年版，第86页。
④ 丁关良：《土地承包经营权基本问题研究》，浙江大学出版社2007年版，第234页。
⑤ 全国人民代表大会常务委员会法制工作委员会民法室编著：《物权法立法背景与观点全集》，法律出版社2007年版，第524页。

对我国家庭承包制度以及农村社会公平产生不利影响的前提下,同时基于与土地承包经营权的流转制度相契合的考虑,应当允许耕地和草地继承,以提高土地承包经营权人及其继承人的生产积极性,从而提高农业生产的效率。

但不得不承认的是,我国的家庭承包方式的土地承包经营权存在诸多限制,例如集体所有的土地、以农民集体成员的身份为承包依据、经营农业生产等都是取得土地承包经营权的先决条件。如果土地承包经营人的继承人不是该农民集体的成员,如果土地承包经营的继承人继承了承包土地后不从事农业生产经营,都将会加剧人地矛盾,而且也有失社会公正。所以笔者认为,只有仍然从事农业生产经营且具有一定农民集体组织成员的身份,才可以继承土地承包经营权。对此,有学者持有不同的观点,例如梁慧星教授认为,将农村土地承包权的继承权限制在具有农民身份的继承人范围内,不仅与我国《继承法》基本制度相悖,而且与现行《土地管理法》第 15 条"农民集体所有的土地,可以由本集体经济组织以外的单位或者个人承包经营,从事种植业、林业、畜牧业、渔业生产"的精神相矛盾。① 对此笔者认为,对以家庭承包方式取得的土地承包经营权的继承人范围加以限制并没有违反《土地管理法》第 15 条之精神,因为集体组织成员本来就对土地承包享有优先权,而且集体经济组织以外的单位和个人承包经营一般都是通过市场配置实现的,通过继承这种无对价的形式取得土地承包经营权显然不是《土地管理法》第 15 条之精神所在。另外,对以家庭承包方式取得的土地承包经营权的继承人范围不加任何限制,完全依照继承法的规定处理的话,会导致农村的不稳定。对于已脱离一定区域农民集体的成员,仍然享有继承权,会导致土地的进一步零碎化,会产生一批事实上的"二地主",加剧贫富悬殊,会加重农业生产的经营成本,这才会真正导致农村的不稳定。②

二、通过其他方式取得的土地承包经营权的流转

现行法律法规中关于通过其他方式取得的土地承包经营权的流转的规定并不是很多,甚至有些简陋,主要的规定有《农村土地承包法》第 49 条、《农村土地承包经营流转管理办法》第 34 条、《最高人民法院关于审理涉及农村土地承包纠纷案件适用法律问题的解释》第 21 条和《物权法》第 137 条等。另外根据《农村土地承包经营流转管理办法》第 34 条、《最高人民法院关于审理涉及农村土地承包纠纷案件适用法律问题的解释》第 21 条,除法律法规有特殊规定外,"四荒"土地承包经营权流转援引适用家庭承包方式中土地承包经营权流转相关规范的规则。之所以如此规定,主要原因上文中已经提到,就是目前关于"四荒"土地承

---

① 梁慧星:《中国物权法研究》(下),法律出版社 1998 年版,第 739 页。
② 胡吕银:《土地承包经营权的物权法分析》,复旦大学出版社 2004 年版,第 216 页。

包经营权的流转规定还比较粗糙简陋，如果不援引适用家庭承包方式中土地承包经营权流转相关规范的规则，那么"四荒"土地承包经营权的流转将无法可依，这必将导致很多违法违规的现象出现。虽然笔者认为这种规定有失偏颇，但是就目前的形势来看还是应当在某些方面进行援引适用。当然从长远来看，因为两种土地承包经营权在设立方式、当事人、权利义务、承担的功能等方面都不一样，如果长久地规定"四荒"土地承包经营权流转援引适用家庭承包方式中土地承包经营权流转相关规范的规则，势必将导致"四荒"土地承包经营权无法发挥其本来的目的，损害权利人的利益，不利于对未利用荒地的开发利用。所以在未来立法中应当取消这一规定，同时完善关于"四荒"土地承包经营权的流转规则，特别是对流转方式的种类、各种流转方式适用的前提条件以及程序性要求等问题都应当予以分别规定。

根据《农村土地承包法》，"四荒"土地承包经营权的流转方式法律明确规定的有转让、出租、入股、抵押四种，另外还规定可以以其他方式流转：

（1）转让、出租、入股、抵押。所谓转让是指承包方将部分或全部土地承包经营权让渡给其他从事农业生产经营的农户，由其履行相应土地承包合同的权利和义务。转让后原土地承包关系自行终止，原承包方承包期内的土地承包经营权部分或全部灭失。需要注意的是"四荒"土地承包经营权的转让不同于通过家庭承包方式取得的土地承包经营权，也就是说对出让人没有设置"具有稳定的非农业职业或稳定的收入来源"之适用前提条件，也没有设置经土地所有人同意的程序性要求。

出租是指承包方将部分或全部土地承包经营权以一定期限租赁给他人从事农业生产经营。出租后原土地承包关系不变，原承包方继续履行原土地承包合同规定的权利和义务。承租方按出租时约定的条件对承包方负责。

入股是指承包方将土地承包经营权量化为股权，入股组成股份公司或者合作社等，从事农业生产经营。这里需要注意的是，以其他方式取得的土地承包经营权可以入股公司，这与家庭承包方式的土地承包经营权不同。具体论述可参见上文。

抵押是指为担保债务的履行，债务人或者第三人不转移承包土地的占有，将该土地承包经营权抵押给债权人的，债务人不履行到期债务或者发生当事人约定的实现抵押权的情形，债权人有权就该土地承包经营权优先受偿。我国《物权法》第180条明确规定，以招标、拍卖、公开协商等方式取得的荒地等土地承包经营权可以设定抵押。

（2）其他方式的探讨。关于这里的"其他方式"，可以有不同的理解：一是兜底性规定，等待以后的法律予以补充完善。二是开放式的规定，只要法律未作禁止性规定，任何流转方式都可以，例如赠与、代耕、继承等。对此，有人持后一种观点，认为只要该流转方式不违反法律、法规中的强制性规定，不损害社会的公共利益，不能被现行法定流转方式吸收，就应当在立法或者司法审判中予以承认，并根据其权利流转的性质设置相应的适用前提条件和程序性要求。笔者认为流转方式分为两类：一是发生（或可能发生）物权变动效果的流转，如转让、赠与、抵押、入股等方式；二是发生债权效果的流转，如出租、委托代耕等方式。对于可以发生物权变动效果的流转方式，只有在法律有所规定的情况下才能适用，而对于发生债权效果的流转方式，因为承包人仍然保留着物权性质的土地承包经营权，所以他可以选择法律未禁止的流转方式进行流转。

总之，"四荒"土地承包经营权并未采取"人人有份"的分配方式，而是引入了市场机制，所以其在诸多方面都异于以家庭承包方式取得土地承包经营权，特别是在流转方面，更是可以由权利人进行自由处分。从长远来看，"四荒"土地承包经营权的流转规则体现了土地承包经营权的发展趋向。笔者相信，未来土地承包经营权可以实现自由流转。

第五节 承包地的调整、收回与征收

在很长一段时间内，土地承包经营权被视为一种债权而呈现出一种极不稳定的状态，发包方可能基于种种借口频繁地调整承包地或无故收回承包地，另外国家可对承包地进行征收却无须给予承包人补偿。这些问题的出现推动着债权性质的土地承包经营权物权化，这就赋予了农民长期而稳定的土地使用权，也为保障土地承包关系的长期稳定提供了法律依据。根据《物权法》、《农村土地承包法》等法律规定，原则上承包期内发包人不得调整或收回承包地，承包地被征收的，土地承包经营权人有权依照法律规定获得相应补偿。这一点是土地承包经营权制度应当坚持的一项基本原则，这对于保护农民权益和促进农业发展具有重要的意义。但是随着社会的发展，很多情况的出现将会导致土地承包经营关系的变化，那么承包地可否进行适度的调整或收回？在哪些情况下进行调整或收回？如何进行调整或收回？另外，虽然承包地被征收土地承包经营权人可以得到相应补偿，但是如何具体适用征收制度还存在着很多问题。

一、承包地的调整

《物权法》第130条规定："承包期内发包人不得调整承包地。因自然灾害严重毁损承包地等特殊情形，需要适当调整承包的耕地和草地的，应当依照农村土地承包法等法律规定办理。"《农村土地承包法》第27条规定："承包期内，发包方不得调整承包地。承包期内,因自然灾害严重毁损承包地等特殊情形对个别农户之间承包的耕地和草地需要适当调整的,必须经本集体经济组织成员的村民会议 2/3 以上成员或者 2/3 以上村民代表的同意,并报乡(镇)人民政府和县级人民政府农业等行政主管部门批准。承包合同中约定不得调整的,按照其约定。"由此可以看出,在承包期内,因自然灾害严重毁损承包地等特殊情形下是可以对个别农户之间承包的耕地和草地进行适当调整,当然如果承包合同中约定不得调整的,则按照约定不进行调整。

虽然土地承包经营权应当予以稳定和巩固,但是这绝对不代表承包地的长久不变。在《物权法》制定时曾有学者提出将土地承包经营权改造为永佃权,赋予农民长久而不变的使用权,这样可以更好地保护农民的权利。但是值得注意的是,我国台湾地区的"民法"物权编修订时将永佃权删除,而增设了农育权,因为永佃权的设定造成土地所有人与使用人的永久分离,影响农地的合理使用。①笔者认为赋予农民长久稳定的土地承包经营权是必要的,但是考虑到中国现实的情况这又是不现实的。调整承包地的合理性和必要性主要有以下几点:一是土地的社会保障功能。我国长期以来都处于封建社会,自给自足的自然经济占有非常重要的地位,所以说土地对于农民来说就至为重要,为其提供了生活保障。即使到目前为止,我国还有很多农村地区的经济不是很发达,农民赖以生存的资源仍然是土地,所以土地的社会保障功能在一定程度上还将继续存在。二是我国长久以来的"耕者有其田"的均分思想。"不患寡而患不均"的思想在很长一段时间内都在影响着我们,表现在土地方面就是"耕者有其田"的思想,可以说中国很多次农民起义都是以"均分"为口号而成功发动的。即使到了现代社会,我国农民仍然保持着这种传统的思想。三是农村集体组织成员身份制约。与均分思想密切相关的就是成员身份的制约。所谓成员权,即土地集体所有制赋予村庄内部每个合法成员平等地拥有村属土地的权利。由于成员权的存在,每当一个新的合法成员进入村庄时,他都有从他人那里分得一份土地的权利,而每当一个成员离开村庄时,其他人享有将其土地平分的权利。其结果自然是土地分配随人口的变化而变化。②四是人地矛盾突出,土地利用存在问题。我国的人口基数很大,而农民人数又占我国总人口的大多数,但是我国的耕地数量非常有限,到目前为止已经非常接近 18 亿亩红线,可以说我国的人地矛盾非常突出。

另外,随着城乡经济差距的拉大,农民打工的收入远比在家务农的收入要高得多,这导致了农村人口向城市集中、大量土地撂荒,这严重影响了耕地的利用。可是还有大量无地农民、待地农民没有土地,无法获取基本的生存资源,土

---

① 参见王泽鉴:《民法物权》(第 2 版),北京大学出版社 2010 年版,第 313-314 页。
② 姚洋:《中国农地制度:一个分析框架》,《中国社会科学》2000 年第 2 期。

地资源不能得到充分利用。所以说，土地承包经营权的长久不变在中国国情之下并不可行，在承认稳定而有保障的土地承包经营权的前提下，应当根据具体的情况对承包地进行适当的调整。对此，有学者是持不同意见的，认为我国的立法政策导向上要求长期稳定承包制，承包期内承包地的调整必然会影响承包经营权的稳定，而且承包地的调整必然会损害承包经营权的物权效力。但是笔者认为承包期内承包经营权的适当调整，并不会影响承包经营权的稳定。承包地的重新发包，只要是依据正当的理由，针对特殊情况并在严格的程序约束下对承包经营权的微调，并不必然导致承包经营权整体的消灭，因此，不会动摇承包经营权的稳定。下面我们就简单介绍一下承包地调整的约束性规定：

（1）调整事由——特殊情形的确定。关于这些特殊情形的确定，目前法律上并没有做出详细的规定，只是规定"因自然灾害严重毁损承包地等特殊情形"可以进行调整。这种规定既没有对事由进行列举，也没有对"特殊情形"予以概括式说明，这导致了在适用中的不确定性。对此有学者进行了列举，主要包括以下事由：第一，因国家征收本集体土地致使部分集体成员丧失承包地，其他集体成员也平等享受了土地征收补偿利益的。第二，因乡村公益和集体建设依法占用承包土地，致使本集体部分成员丧失承包地的。第三，因自然灾害毁损承包地，致使部分农户丧失承包地的。第四，因一定期间内本集体的人口增减需要将减少人口的承包地调整给未取得承包地的新增人口的。第五，因集体成员会议依法决定的为了本集体全体成员利益进行农业综合开发，需要调整承包地的。第六，因集体依法收回承包地需要将收回的承包地承包给未取得承包经营权的集体成员的。第七，集体组织需要将土地开垦或整理所增加的土地承包给未取得承包地的本集体成员的。①这些都可以成为调整承包地的合理事由。但是笔者认为，这些事由并不能穷尽需要调整的情况，所以还有必要对"特殊情形"予以说明。所谓的特殊情形，应当是这样一种状况：没有土地的集体组织成员，在生活上没有保障，通过其他方法不能获得承包地的情况。这里需要注意，如果集体成员将自己的承包地流转出去了，这并不属于没有土地的情形。如果集体组织成员除了承包地进行农业生产外还有其他的收入来源或生活保障，那么他也不属于这种特殊情形。根据《农村土地承包法》第28条规定，集体经济组织依法预留的机动地，通过依法开垦等方式增加的承包地，承包方依法、自愿交回的承包地都应当用于调整承包土地或者承包给新增人口，如果通过这些方式还不能获得承包地，那么就属于特殊情形。

（2）调整程序。根据《农村土地承包法》第27条第2款规定，承包期内，因

---

① 韩松：《关于土地承包经营权调整的立法完善》，《法学杂志》2010年第12期。

自然灾害严重毁损承包地等特殊情形对个别农户之间承包的耕地和草地需要适当调整的，必须经本集体经济组织成员的村民会议2/3以上成员或者2/3以上村民代表的同意，并报乡（镇）人民政府和县级人民政府农业等行政主管部门批准。据此，调整程序包括：申请、同意、批准等。

首先，谁可以申请调整承包地呢？《农村土地承包法》并没有给出明确的规定，笔者认为如果主体是"户"的话，那么可以请求调整的人就是没有承包地的或因人口增加需要增加承包地的"户"；如果主体是个人的话，那么可以申请调整的就是个人，比如说新生儿、入嫁女、入赘男、失地农民等。

其次，谁有权决定调整？从现有法律规定来看，本集体经济组织的成员享有同意权，而乡（镇）人民政府和县级人民政府农业等行政主管部门享有批准权。对此，我们有一个疑问，那就是集体经济组织内部的承包地的调整为什么要经过政府部门的批准？承包地的调整应当是土地所有人与土地使用人之间的民事行为，它并不涉及公共利益，所以并不需要公权力机关的干预，这样的制度安排令人怀疑是公权力对私权的不当侵犯。所以我们建议删除这个条款，改为"乡（镇）人民政府和县级人民政府农业等行政主管部门对承包地的调整进行监管"。

二、承包地的收回

虽然承包地的收回制度与调整制度在很多方面都是不一样的，但是这两种制度在根本目的和基本原理上是存在一致性的，所以有关承包地的不得收回与收回的合理性必要性、都可参见上述承包地调整制度的相关论述，在此不赘。下面我们将重点介绍一下承包地的收回的具体规定。

《物权法》第131条规定："承包期内发包人不得收回承包地。农村土地承包法等法律另有规定的，依照其规定。"《农村土地承包法》第26条规定："承包期内，发包方不得收回承包地。承包期内，承包方全家迁入小城镇落户的，应当按照承包方的意愿，保留其土地承包经营权或者允许其依法进行土地承包经营权流转。承包期内，承包方全家迁入设区的市，转为非农业户口的，应当将承包的耕地和草地交回发包方。承包方不交回的，发包方可以收回承包的耕地和草地。承包期内，承包方交回承包地或者发包方依法收回承包地时，承包方对其在承包地上投入而提高土地生产能力的，有权获得相应的补偿。"第29条规定："承包期内，承包方可以自愿将承包地交回发包方。承包方自愿交回承包地的，应当提前半年以书面形式通知发包方。承包方在承包期内交回承包地的，在承包期内不得再要求承包土地。"第30条规定："承包期内，妇女结婚，在新居住地未取得承包地的，发包方不得收回其原承包地；妇女离婚或者丧偶，仍在原居住地生活或者不在原居住地生活但在新居住地未取得承包地的，发包方不得收回其原承包地。"由此可知，承包地的收回分为两种：

(1) 自愿交回。承包期内,承包方可以自愿将承包地交回发包方。但是承包方在承包期内交回承包地的,在承包期内不得再要求承包土地。承包期内,承包方交回承包地时,承包方对其在承包地上投入而提高土地生产能力的,有权获得相应的补偿。

(2) 发包方收回。承包期内,承包方全家迁入设区的市,转为非农业户口的,应当将承包的耕地和草地交回发包方。承包方不交回的,发包方可以收回承包的耕地和草地。但是承包期内,承包方全家迁入小城镇落户的,应当按照承包方的意愿,保留其土地承包经营权或者允许其依法进行土地承包经营权流转。同自愿交回一样,在承包期内,承包方被发包方依法收回承包地时,承包方对其在承包地上投入而提高土地生产能力的,有权获得相应的补偿。

这里需要注意一点,那就是婚嫁女或离婚丧偶妇女的承包地问题。根据法律规定,承包期内,妇女结婚,在新居住地未取得承包地的,发包方不得收回其原承包地;妇女离婚或者丧偶,仍在原居住地生活或者不在原居住地生活但在新居住地未取得承包地的,发包方不得收回其原承包地。之所以如此规定,是因为妇女在农村中的弱势地位,法律对此做了倾斜性保护,以达到实质上的公平正义。

另外有学者提出,法律规定的发包方可依法收回承包地的规定可能会导致收回落空。因为承包方全家迁入设区的市,转为非农业户口之前可依法实施土地承包经营权的流转,取得交换价值。对此,《最高人民法院关于审理涉及农村土地承包纠纷案件适用法律问题的解释》第9条规定:"发包方根据农村土地承包法第二十六条规定收回承包地前,承包方已经以转包、出租等形式将其土地承包经营权流转给第三人,且流转期限尚未届满,因流转价款收取产生的纠纷,按照下列情形,分别处理:(一)承包方已经一次性收取了流转价款,发包方请求承包方返还剩余流转期限的流转价款的,应予支持;(二)流转价款为分期支付,发包方请求第三人按照流转合同的约定支付流转价款的,应予支持。"① 这就使迁移转户口之前的流转获益行为得到有效的规制。

三、承包地的征收

目前,随着我国社会经济的发展,城镇化进程不断加快,对建设用地需求也日益增加,大量农用地通过土地征收的方式转为建设用地。国家行使征收权改变土地用途,导致土地承包经营权人的合法权益受到极大的侵害。但是在很长一段时间内,土地征收中土地承包经营权人的权益被忽略了。因为征收是对土地所有权的征收,土地所有权人才是土地征收补偿的取得者,农民所承包的土地在被征

---

① 参见丁关良:《土地承包经营权基本问题研究》,浙江大学出版社2007年版,第227页。

第三章 我国土地承包经营权法律制度创新研究

收时是被集体组织收回的,然后分得相应的补偿。在目前大量的土地征收中,如果土地出让成本价为100%,则农民只得5%~10%,村集体得25%~30%,60%~70%为县、乡、(镇)所得。这就导致农民在征收中没有任何话语权和参与权,完全处于一种被动的地位,其合法权益被彻底地忽视了。对此,《物权法》第132条规定:"承包地被征收的,土地承包经营权人有权依照本法第四十二条第二款的规定获得相应补偿。"据此,土地征收的补偿主体不仅包括土地所有人,而且应当包括土地承包经营权人在内的用益物权人。这实际上在法律上承认了作为承包经营权人的农民应当成为土地被征收的主体。①

《物权法》第42条第2款规定:"征收集体所有的土地,应当依法足额支付土地补偿费、安置补助费、地上附着物和青苗的补偿费等费用,安排被征地农民的社会保障费用,保障被征地农民的生活,维护被征地农民的合法权益。"这是对承包地征收的宏观性规定,具体适用的却是《土地管理法》的有关规定。根据《土地管理法》,征收耕地的补偿费用包括土地补偿费、安置补助费以及地上附着物和青苗的补偿费。征收耕地的土地补偿费,为该耕地被征收前3年平均年产值的6~10倍。征收耕地的安置补助费,按照需要安置的农业人口数计算。需要安置的农业人口数,按照被征收的耕地数量除以征地前被征收单位平均每人占有耕地的数量计算。每一个需要安置的农业人口的安置补助费标准,为该耕地被征收前3年平均年产值的4~6倍。但是,每公顷被征收耕地的安置补助费,最高不得超过被征收前3年平均年产值的15倍。由此可以看出,现行实践的补偿规定存在着补偿范围过窄、补偿数额偏低、补偿方式单一等问题。这些问题的解决都需要《土地管理法》在《物权法》的规定原则下进行进一步修改。具体来说应当做到以下几点:

(1)在征收补偿中应当充分考虑土地上附加的各种功能及其体现的价值,综合考虑各种因征收对土地及其权利人带来的影响,以至少不降低土地生态环境和农民生活水平为原则,充分、合理地补偿被征地方。应当将土地产出、就业、社会保障和生态等功能纳入征收补偿范围之内,同时,对被征地农民的投入土地的成本和因征地造成的损失给予充分、合理补偿。

(2)征地的补偿标准应当贯彻公平合理的原则,补偿费要充分体现农地的市场价格,即以一个比较公正的价格体系来反映土地的价值,在征地时依照该价格体系标准对农地实行补偿。在具体的方法上,土地补偿标准不应再以产值为标准,而是以地价为标准,综合考虑供需、区位等相关因素来确定。更为重要的是,占人口多数的农民应合理分享农地转用以后的土地增值收益。

---

① 王利明:《〈物权法〉颁布后土地承包经营权征收中的若干法律问题》,《法学》2009年第5期。

(3) 探索多种模式相结合的补偿方式。我国部分地区结合本地经济发展需要已探索出许多行之有效的补偿方式。① 例如，一次性、分期和终身的货币补偿安置方式、留地补偿安置方式、替代地补偿安置方式、社会保险补偿安置方式、土地使用权入股的补偿安置方式、异地移民补偿安置方式。

第六节 农村土地承包经营纠纷的范围及解决机制

农村土地承包经营纠纷属于土地纠纷的一种。所谓土地纠纷是指在土地的占有、使用、收益、处分以及在土地管理过程中发生的争议。从实质上来说，土地纠纷是指发生在特定的社会主体间，引起现存土地正常秩序失衡的一种利益对抗状态，突出表现为相互冲突的土地权利主张。土地纠纷可以根据主体之间的地位是否平等，分为平等主体之间的土地民事纠纷和不平等主体间的土地行政纠纷。民事纠纷，又称民事争议，是指平等主体之间发生的，以民事权利义务为内容的社会纠纷。行政纠纷主要是在土地行政管理中，土地行政机关及其行政人员或授权的有关组织与行政相对人之间发生的争议。由此可知，农村土地承包经营纠纷主要是关于土地承包经营权的纠纷，而土地承包经营权是一种用益物权，属于民事权利，所以农村土地承包经营纠纷是一种土地民事纠纷。

纠纷解决是通过特定的方式和程序解决纠纷和冲突，恢复社会平衡和秩序的活动和过程。在人类社会发展的任何阶段以及人类活动的任何领域，都需要与之相适应的纠纷解决机制。社会越复杂、纠纷解决的方式和手段也越丰富，不同的纠纷解决机构、方式或程序共同构成一种纠纷解决机制。纠纷解决机制，是指一个社会为解决纠纷而建立的由规则、制度、程序和机构（组织）及活动构成的系统。狭义的纠纷解决机制，主要是指国家通过相关法律、法规建构或界定的、由各种正式或非正式制度或程序构成的综合性解纷系统；广义的纠纷解决机制，还包括非制度化的临时性、个别性纠纷解决活动，以及民间社会自发形成的各种私力或自力救济。在现代文明社会中，纠纷解决机制是进行社会控制的一项重要内容，由一个社会现有的公力救济、社会救济和私力救济等各种纠纷解决方式所构成的体系，用来解决社会中产生的各种纠纷，进而维持和创设这一社会的种种秩序。在土地纠纷方面，也存在着一种特有的纠纷解决机制。《农村土地承包法》第51条规定："因土地承包经营发生纠纷的，双方当事人可以通过协商解决，也可

---

① 参见房绍坤、王洪平：《不动产征收法律制度纵论》，中国法制出版社2009年版，第384、403页。

以请求村民委员会、乡（镇）人民政府等调解解决。当事人不愿协商、调解或者协商、调解不成的，可以向农村土地承包仲裁机构申请仲裁，也可以直接向人民法院起诉。"该条对农村土地承包经营纠纷的解决机制作了概括性的规定。但是这个规定明显不能解决农村土地承包经营纠纷，所以最高人民法院2005年时发布了《最高人民法院关于审理涉及农村土地承包纠纷案件适用法律问题的解释》（以下简称《最高院司法解释》），2009年则由全国人大常委会通过了《农村土地承包经营纠纷调解仲裁法》。这些法律、司法解释的出台，都对农村土地承包经营纠纷的解决提供了法律上的依据。下面我们将介绍一下我国现行农村土地承包经营权纠纷的解决机制。

一、农村土地承包经营纠纷的范围

农村土地承包经营纠纷是指农村土地的发包方与承包方或农业生产经营者因土地承包经营所涉及的权利义务及其相关问题而引发的争议。在上文中我们已经提到，农村土地承包经营纠纷属于土地民事纠纷，所以能够进入到农村土地承包经营纠纷范围内的也只能是相关的民事争议。《最高院司法解释》曾对农村土地承包纠纷的范围做了规定，其第1条规定："下列涉及农村土地承包民事纠纷，人民法院应当依法受理：①承包合同纠纷；②承包经营权侵权纠纷；③承包经营权流转纠纷；④承包地征收补偿费用分配纠纷；⑤承包经营权继承纠纷。"而其后的《农村土地承包经营纠纷调解仲裁法》则据此做了更为详细的规定，根据其第2条规定，农村土地承包经营纠纷的范围主要包括：

（1）因订立、履行、变更、解除和终止农村土地承包合同发生的纠纷。这一类型纠纷是指发包方与承包方围绕着土地承包合同所发生的纠纷，涉及农村土地承包合同的订立、履行、变更、解除和终止。

（2）因农村土地承包经营权转包、出租、互换、转让、入股等流转发生的纠纷。这一类型纠纷是指土地承包经营权流转时，出让方与受让方因流转所产生的纠纷，这里的出让方是指承包方。因为承包方可能在流转中存在一定的利害关系或享有一定的权利，所以有时发包方也会因流转是否合法、原承包期限等参入纠纷之中。根据法律规定，除列举的流转方式之外，还应包括以其他承包方式取得的土地承包经营权的抵押纠纷。

（3）因收回、调整承包地发生的纠纷。这一类型纠纷是指发包方与承包方之间就收回或调整承包地所产生的纠纷。

（4）因确认农村土地承包经营权发生的纠纷。这一类型纠纷是指承包方与发包方之间因要求取得承包地、签订承包合同或发放土地承包经营权证或林权证所产生的纠纷。

（5）因侵害农村土地承包经营权发生的纠纷。《农村土地承包法》明确规定：

"任何组织和个人侵害承包方的土地承包经营权的，应当承担民事责任。"所以发包方或其他单位、个人违反《农村土地承包法》的有关规定，侵害或妨害了承包方土地承包经营权的合法权益的，应当承担相应的民事责任。

(6) 法律、法规规定的其他农村土地承包经营纠纷。因为《农村土地承包经营纠纷调解仲裁法》不可能穷尽所有的农村土地承包的经营纠纷，所以这是一项兜底性条款。

需要注意的一点是，因征收集体所有的土地及其补偿发生的纠纷，不属于农村土地承包仲裁委员会的受理范围，可以通过行政复议或者诉讼等方式解决。这主要是因为土地征收属于一种国家的行政行为，由此而产生的纠纷是行政纠纷，所以应当通过行政复议或诉讼等方式来解决。

二、农村土地承包经营纠纷解决机制

《农村土地承包经营纠纷调解仲裁法》第3条规定："发生农村土地承包经营纠纷的，当事人可以自行和解，也可以请求村民委员会、乡（镇）人民政府等调解。"第4条规定："当事人和解、调解不成或者不愿和解、调解的，可以向农村土地承包仲裁委员会申请仲裁，也可以直接向人民法院起诉。"由此可知，农村土地承包经营纠纷的解决机制包括：

1. 和解

在土地民事纠纷解决机制中，协商和解是非常重要的一种方式。所谓和解，就是当事人通过协商达成一致意见，以解决争执或防止争执发生的民事法律制度。和解行为在社会生活中广泛存在，当事人在民事纠纷发生后，往往首先进行协商，以求达成和解意见、化解纠纷。和解作为一种解决争执的方式，不仅体现在传统的民间行为中，而且是民法的重要内容，是规范和解行为、赋予和解效力的重要民事法律制度。但是值得注意的是，由于和解是双方当事人基于自己的意思而做出的合意行为，所以法律是尊重当事人之间的意思表示的，在一般的情况下，不对当事人之间的和解行为进行干预。当然，如果当事人之间的和解有损国家利益、社会利益或第三人的合法权益时，法律就要对其进行干预，这种和解也不能发生效力。

协商和解要具备一定的要件：

（1）须有土地承包经营纠纷。也就是说，如果要使和解成立，首要前提就是纠纷已经发生或可能发生。

（2）当事人要有和解的真实意思，互相妥协让步。也就是说，当事人应有通过和解终止争执或防止争执发生的意思，而且双方当事人都能够在权利义务方面互相做出妥协和让步，以使和解真实之意思能够实现。

（3）如果当事人有约定，应当遵循一定的程序和形式。因为协商和解是双方

第三章 我国土地承包经营权法律制度创新研究

当事人之间通过对话等交流方式进行的,所以一般来说没有法定的特殊程序,但是如果双方当事人达成一致,设定了程序,那么当事人就要遵守。

另外,我国现行法律并没有规定和解协议的形式,但笔者认为,如果双方当事人达成一致的和解协议,应该采取书面形式,以保存证据、保障协议履行。

双方当事人关于土地民事纠纷达成了和解协议后,这个和解协议就会对双方当事人产生效力,双方当事人应当遵守这个约定。如果一方违反和解约定,另一方当事人可以提起诉讼请求法院强制对方履行和解协议。

2. 调解

在农村土地承包经营纠纷中,如果当事人达不成和解协议可以申请调解。调解是指在第三方协助下进行的、当事人自主协商的纠纷解决活动。① 一般来说,调解具有以下几个特点:

(1) 调解人的中立性。在不同的调解中,调解人所起的作用可能是不同的。他们或者只是作为双方合意的监督与旁观者,或者成为双方沟通的中介桥梁,也可能作为专家对结果进行评价,或者为最后的协议起草方案,但其身份只能是中立者,而不是做出决定的裁判者。

(2) 调解的自愿性。这是指调解协议的最终达成必须是在双方当事人自愿协商的基础之上,这是调解的本质特征。自愿性贯穿于调解的各个阶段,从启动直至协议的达成。

(3) 调解的便利性。作为一种程序便捷的纠纷解决方式,调解无须遵循严格的程序,当事人可以根据纠纷的特点、各自的需要选择适当的程序。除了程序上较为灵活,在适用规范方面,除了现行国家实体法律之外,调解还可以以各种有关的其他规范作为解决纠纷的依据和标准,如乡规民约、地方习惯等。

根据《农村土地承包经营纠纷调解仲裁法》,发生农村土地承包经营纠纷的,当事人可以自行和解,也可以请求村民委员会、乡(镇)人民政府等调解。仲裁庭对农村土地承包经营纠纷应当进行调解。由此可知,村民委员会、乡(镇)人民政府、仲裁庭都可以成为农村土地承包经营纠纷的调解主体。

当事人申请农村土地承包经营纠纷调解可以书面申请,也可以口头申请。口头申请的,由村民委员会或者乡(镇)人民政府当场记录申请人的基本情况、申请调解的纠纷事项、理由和时间。调解农村土地承包经营纠纷,村民委员会或者乡(镇)人民政府应当充分听取当事人对事实和理由的陈述,讲解有关法律以及国家政策,耐心疏导,帮助当事人达成协议。经调解达成协议的,村民委员会或者乡(镇)人民政府应当制作调解协议书。调解协议书由双方当事人签名、盖章

---

① 参见范愉:《非诉讼程序教程》,中国人民大学出版社2002年版,第150页。

或者捺指印，经调解人员签名并加盖调解组织印章后生效。

仲裁庭对农村土地承包经营纠纷应当进行调解。调解达成协议的，仲裁庭应当制作调解书；调解不成的，应当及时作出裁决。调解书应当写明仲裁请求和当事人协议的结果。调解书由仲裁员签名，加盖农村土地承包仲裁委员会印章，送达双方当事人。调解书经双方当事人签收后，即发生法律效力。在调解书签收前当事人反悔的，仲裁庭应当及时作出裁决。

3. 仲裁

仲裁是指纠纷当事人在自愿基础上达成协议，将纠纷提交非司法机构的第三者审理，由第三者作出对争议各方均有约束力的裁决的一种解决纠纷的制度和方式。仲裁在性质上是兼具契约性、自治性、民间性和准司法性的一种争议解决方式。仲裁主要适用于平等主体的公民，法人和其他组织之间发生的合同纠纷和其他财产权益纠纷。

发生农村土地承包经营纠纷的，当事人可以自行和解，也可以请求村民委员会、乡（镇）人民政府等调解。当事人和解、调解不成或者不愿和解、调解的，可以向农村土地承包仲裁委员会申请仲裁。关于农村土地承包经营纠纷的仲裁制度如下：

（1）仲裁委员会和仲裁员。农村土地承包仲裁委员会，根据解决农村土地承包经营纠纷的实际需要设立。农村土地承包仲裁委员会可以在县和不设区的市设立，也可以在设区的市或者其市辖区设立。农村土地承包仲裁委员会由当地人民政府及其有关部门代表、有关人民团体代表、农村集体经济组织代表、农民代表和法律、经济等相关专业人员兼任组成，其中农民代表和法律、经济等相关专业人员不得少于组成人员的 1/2。农村土地承包仲裁委员会依法履行下列职责：聘任、解聘仲裁员；受理仲裁申请；监督仲裁活动。

农村土地承包仲裁委员会应当从公道正派的人员中聘任仲裁员。仲裁员应当符合下列条件之一：①从事农村土地承包管理工作满 5 年；②从事法律工作或者人民调解工作满 5 年；③在当地威信较高，并熟悉农村土地承包法律以及国家政策的居民。

（2）申请和受理。农村土地承包经营纠纷仲裁的申请人、被申请人为当事人。家庭承包的，可以由农户代表人参加仲裁。当事人一方人数众多的，可以推选代表人参加仲裁。与案件处理结果有利害关系的，可以申请作为第三人参加仲裁，或者由农村土地承包仲裁委员会通知其参加仲裁。当事人、第三人可以委托代理人参加仲裁。农村土地承包经营纠纷申请仲裁的时效期间为 2 年，自当事人知道或者应当知道其权利被侵害之日起计算。申请农村土地承包经营纠纷仲裁应当符合下列条件：①申请人与纠纷有直接的利害关系；②有明确的被申请人；③有具体的仲裁请求和事实、理由；④属于农村土地承包仲裁委员会的受理范围。

第三章 我国土地承包经营权法律制度创新研究

当事人申请仲裁，应当向纠纷涉及的土地所在地的农村土地承包仲裁委员会递交仲裁申请书。农村土地承包仲裁委员会应当对仲裁申请予以审查，认为符合本法第20条规定的，应当受理。有下列情形之一的，不予受理：①已受理的，终止仲裁程序；②不符合申请条件；③人民法院已受理该纠纷；④法律规定该纠纷应当由其他机构处理；⑤对该纠纷已有生效的判决、裁定、仲裁裁决、行政处理决定等。

（3）仲裁庭的组成。仲裁庭由3名仲裁员组成，首席仲裁员由当事人共同选定，其他2名仲裁员由当事人各自选定；当事人不能选定的，由农村土地承包仲裁委员会主任指定。事实清楚、权利义务关系明确、争议不大的农村土地承包经营纠纷，经双方当事人同意，可以由一名仲裁员仲裁。仲裁员由当事人共同选定或者由农村土地承包仲裁委员会主任指定。

仲裁员有下列情形之一的，必须回避，当事人也有权以口头或者书面方式申请其回避：①是本案当事人或者当事人、代理人的近亲属；②与本案有利害关系；③与本案当事人、代理人有其他关系，可能影响公正仲裁；④私自会见当事人、代理人，或者接受当事人、代理人的请客送礼。

（4）开庭和裁决。农村土地承包经营纠纷仲裁应当开庭进行，但涉及国家秘密、商业秘密和个人隐私以及当事人约定不公开的除外。

当事人申请仲裁后，可以自行和解。达成和解协议的，可以请求仲裁庭根据和解协议作出裁决书，也可以撤回仲裁申请。申请人可以放弃或者变更仲裁请求。被申请人可以承认或者反驳仲裁请求，有权提出反请求。

当事人在开庭过程中有权发表意见、陈述事实和理由、提供证据、进行质证和辩论。仲裁庭应当根据认定的事实和法律以及国家政策作出裁决并制作裁决书。裁决应当按照多数仲裁员的意见作出，少数仲裁员的不同意见可以记入笔录。仲裁庭不能形成多数意见时，裁决应当按照首席仲裁员的意见作出。

当事人不服仲裁裁决的，可以自收到裁决书之日起30日内向人民法院起诉。逾期不起诉的，裁决书即发生法律效力。

4. 诉讼

如果当事人通过以上所述的纠纷解决机制仍然没有获得救济，那么诉讼就是当事人最后的选择。上文中我们已经提到，农村土地承包经营纠纷是一种民事纠纷，所以提起的诉讼就是民事诉讼。所谓民事诉讼是指人民法院、当事人和其他诉讼参与人，在审理民事案件的过程中，所进行的各种诉讼活动，以及由这些活动所产生的各种诉讼关系的总和。根据《农村土地承包经营纠纷调解仲裁法》，当事人和解、调解不成或者不愿和解、调解的，可以向农村土地承包仲裁委员会申请仲裁，也可以直接向人民法院起诉。这就表明，当事人在和解或调解未果的情况下，是可以选择直接诉讼，也就是说不必以仲裁为前置程序。关于农村土地承包经营纠纷的诉讼与一般民事纠纷诉讼基本上没有区别,所以关于农村土地承包经营纠纷的诉讼可以参照《民事诉讼法》的法律法规的规定进行。根据法律规定,我国现行的民事诉讼程序可以分为审判程序和执行程序两大诉讼程序。审判程序又可以分为第一审程序和第二审程序(上诉程序),第一审程序还包括普通程序和简易程序。另外在两审之后,还有审判监督程序,又称为再审程序。这里由于篇幅的原因,我们只简单地介绍一下一审普通程序和二审程序:

(1)起诉。起诉必须符合下列条件:原告是与本案有直接利害关系的公民、法人和其他组织;有明确的被告;有具体的诉讼请求和事实、理由;属于人民法院受理民事诉讼的范围和受诉人民法院管辖。起诉应当向人民法院递交起诉状,并按照被告人数提出副本。

(2)受理立案。人民法院对符合法定起诉条件的起诉,必须受理。人民法院收到起诉状或者口头起诉,经审查,认为符合起诉条件的,应当在7日内立案,并通知当事人;认为不符合起诉条件的,应当在7日内裁定不予受理;原告对裁定不服的,可以提起上诉。

(3)审理。在审理前,法院要依法进行一些审理前的准备工作,例如送达诉讼文书、组成合议庭、审核材料、调查证据等。在完成准备工作以后,法院应当在确定的日期开庭审理案件。当然涉及国家秘密、个人隐私或者法律另有规定的可以不公开审理。开庭审理的程序包括开庭准备、法庭调查、法庭辩论、合议庭评议、宣告判决。

(4)上诉。当事人不服地方人民法院第一审判决的,有权在判决书送达之日起15日内向上一级人民法院提起上诉。上诉应当递交上诉状。上诉状应当通过原审人民法院提出,并按照对方当事人或者代表人的人数提出副本。第二审人民法院对上诉案件,应当组成合议庭,开庭审理。经过阅卷和调查,询问当事人,在事实核对清楚后,合议庭认为不需要开庭审理的,也可以径行判决、裁定。第二审人民法院对上诉案件,经过审理,按照下列情形,分别处理:①原判决认定事实清楚,适用法律正确的,判决驳回上诉,维持原判决;②原判决适用法律错误的,依法改判;③原判决认定事实错误,或者原判决认定事实不清,证据不足,裁定撤销原判决,发回原审人民法院重审,或者查清事实后改判;④原判决违反法定程序,可能影响案件正确判决的,裁定撤销原判决,发回原审人民法院重审。这里需要注意的是,并不是所有的案件都会经过上诉程序,如果当事人对一审判决没有异议,可以不必上诉,判决结果在法定期限之后将会发生效力。

(5)执行。发生法律效力的民事判决、裁定,以及刑事判决、裁定中的财产部分,由第一审人民法院或者与第一审人民法院同级的被执行的财产所在地人民法院执行。

第四章 我国建设用地使用权法律制度创新研究

第一节 建设用地使用权的一般理论

一、建设用地使用权的概念

建设用地使用权是一种非常重要的土地权利，但我国现行法律并没有对"建设用地使用权"这一法律概念作出明确的规定。《物权法》第135条规定："建设用地使用权人依法对国家所有的土地享有占有、使用和收益的权利，有权利用该土地建造建筑物、构筑物及其附属设施。"根据这一规定，有学者将建设用地使用权定义为：公民、法人依法对国有土地享有的占有、使用、收益并排斥他人干涉的权利。[①]该定义明显将集体建设用地使用权排除在外，而且没有表明建设用地使用权的目的。

《物权法》第151条规定："集体所有的土地作为建设用地的，应当依照《土地管理法》等法律规定办理。"该条是对集体建设用地使用权的特殊规定，很明显集体建设用地使用权没有获得国有建设用地使用权同等的法律地位，因此不能适用《物权法》第十二章关于建设用地使用权的规定，而只能由《土地管理法》等法律做出特别的规定。笔者认为，《物权法》第151条虽然对集体建设用地使用权的规定作出了特殊的安排，但这并不意味着应当将"集体建设用地使用权"排除在"建设用地使用权"的概念范围之外，在目前法律规定中集体建设用地使用权是存在的，[②]虽然关于它们的法律规定与国有建设用地使用权不同，但是其地

[①] 王利明：《物权法论》（修订二版），中国政法大学出版社2008年版，第243页。
[②] 《土地管理法》第43条规定，任何单位和个人进行建设，需要使用土地的，必须依法申请使用国有土地；但是，兴办乡镇企业和村民建设住宅经依法批准使用本集体经济组织农民集体所有的土地的，或者乡（镇）村公共设施和公益事业建设经依法批准使用农民集体所有的土地的除外。由此可知，乡镇企业等主体都可能依据法律规定取得集体建设用地使用权。

位应当获得法律的肯定，其权利人也应当受到法律的保护。另外，不论是国有土地还是集体土地，都可因为用途的不同而划分为不同的类型。建设用地使用权不同于其他土地使用权的特殊之处就在于其用途不同，即建设目的。因此我们将建设用地使用权定义为：建设用地使用权人依法对国家所有土地或集体所有土地享有的占有、使用、收益并利用该土地建造建筑物、构筑物及其附属设施的权利。

根据建设用地使用权的概念，可知建设用地使用权包括以下几方面的内容：

1. 建设用地使用权的主体

《物权法》对建设用地使用权的主体没有做过多的规定，而只是提到了"建设用地使用权人"，但也没有对其作出界定。这里的"人"并不是单指个人或自然人，因为民法上得为民事权利主体者，都称为"人"。① 因此这里的"人"实际上是指民事权利主体，而民事权利主体包括"自然人、法人和其他组织"。所以说任何自然人、法人或其他组织都可以通过法定方式取得建设用地使用权而成为建设用地使用权人。对此，《土地管理法》第9条也有明确规定，国有土地和农民集体所有的土地，可以依法确定给单位或者个人使用。当然这里的"单位或者个人"并非法律术语，准确地说应当是"自然人、法人或者其他组织"。但需要注意的是，在现有法律规定下，国有建设用地使用权与集体建设用地使用权的主体并不完全相同，集体建设用地使用权人明显要与特定的身份有关，也就是说目前可以取得集体建设用地使用权的主体只能是农村集体组织及其成员。但是《土地管理法》第63条规定，符合土地利用总体规划并依法取得集体建设用地的企业，因破产、兼并等情形致使土地使用权依法发生转移的除外。另外，国有建设用地使用权因设立方式可划分为出让建设用地使用权和划拨建设用地使用权，对于划拨建设用地使用权法律做了比较特殊的规定，一般来说政府要对划拨进行审批，而且划拨建设用地只能用于公共目的的建设。② 因此通过划拨方式取得建设用地使用权的主体必定有所限制，并不是所有主体都可以取得划拨建设用地使用权。当然也要认识到，在实行国有土地有偿使用之前，很多单位和个人的建设用地都是通过划拨方式取得的，所以划拨建设用地使用权的主体比较复杂、混乱，这也是当前很多人呼吁停止划拨建设用地的原因之一。

2. 建设用地使用权的客体

建设用地使用权的客体是土地，这里的土地应当是一个空间立体，不能仅仅把土地理解为地面。也就是说，土地应当包括地表及其地上和地下。《物权法》对此作了明确的规定，建设用地使用权可以在土地的地表、地上或者地下分别设

---

① 梁慧星：《民法总论》（第三版），法律出版社2007年版，第58页。
② 参见《土地管理法》第54条，《城市房地产管理法》第24条，《划拨土地使用权管理暂行办法》，2001年国土资源部《划拨用地目录》等。

第四章 我国建设用地使用权法律制度创新研究

立。关于地上和地下建设用地使用权（也称为空间利用权）将会在下文中论述。另外须注意的是，建设用地使用权的客体仅指土地，并不包括埋藏在土地中的自然资源或文物等，使用权人即使取得了土地的使用权，也不能同时认为他取得了埋藏在该土地中的物，对于土地的支配权并不及于这些物。其次建设用地使用权的客体原则上是非农业用地，即建设用地。我国《土地管理法》从实际情况出发，同时借鉴国外一些发达国家的经验，根据土地的用途将土地分为农用地、建设用地和未利用地，所谓建设用地是指建造建筑物、构筑物的土地。我国实行土地用途管制制度，严格限制农用地转为建设用地，控制建设用地总量，也就是说建设用地使用权只能在建设用地上设立，而不能在农用地等其他用途的土地上设立。但是在某些情况下也有例外，例如空间建设用地使用权就可以在农用地、水面等之上下设立，关于这一点将在下文论述。

这里的建设用地包括国有建设用地和集体建设用地。关于这一点，在《物权法》立法过程中有过较大的争议，第一种观点认为，建设用地使用权的客体应当包括国有和集体建设用地，还有农村宅基地。第二种观点认为，建设用地使用权的客体应当包括国有和集体建设用地，不包括宅基地。《民法典（草案）》以及2004年《物权法（草案）》采纳了这种观点。第三种观点认为，建设用地使用权的客体只包括国有建设用地，集体建设用地使用权与国有建设用地使用权存在较大差异，应当分别规定。最终《物权法》选择了第三种观点。这种规定打破了建设用地使用权的完整体系，使建设用地使用权变成了国有建设用地使用权，而错误地曲解了建设用地使用权的概念。关于建设用地使用权应当包括集体建设用地使用权的论述已经在上文中提及，在此不再赘述。《土地管理法》第8条规定：城市市区的土地属于国家所有。农村和城市郊区的土地，除由法律规定属于国家所有的以外，属于农民集体所有；宅基地和自留地、自留山，属于农民集体所有。《土地管理法实施条例》对国有土地做了更为详细的规定，第2条规定：下列土地属于全民所有即国家所有：①城市市区的土地；②农村和城市郊区中已经依法没收、征收、征购为国有的土地；③国家依法征用的土地；④依法不属于集体所有的林地、草地、荒地、滩涂及其他土地；⑤农村集体经济组织全部成员转为城镇居民的，原属于其成员集体所有的土地；⑥因国家组织移民、自然灾害等原因，农民成建制地集体迁移后不再使用的原属于迁移农民集体所有的土地。

虽然立法作了如此规定，但笔者认为本章涉及的法律问题并不是对集体建设用地使用权毫无意义，目前将国有建设用地使用权和集体建设用地使用权分别规定是一种不正常的法律现象。随着社会经济的发展，城乡土地二元体制终将会被打破，国有土地和集体土地将会实现"同地、同权、同价"，到时候就不会存在法律对国有建设用地使用权与集体建设用地使用权分别规定的现象，集体建设用地使用权将会适用国有建设用地使用权的法律规定。《物权法》第135条将"建设

· 77 ·

用地使用权"的概念限定为"国有建设用地使用权"完全没有必要,大可将国有和集体建设用地使用权一并规定,然后将第151条合并,作为第2款特殊规定。也就是说在第135条现有规定中增加"集体所有土地",并在第2款中作出特别规定"其他法律对集体建设用地使用权另有规定的从其规定"。这样,可以将"集体建设用地使用权"纳入"建设用地使用权"的范围中,从而使建设用地使用权的概念更加全面、完整。

3. 建设用地使用权的内容

建设用地使用权人对建设用地享有占有、使用、收益的权利,同时还对其建设用地使用权享有处分的权利,即建设用地使用权人有权将建设用地使用权转让、互换、出资、赠与或者抵押,当然法律另有规定的除外。这里的"建设用地使用权人有权将建设用地使用权转让、互换、出资、赠与或者抵押"是不是一种处分?德国著名学者拉伦茨教授指出,所谓处分行为是指直接作用于某项现存权利的法律行为,如变更、转让某项权利、在某种权利上设定负担和取消某项权利等。处分的对象永远是一项权利或一项法律关系。① 另外拉伦茨还提出了"权利客体分层理论",他将权利客体区分为两种意义上的客体,分别称为第一顺位的权利客体和第二顺位的权利客体。第一顺位的权利客体是指支配权或利用权的标的,第二顺位的权利客体是指权利主体可以依据法律进行处分的标的,也就是处分权能的标的。② 依据这种理论,对于所有权中"处分"的权能来说,所有权人处分的不是物本身,而是存在于物上的所有权。如果所有权存在限制,如设定了用益物权或者担保物权,所有权人只能处分用益物权或担保物权以外的所有权。依此类推,用益物权人处分的客体应当是用益物权,建设用地使用权人处分的客体是建设用地使用权。所以,既然建设用地使用权这种权利可以在法律允许的范围内进行转让、互换、出资、赠与或者抵押,也就可以认为建设用地使用权人具有处分权能,当然这种处分只是对建设用地使用权的处分,而不是对建设用地的处分。对此,有学者就提出土地使用权(建设用地使用权)包含了一定的处分权。因为处分权是一项内容比较广泛且具有层次性的权利。第一层次的处分权是对所有权各项权能之和的处分,即对所有物归属的处分,如买卖、赠与。第二层次的处分权表现为所有人对物的占有权、使用权等权能的分离及其具体享有人的设定权,这个层次的处分权仍然由所有人行使。第三层次的处分权表现为对占

---

① 卡尔·拉伦茨:《德国民法通论》(上册),王晓晔、邵建东、程建英、徐国建、谢怀栻译,法律出版社2003年版,第436页。
② 这种理论,把法律规定之外的但是事实存在的,而且只要它们存在就可以作为支配权的客体,作为第一顺位的权利客体,而把只能在法律上才成为"客体"的权利客体称为第二顺位的权利客体。参见卡尔·拉伦茨:《德国民法通论》(上册),王晓晔、邵建东、程建英、徐国建、谢怀栻译,法律出版社2003年版,第377–380页。

有、使用等具体权能的处分，这个层次的处分权直接由使用权人行使。在一般的物权法理论中，通常是没有第三个层次的处分权的，但在土地的处分权中，由于两权分立理论的突破，便使第三个层次的处分权成为普遍的现象。① 我们认可这种建设用地使用权人（土地使用权）具有一定的处分权，但是也要看到这种处分权与所有人的处分权存在着较大差别，建设用地使用权人的处分是法律上的处分，只能对权利本身进行处分或设定负担，而所有人的处分既包括法律上的处分，又包括事实上的处分，这种处分是对土地所有权的处分。

4. 建设用地使用权的目的

顾名思义，建设用地使用权人取得建设用地的目的就在于建设，但是在土地上可以建设的物包括很多，例如道路、机场、铁道、房屋、天桥、地下停车场、雕塑、坟墓等，是不是权利人可以在建设用地之上建设任何物呢？《土地管理法》已经规定了建设用地是指建造建筑物、构筑物的土地。对此《物权法》予以继承并发展，规定建设用地使用权人有权利用该土地建造建筑物、构筑物及其附属设施。建筑物通称建筑，一般是指供人居住、工作、学习、生产、经营、娱乐、储藏物品以及进行其他社会活动的工程建筑，按其用途不同可以分为生产性质的建筑物和非生产性质的建筑物，其中生产性质的建筑物又分为工业建筑物和农业建筑物，而非生产性质的建筑物又分为住宅建筑物和公共建筑物，这里的公共建筑主要是指供人们购物、办公、学习、医疗、旅行、体育等使用的非生产性建筑，如办公楼、商店、旅馆、影剧院、体育馆、展览馆、医院等。构筑物主要是指不适合人员直接居住或生产经营的，有一定功能的建造物的统称，如桥梁、堤坝、隧道、（纪念）碑、围墙、招牌、水塔等。附属设施是指附属于建筑物或构筑物的一些设施，如电梯设备、空调设备、安防设备、照明设备、消防设备、监控设备、弱电系统、给排水设备等。其实附属设施一般都是依附于土地、建筑物或构筑物，本身并不是独立的物，而是属于建筑物或构筑物的一部分。这里需要探讨一个问题，就是"房屋"、"地上附着物"与"建筑物、构筑物及其附属设施"的关系。在我国现行很多法律法规中"房屋"一词出现的频率很高，例如《房地产管理法》、《国有土地上房屋征收与补偿条例》等，甚至在同一部法律中，"房屋"、"地上附着物"、"建筑物、构筑物及其附属设施"交互出现，例如《物权法》、《土地管理法》等。《城市房地产管理法》第 2 条第 2 款规定本法所称房屋是指土地上的房屋等建筑物及构筑物，由此可以看出房屋有广义和狭义之分，笔者认为狭义上的房屋是指建筑物，而广义上的房屋则包括构筑物，我国现行法律法规大多指广义上的概念。地上附着物又称为地上定着物，是指固定且附着于土地之物，

---

① 刘俊：《中国土地法理论研究》，法律出版社 2006 年版，第 187–188 页。

一般而言，附着物与土地统称为不动产。我国《担保法》第92条规定，本法所称不动产是指土地以及房屋、林木等地上定着物。由此可知，地上附着物的概念要广于房屋（建筑物、构筑物及其附属设施），因为地上附着物可能还包括林木等非建造物。

二、建设用地使用权与相关概念的比较与反思

在《物权法》的立法过程中，对于利用土地进行建设的用益物权的名称存在较大争议，有人认为应当沿用人们已经普遍熟悉和接受的"土地使用权"的概念，有人认为可以借鉴国外经验使用"地上权"的概念，也有学者结合国外经验和国内习惯创造了"基地使用权"的概念，另外有人建议使用"建设用地使用权"的概念。虽然随着《物权法》的颁布通过，"建设用地使用权"的概念最终得以确定，有人认为似乎没有讨论和比较这些概念的价值和必要了，对此笔者认为虽然其他概念没有被法律所接受，但这并不代表着其没有比较的价值，对于"土地使用权"、"地上权"、"基地使用权"的介绍，可以帮助我们更好地了解"建设用地使用权"的历史发展和国外立法情况，也将更好地了解"建设用地使用权"的合理与不足之处。

1. 建设用地使用权与土地使用权

土地使用权是我国土地使用制度改革的产物，它实现了我国土地利用从无偿、无期限、无流转的使用到有偿、有期限、有流转的使用的转变。1978年12月以后，我国开始了广泛的经济体制改革，在土地使用问题上，也开始逐步探索有偿使用制度。1979年的《中外合资经营企业法》最早涉及了土地使用权制度，该法第5条第3款规定：中国合营者的投资可包括合营企业经营期间提供的场地使用权。如果场地使用权未作为中国合营者投资的一部分，合营企业应向中国政府缴纳使用费。这里所规定的"场地使用权"实质上就是土地使用权，这也是立法上第一次肯定了土地的商品性质和土地使用权的财产性质。1982年《宪法》正式确立了国家土地所有制，为建立真正意义上的国有土地有偿使用制度奠定了基础。1986年《民法通则》第80条规定：国家所有的土地，可以依法由全民所有制单位使用，也可以依法确定由集体所有制单位使用，国家保护它的使用、收益的权利；使用单位有管理、保护、合理利用的义务。1986年颁布的《土地管理法》第7条也做了类似的规定。1988年全国人大对1982年《宪法》进行了修改，删除了土地不得出租的规定，增加了"土地使用权可以依照法律的规定转让"的规定。1988年修改的《土地管理法》，增加了"国家依法实行国有土地有偿使用制度，""国有土地和集体所有的土地的使用权可以依法转让"等内容。1990年国务院颁布了《城镇国有土地使用权出让和转让暂行条例》，较为全面地规定了土地使用权的出让、转让、出租、抵押、终止以及划拨等问题。1994年颁布的

《城市房地产管理法》也对土地使用权的出让、划拨等问题做了规定。另外还有一些法规规章,也对土地使用权的其他问题做了规定。以上法律法规基本上确立了土地使用权制度。可以说经过较长时间的发展,我国的立法和民众基本上已经认可了"土地使用权"这一概念,土地使用权制度反映了我国物权法的特色。①因此有很多学者都主张在《物权法》中延续使用这一概念。②

最终立法没有继续使用"土地使用权"这一概念,其中最主要的原因就在于这一概念的宽泛性。土地使用权既可能指土地所有权之外的使用权,包括土地承包经营权、建设用地使用权、宅基地使用权,也就是指土地用益物权,另外还可能仅仅是指可以利用土地进行建设的建设用地使用权。例如,《土地管理法》第二章名为"土地所有权与使用权",这里的"使用权"明显是指土地所有权之外的利用土地的权利,既包括土地承包经营权,也包括建设用地使用权和宅基地使用权,也就是土地用益物权。但是《土地管理法》第五章"建设用地"中所谓的"土地使用权"就限定为建设用地使用权了。另外还有一些学者认为,土地使用权就相当于传统民法上的地上权。③所以说"土地使用权"这一概念可大可小,不具有稳定性和明确性。我们也建议《土地管理法》、《城市房地产管理法》等法律法规中相关的概念与《物权法》相统一,避免发生混淆。

2. 建设用地使用权与地上权

地上权,作为一种享益物权,表现为某一主体有权在他人土地上建造建筑物,并对该建筑物享有独立的和最广泛的权利。④地上权制度起源于罗马法,是一种土地所有权人和地上建筑人共同分享一块土地利益的制度,即土地所有权人不能对地上建筑物享有占有和使用的权利,但可凭所有权享有收取一定地租的权利,而地权人对土地享有占有、使用和收益的权利。地上权产生的原因在于早期罗马法的一项规定即"地上物添附于土地",这个制度不能充分地保护地上建筑物所有权人的利益。后来因土地价值剧增,平民难以负荷,法务官例外地承认只要支付地租后就可以在他人土地上享有建筑物的所有权,并可以继承及让与,以地上物所有权与土地所有权分离的法律技术创设了地上权。在一段时期内这种地上权被认为具有封建因素而被摒弃。因此,《法国民法典》和受法国影响的大多数国家都没有确立地上权制度。但是,在20世纪后这种物权形式又重新被确认,自从1900年《德国民法典》正式规定了地上权制度以及1919年制定《地上权条例》后,受其影响的其他大陆法系国家通过修订民法典,制定单行法或通过司法

---

① 参见郭明瑞:《关于我国物权立法的三点思考》,《中国法学》1998年第2期。
② 参见王卫国:《中国土地权利研究》,中国政法大学出版社1997年版,第146页;王利明主编:《中国民法典学者建议稿及立法理由(物权编)》,法律出版社2005年版,第236-237页。
③ 参见甘藏春、刘兆年:《论我国的土地使用权》,《中国土地科学》1998年第4期。
④ 黄风:《罗马法》,中国人民大学出版社2009年版,第157页。

判例确认地上权这种用益物权形式。① 但是，各国及地区对地上权性质所采取的立法例和学说是不统一的，主要有以下两种：第一，地上权是使用他人土地的权利，强调对土地的权利，是以土地为基础而产生的其他权利。立法采用此说的有《日本民法典》和台湾地区"民法"。第二，地上权是在他人土地上建有建筑物并以所有人的身份利用的权利，属于一种"特别所有权"，强调地上权是一种对建筑物的权利，设定地上权的目的也就是为了取得建筑物的所有权。立法采用此说的有《德国民法典》、《瑞士民法典》。

在《物权法》立法过程中，有学者建议我国的土地使用权相当于大陆法系中的地上权，地上权的概念简洁明了，而土地使用权不是一个严谨的法律概念，内容过于宽泛，容易使人产生误解，因此，可以用地上权取代土地使用权。② 笔者认为，地上权与建设用地使用权存在较大差别。

（1）制度功能不同。这里的功能可以分为两个层次：第一层次是原生功能，也就是说地上权旨在弥补"土地吸附地上物"原则产生的不公平现象而创设的。而从前面所述的我国建设用地使用权发展的历程中可以看出，建设用地使用权产生的社会基础是解决国有土地如何进入市场的问题。第二层次是次生功能，在土地私有制国家，地上权不具有承载构建地产市场的功能，地产市场上流转的主要是土地所有权；而在我国，建设用地使用权几乎是唯一的地产市场载体。③

（2）产生的所有制基础不同。虽然建设用地使用权和地上权的客体都是土地，但地上权制度建立在土地私有制的基础上，采地上权制度的国家和地区一般实行土地私有制，地上权通常设立于私人所有的土地之上，④ 而我国实行土地公有制。土地归属性质的不同，决定了两者制度构造基础的差异：地上权为私有制物权，建设用地使用权为公有制物权。

（3）权利目的不同。地上权是使用他人土地的权利，其权利的范围比较宽泛，不一定限于建造建筑物或其他工作物，还包括种植竹木。⑤ 一般来说，建设

---

① 参见房绍坤：《物权法·用益物权编》，中国人民大学出版社2007年版，第134-135页。
② 参见江平主编：《中国土地立法研究》，中国政法大学出版社1999年版，第295-300页。
③ 房绍坤：《物权法·用益物权编》，中国人民大学出版社2007年版，第137页。
④ 这里可能会有疑问：从逻辑上判断，采地上权制度的国家和地区一般采用的是土地私有制并不当然地能推导出土地公有制的国家不能采地上权制度。但是我们可以这样论证：地上权制度既然源于对"土地绝对吸附地上物"原则缺陷的弥补，而"土地绝对吸附地上物"原则当然是建立在土地私有制的基础上的，因为如果土地公有制的国家也具备这一制度，那么所有的地上物都随着土地归国家所有，这显然在现实生活中是不可能的。这样，制度产生的基础不存在，从立法目的的角度上来说，地上权制度也就不具备在土地公有制国家产生的意义，至少与罗马法意义上相同的地上权制度不具备在土地公有制国家产生的意义。
⑤ 台湾地区"民法"修正了地上权的概念，使地上权之使用目的仅限于有建筑物或其他工作物，创设农育权，即在他人土地为农作、森林、养殖、畜牧、种植竹木或保育之权。参见王泽鉴：《民法物权》（第三版），北京大学出版社2010年版，第275页。

用地使用权不应当包括种植竹木的权利，这实际上属于土地承包经营权的范畴。

另外，两者在流转、期限等诸多方面存在较大差异，所以用舶来概念"地上权"取代建设用地使用权制度则没有必要。

3. 建设用地使用权与基地使用权

基地使用权的名称是我国法律学者自己创设的，这主要受我国已经存在的宅基地使用权的启发。持这种观点的学者认为，我国土地使用权和传统民法中地上权的区别，采用地上权的名称不适宜我国土地使用的实际情况。同时，也看到土地使用权的概念过于宽泛，含义具有多层性，既有宪法性质上的，又有民法性质上的，而且在民法内部来说，既有债权性质的，又有物权性质的。考虑到法律概念的含义必须确定，创立了一个新的法律概念来指称这种权利，即基地使用权。所谓基地使用权是指，在他人所有的土地上建造并所有建筑物或其他附着物而使用他人土地的权利。[1]

关于基地使用权，有学者认为具有明显的问题。其一，基地一词不是法律概念，而广泛用于各种领域，例如空军基地、农业基地、工业建设基地、试验基地等。因此使用"基地使用权"不利于与其他基地的利用区别开来。其二，基地使用权的概念是学者的创造，而且仅仅是为了避免使用土地使用权或地上权的使用而设计的，因此，缺乏足够的法学理论支持。[2]

4. 建设用地使用权的反思与衔接

我国立法机关起草的历次物权法征求意见稿以及草案都一直使用"建设用地使用权"这一概念，并且在最终正式颁布的《物权法》中也确认了这一概念。其实"建设用地使用权"并非传统民法上的概念，在很长一段时间内建设用地只是表示一类用途的土地，建设用地的使用者享有的土地都可以称为土地使用权。1995年《确定土地所有权和使用权的若干规定》使用了"集体土地建设用地使用权"的概念，同时与"国有土地使用权"并列。1998年的《土地管理法》增加了一项规定，即"农民集体所有的土地依法用于非农业建设的，由县级人民政府登记造册，核发证书，确认建设用地使用权。"很明显，"建设用地使用权"这一概念已经形成，但是仅指集体建设用地使用权，然而国有土地使用权的客体也是建设用地，这样就将权利与权利客体的协调一致关系打乱，给人一种混乱的感觉。所以在《物权法》中需要理顺这种关系。另外立法最终采纳"建设用地使用权"这一概念可能还基于以下几个方面的考虑：

---

[1] 参见梁慧星：《中国物权法草案建议稿附理由》（第2版），社会科学文献出版社2007年版，第388–392页。

[2] 参见王利明主编：《中国民法典学者建议稿及立法理由（物权编）》，法律出版社2005年版，第237–238页。

(1)《土地管理法》将土地分为农用地、建设用地和未利用土地,所谓建设用地是指建造建筑物、构筑物的土地。建设用地的概念在现行法中多有表述,且已被广泛使用和接受,例如建设用地管理、建设用地许可证、建设用地规划许可证等。将以建设为目的使用土地而取得用益物权命名为"建设用地使用权"符合该法律关系的特点,并与现行法律规定一致。

(2)使用"建设用地使用权"这一概念可以将其所规范的土地用途及利用方式清晰地表达出来。可以说,建设用地使用权比基地使用权等其他概念更能准确地反映出"在他人土地上建造建筑物、构筑物及其附属设施的权利"的本质特征。

(3)建设用地权解决了土地的立体化利用问题。随着土地利用程度的加深,现代社会的土地利用已经向立体化方向发展,因而,国外物权法中出现了所谓的"空间地上权"、"区分地上权"的概念,以解决土地的空间利用问题。对此,我国有些学者主张将"空间利用权"设置为独立的用益物权。但是空间地上权、区分地上权、空间利用权的概念都很容易引起误解。因为既为"地上"权,又何来"地下空间"权?同时,无论是地上空间的利用,还是地下空间的利用,都离不开土地本身,而且建设用地本身肯定会利用一定的空间。为解决土地的立体利用问题,避免空间地上权、空间利用权的使用所带来的误解,我们宜采用建设用地权的概念,它完全可以涵盖所谓的空间利用权问题。这样,法律上就没有必要再使用空间地上权或区分地上权的概念,也没有必要设置独立的空间利用权。①

但是需要注意的是,"建设用地使用权"这一概念存在着较大不足。因为建设用地使用权是指对土地进行占有、使用、收益并利用该土地建造建筑物、构筑物及其附属设施的权利,在某种程度上农民在集体土地之上建造住宅的权利也是属于建设用地使用权的范围,但是我国《物权法》将农民的宅基地使用权独立出来规定。这就造成了"建设用地使用权"的建设用地的范围被缩小,当然这也与我国的实际情况有必然的联系。

在上文中我们已经提到,在我国现行法律中很多都使用了"土地使用权"这一概念,因此需要这些法律法规与《物权法》进行衔接。这里必须要注意的是,我国以前立法中使用的"土地使用权"含义具有多层性,既有宪法性质上的,又有民法性质上的,而从民法内部来说,既有债权性质的,又有物权性质的。这些"土地使用权"并不全部都是物权意义上的"建设用地使用权",如何实现与建设用地使用权的衔接实为我国土地相关立法修改之必要任务。下面将以《城市房地产管理法》、《土地管理法》为例作出说明。

---

① 参见房绍坤:《关于用益物权体系的三个问题》,《金陵法律评论》2005年春季卷。

第四章 我国建设用地使用权法律制度创新研究

我国在实行土地有偿使用制度之后，房地产市场发展迅速，因此国家制定了《城市房地产管理法》，可以说《城市房地产管理法》就是在土地使用权制度之上诞生和发展起来的。该法中规定所谓的房地产开发是指在依据本法取得国有土地使用权的土地上进行基础设施、房屋建设的行为，这里的国有土地使用权与《物权法》上规定的国有建设用地使用权是同一语。《城市房地产管理法》整部法律规定的"土地使用权"均应改称"（国有）建设用地使用权"。《土地管理法》上所规定的"土地使用权"既包括了土地承包经营权、建设用地使用权、宅基地使用权等用益物权，又包括了债权性质的土地使用权，例如通过租赁方式取得的国有土地。在《物权法》通过之后，"土地使用权"是一类权利的称谓，它不同于土地用益物权，而是土地承包经营权、建设用地使用权、宅基地使用权、土地租赁权等的上位概念。在《土地管理法》修改过程中，这一概念没有存在的必要，我们建议应当根据《物权法》的规定具体规定各种土地权利的名称，对于那些非物权性质的土地权利则没有规定的必要，完全可以由当事人依据意思自治原则处理。

第二节 建设用地使用权的设立

一、建设用地使用权设立的概述

建设用地使用权的设立是指，土地所有者将土地所有权的部分权能分离和独立出来而创设建设用地使用权的行为。建设用地使用权分为国有建设用地使用权和集体建设用地使用权，所以建设用地使用权的设立可以分为国有建设用地使用权的设立与集体建设用地使用权的设立。从法理上来讲，任何主体的权利都应当是平等的，但是由于我国现实情况的需要，集体建设用地使用权的设立被法律所限制。根据现行《土地管理法》的规定，任何单位和个人进行建设，需要使用土地的，必须依法申请使用国有土地，这样农民集体所有的建设用地使用权就不得出让、流转用于非农建设，也就是说集体建设用地使用权不能进入土地市场。但是近些年来，集体土地制度在不断发生着变化，一些地方已经开始试点集体建设用地使用权入市，国家政策方面也有缓和趋势。笔者认为，《土地管理法》应当顺应这种发展趋势，逐渐放开集体建设用地使用权的管制，以实现国有土地与集体土地的"同地、同权、同价"。关于集体建设用地使用权设立的问题我们将在以后章节中专门论述，在此我们将集中讨论国有建设用地使用权设立的问题。

建设用地使用权的设立属于一种物权变动行为，是指当事人根据法律规定的条件，通过法律行为或其他方式创设法定物权的行为。物权的设立对于权利人来

· 85 ·

说，就是物权的取得。^① 因此有人认为建设用地使用权的设立就是指建设用地使用权的取得，^② 建设用地使用权的取得方式包括两类，即原始取得和传来取得（也称为继受取得）。笔者认为，物权的取得要比物权的设立范围更广，而且建设用地使用权的设立属于一种继受取得，并不包括原始取得。因为物权的取得既可以基于法律行为取得，也可以基于法律行为以外的事实取得。基于法律行为的取得包括原始取得和继受取得，原始取得是非基于他人既存的权利而取得，而继受取得要以他人既存的权利为基础而取得。建设用地使用人必须依据土地所有权人设定而取得建设用地使用权或者通过流转取得建设用地使用权，因此建设用地使用权的取得必须要以他人既存的权利为基础，所以属于继受取得，而非原始取得。当然这种继受取得包括两种：一种是创设物权的继受取得；另一种是移转物权的继受取得。建设用地使用权的设立属于创设物权的继受取得。^③ 也就是说，国家作为土地所有权人通过一定方式将土地使用权让与使用人，使用人由此获得了一种用益物权，对于使用权人来说这种用益物权的取得是继受取得，而非原始取得。另外，基于法律行为的变动必须要通过合意＋公示来完成，而非基于法律行为的变动则是因为法律规定的原因，例如继承、法院判决等事实引起的，一般不以登记为设立的生效要件，但是处分该物权时，依照法律规定需要办理登记的，未经登记，不发生物权效力。上文中我们已经提到，建设用地使用权的设立是土地所有者行使权利的一种行为，对于使用人来说，设立是建设用地使用权的继受取得的方式之一，另外他还可以通过移转性的继受取得建设用地使用权。土地所有人设立建设用地使用权一般来说都是基于自己的意思而做出的行为，所以建设用地使用权的设立原则上是合意＋登记，即"建设用地使用权设立合同"＋"建设用地使用权登记"。

由于我国实行土地公有制，国家和农民集体是土地的所有者，而集体土地又受严格的土地管理制度的制约而不能流转，所以从某种程度上来说国家垄断了建设用地的供应，这在《土地管理法》中有明确规定。^④ 由于建设用地使用权的设立是一种物权变动行为，所以作为土地所有人的国家在建设用地使用权的设立中是

---

① 参见王利明：《物权法研究》（修订版）（上卷），中国人民大学出版社2007年版，第251页。
② 参见梅夏英、高圣平：《物权法教程》，中国人民大学出版社2007年版，第246页；王卫国：《中国土地权利研究》，中国政法大学出版社1997年版，第154页。
③ 参见房绍坤：《物权法·用益物权编》，中国人民大学出版社2007年版，第143页；王利明：《物权法研究》（修订版）（下卷），中国人民大学出版社2007年版，第104页；高圣平：《土地管理法修改专题之二：建设用地使用权设立规则研究——兼及〈土地管理法〉与〈房地产管理法〉之间调整范围的区分》，《中国土地》2009年第11期。
④ 《土地管理法》第43条规定：任何单位和个人进行建设，需要使用土地的，必须依法申请使用国有土地；但是，兴办乡镇企业和村民建设住宅经依法批准使用本集体经济组织农民集体所有的土地的，或者乡（镇）村公共设施和公益事业建设经依法批准使用农民集体所有的土地的除外。

第四章 我国建设用地使用权法律制度创新研究

一个民事主体,对自己所有的财产进行处分的行为。可是国家作为一个抽象的主体必须要由一个具体机关来行使国家土地所有权的职能。根据《物权法》,①除法律另有规定外,一般由国务院代表国家行使所有权。另外根据现有其他法律法规,②市、县级以上人民政府及其土地管理部门也代表着国家设立建设用地使用权。但是《土地管理法》第5条规定,国务院土地行政主管部门统一负责全国土地的管理和监督工作。《城镇国有土地使用权出让和转让暂行条例》第6条规定,县级以上人民政府土地管理部门依法对土地使用权的出让、转让、出租、抵押、终止进行监督检查。因此,市、县级以上人民政府及其土地管理部门就具有了两个身份:一是土地所有人的代表者;二是土地管理的监督者。也就是说,政府及其土地管理部门,一方面代表着国家设立建设用地使用权;另一方面又对建设用地进行管理和监督。这样就造成了对建设用地使用权设立行为性质的误解,很多人都认为建设用地使用权的设立是一种行政行为,而不是一种民事行为。这种将土地管理者与所有者混合的模式,模糊了政府部门作为土地管理者的地位,致使国土资源管理部门混用行政权与所有权代表身份,将行政公权的手段运用到私权的领域,造成"以地谋财"、"权钱交易"等不规范现象,同时也导致了土地收益的流失和分配不公等现象。如果要准确定位建设用地使用权的设立行为的性质,首要前提就是厘清现有土地管理者与所有者混合的模式,虽然民事行为和行政行为都是由政府部门作出,但这两个行为的性质明显不同,政府部门的主体地位也是不同的。

二、建设用地使用权的设立范围

《物权法》第136条规定,建设用地使用权可以在土地的地表、地上或者地下分别设立。新设立的建设用地使用权,不得损害已设立的用益物权。该条最大的特点就是规定了建设用地使用权可以分层设立,既可以在地表设立也可以在地上或地下设立。所谓的地表并不是指地面,而是指地面上的一定高度和地面下一定深度结合在一起的一个层面,是建造建筑物、构筑物及其附属设施所占用的必要土地利用层。例如一座大厦,其向下要打地基、建造地下室,向上要占用一定空间,但是它所占用的并不是地上空间或地下空间,而是地表。关于如何划分地表、地上、地下的范围,现在国际上尚无统一的标准,而且也不能实现统一的标准。因为每个国家甚至每个地区的自然条件和经济科技水平都是不一样的,在某些地区地面建筑物过高或地下建筑物过多也许会导致塌陷。笔者认为分层设立建

---

① 《物权法》第45条规定:法律规定属于国家所有的财产,属于国家所有即全民所有。国有财产由国务院代表国家行使所有权;法律另有规定的,依照其规定。
② 《城市房地产管理法》第23、24条,《土地管理法》第54条,《划拨土地使用权管理暂行办法》等。

设用地使用权的首要前提就是要保证建筑物、构筑物及其附属设施的安全，因此在分层设立时要事先对该土地进行勘察，确认其地理构造，以确保建造安全。虽然人类科技水平在高速发展，对于地下和地上空间的利用也越来越多，但是地面建筑物过高或地下建筑物过多都将会造成一定的安全隐患，特别是在面对一些自然灾害或突发事件时，所以说地表、地上和地下之间的范围如何划定实为一个重要问题，每个地区都必须根据各自地区的情况作出规定。例如北京市《市区建筑高度控制方案》提出，建筑物高度不得超过60米。

罗马法以来直至近代，人类对于土地的利用主要以地表的平面利用为主，"谁拥有土地谁就拥有土地上下无限空间"，即土地所有权的范围包括地表、地上与地下三者，也就是说土地所有人对自己所有的土地，以地表为中心而有上下垂直的支配力。但是在古代农业社会里，由于人类生产力发展水平的约束，对空间的利用有限。但是随着人类社会的进步和发展，分层次开发土地成为土地利用的新趋势，我国一些地区也出现利用地下空间建造地下商场、车库等设施，利用地上空间建造空中走廊、天桥等情况，但是我国法律并没有对土地分层出让作出规定，实践中对于专门利用地下或者地上空间的权利性质仍不明确，造成一些土地登记机关无法办理登记手续，相关设施权利人的权利得不到确认和法律上的保护，因此在物权法中对土地分层次利用的权利进行规定就势在必行。① 针对《物权法》第136条对建设用地使用权分层设立的规定，有学者认为这在法律上确认了一种新型权利，即空间权。所谓空间权，也称为空间利用权，是指权利人基于法律和法规的规定对于地上和地下的空间依法利用，建造建筑物、构筑物及其附属设施的权利。② 但也有人持不同的观点，认为没有必要引入空间权的概念，但是应当确立土地地表之上下的空间可以独立成为建设用地使用权的客体范围。从比较法上来看，大陆法系国家一般都规定地上权可以在地表上下一定空间范围内设定，地上权分为普通地上权和空间地上权，例如德国《地上权条例》规定地上权可以在土地的地面上或地面下设立；日本《民法典》规定，地下或空间，因定上下范围及有工作物，可以以之作为地上权的标的；台湾地区"民法"物权编修正草案规定，地上权得在他人土地上下一定空间范围内设定之。但是在美国，空间权的概念得到了普遍承认，甚至有些州制定了相关的空间权立法，例如《俄克拉荷马州空间法》，根据该法规定，空间系一种不动产，它与一般不动产一样，应成为所有、让渡、租赁、担保、继承之标的，并且在课税及公用征收上与一般不动产，依同一原则处理。③ 由此看来，我国《物权法》沿袭了大陆法系的立法惯

---

① 参见王胜明主编：《中华人民共和国物权法解读》，中国法制出版社2007年版，第296—297页。
② 参见王利明：《物权法研究》（修订版，上卷），中国人民大学出版社2007年版，第132页。
③ 参见沈守愚：《土地法学通论》（下），中国大地出版社2002年版，第515页。

例，即在传统地上权（建设用地使用权）制度下解决土地上下空间利用的问题。笔者认为这种立法安排有其合理之处。

众所周知，土地及其上下空间是一体的，没有土地就没有空间，没有空间，土地也就不复存在。所以土地所有权从某种程度上来说就包含了土地之上下的空间所有权，同地表一样，土地所有人对其土地之上下空间享有占有、使用、收益、处分的权利，同时也有权设立空间用益物权。所以说所谓的"空间权"从本质上来说还是一种土地权利，可以被现有土地权利类型包含，所以单独讨论"空间权"并没有太大意义。《物权法》第136条规定，在地上和地下设立的建设用地使用权可以作为一种特殊的建设用地使用权，或者空间建设用地使用权。对此，王泽鉴认为："无论是普通地上权或区分地上权，以土地的上下为其范围，仅有量的差异，并无质的不同，故区分地上权并非物权的新种类，除有特别规定外，应适用关于地上权的规定。"① 但是需要注意的是，对于空间建设用地使用权却存在着诸多理论和实践上的法律问题，下面我们将论述以下几个问题。

1. 分层设立的建设用地使用权之间的关系

土地分层利用的结果，必然导致同一土地之上下出现数个用益物权并存的局面，也就是说空间建设用地使用权和地表建设用地使用权可能同时存在于同一宗土地之上。地表建设用地使用权和空间建设用地使用权各自支配范围不同，前者支配的是地表，后者支配的是地表之上下空间，所以并不违背一物一权原则。然而，不同主体的数个建设用地使用权的并存容易造成权利冲突。所以必须要确定分层设立的建设用地使用权之间的关系。关于分层设立的建设用地使用权之间关系，目前很多国家都规定要事先征得其他权利人同意。例如《日本民法典》第269条之二规定："①地下或空间，因定上下范围及有工作物，可以以之作为地上权的标的。于此情形，为行使地上权，可以以设定行为对土地的使用加以限制。②前款的地上权，即使在第三人有土地使用或收益权利情形，在得到该权利者或者以该权利为标的的权利者全体承诺后，仍可予以设定。于此情形，有土地收益、使用权利者，不得妨碍前款地上权的行使。"台湾地区"民法典"物权编修正草案第841条之一规定，土地所有人必须经既存地表权利人同意，方可在该宗土地之上或之下设立区分地上权。在这种模式下，事先同意能够使既存权利人利益得到最大化保障，也将分层设立的地上权（建设用地使用权）的关系理顺，可以有效地避免将来的权利冲突。但这在一定程度上也限制了土地所有人的自由，其他权利人可能基于自身利益的考虑不同意分层设立，所以可能阻碍土地资源的有效利用。

---

① 王泽鉴：《民法物权2：用益物权·占有》，中国政法大学出版社2001年版，第58页。

我国没有采取这一立法例,而是采取了另外一种处理模式。我国《物权法》第136条规定,新设立的建设用地使用权,不得损害已设立的用益物权。依此,土地所有人无须经既存地表建设用地使用权人同意,就可以将该宗土地之上下空间向他人设立空间建设用地使用权,但不得损害已经设立的用益物权。如果后者造成前者损失,应予以赔偿。这其实是通过事后救济途径保护在先权利人。立法没有对分层设立的建设用地使用权之间的关系作出规定,但是笔者认为分层设立的建设用地使用权之间的关系从本质上来说还是用益物权之间的关系,完全适用物权之间关系的规则,例如相邻关系规则、地役权规则,如果一方建设用地使用权人使用土地的行为损害了另一方的建设用地使用权,则也可以适用物权保护规则,例如物权请求权、侵权请求权等。

2. 空间建设用地使用权的登记问题

《物权法》第139条规定:"设立建设用地使用权的,应当向登记机构申请建设用地使用权登记。建设用地使用权自登记时设立。登记机构应当向建设用地使用权人发放建设用地使用权证书。"据此,建设用地使用权的设立采取登记生效主义,非经登记,不产生物权效力。同一土地之上分层设立的多项建设用地使用权时,能否设立均取决于登记。而且,在上文中也提到了,为避免权利人之间相互冲突,新设立的建设用地使用权,不得损害已设立的用益物权,也就是说先设立的建设用地使用权对于后设立的用益物权具有某种对抗力。所以说登记对于分层设立的建设用地使用权至关重要。但是,我们必须要注意,分层设立的建设用地使用权登记明显不同于以往的土地登记,因为分层设立的建设用地使用权的登记对象包括空间范围。而我国目前主要借助二维关系划分各宗地彼此界线,在衡量单位上是以平方米来计算。空间建设用地使用权登记时,不仅要登记土地四至界线,还要登记土地的上下空间,在衡量单位上是以立方米来计算。所以二维土地测量和登记不能全面地反映空间建设用地使用权的三维位置和三维边界,需要加以改进。对此,有学者提出三种解决方案:

(1)完全的三维地籍登记。这意味着引入三维财产权的概念。三维空间(领域)被细分为没有交叠或空隙的三维实体(或三维小块)。法律要素、不动产交易协议以及地籍登记应当支持三维财产权的建立和转让。

(2)混合方案。这意味着保留二维地籍,并在二维地籍登记中通过登记三维自然物体进行三维状况的登记。这就形成了一种二维地块与三维物体的混合方案,维持了平面地块与三维物体的关系。

(3)现行地籍登记体系中的三维注释。这意味着保留二维地籍,同时加上外部注释表明三维状况。最简单的方法是在登记中(管理登记簿与地籍索引图)贴上三维标签。① 笔者认为完全的三维登记技术难度大、成本高，可能我国目前还达不到这种水平。二维地籍加三维注释操作简易，实施成本低，可以作为现在的权宜之计。随着经济和科技水平的提高，我们应当逐步过渡到完全的三维登记模式。值得注意的是，2008 年 1 月 3 日国务院发布了《关于促进节约集约用地的通知》（国发〔2008〕3 号），要求国土资源部会同有关部门，依照《物权法》的有关规定，抓紧研究制定土地空间权利设定和登记的具体办法。目前很多地方政府也在对空间建设用地使用权的登记制度进行尝试和完善，例如《上海市城市地下空间建设用地审批和房地产登记试行规定》。

对分层建设用地使用权的登记首先要进行测量，而测量必须要有一定的基准。日本法即以东京湾平均海面为基准，这是一种以平均海平面为基准确定其上下范围的方式。但是这种方式在测量上存在困难，故另以该地或邻近地表上不易变更的特定点为基准。目前，台湾地区以基隆海面为基准，但海面会有所变动，为测量便利，所以实务中由设定人自己选定基准点来测量空间的范围。这种方式值得大陆借鉴。对此有学者建议，应在一定级别的行政区划内，设立作为测量基准的原点，对每个建设用地区分使用权，可用由多个在水平面的横坐标和纵坐标表示的顶点所形成的平面图，以上限标高与下限标高之间的标高差作为高程，从而建立一个三维坐标体系。在该高程系统之外，利用当事人选定的某个不易变动的特定点为基准进行记载，会更加准确和直观。②

3. 可设立空间建设用地使用权的土地范围

由于空间建设用地使用权是设立在地下或地上，并不占用地表，所以产生了一个问题，即除了建设用地之外，可否在其他土地或水面之上下设立空间建设用地使用权？对于这个问题，目前学界论之者甚少，然则在实践中确实有存在之必要。例如美国佛罗里达州的水下旅馆、迈阿密的水下电影院，英法海底隧道，日本琵琶湖水下粮仓，以及铁路的高架桥、隧道等，这些建设项目都没有直接占有地表，而是在地表（或水面）上下建造的，关于这些建设项目占用空间权利的性质如何界定，值得立法和理论的注意。我国《物权法》并没有对此作出限制性规定，因为《物权法》第 135、136 条使用的是"土地"而非"建设用地"，笔者认为可以设定空间建设用地使用权的土地应当不局限于建设用地，而应包括所有土地和水面之上下空间。但是可设立空间建设用地使用权的土地，其使用要符合土地用途管制，不得妨碍农用地等的使用，而且要符合空间建设用地使用权设立之目的，不能转为他用。

---

① 参见 J. Stoter 等：《三维地籍》，《国土资源情报》2002 年第 9 期。
② 马栩生：《论城市地下空间权的物权登记规则》，《法学杂志》2010 年第 8 期。

三、建设用地使用权的设立方式

建设用地使用权的设立对于使用权人来说是一种创设性的继受取得，是其取得建设用地使用权的原因之一，另外使用人还可以通过移转取得。不管创设取得还是移转取得，都是基于当事人的法律行为取得的。当然，建设用地使用权也可基于法律行为以外的事实取得，如法院判决、继承等。我国现行法关于建设用地使用权设立（或取得）的法律法规主要有：

（1）《物权法》第137条规定：设立建设用地使用权，可以采取出让或者划拨等方式。工业、商业、旅游、娱乐和商品住宅等经营性用地以及同一土地有两个以上意向用地者的，应当采取招标、拍卖等公开竞价的方式出让。严格限制以划拨方式设立建设用地使用权。采取划拨方式的，应当遵守法律、行政法规关于土地用途的规定。

（2）《土地管理法》第2条规定：国家依法实行国有土地有偿使用制度。但是，国家在法律规定的范围内划拨国有土地使用权的除外。第54条规定：建设单位使用国有土地，应当以出让等有偿使用方式取得；但是，下列建设用地，经县级以上人民政府依法批准，可以以划拨方式取得：①国家机关用地和军事用地；②城市基础设施用地和公益事业用地；③国家重点扶持的能源、交通、水利等基础设施用地；④法律、行政法规规定的其他用地。

（3）《土地管理法实施条例》第29条规定：国有土地有偿使用的方式包括：①国有土地使用权出让；②国有土地租赁；③国有土地使用权作价出资或者入股。

根据以上法律法规，有人认为建设用地使用权的设立方式包括四种：出让、划拨、租赁、作价出资或入股四种方式。① 也有人认为，取得建设用地使用权的法律行为包括出让、划拨、作价出资（入股）、转让、互换、出资、赠与等。其中，出让、划拨、作价出资（入股）属于建设用地使用权的初始设立，即国家在国有土地上为他人创设建设用地使用权，属于土地一级市场中建设用地使用权的取得方式；而转让、互换、出资、赠与等是将建设用地使用权从某一民事主体流转到另一民事主体，属于土地二级市场中建设用地使用权的取得方式。② 由此看来，关于建设用地使用权的设立方式争议最大的就是租赁。有学者认为，以出租方式设立建设用地使用权也是一种建设用地使用权有偿设立的方式。③ 笔者认为，建设用地使用权的设立方式与国有土地的使用方式不同。土地使用人可以基于物

---

① 参见张东伟：《建设用地使用权法律适用与疑难释解》，中国法制出版社2008年版，第33页；高延利主编：《土地权利理论与方法》，中国农业出版社2008年版，第64页。
② 房绍坤：《物权法·用益物权编》，中国人民大学出版社2007年版，第142页。
③ 参见梁慧星：《中国物权法草案建议稿附理由》（第2版），社会科学文献出版社2007年版，第404页。

第四章　我国建设用地使用权法律制度创新研究

权，也可以基于债权而使用建设用地，但是建设用地使用权作为一种物权要遵循物权法定的原则，其设立方式也应法定化。也就是说，在物权法定原则之下，物权的取得方式应需法定，亦即"物权得因何种原因、方式与条件取得，概由法律规定。"① 准此以解，《物权法》第137条规定的建设用地使用权设立方式仅限于"出让"和"划拨"两种，并不包括"租赁"。② 关于作价出资（入股），笔者认为它是一种特殊的出让，这一点我们将会在下文中予以论述。

1. 出让

根据法律法规的规定，③ 建设用地使用权出让是指国家将国有建设用地使用权在一定年限内出让给土地使用者，由土地使用者向国家支付土地使用权出让金的行为。当然，这个概念是不完整的，因为没有包含集体建设用地使用权出让，但是根据现有规定，集体建设用地使用权的出让受到了严格限制，所以在此只论及国有建设用地使用权的出让。其实"建设用地使用权出让"一词是内地参考香港地区"批租"制度并结合内地情况创造的，从严格意义上来说并不属于传统大陆法系上的法律术语。

关于出让的性质，主要有行政行为说、经济法律行为说、民事行为说、双重说（民事行为+行政行为）等争议，但主要是行政行为和民事行为之争。大部分行政法学者都认为，建设用地使用权出让是一种行政行为。其主要理由有：第一，出让方是土地管理部门；第二，出让的目的是实现国家土地政策，取得最佳利用土地的效益；第三，出让金不是建设用地使用权的对价，确定出让金是一种行政管理手段；第四，在发生争议时，出让人即土地管理部门可直接根据法律采取单方措施，如一些行政处罚。从国土资源部2004年《对国有土地租赁、国有土地使用权作价出资或者入股是否为行政许可问题的复函》来看，国有土地租赁、国有土地使用权作价出资或者入股以及国有土地使用权出让，均是国土资源行政主管部门根据公民、法人或者其他组织的申请经依法审查后准予其使用国有土地使用权的外部行政管理行为，属于《中华人民共和国行政许可法》规定的行政许可事项。而大多数民法学者主张建设用地使用权出让是一种民事行为。主要理由是：第一，出让当事人的法律地位是平等的，双方互不隶属，土地管理部门是以国家代表人名义与使用人签订出让合同的；第二，双方当事人的权利义务是对等的，例如出让人有交付建设用地使用权的义务和要求使用人交付出让金的权利，

---

① 刘保玉：《物权法》，中国法制出版社2007年版，第60页。
② 参见王利明：《物权法研究》（修订版）下卷，中国人民大学出版社2007年版，第104-105页；高圣平：《土地管理法修改专题之二：建设用地使用权设立规则研究——兼及〈土地管理法〉与〈房地产管理法〉之间调整范围的区分》，《中国土地》2009年第11期；房绍坤：《物权法·用益物权编》，中国人民大学出版社2007年版，第201页。
③《城镇国有土地使用权出让和转让暂行条例》第8条，《城市房地产管理法》第8条。

使用人的权利义务正好与此对等；第三，国家土地所有权和建设用地使用权都是民事权利；第四，出让的目的并不是实施行政管理，而是为了实现土地的价值。从我国现行法律和司法解释来看，出让行为应当是一种民事行为。

在上文中我们已经提到，我国建设用地使用权的设立是由政府代表国家行使所有权的行为，同时政府及其土地管理部门又有土地管理监督职责，所以造成了"同一主体，双重身份"。因此就有人认为建设用地使用权的设立是政府及其土地管理部门的行政行为，其实这是一种错误的认识。从本质上来说，出让建设用地使用权是土地所有权人即国家的权利，政府及其土地管理部门只是代表国家行使这一权利而已。目前，政府及其土地管理部门在出让建设用地使用权的行为中错误地定位自己的身份，过多地对出让进行行政干预，这也给人一种误解，即认为出让是一种行政行为。这种错误的认识并不能掩盖出让行为的本质属性，如果将出让行为定位为行政行为，双方当事人的地位必然不能相同，在出现纠纷时定然对使用一方不利。从价值判断角度分析，如前所述，具有双重性质的出让行为同时肩负实现民事目标和行政目标两种功能。民事救济规则注重对合同双方当事人的平等保护，而行政救济规则则充分考虑行政机关的主导权和职能行使。笔者认为应该以前一种价值为重，从而采用民事救济规则解决出让纠纷。

根据法律规定，出让方式主要有协议出让和竞价出让，竞价出让又包括招标、拍卖、挂牌。《物权法》第137条规定，工业、商业、旅游、娱乐和商品住宅等经营性用地以及同一土地有两个以上意向用地者的，应当采取招标、拍卖等公开竞价的方式出让。下面我们分别简单介绍一下各种方式：

（1）协议出让，是指国家以协议方式将国有土地使用权在一定年限内出让给土地使用者，由土地使用者向国家支付土地使用权出让金的行为。① 协议出让是政府与特定使用人进行一对一谈判的方式，除政府外，只有一个特定的使用人存在。虽然协议出让土地使用权简便易行，但不能引入竞争机制，缺乏公开性，所以不利于土地使用者公平竞争。在实践中，很多地方政府过多地采用了协议方式，导致土地使用权出让金普遍偏低，损害了国家的利益。且协议出让透明度低，无法真正实现土地的市场化配置，容易造成腐败。这样会导致作为稀缺资源的土地，其应有的价值得不到体现。同时，协议出让也为权力与利益的交换提供了空间。就地方政府而言，协议出让最能体现行政权力，甚至可以说最能体现行政官员的意志。由于其既无固定程序，过程也不公开，较其他出让方式而言，负责协议出让的行政官员在执行公务的过程中往往最大限度地利用手中的权力，以牺牲国家和社会的利益来换取获得个人利益的机会；就土地使用者而言，不用通

---

① 《协议出让国有土地使用权规定》第2条第2款，具体制度参见《协议出让国有土地使用权规定》。

第四章　我国建设用地使用权法律制度创新研究

过竞争方式而取得土地使用权往往可以支付较低的对价，取得更满意的出让条件，因而也乐于积极采取行动使负责协议出让的官员尽快与其达成合意。因此，法律对协议出让进行了越来越严格的限制，2004年以后经营性项目协议出让已经被停止，目前协议出让一般只适用于福利性事业、非营利性用地的国有土地使用权出让。

（2）招标出让，是指市、县人民政府国土资源行政主管部门发布招标公告，邀请特定或者不特定的自然人、法人和其他组织参加国有建设用地使用权投标，根据投标结果确定国有建设用地使用权人的行为。[①]该方式引进了市场竞争机制，但是，其最大的特点是投标者只能一次报价，且中标者不一定是投标价的最高者。因为在评标时，不仅要考虑投标价，而且要对投标规划设计方案和投标者的资信情况等进行综合评价。采用综合指标对投标者进行衡量，因此较为全面，如果该方式采用得当，是最能兼顾房地产市场买卖双方利益的一种方式。但是，由于缺乏相应的具体操作规范及监督管理机制，仅由土地管理部门人为设定指标体系，易于根据内定投标者量身定制。所以这种方式在实践中多受质疑，以致土地招标出让只能是昙花一现，没有被广泛地采用过。

（3）拍卖出让，是指出让人发布拍卖公告，由竞买人在指定时间、地点进行公开竞价，根据出价结果确定国有建设用地使用权人的行为。[②]该方式竞争性强，实现了公平、公正、公开，能使土地得到最大的使用价值，为政府提供最高的地价收入，提高了土地利用的集约度和土地资源的配置效率，因而成为土地市场建设中不可缺少的组成部分。然而，《中华人民共和国拍卖法》第2条规定："拍卖法适用于中华人民共和国境内拍卖企业的拍卖活动。"国土资源部《关于土地使用权拍卖有关问题的函》指出，土地使用权拍卖不属于《拍卖法》调整的范围。所以说，中国并没有专门适用于土地拍卖的"拍卖法"。在拍卖过程中，有些房地产开发企业的体制不适应市场经济体制的要求，拍卖前对竞买土地缺乏科学认真的技术经济论证，哪怕土地价格再高，也要先拿下地再说，土地质量再差也要抢下来的非理性行为，以致有些项目由于土地成本过高，开发商为了弥补在购买土地时过重的土地成本负担，有可能在设计上不按规划的绿地、容积率要求，建筑时偷工减料，降低开发质量和成本，侵犯消费者权益；更有甚者，由于后续资金的短缺，有可能会造成"烂尾楼"，影响城市形象。这些开发企业的不成熟行为，极大地损害了其他竞买人的利益和市场机会，也不利于房地产业的可持续发

---

① 《招标拍卖挂牌出让国有建设用地使用权规定》第2条第2款，具体制度参见《招标拍卖挂牌出让国有建设用地使用权规定》。
② 《招标拍卖挂牌出让国有建设用地使用权规定》第2条第3款，具体制度参见《招标拍卖挂牌出让国有建设用地使用权规定》。

展。另外，在国有土地使用权拍卖中，拍卖参与者包括买家和卖家，即地方政府和开发商，为了自己的收益最大化，常常进行串谋，这不仅损害了拍卖的公平、公正性，同时也损害了国家的经济利益。

（4）挂牌出让，是指出让人发布挂牌公告，按公告规定的期限将拟出让宗地的交易条件在指定的土地交易场所挂牌公布，接受竞买人的报价申请并更新挂牌价格，根据挂牌期限截止时的出价结果或者现场竞价结果确定国有建设用地使用权人的行为。① 挂牌出让允许使用者在指定时期内多次出价，有利于竞价者更加理性、慎重地针对性出价。因此，这种出让方式比招标出让的一次报价即决定能否中标，更受竞买人青睐。对于挂牌截止时仍有多家报价的情况，2006年发布的《招标拍卖挂牌出让国有土地使用权规范》要求，挂牌宗地现场竞价，价高者得，这与拍卖形式又有相同之处；对于仅有一个竞买人报价且报价高于底价的，挂牌宗地可以成交，这与协议出让有点类似。正是因为挂牌方式兼具招标、拍卖和协议方式的多种特点，更具灵活性和操作性。因此，从其产生之日起，便体现了强大的生命力，在国有土地出让方式中，无论挂牌出让的面积或价款，均高于招标和拍卖方式的总和，大有后来者居上之势。但挂牌期间，有可能出现竞买人都不报价，纷纷采取观望的方式，直到最后竞价保护期才纷纷要求再竞价，从而

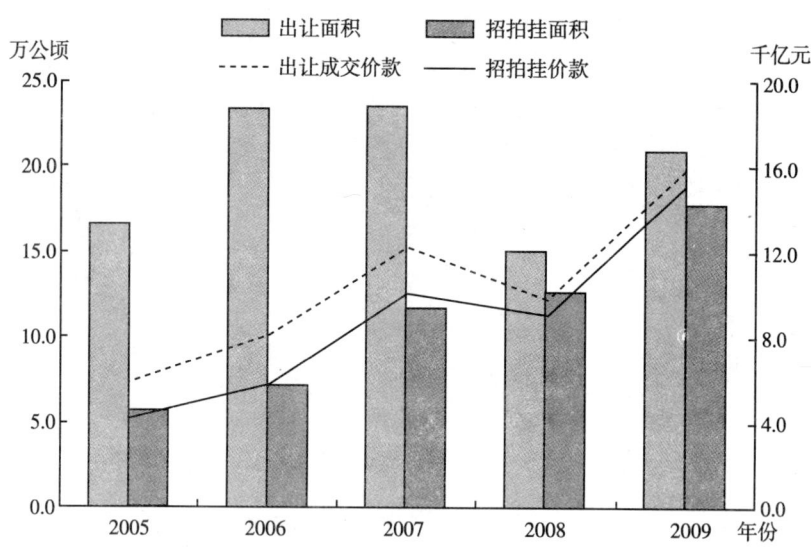

图4-1　2005~2009年土地出让及招拍挂出让面积和价款变化情况

资料来源：中华人民共和国国土资源部网站。

---

① 《招标拍卖挂牌出让国有建设用地使用权规定》第2条第4款，具体制度参见《招标拍卖挂牌出让国有建设用地使用权规定》。

进入集合竞价阶段的情况。这种行为不符合政府采用挂牌方式的初衷，也没有使挂牌方式的优势真正显示出来。

从图 4-1 可以看出，2005~2009 年，通过"招拍挂"方式出让的土地面积在逐年增加，所占比重也越来越大，而且通过"招拍挂"取得的出让金也一直占出让成交价款的绝大部分。由此可以看出"招拍挂"出让方式已经成为最主要的出让方式。总的来说，在制度层面，"招拍挂"出让方式在进一步明确和规范；在实践层面，"招拍挂"出让方式使用也在进一步扩大。具有市场机制特征的土地出让制度的框架已经建立，资源配置的价格机制正在形成，市场配置土地资源的基础性作用越来越发挥着重要作用。可以说"招拍挂"制度的推行，在很大程度上提高了土地节约集约利用效率，提升了土地价值，增加了地方财政收入，促进了城市经济的发展。然而，在土地出让过程中，出让方大多简单遵循"价高者得之"这一规律，各地土地出让市场，频频爆出天价"地王"等现象，对之进行批评者甚多，认为"招拍挂"制度推高了房价并激发了房地产市场矛盾，令地方政府与开发商结成利益共同体，滋生地方政府官员腐败等，甚至助长了中国经济出现虚假繁荣，影响了中国房地产市场的理性发展。对此，笔者认为"招拍挂"制度虽然在某种程度上有其不完善的一面，但作为一种市场配置方式，它也有其优越之处，所以我们还是应当继续坚持"招拍挂"制度。但是，我们必须改进这种制度。对此，2010 年国务院办公厅发布了《关于促进房地产市场平稳健康发展的通知》，明确要求"各地要综合考虑土地价格、价款缴纳、合同约定开发时限及企业闲置地情况等因素，合理确定土地供应方式和内容，探索土地出让综合评标方法"。笔者认为可以采取一些措施改进"招拍挂"制度，例如扩大竞买人的范围和参与度、提高竞争程度、完善土地的竞价制度、采用"递减竞价"或"涨停板"等规则，确定合理的土地出让底价，选择合理的出让方式等。当然对"招拍挂"制度的改革措施不只局限于此，也希望理论和实践方面有更多的创新来改进出让制度，以促进社会经济的发展。

《物权法》第 141 条规定，建设用地使用权人应当依照法律规定以及合同约定支付出让金等费用。所谓出让金是指取得建设用地使用权的对价，类似于国外地上权的地租，但与地租不同。关于地租的性质，存在单纯债的关系说（独立债务说）、物上负担说（从属债务说）、折中说等不同学说。单纯债的关系说认为，支付地租为单纯债的关系，仅由债务人即地上权人负担之，而为其独立的债务。地上权让与他人后，除有特别约定外土地所有人仅能向原地上权人请求支付地租，而不得向受让人请求支付地租。因此地租系非从属于地上权之债务。物上负担说认为，支付地租是一种物上负担，与地上权结合为一体而有不可分离的关系，地上权受让人负有支付地租的义务。折中说认为，地租从属于地上权应登记才能发生效力。未登记的地租为单纯债的关系，仅在当事人之间产生债的效力，而已登记的地租则与地上权结合为一体,发生物权的效力。① 关于我国的建设用地使用权出让金的性质,学者们也存在不同的看法,有主张单纯债的关系说,②也有主张折中说。③ 笔者认为,根据法律规定,出让金是建设用地使用权出让合同的组成内容,只有建设用地使用权人缴纳了全部出让金之后才能进行登记和使用建设用地,出让金不会随建设用地使用权转让,所以出让金的性质应为单纯债的关系。

据统计资料显示,④ 自我国实行土地有偿使用制度以来,土地出让金收入呈现快速增长态势。2004年,全国土地出让总收入为6412.18亿元。2005年,为了抑制房地产投资过热并使国内固定资产投资降温,国家开始实行收紧地根的政策,当年的全国土地出让收入减至5883.82亿元。在此之后的两年中,虽然中央一直保持着地根紧缩的政策,但是土地的有偿出让为地方政府带来的直接或间接收益促使土地出让规模开始不断扩大,土地出让金收入大幅反弹,2007年达到1.22万亿元。2008年,受全球金融危机影响,我国经济出现下滑,地方用地需求减弱,全年的土地出让金收入减至1.02万亿元,比2007年减少16%。2009年,经济出现回暖,全国土地出让金收入再次刷新历史新高,达到1.59万亿元,比2008年增长了63.4%。总的来说,2000~2009年,土地出让金收入在逐年增加,平均增幅为51.8%,土地出让金收入占同期地方政府财政收入的比例也从2000年的9.3%上升到2009年的49%,因此有人批评为"土地财政"。然而土地具有不可再生性和有限性,现行土地出让制度只是一次性收取一定时期的出让金,这在一定程度上会导致地方政府多卖地、快卖地、早卖地、贱卖地,可以说这牺牲了子孙后代的利益。另外国有土地基本上已经所剩无几,地方政府为了有更多的土地可以出让就会更多地征收农民土地,继而导致城乡矛盾加剧。所以说现行土地出让金制度弊病甚多,急需改进完善。对此有学者提出,要建立国有土地租赁制度,逐步减少土地出让,实行土地租金制度。⑤ 笔者认为这种观点有待商榷,首先,土地出让作为市场配置资源的一种方式,其优越性在上文中已有论述,如果实行土地租金制度,由于不是公开竞价,那么可能又会导致"权力寻租"、"权钱交易"等不公平现象发生。其次,实行租金制度不能保证国家得到使用土地的价款,例如一家公司取得一块土地用于房地产开发,在房屋全部出售后因某种原因破产,因为实行租金制度,所以这家公司可能没有全部缴清土地价

---

① 房绍坤:《物权法·用益物权编》,中国人民大学出版社2007年版,第172页。
② 参见温世扬、廖焕国:《物权法通论》,人民法院出版社2005年版,第430页。
③ 参见梁慧星主编:《中国物权法研究》(下册),法律出版社1998年版,第660–662页。
④ 数据来自中华人民共和国国土资源部:《中国国土资源统计年鉴》(2001-2009)。
⑤ 参见马茹萍:《完善我国土地使用权租金制度之法律思考》,《辽宁大学学报》(哲学社会科学版) 2010年第4期。

第四章　我国建设用地使用权法律制度创新研究

款,而出售后的房屋又是他人的财产,显然不能轻易将土地收回,最终可能导致国有财产流失。再次,土地出让金制度本身并没有致命的缺陷,而是地方政府的财政制度存在某些问题,因为我国的分税制改革只是对中央税与地方税进行了初步划分,而忽视了对地方税收体系的建设。中央政府将税源稳定、收入多的税种划为中央税或共享税,而将税基小、收入少的零星税种划归地方。地方政府缺乏与事权相适应的税收收入。在这种情况下,土地出让收入等各种形式的地方预算外收入出现快速增长,并成为地方政府收入的主要来源。笔者认为要改变因土地出让金收入过高而导致的"土地财政"问题并非改革土地出让金制度就可以完成的,这还需要在财政税收等方面做出改革。从国际上来看,市场经济比较完善的国家,土地财政主要来源于保有的税收环节,如房产税、物业税,而我国目前只对经营性房屋征收房产税,没有物业税。因此笔者认为,在保留土地出让金制度的同时,加强对土地保有环节的征税,并将这种税收划归地方政府,这样可以一方面解决"卖地生财"的问题,另一方面还可以抑制"炒地"的土地投机行为。

在出让中,需要介绍一下"作价出资或入股"的形式。所谓国家以土地使用权作价出资(入股),是指国家以一定年期的国有土地使用权作价,作为出资投入改组后的新设企业,该土地使用权由新设企业持有,可以依照土地管理法律、法规关于出让土地使用权的规定转让、出租、抵押。土地使用权作价出资(入股)形成的国家股股权,按照国有资产投资主体由有批准权的人民政府土地管理部门委托有资格的国有股权持股单位统一持有。① 这种作价出资或入股在本质上与出让基本相同,两者都是有偿使用建设用地的方式,作价出资或入股获得股权相当于出让金,这种通过作价出资或入股方式取得的建设用地使用权在很大程度上与通过出让方式取得建设用地使用权基本相同。但是这里应当注意的是,作价出资或入股仅仅是在国有企业改革划拨土地使用权制度时所采用的一种方式,至于其适用的范围我们还是持谨慎的态度,应当尽量限制这种设立方式。

2. 划拨

建设用地使用权划拨是指县级以上人民政府依法批准,在土地使用者缴纳补偿、安置等费用后将该幅土地交付其使用,或者将土地使用权无偿交付给土地使用者使用的行为。② 由此可见,划拨实际上有两种形式:一是相对无偿取得,即通过划拨取得建设用地使用权时需要缴纳补偿、安置等费用;二是完全无偿取得,即建设用地使用权人取得使用权不需要支付任何费用。

我国的土地划拨制度起源于计划经济时代。新中国成立初期,我国实行土地国有与土地私有并存的土地所有制度。1954年2月24日,政务院发布《关于对

---

① 《国有企业改革中划拨土地使用权管理暂行规定》第3条第3款。
② 《城市房地产管理法》第23条。

国有企业、机关、部队、学校等占用市郊土地征收使用费或租金的问题的批复》，规定"国营企业经市人民政府批准占用的土地，不论是拨给公产或出资购买，均应作为该企业的资产，不必再向政府交纳租金或使用费。"同年3月，内务部《关于执行国家建设征用土地办法中几个问题的综合答复》进一步规定，"国家机关、企业、学校、团体及公私合营企业使用国有土地时，由当地政府无偿拨给使用，均不必交纳租金"。据此，无偿、无限期地使用国有土地的管理体制和使用体制逐步形成，划拨土地使用权制度也确立起来。这一时期划拨土地不具有独立性，使用单位仅能对之进行占有、使用，不能进行处分，国家随时可以以土地所有者的身份将其收回，因此很难说使用这些划拨土地是一种权利。笔者认为这只是国家将国有土地所有权的部分权能分离出来，供这些单位使用，这并不是一种独立的权利，而是附属于土地所有权的权能。党的十一届三中全会以后，我国开始推行经济体制改革和对外开放政策，土地制度方面的改革也逐步开展，在农村开始实行土地承包经营制度，而在城市则开始实行国有土地有偿使用制度的改革。但是划拨制度并没有被有偿使用制度完全替代，在法律规定范围内仍然适用划拨制度，这样土地出让制度与沿袭下来的土地划拨制度一起构成我国国有土地利用的"双轨制"。

关于通过划拨设立的建设用地使用权的性质，学界存在较大争议，有权能说、区分说、独立财产权说等。首先，权能说认为，我国的划拨土地使用权不是一项独立的财产权利，因而不能进入流通领域，不能作为民事法律行为的标的进行转让、出租、抵押。① 该观点所持理由为：国有土地使用权划拨的法律关系在性质上是一种行政法律关系，而不是民事法律关系。以划拨方式取得土地使用权的使用人，实际上是以国家土地所有权直接行使者的身份对土地加以使用，国有土地使用权的划拨并未引起所有权与使用权的分离。其次，区分说认为，应当分两种情况：一是国家机关、军事机关等公法人享有的划拨土地使用权。国家机关、军事机关等公法人在某种程度上来说属于国家机构的组成部分，其本身就是国家的代表，使用划拨土地的目的是实现国家的公共职能。而国有土地属于国家所有，代表国家的公法人使用国有土地并没有实现这种土地使用权与土地所有权的分离，而只是未分离出去的所有权的使用权能。因此，这种建设用地使用权属于建设用地所有权的使用权能，而不是一种与土地所有权分离的独立的用益物权。二是企业、事业单位等私法人、自然人或其他组织享有的划拨建设用地使用权，这不同于公法人享有的建设用地使用权，这些使用权人属于私法上的主体，其对划拨土地的占有、使用是非所有人的占有、使用。因此这种建设用地使用权

---

① 参见江平：《中国土地立法研究》，中国政法大学出版社1999年版，第392页。

第四章 我国建设用地使用权法律制度创新研究

已经与土地所有权分离而成为一种独立的用益物权。①最后,独立财产权说认为,我国的划拨土地使用权是一种有价值的财产权利,使用权人对其享有的土地使用权具有一定程度上的处分权能。因划拨而取得的土地使用权在转让上的限制,并不是因为该类土地使用权不是民事权利,而是因为该类土地使用权在取得时的用途特别性和无偿性。②具体来说,作为一种独立的财产权,划拨土地使用权是一种用益物权。

对于这些学说,笔者认为关键在于认识到国家作为土地所有者和政府作为管理者的身份区别。也就是说,公法人机关虽然代表着国家对土地进行管理,但是并不能当然地认为其使用划拨土地就是土地所有人自己的行为,国家划拨国有土地给土地使用者,依据的是国家作为土地所有者的身份,尽管是一种行政行为,但创设的是一种民事权利,这种民事权利包括占有、使用、收益甚至部分处分权,只是由于使用主体为国家机关、军事机关等公法人,获得权利时为无偿且使用目的特定,故其收益权和处分权才受到限制。所以从本质上来说,以划拨方式设立的建设用地使用权还是一种用益物权。《物权法》第137条第1款对此作了肯定性规定,以划拨方式可以设立建设用地使用权。

根据现行法律规定,建设用地使用权划拨具有以下特点:

(1)建设用地使用权划拨是一种行政行为。建设用地使用权划拨是市县级以上人民政府代表国家单方授予土地使用者建设用地使用权,而不是通过签订合同来设定建设用地使用权的。在划拨中,双方当事人并没有平等的法律地位,更没有平等的协商。建设用地使用权的划拨是政府根据职权所决定的,所以这是一种行政行为。

(2)建设用地使用权划拨的目的具有公益性。在划拨的情况下,建设用地使用权并没有进入市场,而是由国家直接授予土地使用者,其原因就是在于这些土地要用于公益事业。《城市房地产管理法》第24条规定,下列建设用地的土地使用权,确属必需的,可以由县级以上人民政府依法批准划拨:①国家机关用地和军事用地;②城市基础设施用地和公益事业用地;③国家重点扶持的能源、交通、水利等项目用地;④法律、行政法规规定的其他用地。这些建设项目都是公益事业。

(3)建设用地使用权划拨是无偿的。建设用地使用权划拨与出让最大的不同就是划拨是无偿的。这主要是因为划拨建设用地使用权的目的主要是为了公共利益,如果不是公益性的建设项目就不能采取划拨的形式。当然,有些建设用地使用权划拨需要缴纳补偿、安置等费用,但是这些补偿、安置等费用不是建设用地

---

① 参见符启林:《房地产法》(第4版),法律出版社2009年版,第123页。
② 参见梁慧星:《中国物权法研究》(下),法律出版社1998年版,第673页。

使用权的对价，而只是对被征收为国有土地的集体土地权利或原建设用地使用权人的补偿。但是划拨建设用地使用权后，如果要流转就必须补交土地出让金。

（4）建设用地使用权划拨原则上没有期限限制。《城市房地产管理法》第23条第2款规定，依照本法规定以划拨方式取得土地使用权的，除法律、行政法规另有规定外，没有使用期限的限制。法律之所以如此规定，主要是为了保证公益性建设项目的用地需要，只要土地用途没有改变，其期限就没有限制。

（5）建设用地使用权划拨受到法律的严格限制。由于建设用地使用权划拨是无偿的、没有期限限制等特点，所以法律对划拨建设用地使用权做了比较严格的法律限制。《物权法》第137条第3款规定，严格限制以划拨方式设立建设用地使用权。采取划拨方式的，应当遵守法律、行政法规关于土地用途的规定。另外，《城市房地产管理法》、《土地管理法》、《城镇国有土地使用权出让和转让暂行条例》、《土地管理法实施条例》等法律法规都对建设用地使用权的划拨做了明确规定。

目前关于土地划拨制度最大的两个问题就是：

（1）对土地划拨的限制。《物权法》第137条第3款规定，严格限制以划拨方式设立建设用地使用权。采取划拨方式的，应当遵守法律、行政法规关于土地用途的规定。上文中我们已经提到，划拨建设用地使用权具有无偿性、无期限性，因此造成了很多"权钱交易"的划拨，致使国有财产严重流失，同时也在一定程度上催生了"土地隐形市场"，不利于市场经济秩序的发展。所以法律要对划拨进行严格的限制。笔者认为应当从以下几个方面进行限制。

第一，目的和范围限制。有学者认为，对划拨建设用地使用权的定义最大缺陷是没有指出划拨土地使用权的公共性目的。① 对此我们也持相同意见，划拨应当以公共利益为目的。笔者认为在今后的立法中，应当对此加以重视，非公共利益的建设项目均应通过出让方式取得建设用地使用权，对此国土资源部《划拨用地目录》有规定，"对以赢利为目的，非国家重点扶持的能源、交通、水利等基础设施用地项目，应当以有偿方式提供土地使用权"。关于哪些建设项目可以申请划拨建设用地，《土地管理法》第54条和《城市房地产管理法》第24条规定，下列建设用地的土地使用权，确属必需的，可以由县级以上人民政府依法批准划拨：①国家机关用地和军事用地；②城市基础设施用地和公益事业用地；③国家重点扶持的能源、交通、水利等项目用地；④法律、行政法规规定的其他用地。这些规定比较抽象，因此国土资源部发布了《划拨用地目录》，对此作了较为详细的列举，分为3大项，即国家机关用地和军事用地，城市基础设施用地和公益

---

① 参见刘俊：《划拨土地使用权的法律问题研究》，《江西社会科学》2007年第1期。

第四章 我国建设用地使用权法律制度创新研究

事业用地和国家重点扶持的能源、交通、水利等基础设施用地,共 19 小项,即党政机关和人民团体用地、军事用地、城市基础设施用地、非营利性邮政设施用地和非营利性教育设施用地、公益性科研机构用地、非营利性体育设施用地、非营利性公共文化设施用地、非营利性医疗卫生设施用地、非营利性社会福利设施用地、石油天然气设施用地、煤炭设施用地、电力设施用地、水利设施用地、铁路交通设施用地、公路交通设施用地、水路交通设施用地、民用机场设施用地、特殊用地。① 对于以上划拨用地的范围,太过宽泛。有些建设项目并不需要划拨,而有些建设项目却没有列入其中,另外由行政法规作兜底性规定有欠妥当。关于哪些建设项目可以列入划拨范围,应当结合我国当前社会经济发展条件以及历史情况作出重新规定,但是不论何种建设项目能够获得划拨土地,使用人都必须遵守法律、行政法规关于土地用途的规定,建设用地使用权人必须将划拨土地用于申请时的目的,而不能用于设定范围以外的其他目的。

第二,划拨程序限制。根据《土地管理法》等相关法律法规的规定,建设用地使用权划拨的程序主要包括:建设用地使用人提出申请、土地管理部门进行审批、划拨建设用地、划拨建设用地使用权登记、核发建设用地使用权证等。由此可以看出,法律对建设用地使用权的划拨作了非常严格的限制,并不是任何人可以随意取得的。笔者认为在划拨程序中要加强公开和监督程序。具体来说,对于申请划拨土地的主体以及行政机关的审批信息都要对社会进行公开,以利于社会群众对划拨行为进行监督,同时国家土地督察机关也要加强对土地划拨行为的督察,如果发现有违法行为存在就应当追究相关责任人的行政责任或刑事责任。

第三,划拨土地流转限制和无偿收回。对于通过划拨方式取得建设用地使用权,法律应当对其流转进行严格限制,一般来说,应当禁止其进行转让、出租、抵押等。如果由于某些原因而导致划拨建设用地使用权已经没有存在的必要,那么国家应当将其无偿收回。但是在实践中,还存在大量计划经济时代遗留的划拨土地,对于这些问题不应僵化地限制其流转或由国家无偿收回,在符合一定条件下应当允许这些划拨土地进行流转,进入市场。关于这一点我们将在下面进行论述。

(2) 划拨土地的市场化。在城市土地使用制度未改革之前,大部分建设用地都是划拨的,而且不区分经营目的和公益目的。因此导致现在社会中存在大量历史遗留下来非公益性的划拨建设用地,如何将这些土地活跃起来、进入市场以满足当前土地市场紧缺的情况,实为我国土地划拨制度改革的难点和重点。对此,《划拨土地使用权管理暂行办法》、《国有企业改革中划拨土地使用权管理暂行规

---

① 具体可参见国土资源部《划拨用地目录》。

定》、《城镇国有土地使用权出让和转让暂行条例》、《城市房地产管理法》、《城市房地产转让管理规定》、《城市房屋租赁管理办法》、《城市房地产抵押管理办法》等法律法规都有所规定。根据这些法律法规，划拨土地市场化的方式主要有：

第一，出让。出让方式是划拨土地使用权市场化转变的最主要和最直接的方式，包括直接出让和间接出让两种方式。所谓直接出让是指国家直接将原先的划拨土地出让给原使用人，由原使用人与国家土地主管部门签订土地使用权出让合同，并缴纳土地使用权出让金。转换为出让的建设用地使用权可以依法进行转让、出租、抵押。所谓间接出让是指因划拨建设用地使用权或者其上房地产的转让、出租、抵押而实现的出让。土地使用者需要转让、出租、抵押建设用地使用权的，必须持国有土地使用证以及地上建筑物、其他附着物产权证明等合法证件，向所在地市、县人民政府土地管理部门提出书面申请。市、县人民政府土地管理部门与申请人经过协商后，签订土地使用权出让合同。另外，以划拨方式取得土地使用权的，转让房地产时，应当按照国务院规定，报有批准权的人民政府审批。有批准权的人民政府准予转让的，应当由受让方办理土地使用权出让手续，并依照国家有关规定缴纳土地使用权出让金，当然按照国务院规定决定可以不办理土地使用权出让手续，但转让方应当按照国务院规定将转让房地产所获收益中的土地收益上缴国家或者作其他处理。

第二，租赁。国家可以将无偿划拨改为有偿出租，并以收取租金的行使实现土地的价值。租赁主要有两种方式：一是国家将划拨建设用地使用权收回，然后签订国有土地租赁合同，将土地出租给原建设用地使用人，并收取租金。二是原划拨建设用地使用权人将划拨土地上的建筑物或附着物出租，出租人将租金中的收益上缴国家，从而实现划拨土地的市场化。这在实务中较多见，因为原划拨建设用地使用人一般为国有企业，巨额的土地出让金对于效益不佳的国有企业来说比较难以承受。①

第三，作价出资（或入股）和授权经营。上文中我们已经提到，所谓作价出资是指国家以一定年期的国有土地使用权作价，作为出资投入改组后的新设企业，该土地使用权由新设企业持有，可以依照土地管理法律、法规关于出让土地使用权的规定转让、出租、抵押。土地使用权作价出资（入股）形成的国家股股权，按照国有资产投资主体由有批准权的人民政府土地管理部门委托有资格的国有股权持股单位统一持有。所谓授权经营是指国家根据需要，可以一定年期的国有土地使用权作价后授权给经国务院批准设立的国家控股公司、作为国家授权投资机构的国有独资公司和集团公司经营管理。②作价出资（入股）和授权经营方

---

① 参见符启林：《房地产法》（第四版），法律出版社 2009 年版，第 131 页。
②《国有企业改革中划拨土地使用权管理暂行规定》第 4 条。

式是针对国有企业改革而设置的划拨土地使用权处分方式,对推动国有企业改制起到了一定的作用。但这两种方式的适用范围都具有局限性,而且这两项制度也突破了《房地产管理法》和《城镇国有土地使用权出让和转让暂行条例》中关于划拨土地使用权处分的规定,所以不应作为划拨土地市场化的主要方式。

根据以上分析,笔者认为应当划拨建设用地市场化应当采取以出让为主,严格限制其他方式的途径。经过这么多年的实践,出让方式是目前土地有偿使用最合理的方式,是较为适应市场经济体制的方式。划拨建设用地使用权市场化采取以下几种方式:一是符合我国土地供应方式的"双轨制"设计初衷,即土地出让为主、土地划拨为辅。二是相对于其他方式而言通过出让方式能够充分保证国家的土地收益。三是实现转换后的建设用地使用权具有了同出让方式设立的建设用地使用权同样的法律地位,权能完备、可以流动。对于那些不宜以出让方式转换的划拨土地可以通过其他方式实现市场化,但是应当特别注意要加以严格限制。

四、建设用地使用权的设立登记

《物权法》第139条规定,设立建设用地使用权的,应当向登记机构申请建设用地使用权登记。建设用地使用权自登记时设立。登记机构应当向建设用地使用权人发放建设用地使用权证书。不论是以出让方式还是以划拨方式设立的建设用地使用权,都应当向登记机构申请建设用地使用权登记,而且建设用地使用权自登记时设立,登记是建设用地使用权设立的生效要件,没有登记建设用地使用权就没有设立。《土地登记办法》对建设用地使用权的初始登记做了详细规定:

第26条 依法以划拨方式取得国有建设用地使用权的,当事人应当持县级以上人民政府的批准用地文件和国有土地划拨决定书等相关证明材料,申请划拨国有建设用地使用权初始登记。

第27条 依法以出让方式取得国有建设用地使用权的,当事人应当在付清全部国有土地出让价款后,持国有建设用地使用权出让合同和土地出让价款缴纳凭证等相关证明材料,申请出让国有建设用地使用权初始登记。

第28条 划拨国有建设用地使用权已依法转为出让国有建设用地使用权的,当事人应当持原国有土地使用证、出让合同及土地出让价款缴纳凭证等相关证明材料,申请出让国有建设用地使用权初始登记。

第29条 依法以国有土地租赁方式取得国有建设用地使用权的,当事人应当持租赁合同和土地租金缴纳凭证等相关证明材料,申请租赁国有建设用地使用权初始登记。

第30条 依法以国有土地使用权作价出资或者入股方式取得国有建设用地使用权的,当事人应当持原国有土地使用证、土地使用权出资或者入股批准文件和其他相关证明材料,申请作价出资或者入股国有建设用地使用权初始登记。

中国土地法体系构建与制度创新研究

第31条 以国家授权经营方式取得国有建设用地使用权的,当事人应当持原国有土地使用证、土地资产处置批准文件和其他相关证明材料,申请授权经营国有建设用地使用权初始登记。

第三节 建设用地的利用与管理

建设用地使用权人最主要的权利就是可以利用其建设用地建造建筑物、构筑物及其附属设施,并保有之。同时,他还享有对建设用地使用权和建筑物、构筑物及其附属设施所有权的处分权。而建设用地使用权人最主要的义务就是在利用该土地时应当遵守合理利用的义务,不得改变土地的用途。土地管理部门应当对使用人的利用行为进行管理和监督。如果发现有违法行为,有权对其追究法律责任。

一、建设用地的利用

1. 建筑物、构筑物及其附属设施的归属推定

《物权法》第142条规定:建设用地使用权人建造的建筑物、构筑物及其附属设施的所有权属于建设用地使用权人,但有相反证据证明的除外。这是关于地上建造物所有权归属的推定规则。

在大陆法系中,关于建筑物所有权、土地所有权和地上权的关系有三种不同的规定:第一种,土地所有权与建筑物所有权不可分离。罗马法实行的是"建筑物添附于土地"的规则,即推定地上建筑物为土地所有人所有。第二种,土地所有权与建筑物所有权可以分离,但非土地所有人的建筑物所有权须与地上权不可分离,德国采取此规则。第三种,土地所有权可与建筑物所有权相分离,并且建筑物所有权既可以地上权为基础,亦可以土地租赁权为基础,日本采取此规则。① 我国《物权法》在借鉴国内外立法经验的基础上,确定了建筑物所有权独立于土地所有权但依赖于土地使用权的体制,也就是说建筑物的所有权推定属于建设用地使用权人。但存在相反证据的情况下可以推翻这个推定,例如当事人之间存在特别约定、以法律的特别规定、合资建房合同、建设用地使用权人出租建设用地等情况。② 由此可知,我国的建设用地使用权和建筑物所有权之间的关系并没有采取绝对一体化,在例外和有相反证据证明的情况下,建筑物所有权可以独立于建设用地使用权而存在。

---

① 陈甦:《论土地权利与建筑物权利的关系》,《法制与社会发展》1998年第6期。
② 参见王利明:《物权法研究》(修订版)下卷,中国人民大学出版社2007年版,第166-168页。

另外，我国的建设用地使用权属于有期限的用益物权，而在建设用地之上建造的建筑物所有权作为一种完全物权，是有期限限制的。这样就产生了建设用地上的建筑物的无期限所有权与有期限的建设用地使用权之间的矛盾。当然，这个矛盾可以通过建设用地使用权续期和到期补偿等措施来解决。

2. 流转中建设用地使用权及其地上附着物一并处分

《物权法》第 143 条规定，建设用地使用权人有权将建设用地使用权转让、互换、出资、赠与或者抵押，但法律另有规定的除外。因此建设用地使用权是可以自由流转的。这是建设用地使用权区别于其他用益物权的一大特点，同时建设用地使用权的自由流转在一定程度上促进了土地作用的发挥，为社会经济建设提供了土地保障。

关于建设用地使用权的流转，其中一个比较重要的问题就是建设用地使用权与建筑物、构筑物及其附属设施的一并处分问题。虽然在例外和有相反证据证明的情况下建筑物所有权可以独立于建设用地使用权而存在，但是在流转中实行的是一体处分的原则。对此，《物权法》第 146 条规定，建设用地使用权转让、互换、出资或者赠与的，附着于该土地上的建筑物、构筑物及其附属设施一并处分。第 147 条规定，建筑物、构筑物及其附属设施转让、互换、出资或者赠与的，该建筑物、构筑物及其附属设施占用范围内的建设用地使用权一并处分。简单来说就是"房随地走"、"地随房走"的房地一体规则。这种房地一体规则可以简化地产与房产之间的变动联系，避免使法律关系复杂化，同时还可以减少房地分离造成的纠纷。

但是需要注意的是，我国的房地一体规则却存在某些冲突现象。在我国，建设用地使用权与房屋所有权是两个独立的权利，两者分别进行登记，虽然房屋被推定为土地使用权人所有，但在现实生活中却存在着大量的分别所有的情况。我国法律却明确要求房屋和建设用地使用权一并处分，不能分开流转。这种"房地一体"规则在某种程度上并不利于保护相关权利人的利益，也不利于房地产的流转和市场的发展。因此有学者建议应当实行房地分离主义，土地使用权和地上地下建筑物的所有权可以依法分别由两个以上的法律主体拥有，土地和建筑物的财产权利可以分别转让、分别设置抵押，当土地和建筑物因分别转让而由第三人获得时，第三人依法承受出让人和相对应的土地或建筑物之间的地上权关系或者借地权关系。笔者认为这种观点有其可借鉴之处，但是，如果放弃现行法律规定而完全适用另一套规定显然并不可行。① 从总体来看，确认建设用地使用权和建筑

---

① 到目前为止，我国关于土地和房地产的法律法规都给予了反复规定。例如《城市房地产管理法》第 32 条，《城镇国有土地使用权出让和转让暂行条例》第 24 条，《城市房地产转让管理规定》第 5 条，《城市房屋产权产籍管理暂行办法》第 3 条、第 8 条等。

物所有权的一并处分的原则是正确的，但应进行相应修正：除非当事人做出相反约定，原则上仍坚持房地一体转让。也就是说允许当事人做出相反的约定，就房屋和建筑物的分离和转让达成一致协议，这样有利于充分发挥建设用地使用权与建筑物各自的价值。

二、对建设用地利用的管理

虽然说建设用地使用权在权能方面较其他土地用益物权来说很充分，使用权人有权对建设用地进行开发利用。但是我国土地少、人口多是我们所面临的一个严峻的现实。因此，控制建设占用土地，特别是建设占用耕地，具有极其重要的意义。建设用地管理是国土资源管理工作的重要组成部分，是合理进行土地资源和土地资产利用，依法保障城乡各项建设用地，严格控制不合理占地的关键措施，也是合理配置土地资源，调控基本建设规模和土地市场的有力手段。加强建设用地管理，有利于贯彻"十分珍惜和合理利用每寸土地，切实保护耕地"的基本国策，有利于促进国民经济持续、稳定、协调发展。根据我国《土地管理法》等法律法规的规定，我国建设用地管理制度主要有：

1. 土地利用规划和计划管理

《土地管理法》第17条规定，各级人民政府应当依据国民经济和社会发展规划、国土整治和资源环境保护的要求、土地供给能力以及各项建设对土地的需求，组织编制土地利用总体规划。第24条规定，各级人民政府应当加强土地利用计划管理，实行建设用地总量控制。1987年原国家土地管理局、国家计委制定了《建设用地计划管理暂行办法》，确立了我国建设用地计划管理制度，并且规定建设用地计划是国民经济和社会发展计划的组成部分，是加强土地资源宏观管理的重要措施，是审批建设用地的依据之一。由此可以看出，土地利用规划和计划是建设用地管理的前提之一。目前，学界比较主流的观点是，土地利用总体规划是在一定规划区域内，根据当地自然和社会经济条件以及国民经济发展的要求，协调土地总供给和总需求，确定或调整土地利用结构和用地布局的宏观战略措施。土地利用总体规划的核心是确定或调整土地利用结构和用地布局，它的作用是宏观调控和均衡各业用地。① 而根据规定，② 土地利用计划是指根据国民经济和社会发展计划、国家产业政策、土地利用总体规划以及建设用地和土地利用的实际状况编制的国家对计划年度内新增建设用地量、土地开发整理补充耕地量和耕地保有量的具体安排，土地利用年度计划指标包括新增建设用地计划指标、土地开发整理计划指标、耕地保有量计划指标。建设用地计划属于土地利用计划的

---

① 王万茂主编：《土地利用规划学》（第7版），中国大地出版社2008年版，第73页。
②《土地利用年度计划管理办法》。

一部分。新增建设用地计划指标实行指令性管理，不得突破。各项建设用地都应当在建设用地计划（土地利用年度计划）中进行安排，超过此范围的建设项目原则上不会在当年获得批准。

从性质上来说，土地利用规划和计划应当属于行政计划。所谓行政计划，也称为行政规划，是指行政主体在实施公共事业及其他活动之前，先综合地提示有关行政目标，事前制定出规划蓝图，以作为具体的行政目标，并进一步制定为实现该综合性目标所必需的各项政策性大纲的活动。① 从某种程度上来说，土地利用规划和计划与其说是法的行为，倒不如说是具有强烈政策性的行为，因为在2003年党中央、国务院根据我国的宏观经济形势和经济结构性问题，正式提出土地政策参与宏观调控。2004年3月胡锦涛总书记在人资环会议上提出要充分发挥土地利用规划和供应政策在宏观调控中的作用。

土地利用总体规划作为指导土地管理的纲领性文件，其主要内容是对土地利用现状进行分析、预测土地需求量和供给量、对土地利用结构域布局进行调整、对土地利用进行分区以及制定实施规划的措施。其规划目标为保护耕地、保障科学发展的建设用地、优化土地利用结构、全面推进土地开发整理复垦、加强土地生态保护和建设、增强土地管理在宏观调控中的作用。② 尽管土地利用规划是土地利用计划的制定依据，但是在建设用地规划和计划管理中建设用地计划占据了主导地位。根据《建设用地计划管理暂行办法》，建设用地计划管理规定如下：用地计划分为国家、省（自治区、直辖市、计划单列省辖市）、省辖市（地区、自治州，下同）、县（县级市、区，下同）四级。省及省以下用地计划由各级土地管理部门组织编制，经同级计划部门综合平衡后，联合报送上级计划部门和土地管理部门。国务院各部门（含计划单列的大型工业联合企业和企业集团）及军队的建设项目的用地计划，报国家计划委员会和国家土地管理局，③ 并抄报项目所在地的省级计划部门和土地管理部门。由该省土地管理部门核实并经同级计划部门综合平衡后，纳入该省用地计划总指标。对汇总、综合平衡后的用地计划要进行严格审查。用地计划批准后，用地计划指标逐级分解下达到县。国务院各部门建设项目的用地指标，下达到项目所在的省，纳入该省的用地总指标，不得挪用。乡（镇）村集体建设用地和农村个人建房用地的计划指标，由县人民政府土

---

① 姜明安主编：《行政法与行政诉讼法》（第3版），高等教育出版社、北京大学出版社2007年版，第296页。
② 《全国土地利用总体规划纲要》（2006~2020年）。
③ 国家计划委员会成立于1952年，于1998年更名为国家发展计划委员会，又于2003年将原国务院体改办和国家经贸委部分职能并入，改组为国家发展和改革委员会。1998年3月10日九届人大一次会议第三次全体会议表决通过关于国务院机构改革方案的决定，由地质矿产部、国家土地管理局、国家海洋局和国家测绘局共同组建国土资源部。

地管理部门统一掌握。县土地管理部门可根据用地定额,将农村个人建房用地指标换算为农村个人建房的户数指标,分解下达到乡、村。各级土地管理部门负责具体执行用地计划,并接受同级计划部门和上级土地管理部门的指导和监督。各级计划部门应做好用地计划执行过程中综合协调和检查、监督工作。

  目前建设用地计划制度存在着一些问题,例如土地利用计划管理工作离法制化、程序化、规范化管理尚有一定距离;土地利用计划方法和编制指标已难以适应新形势的要求,批地方式流于形式,不尽合理;地方政府往往"重计划轻规划",导致年度计划的实施脱离规划的约束;建设用地指标的分配和使用不合理;土地利用计划的执行、检查、监督及动态巡查不力等问题。因此有很多学者认为,建设用地计划制度产生了很多问题,既束缚了经济发展,也未能保住耕地,因此应当予以取消,实行以土地利用总体规划对建设用地配置进行宏观调控,并引入市场机制作为适度调节的配置手段将有利于建设用地配置效率的改进。当然也有学者认为,应当保留建设用地计划制度,但要对建设用地计划制度进行改革。两种观点都各有其合理之处,但从国内外的制度比较以及我国实际情况来看,建设用地计划制度已经不再适应社会经济发展之需要,我们应当重视土地利用规划制度,摒弃带有计划经济色彩的土地利用计划制度。而且从依法治国角度来说,行政计划就突出地体现了行政主体及其行政权的特征,这种权力需要对其进行规制。

  2. 建设项目用地预审制度

  《土地管理法》第52条规定,建设项目可行性研究论证时,土地行政主管部门可以根据土地利用总体规划、土地利用年度计划和建设用地标准,对建设用地有关事项进行审查,并提出意见。这是关于建设项目用地预审制度的原则性规定。所谓建设项目用地预审是指国土资源管理部门在建设项目审批、核准、备案阶段,依法对建设项目涉及的土地利用事项进行的审查。① 关于建设项目用地预审制度,《建设项目用地预审管理办法》做了详细的规定:提出预审主要分为三类:①需审批的建设项目在可行性研究阶段,由建设用地单位提出预审申请;②需核准的建设项目在项目申请报告核准前,由建设单位提出用地预审申请;③需备案的建设项目在办理备案手续后,由建设单位提出用地预审申请。建设项目用地实行分级预审。需人民政府或有批准权的人民政府发展和改革等部门审批的建设项目,由该人民政府的国土资源管理部门预审。需核准和备案的建设项目,由与核准、备案机关同级的国土资源管理部门预审。国土资源管理部门应当自受理预审申请或者收到转报材料之日起20日内,完成审查工作,并出具预审

---

① 《建设项目用地预审管理办法》。

第四章 我国建设用地使用权法律制度创新研究

意见。建设项目用地预审文件有效期为两年，自批准之日起计算。已经预审的项目，如需对土地用途、建设项目选址等进行重大调整的，应当重新申请预审。未经预审或者预审未通过的，不得批复可行性研究报告、核准项目申请报告；不得批准农用地转用、土地征收，不得办理供地手续。预审审查的相关内容在建设用地报批时，未发生重大变化的，不再重复审查。

关于建设项目用地预审制度的最大争议问题就是其性质是否是一项行政许可。因为《行政许可法》颁布实施后，各地对行政许可事项进行了清理，其中很多地方将建设项目用地预审作为行政许可事项。有人认为建设项目用地预审不是行政许可，基于以下几个理由：一是从法律定义来看"预审"不符合行政许可的法律定义范围；二是从预审审查的内容来看，预审不应作为行政许可行为；三是从行政许可事项法定原则来看，预审不是行政许可事项。他还认为"预审"目前不应作为行政许可事项，但这并不排除"预审"将来作为行政许可事项，因为目前土地已成为我国经济宏观调控的重要手段之一，"预审"在其中发挥着重要作用，根据《行政许可法》的规定，涉及经济宏观调控的可以设定行政许可，如管理需要"预审"可以设定为行政许可，但必须上升为法律或者法规依法予以设立。① 而也有人认为，从内涵与定义的比对及用地预审申请形式看；其符合行政许可事项的范畴，从预审受理形式、审查程序和内容看，具有行政许可事项的实质性特点；从行政许可事项设定的原则看，建设项目用地预审符合相关规定。而且将建设项目用地预审作为行政许可事项是现实的需要。②

行政许可是指法律规范一般禁止的情况下，行政主体根据行政相对人的申请，经依法审查，通过颁发许可证或者执照等形式，依法作出准予或者不准予特定的行政相对人从事特定活动的行政行为。③ 行政许可的事项一般是国家所禁止的活动，而行政许可引起的法律后果是行政相对人可以从事特定的行为，对于相对人来说行政许可是一种授益性的行政行为。根据《建设项目用地预审管理办法》的规定，国土资源管理部门对预审申请和收到转报材料进行审查工作，并出具预审意见，要包括对《建设项目用地预审管理办法》第 11 条规定内容的结论性意见和对建设用地单位的具体要求。这个预审意见的作用在于它是有关部门审批项目可行性研究报告、核准项目申请报告的必备文件。未经预审或者预审未通过的，不得批复可行性研究报告、核准项目申请报告；不得批准农用地转用、土地征收，不得办理供地手续。由此可以看出，建设项目用地预审是对建设项目可行性

---

① 参见陈矫健：《建设项目用地预审是行政许可吗》，《浙江国土资源》2009 年第 5 期。
② 参见刘扬、李琪、付博：《项目用地预审应列为行政许可》，《中国土地》2010 年第 7 期。
③ 姜明安主编：《行政法与行政诉讼法》（第三版），高等教育出版社、北京大学出版社 2007 年版，第 258 页。

研究论证批准时进行的一项活动,它最终将会对建设项目及其用地是否被批准产生一定的影响,它所产生的结果并没有授予相对人特定的利益,而只是附随于建设项目和建设用地审批的一个活动,因此很难说它是一项行政许可。

3. 建设用地审批制度

《土地管理法》第53条规定,经批准的建设项目需要使用国有建设用地的,建设单位应当持法律、行政法规规定的有关文件,向有批准权的县级以上人民政府土地行政主管部门提出建设用地申请,经土地行政主管部门审查,报本级人民政府批准。《土地管理法》、《土地管理法实施条例》以及《建设用地审查报批管理办法》等法律法规对具体建设项目占用建设用地的审批做了详细规定:

(1) 具体建设项目需要占用土地利用总体规划确定的城市建设用地范围内的国有建设用地的,按照下列规定办理:①建设项目可行性研究论证时,由土地行政主管部门对建设项目用地有关事项进行审查,提出建设项目用地预审报告;可行性研究报告报批时,必须附具土地行政主管部门出具的建设项目用地预审报告。②建设单位持建设项目的有关批准文件,向市、县人民政府土地行政主管部门提出建设用地申请,由市、县人民政府土地行政主管部门审查,拟订供地方案,报市、县人民政府批准;需要上级人民政府批准的,应当报上级人民政府批准。③供地方案经批准后,由市、县人民政府向建设单位颁发建设用地批准书。有偿使用国有土地的,由市、县人民政府土地行政主管部门与土地使用者签订国有土地有偿使用合同;划拨使用国有土地的,由市、县人民政府土地行政主管部门向土地使用者核发国有土地划拨决定书。④土地使用者应当依法申请土地登记。

(2) 具体建设项目需要使用土地的,必须依法申请使用土地利用总体规划确定的城市建设用地范围内的国有建设用地。能源、交通、水利、矿山、军事设施等建设项目确需使用土地利用总体规划确定的城市建设用地范围外的土地,涉及农用地的,按照下列规定办理:①建设项目可行性研究论证时,由土地行政主管部门对建设项目用地有关事项进行审查,提出建设项目用地预审报告;可行性研究报告报批时,必须附具土地行政主管部门出具的建设项目用地预审报告。②建设单位持建设项目的有关批准文件,向市、县人民政府土地行政主管部门提出建设用地申请,由市、县人民政府土地行政主管部门审查,拟订农用地转用方案、补充耕地方案、征用土地方案和供地方案(涉及国有农用地的,不拟订征用土地方案),经市、县人民政府审核同意后,逐级上报有批准权的人民政府批准;其中,补充耕地方案由批准农用地转用方案的人民政府在批准农用地转用方案时一并批准;供地方案由批准征用土地的人民政府在批准征用土地方案时一并批准(涉及国有农用地的,供地方案由批准农用地转用的人民政府在批准农用地转用方案时一并批准)。③农用地转用方案、补充耕地方案、征用土地方案和供地方案经批准后,由市、县人民政府组织实施,向建设单位颁发建设用地批准书。有偿使用国有土地的,由市、县人民政府土地行政主管部门与土地使用者签订国有土地有偿使用合同;划拨使用国有土地的,由市、县人民政府土地行政主管部门向土地使用者核发国有土地划拨决定书。④土地使用者应当依法申请土地登记。

(3)集体建设用地审批。农民建住宅、农民集体经济组织兴办或与其他单位、个人共同兴办企业需用建设用地的审批具体程序为:农民建住宅,经乡(镇)人民政府审核,由县人民政府批准;农民集体经济组织兴办企业或以土地使用权作价入股等形式共同兴办企业,应当持有关批准文件,向县级人民政府土地行政主管部门提出申请,由县级以上地方政府批准,各级地方政府的批准权限由省、自治区、直辖市规定。乡(镇)村公共设施、公共事业用地的审批程序为经乡(镇)人民政府审核,向县级以上地方政府土地行政主管部门提出申请,按照省、自治区、直辖市规定的批准权限,由县级以上地方人民政府批准。除此之外,还有占用国有荒山、荒地、荒滩从事农业开发的建设项目的用地审批,临时使用土地的用地审批,因紧急情况而征用土地的用地审批等。

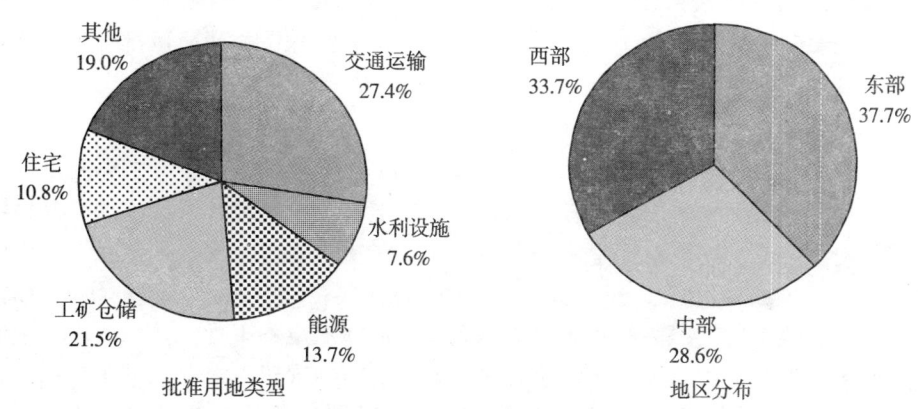

图 4-2　2009 年批准用地类型和地区分布

资料来源:中华人民共和国国土资源部网站。

建设用地审批从性质上来说是一种行政审批。所谓行政审批是指行政审批机关(包括有行政审批权的其他组织)根据自然人、法人或者其他组织依法提出的申请,经依法审查,准予其从事特定活动、认可其资格资质、确认特定民事关系或者特定民事权利能力和行为能力的行为。① 由于行政审批带有计划经济的色彩,已经不能适应市场经济的发展,而且国外的经验也告诉我们,适当的政府管制、

---

① 2001 年国务院《关于贯彻行政审批制度改革的五项原则需要把握的几个问题》。

简单有效的审批手续是解放生产力、发展生产力之必需。因此国家通过改革减少原有的审批项目、遏制新的审批项目。《行政许可法》的出台是行政审批改革的重大举措,具有极大的意义。现在各级政府、部门正在依据该法进一步清理整顿各种法律、法规、规章所涉及的行政审批制度。有人认为,根据《行政许可法》第12条:有限自然资源开发利用、公共资源配置以及直接关系公共利益的特定行业的市场准入等,需要赋予特定权利的事项可以设定行政许可的规定,建设用地审批是一种行政许可。笔者认为,建设用地审批所涉及的内容较为复杂,其中不仅仅有作为经营性的建设项目用地,还有公益性的建设项目用地等,另外建设用地供应政策作为一种国家宏观调控经济的手段,对于社会经济的发展具有非常重要的意义,因此如果简单地将建设用地审批定性为行政许可并不一定十分妥帖,对于经营性的建设项目用地可以适用行政许可制度,而对于公益性建设用地、紧急性征用土地等,还需要政府从政策考量上作出安排。另外通过以上建设用地审批制度可以看出我国的建设用地审批类型和程序非常复杂,审查责任不明,造成效率较低、差错较多等问题。因此,我们需要认真审视我国的建设用地审批制度,有人提出应当按照依法、高效以及权责一致的原则,要对审批制度加以改进,例如要明确审查内容、规范审批材料、优化审批程序、精简审批环节、严格审查责任等。①

4. 用途管制与用途转用审批制度

《土地管理法》第4条规定,国家实行土地用途管制制度。国家编制土地利用总体规划,规定土地用途,将土地分为农用地、建设用地和未利用地。严格限制农用地转为建设用地,控制建设用地总量,对耕地实行特殊保护。所谓土地用途管制是指国家为保证土地资源的合理利用以及经济、社会与环境的协调发展,通过划分土地类型,严格控制农用地转为建设用地总量和审批,同时确定土地使用限制条件,使土地使用者严格按照国家确定的用途利用土地。实行土地用途管制制度,可以严格控制建设用地总量,促进集约利用,提高资源配置效率,有利于建设用地市场的正常化和规范化;可以严格控制农用地流向建设用地,有利于从根本上保护耕地。所以,土地用途管制制度是目前世界上土地管理制度较为完善的国家和地区广泛采用的土地管理制度,自20世纪四五十年代开始,土地用途管制制度日益成为大多数国家规划管理土地的手段。我国土地形势严峻,人多地少,随着社会经济的发展,人们对土地的需求量越来越大,土地资源变得越来越稀缺,怎样调整我国土地利用结构,是我国面临的重大而现实的挑战。通过总结我国土地管理的实践,并借鉴其他国家土地管理的成功经验,我国1998年修

---

① 参见姜建明:《改革完善建设用地审批制度》,《浙江国土资源》2008年第12期。

第四章 我国建设用地使用权法律制度创新研究

改《土地管理法》时改变了以往的分级限额审批制度，代之以土地用途管制制度，从而实现了土地管理方式的根本转变。

虽然应当坚持土地用途管制制度，但是由于自然、经济等因素的影响，土地用途还是可能会发生表更。然而这种用途变更并非没有限制，根据法律规定应当办理审批手续。农用地转用限制是 1998 年修订的《土地管理法》中增设的内容，也是市场经济国家控制建设用地增长、保护农用地尤其是耕地普遍采用的手段。《土地管理法》第 44 条规定，建设占用土地，涉及农用地转为建设用地的，应当办理农用地转用审批手续。所谓农用地转用，简单来说是指将现有的农用地按照土地利用总体规划和国家规定的批准权限报批后转变为建设用地的行为。从我国的实践看，根据农用地转用的原因，农用地转用主要包括两种情况：一是集体农用地征用导致农用地转用，二是农村集体将农用地用于非农建设导致农用地转用。

我国农用地转用的审批权限是：

（1）省、自治区、直辖市人民政府批准的道路、管线工程和大型基础设施建设项目、国务院批准的建设项目占用土地，涉及农用地转为建设用地的，由国务院批准。

（2）在土地利用总体规划确定的城市和村庄、集镇建设用地规模范围内，为实施该规划而将农用地转为建设用地的，按土地利用年度计划分批次由原批准土地利用总体规划的机关批准。在已批准的农用地转用范围内，具体建设项目用地可以由市、县人民政府批准。

（3）除此之外的建设项目占用土地，涉及农用地转为建设用地的，由省、自治区、直辖市人民政府批准。目前关于土地用途变更审批制度有一种倾向就是将其纳入到行政许可的范畴加以调整，也就是说国家实行土地用途转用许可制度。建设占用土地，涉及农用地或者未利用地转为建设用地的，应当办理土地用途转用许可手续。①

从比较法来看，农用地转用审批基本上都是通过行政许可实行的，不过各国的名称不同，有的称为"土地规划许可"，有的称为"建筑用地许可"。笔者认为，农用地转用审批作为土地政策的组成部分受国家调控方向的不同而发挥着不同作用，例如 2004 年 4 月，国务院曾作出了暂停农用地转用审批半年的决定，农用地转用在我国已经上升为国家调控手段之一，这是不同于其他任何国家的，因此我们在对待农用地转用审批的态度上要更多地考虑政府调控经济的方向和变化。行政许可目前是现代国家宏观调控的重要形式，它可以使国家处于超然的地位，同时还能发挥被管理者的主观能动性，被认为是一种刚柔相济、行之有效的

---

① 参见《土地管理法》（修改草案征求意见稿）。

行政权行使方式。① 建立农用地转用许可制度则符合现代法治国家的发展趋向，如果实行农用地转用许可制度则要受到《行政许可法》的约束，例如信息公开制度、许可时限制度等，这些行政许可制度将会对农用地转用许可产生诸多限制，从某种程度上来说也可以达到对农用地转用的限制和约束，殊值肯定。

《土地管理法》第56条规定，建设单位使用国有土地的，应当按照土地使用权出让等有偿使用合同的约定或者土地使用权划拨批准文件的规定使用土地；确需改变该幅土地建设用途的，应当经有关人民政府土地行政主管部门同意，报原批准用地的人民政府批准。其中，在城市规划区内改变土地用途的，在报批前，应当先经有关城市规划行政主管部门同意。这是关于建设用地转用审批的规定，因为这里建设单位使用的就是建设用地，变更为其他用途将不会对农用地产生较大影响。但是也要看到建设用地是划分为不同类型的，例如住宅建设用地、公共管理与公共服务用地、工矿仓储用地等，这些建设用地归属于不同用途，如果要实现转用变更，也会对社会经济和自然环境产生一定的影响，所以仍然需要对其加以限制。特别是在当前房地产市场高涨的时候，如果政府不对其他用途的建设用地变更为住宅建设用地的行为加以限制，势必会造成对当前经济的冲击。

第四节 建设用地使用权的消灭

建设用地使用权可能会因为某些原因消灭，这些原因既可能是法律规定的原因，也可能是当事人事先约定的原因，但无论什么原因，建设用地使用权人都会失去利用该土地的权利。

一、建设用地使用权消灭的原因

根据建设用地使用权的设立方式不同，其消灭的原因也不同。

1. 出让建设用地使用权的消灭原因

（1）建设用地使用权期限届满。根据法律规定，以出让方式设立的建设用地使用权属于一种有期限的物权，如果期限届满未续期或者申请续期未能获得批准，则建设用地使用权归于消灭。关于建设用地使用权期限届满存在以下几个问题：

第一，建设用地使用权的期限的设定问题。关于建设用地使用权的期限，我

---

① 姜明安主编：《行政法与行政诉讼法》（第3版），高等教育出版社、北京大学出版社2007年版，第264页。

国《城镇国有土地使用权出让和转让暂行条例》第 12 条作出了规定,土地使用权出让最高年限按下列用途确定:①居住用地 70 年;②工业用地 50 年;③教育、科技、文化、卫生、体育用地 50 年;④商业、旅游、娱乐用地 40 年;⑤综合或者其他用地 50 年。可见,我国对于建设用地使用权的期限是做了最高限的设计,有的学者提出这是综合考虑我国建筑物使用寿命而作出的规定。但也有学者提出该土地使用权年限短于建筑物使用年限,不利于保护建筑物所有人的合法权益。①考察现实中建筑物的寿命,我们可以看到这样一个现象:中国的现代建筑,在不断的旧城改造、危房改造中,鲜有存续超过 50 年的。因此对于我国目前存在的大量建筑而言,这个年限似乎是足以满足房屋存续的要求。但是,我们也应该看到,建筑物的长期存续是可能的,不能因为中国目前暂时的现状而规定一个较短的年限;而且,规定一个较短的建设用地使用权期限,不利于引导鼓励建筑物的质量的提高;另外,土地使用权年限短,意味着土地投资者的回收期短,这样,一方面势必对土地使用权出让价格和建筑物的市场交易价格产生消极影响,另一方面难免抑制用地人的投资积极性,同时鼓励他们的短期行为。②这样就会导致在临近建设用地使用权期限时,用地人往往会怠于对于建筑物的维修利用,不利于物尽其用。还有学者提出,建设用地使用权期限的确定大抵应结合房屋的结构和耐用年限,以使两者相互契合为宜,但房屋与房屋之间差异较大,最好由当事人自己去协商。只要出让金制度设计合理,就没有必要规定建设用地使用权的最高年限,也不会发生国有土地资产收益流失的现象。相反,为了防止当事人约定很短的使用年限,危及与土地使用人进行交易的第三人的利益,维护建设用地使用权作为一种物权本应具有的稳定性,规定一个最低年限是妥适的。在比较法上我们看到,国外地上权立法一般只规定最短期间,最长期间可以由当事人约定,如《日本借地借家法》规定,借地权存续期间为 30 年,但契约约定超过 30 年者,从其约定。③笔者认为这种观点值得借鉴。

第二,建设用地使用权期限届满续期问题。我国《物权法》第 149 条第 1 款规定了住宅建设用地使用权期限届满,自动续期。这样,对于住宅建设用地,在该住宅的存续期间,住宅所有人可以长期保存其建设和用地使用权。而对于非住宅建设用地期间届满后的续期,《物权法》规定依照法律规定办理。这里的法律规定就是,《城市房地产管理法》第 22 条:"土地使用权出让合同约定的使用年限届

---

① 参见赵红梅《房地产法论》,中国政法大学出版社,第 97-98 页;楼建波:《房地产开发与交易中若干问题的法律探讨》,载魏振瀛、王贵国主编:《市场经济与法律》,北京大学出版社 1995 年版,第 146-150 页。
② 王卫国:《中国土地权利研究》,中国政法大学出版社 1997 年版,第 146-147 页。
③ 高圣平:《土地管理法修改专题之二:建设用地使用权设立规则研究——兼及〈土地管理法〉与〈房地产管理法〉之间调整范围的区分》,《中国土地》2009 年第 11 期。

满，土地使用者需要继续使用土地的，应当最迟于届满前一年申请续期，除根据社会公共利益需要收回该幅土地的，应当予以批准。经批准准予续期的，应当重新签订土地使用权出让合同，依照规定支付土地使用权出让金。"也就是说，除非公共利益需要，非住宅用地的使用权人若申请续期，一般都会得到批准。这在一定程度上缓和了建筑物等的无期限的所有权与有期限的建设用地使用权之间的矛盾。我们看到，对于期限届满续期问题，法律区分了住宅和非住宅建设用地。之所以如此规定是因为：①房屋是每个公民的基本财产，对于绝大多数公民来说，终身的积蓄就是其居住的房屋，保护公民的房屋所有权就是保护公民的基本财产权，在平等保护原则之下，尊重、强化对公民财产权的保护，是"民生至上"最重要的体现；②公民的房屋是公民的安身立命之本，保护公民的房屋所有权也是保护公民的居住权和基本人权；③现代社会，房屋所有权大多采用建筑物区分所有权的方式，小区内部的住户众多，难以都到政府部门办理延长手续；④而非住宅都是工业或者商业用地，不关涉居住利益和基本人权；⑤非住宅用地在设定上往往具有特定的目的，而且，往往仅在特定的期限内使用建设用地，超过了该期限，就没有使用该土地的需要了。①

第三，建设用地使用权期满续期缴费问题。法律之所以要对住宅和非住宅建设用地进行区分是有意义的。因为这可能涉及缴费问题，非住宅用地到期后，需要支付土地使用权出让金，而住宅用地是否需要交纳，我国的法律目前没有做出规定。这一问题在《物权法》立法之时是有过争论的，一种观点认为，因为住宅建设用地使用权的出让金是和使用期限联系在一起的，续期者自然应当支付费用。如果不支付续期费用，对因为期限长而支付了较高房价的买主不公平。另一种观点认为，自动续期不应当支付费用，因为政府已经在建设用地使用权出让时获取了较大的利益，如果续期时再进行收费，则会对广大房屋所有人增加很大的负担，尤其是如果政府规定过高的收费标准，普通公民难以承受这样的经济负担。②因此，最终没有规定可以被看做是立法中故意的遗漏，并非法律漏洞。而期待未来对该问题做出解答。但是，目前已经有如青岛、深圳等部分小区较早开发的地方，③住宅建设用地使用权到期的问题出现了，这个问题是亟待解决的。笔者认为，国不应当与民争利，对于住宅建设用地使用权到期后的续期，可以考虑不再要求支付土地使用权出让金。这样，在非住宅使用权人申请续期时，可以完成重新签订土地使用权出让合同，依照规定支付土地使用权出让金的步骤。

（2）建设用地使用权因为公共利益而提前收回。《物权法》第148条规定，建

---

① 王利明：《物权法研究》（修订版，下卷），中国人民大学出版社2007年版，第169-170页。
② 参见王利明：《物权法研究》（修订版，下卷），中国人民大学出版社，2007年版第171页。
③ 参见徐先友：《青岛住宅土地使用权续期的标本意义》，《中华民居》2009年第4期。

第四章 我国建设用地使用权法律制度创新研究

设用地使用权期间届满前,因公共利益需要提前收回该土地的,应当依照本法第42条的规定,对该土地上的房屋及其他不动产给予补偿,并退还相应的出让金。关于因公共利益提前收回建设用地使用权存在以下几个问题:

第一,关于这种行为的性质的理解。目前主要有三种学说:一是征收说,此种观点认为,提前收回在性质上是一种征收。征收的对象不是动产、不动产,而是建设用地使用权。二是解除合同说,此种观点认为提前收回只是要解除建设用地使用权设立合同,涉及地上房屋时,才适用征收的规定。三是建设和用地使用权终止说,因为终止了建设用地使用权,所以就导致要补偿房屋的价值。① 笔者认为,此条规定中对于房屋属于征收行为,而对于建设用地使用权属于一种准征收。所谓征收就是指国家基于公共利益通过行使征收权,在依法支付一定补偿的前提下,将单位或者个人的财产转移给国家所有。一般来说,征收是转移财产所有权的行为。对于建设用地之上的房屋等建筑物,其所有权是属于建设用地使用权人的,若国家根据公共利益需要,可以将房屋征收为国有。但是对于因公共利益而提前收回建设用地使用权的行为的属性,却存在争议。首先,该行为不属于解除合同。因为如果是解除合同的话,便无法解释为何出让土地使用权无论流转到哪个市场主体手里,国家都有权基于公共目的提前收回这一权利,因为合同的债权债务关系只能约束签订合同的双方当事人,而不能约束第三者。② 其次,该行为不是标准的征收行为,虽然该行为符合征收的大部分特征,但是与征收的区别却也存在,即征收是对所有权的征收,而建设用地使用权是用益物权,为一种权能不完整的他物权。而且,该行为的主体国家同时是该土地的所有权人,所有权人显然无法征收自己的土地。同时由于该行为确实适用征收有关的实体和程序要求,因此宜称为一种准征收。

第二,关于因公共利益提前收回建设用地使用权的补偿问题。《物权法》第148条规定"退还相应的出让金",同时还要按照第42条规定予以补偿,这应当被认为是对建设用地使用权的补偿规定。同时,《土地管理法》第58条也规定了对土地使用权人应当给予适当补偿,《城市房地产管理法》第20条亦规定,"在特殊情况下,根据社会公共利益的需要,可以依照法律程序提前收回,并根据土地使用者使用土地的实际年限和开发土地的实际情况给予相应的补偿。"但是2011年刚刚通过的《国有土地上房屋征收与补偿条例》并未涉及建设用地使用权的补偿问题,只是规定"房屋被依法征收的,国有土地使用权同时收回"。不论是征收房屋还是提前收回建设用地,国家的最终目的还是为了土地。在房屋征收补偿中如果不对建设用地使用权进行补偿,显然是没有根据的。这是《国有土地

---

① 参见王利明著:《物权法研究》(修订版,下卷),中国人民大学出版社2007年版,第179页。
② 吴芳:《出让土地使用权提前收回法律研究》,西南政法大学2008年硕士学位论文,第11页。

上房屋征收与补偿条例》的疏漏之处。

(3) 建设用地使用权因为土地闲置超过两年而被收回。《城市房地产管理法》第26条规定,"以出让方式取得土地使用权进行房地产开发的,必须按照土地使用权出让合同约定的土地用途、动工开发期限开发土地。超过出让合同约定的动工开发日期满一年未动工开发的,可以征收相当于土地使用权出让金20%以下的土地闲置费;满二年未动工开发的,可以无偿收回土地使用权;但是,因不可抗力或者政府、政府有关部门的行为或者动工开发必需的前期工作造成动工开发迟延的除外"。

对于该行为性质的界定又有两种学说:一种是行政处罚说,另一种是违约说。笔者认为,该行为应当属于行政处罚,理由如下:

第一,这种提前收回的规定,是基于土地是稀缺资源,保护土地,促进社会经济发展的目的,与国家作为民事主体设定建设用地使用权的定位不同,因为建设用地使用权人一旦缴纳了出让金,怠于开发该建设用地并不会减损所有人的权益。

第二,此为法律的强制性规定,即使建设用地使用权出让合同中没有对该事项的约定,土地闲置超过两年,国家也可以无偿收回土地。

第三,《城镇国有土地使用权出让和转让暂行条例》第17条规定:"土地使用者应当按照土地使用权出让合同的规定和城市规划的要求,开发、利用、经营土地。未按合同规定的期限和条件开发、利用土地的,市、县人民政府土地管理部门应当予以纠正,并根据情节可以给予警告、罚款直至无偿收回土地使用权的处罚。"可见,闲置土地的行为会导致警告、罚款等行政处罚行为,无偿收回土地亦应当被认为是同一性质的,即行政处罚行为。

第四,原国家土地管理局《关于认定收回土地使用权行政决定法律性质的意见》规定,收回土地使用权是人民政府及其土地管理部门一项重要的行政行为,主要采取行政处理决定和行政处罚决定两种方式进行。①

第五,按照行政处罚行为对待,可以适用有关行政处罚的程序性规定,如听证,有利于保障建设用地使用权人的程序性权利。

(4) 建设用地使用权因为土地的灭失而消灭。如果建设用地因为自然灾害等原因而发生灭失,如地震、泥石流、塌方、洪水、海啸等导致土地不再存在或无法使用,设立于该土地之上的建设用地使用权也应当消灭。

(5) 建设用地使用权因抛弃而消灭。建设用地使用权系建设用地使用权人的一项财产权利,既然为权利,其有权抛弃。"建设用地使用权的抛弃,性质上属

---

① 刘绍先、张传毅:《收回国有土地使用权法律适用若干疑难问题探析》,《山东审判》2010年第1期。

第四章 我国建设用地使用权法律制度创新研究

于有相对人的单独行为，故应向土地所有人以意思表示为之。我国对建设用地使用权采登记要件主义，该抛弃非经登记，不生抛弃的效力。"①

（6）建设用地使用权因混同而消灭。土地所有人因某种原因取得该土地上的建设用地使用权，则用益物权因与所有权混同而消灭。但是，如果涉及第三人利益，如该项建设用地使用权上设有他人的抵押权，这不因混同而消灭。

2. 划拨土地建设用地使用权的消灭原因

由于划拨的建设用地使用权是没有期限的，因此《物权法》第148条关于建设用地使用权的提前收回，第149条的建设用地使用权续期规定都不适用于此。其所应适用的是《城镇国有土地使用权出让和转让暂行条例》第47条的规定，"无偿取得划拨土地使用权的土地使用者，因迁移、解散、撤销、破产或者其他原因而停止使用土地的，市、县人民政府应当无偿收回其划拨土地使用权，并可依照本条例的规定予以出让。对划拨土地使用权，市、县人民政府根据城市建设发展需要和城市规划的要求，可以无偿收回，并可依照本条例的规定予以出让"。也就是说，划拨土地的建设用地使用权消灭的原因为以下两种：

（1）因迁移、解散、撤销、破产或者其他原因而停止使用土地的。

（2）市、县人民政府根据城市建设发展需要和城市规划的要求。

由于划拨设立建设用地使用权是无偿的，因而其收回相对于以出让方式设立的建设用地使用权的限制条件要少。

二、建设用地使用权消灭的法律效果

1. 土地上房屋及其他不动产的归属

《物权法》第149条规定："该土地上的房屋及其他不动产的归属，有约定的，按照约定；没有约定的或者约定不明确的，依照法律、行政法规的规定办理。"即在没有约定的情况下，按照法律、行政法规的规定办理。目前与此有关的是《城镇国有土地使用权出让和转让暂行条例》，该《条例》第40条规定"土地使用权期满，土地使用权及其地上建筑物、其他附着物所有权由国家无偿取得"。也就是说，当建设用地使用权期限届满，国家取回建设用地使用权的同时无偿取得其上的建筑物及其他附着物。支持这一规定的学者认为：

（1）国家土地管理部门将建设用地使用权出让给土地使用者时，确定的土地出让金或者地价款本身就建立在一定的出让年限和期限届满后无偿取得地上物的基础上，也就是说，土地使用者支付的地价中已考虑了届满无偿交给地上物这一因素。如果国家再给予补偿，就违反了民法的等价有偿原则。

---

① 江平主编：《中国物权法教程》，知识产权出版社2007年版，第348页。

（2）依法收回建设用地使用权时，除非土地所有人在特殊情况下，确实需要继续利用建筑物、构筑物及其附属设施，建设用地使用权人应当拆除其地上建筑物、构筑物及其附属设施，这既是权利也是其恢复土地原状的义务。①

也有人认为这是不合理的，理由如下：

（1）在建设用地使用权期限届满前，其地上建筑物等的所有权属于建设用地使用权人，期限届满后，根据房地一体主义，国家在取回建设用地使用权的同时也取得建筑物等的所有权，但是并不代表这种取得是没有对价的，否则就违反了民法的等价有偿以及公平原则。

（2）与我国的涉外经济立法等不相协调。我国有关外商投资的立法，均无政府无偿取得外国投资者资产的规定。相反，我国的《外资企业法》第5条明确规定："国家对外资企业不实行国有化和征收，在特殊情况下，根据社会公共利益的需要，对外资企业可以按照法律程序实行征收，并给予相应补偿"。当地上建筑物由外国投资者所有时，按照法律的效力等级，应适用《外资企业法》，不实行国有化和征收，即国家不能无偿取得建筑物所有权，在这种情况下，国家就不得不"内外有别"了。

（3）另外，该《条例》第47条规定，"无偿收回划拨土地使用权时，对其地上建筑物、其他附着物，市、县人民政府应当根据实际情况给予适当补偿"。国家在无偿使用的划拨土地收回时，对其上的建筑物等给予补偿，对于有偿使用的出让土地收回时，对其上的建筑物等反而不给予补偿，这样的规定考量似乎有些失衡。

（4）同时，若对于建筑物等的原所有人不给予任何补偿，随着建设用地使用权期限的临近，所有人难免懈怠于对该建筑物等的维修保护，不利于公共安全，也不利于物尽其用。

（5）而且会助长短期投资行为，如"炒地皮"、"炒楼花"等投机行为，这些行为可能导致房价上涨，扰乱房地产市场秩序，产生泡沫经济，影响经济稳定。②

关于这个问题，其他国家规定不一。日本《借地借房法》第13条规定：借地权存续期间届满而未更新契约时，借地权人可以请求借地人以时价收买建筑物及借地权人依权原附设于土地的其他物。瑞士《民法典》第779条规定：建筑权消灭时，建筑物因成为土地的组成部分而归于土地所有人；土地所有人因建筑物归于自己，应向原建筑权人支付相当的赔偿金。我国台湾地区"民法典"第840条规定：地上权人之工作物为建筑物者，如地上权因存续期间届满而消失，土地所有人，应按建筑物之时价为补偿。但契约另有订定者，从其订定。土地所有人，于地上权存续期间届满前，得请求地上权人，于建筑物可得使用之期限内，

---

① 参见王利明：《物权法研究》（修订版，下卷），中国人民大学出版社2007年第2版，第178页。
② 刘庆：《论国有土地使用权与建筑物所有权的关系》，安徽大学2007年硕士学位论文。

延长地上权之期限。地上权人拒绝延长者，不得请求前项之补偿。

笔者认为，在建设用地使用权期限届满后，国家取得该建设用地之上的建筑物等的所有权时是否要给原所有权人补偿是一个价值判断问题。该问题涉及建设用地使用权人与土地所有人二者的利益冲突与衡量的问题。在这里，国家是作为土地所有人，即民事主体与平等的民事主体建筑物等的原所有人的利益发生的冲突。笔者认为国家不应该无对价地取得土地上建筑物等的所有权，无论是从物尽其用还是等价有偿原则的角度出发，都应该给予对方补偿，否则就构成不当得利。而且，由于房屋的价值相对较小、使用长久价值也会减损，并不会给国家造成过大的负担。因此，建议以后修改为国家给予适当补偿。

2. 建设用地使用权上设定的抵押的效力

抵押权设立在抵押物之上，在建设用地使用权之上设定的抵押，其抵押标的为建设用地使用权，这种建设用地使用权消灭后，抵押标的不复存在，抵押权对于该块土地应该也相应地消灭了。只是若国家在收回时对该建设用地使用权给予补偿，根据代位性，可以就该补偿优先受偿。

同时，原国家土地管理局于1993年1月20日答复上海市土地管理局公函的解释是：抵押权附属于土地使用权，作为主权利的土地使用权，因行政机关依照《城镇国有土地使用权出让和转让暂行条例》第17条规定，作出收回土地使用权的处罚而消灭时，在该土地使用权上设定的抵押权随之消灭。[①]

3. 办理注销登记手续、收回建设用地使用权证

《物权法》第150条规定，建设用地使用权消灭的，出让人应当及时办理注销登记。登记机构应当收回建设用地使用权证书。所谓注销登记，是指因土地权利的消灭等而进行的登记。建设用地使用权采取的是登记要件主义，登记作为一种公示会使第三人信赖这种权利的存在而与权利人进行交易，如果建设用地使用权不复存在，那么这种权利外观也应当消灭，否则会给市场交易安全造成损害。

根据《土地登记办法》的规定，注销登记又分为直接注销登记和申请注销登记。依法收回的国有土地，土地登记机构可直接办理注销登记。因自然灾害等原因造成土地权利消灭的，原土地权利人应当持原土地权利证书及相关证明材料，申请注销登记。非住宅国有建设用地使用权期限届满，国有建设用地使用权人未申请续期或者申请续期未获批准的，当事人应当在期限届满前15日内，持原土地权利证书，申请注销登记。当事人未按照规定申请注销登记的，国土资源行政主管部门应当责令当事人限期办理；逾期不办理的，进行注销公告，公告期满后可直接办理注销登记。

[①] 蒋序刚：《无偿收回土地使用权的成立条件——城镇国有土地使用权出让和转让暂行条例第十七条解析》，《中国土地》2005年第2期。

第五章 我国农村宅基地使用权法律制度创新研究

第一节 我国宅基地使用权的历史发展与现行法概观

宅基地使用权是我国非常特殊的一项土地用益物权,这种特殊性主要是由于我国特殊的历史国情和土地制度政策所造成的。所以在研究农村宅基地使用权这一问题之前,有必要对宅基地使用权的产生发展历史作出梳理,同时概观一下我国现行法关于宅基地使用权的规定。

一、我国宅基地使用权制度的历史发展

总体上来说,新中国成立以后,在宅基地问题上经历了从宅基地所有权到宅基地使用权的发展历程。[①] 当然这一过程是十分漫长而复杂的,甚至有些模糊。

1. 私人所有宅基地

新中国成立后,中国农村开展了以废除封建土地制度为主的土地改革运动,以实现"耕者有其田"。这一运动实际上是继承了新中国成立以前在解放区进行的土地改革运动,只不过这次土地改革是在全国范围内开展的。此次土地改革主要是以1950年6月颁布的《土地改革法》为法律依据,该法明确规定:废除地主阶级封建剥削的土地所有制,实行农民的土地所有制。所有没收和征收得来的土地,统一地、公平合理地分配给无地少地的贫苦农民所有。土地改革完成后,由人民政府发给土地所有证,并承认一切土地所有者有自由经营、买卖及出租其土地的权利。经过此次土地改革运动,农民基本上分到了自己的土地和生产材料,这里的土地就包括耕地和宅基地,大部分地区的农民领取了政府颁布的《中华人

---

① 房绍坤:《物权法·用益物权编》,中国人民大学出版社2007年版,第223页。

民共和国房地权证书》。也就是说这一时期,农民对于其房屋之下的宅基地拥有完全的所有权,可以自由处分。这一规定也得到《宪法》的支持,1954年我国制定第一部《宪法》时,就明确规定:"国家依照法律保护农民的土地所有权(第8条),并且国家保护公民的合法收入、储蓄、房屋和各种生活资料的所有权(第11条)。"

2. 私有宅基地公有制改造

新中国成立后实行的土地改革,使农民拥有了私人土地,但是土地私有则导致了农村中土地的集中。当时农村中出现了土地兼并、贫富差距拉大的现象,这与新中国成立后确立的社会主义制度并不相符合,所以引起了一些国家领导人的注意,并开始实行土地公有制,在农村推行农业合作社和人民公社化运动,在此过程中农民的私人土地逐步被公有化,变为集体所有,其宅基地当然也最终被集体化。经过公有制改造,农民不再享有宅基地的所有权,而只拥有宅基地的使用权。

(1) 农业合作社。合作化的重点是建立农村土地集体所有制关系。虽然这个时期生产用地的农民所有制正在向集体所有制发生转变,但农民宅基地和房屋的私人产权属性并未改变。1956年3月,全国人民代表大会常务委员会通过了《农业生产合作社示范章程》。该章程第3条第2款规定:"初级阶段的合作社属于半社会主义的性质。在这个阶段,合作社已经有一部分公有的生产资料;对于社员交来统一使用的土地和别的生产资料,在一定的期间还保留社员的所有权,并且给社员以适当报酬。"1956年6月,全国人民代表大会通过了《高级农业生产合作社示范章程》,该章程第三章"土地和其它主要生产资料"规定:入社的农民必须把私有的土地和耕畜、大型农具等主要生产资料转为合作社集体所有;社员土地上附属的私有的塘、井等水利建设,随着土地转为合作社集体所有;社员的土地转为合作社集体所有,取消土地报酬。但是社员原有的坟地、房屋地基不入社。并且还规定社员有退社的自由,退社时可以带走土地。

(2) 人民公社化。虽然农村集体所有制的公有化程度有进一步的发展,但是农民宅基地的产权依然未发生改变。在这次大规模的"公有化革命"中,农村集体所有制的公有化程度有了较大幅度的提升。在人民公社初期,已经实行高度集中统一的大集体所有制,取消了农民退社的自由,但农民宅基地的原有产权依然未发生改变。1961年中共中央在《关于人民公社若干问题的决议》中,提出农民住宅是生活资料,永远归农民所有。但是1962年通过了《人民公社工作条例修正草案》,该草案首次规定了生产队范围内的土地,都归生产队所有。生产队所有的土地,包括社员的自留地、自留山、宅基地等,一律不准出租和买卖。但同时承认了社员的房屋,永远归社员所有,社员有买卖或者租赁房屋的权利。1963年《中共中央关于各地对社员宅基地问题做一些补充规定的通知》规定,社员宅基地(包括有建筑物和没有建筑物的空白宅基地)都归生产队集体所有,一律不准出租和买卖,但仍归各户长期使用,长期不变。宅基地上的附着物,如房屋、树木、厂棚、猪圈、厕所等永远归社员所有,社员有买卖或租赁房屋的权利。房屋出卖后,宅基地的使用权即随之转移给新房主,但宅基地的所有权仍归生产队所有。这样,经过公有制改造和人民公社化运动,社员宅基地归属生产队所有,个人不再享有宅基地所有权。社员宅基地不准出租和买卖,社员拥有宅基地的长期使用权。当然这一时期,社员房屋还是允许自由转让的,出卖后宅基地的使用权即随之转移给新房主。

在这之后,国家的相关立法基本都明确规定宅基地集体所有,农民只享有宅基地使用权。例如1975年和1978年宪法基本都确认了人民公社"三级所有、队为基础"的经济体制。1978年12月中国共产党第十一届中央委员会第三次会议通过了《农村人民公社工作条例(试行草案)》,规定:要保护人民公社各级的所有权。公社、大队、生产队所有的土地、山林、草场、滩涂、水面,所有的劳动力、所有的牲畜、农具、农业机械、工业设备、资金、物料和产品,任何单位和个人不得无偿调用或占用。农村土地包括宅基地一律不准出租和买卖。

3. 宅基地集体所有的继续肯定

20世纪80年代,改革开放刚刚开始,经济逐步活跃,各地农村出现了建房热现象,为规范建房秩序,国家出台了一系列政策法规,最有代表性的是1982年2月国务院发布的《村镇建房用地管理条例》、1985年《村镇建设管理暂行规定》和1986年6月公布的《土地管理法》。这些政策法规明确规定,农民一户只能拥有一处宅基地,面积要有限额,占用耕地要报县政府批准。同时,这些政策法规也允许宅基地使用权随房屋买卖而转移。特别是这些政策法规还规定,某些城镇非农业口,如回乡落户的离休、退休、退职职工和军人及回乡定居的华侨,可以按程序申请使用农村宅基地建房,并发放宅基地使用证明。同时这一时期继续肯定宅基地集体所有的规定也被宪法采纳,1982年《宪法》规定:农村和城市郊区的土地,除由法律规定属于国家所有的以外,属于集体所有;宅基地和自留地、自留山,也属于集体所有。在此之后,关于宅基地集体所有的规定几乎被相关立法都予以延续。

随着改革的深化和社会经济的发展,以前土地管理体制下的土地法律制度和政策已难以满足加强土地管理、切实保护耕地的需要。在农村中,出现了大量农地被占用以建造房屋的情况。为了进一步加强对农村建房和农民宅基地的严格管理,20世纪90年代以后,国家出台了一系列的法律法规和规范性文件,1998年修订了《土地管理法》和颁布了《土地管理法实施条例》、1999年《国务院办公厅关于加强土地转让管理严禁炒卖土地的通知》、2004年10月《国务院关于深化改革严格土地管理的决定》、2004年11月国土资源部《关于加强农村宅基地管理的意见》。这些法律和文件在某种程度上遏制了滥占农地的现象,保护了耕地。同时这些法律法规也严格规定，农民住宅不得向城市居民出售，不能为在农村购买房屋的城市居民发放土地证和房产证，严禁城市居民在农村购置宅基地。

4. 宅基地使用权的物权变革与现行法的规定

在宅基地使用权的发展历史上，最有历史意义的当属 2007 年通过的《物权法》。虽然《物权法》关于宅基地使用权的规定比较模糊和抽象，该法第一次将宅基地使用权肯定为一种土地用益物权，不失为宅基地使用权发展史上的历史性飞跃。该法第 152 条规定："宅基地使用权人依法对集体所有的土地享有占有和使用的权利，有权依法利用该土地建造住宅及其附属设施。"但是由于当时立法情况所限，《物权法》没有对宅基地使用权的取得、行使和转让等做出规定，而是适用土地管理法等法律和国家有关规定。

目前，在制定法层面，调整农村宅基地使用权法律制度的框架，目前主要由《宪法》第 10 条、《土地管理法》第 62 条及《物权法》第 152~155 条构筑而成。为了解决实践中的问题，国务院及其有关部委先后出台了《村镇建房用地管理条例》、《确认土地所有权和使用权的若干规定》、《关于加强农村宅基地管理的通知》等几个文件，但因其法律效力层级高，片面性、针对性过强而缺乏普适性的指导。另外，各地也都根据自己当地的实际情况制定了一些有关宅基地的规范性文件，例如《河北省农村宅基地管理办法》、《山东省宅基地管理办法》等。这些地方规范性文件有很大的地域性，造成了各地宅基地规定的差异。

在这些法律文件中，最主要的就是《土地管理法》第 62 条，该条规定："农村村民一户只能拥有一处宅基地，其宅基地的面积不得超过省、自治区、直辖市规定的标准。农村村民建住宅，应当符合乡（镇）土地利用总体规划，并尽量使用原有的宅基地和村内空闲地。农村村民住宅用地，经乡（镇）人民政府审核，由县级人民政府批准；其中，涉及占用农用地的，依照本法第四十四条的规定办理审批手续。农村村民出卖、出租住房后，再申请宅基地的，不予批准。"该条确定了宅基地使用权的主体、申请原则、面积标准、审核批准等规范。可以说，该条虽然短小精悍，却是我国关于宅基地使用权的最重要的规定。

二、对我国宅基地使用权制度历史发展的思考

通过以上对我国宅基地及其使用权制度的历史发展的梳理，我们可以清楚地发现其历史发展的脉络：从宅基地归私人所有，宅基地及宅基地上房屋可自由买卖，到农民只能取得宅基地使用权，房屋可自由买卖，再到宅基地归集体所有，宅基地上房屋的处分受到限制。我们将宅基地制度的历史发展总结为：权利越来越少，限制越来越多；规范很不明确，制度也不健全。

在新中国成立初期，农民所拥有的宅基地是完全的所有权，他可以对自己的宅基地享有自由的处分权。但是随着社会主义改造和农业合作化的推进，特别

第五章　我国农村宅基地使用权法律制度创新研究

是到人民公社时期，不光农民的耕地要入社，其作为生活所用的宅基地也要入社。从此农民彻底地失去了自己的宅基地，然而这场公有制的改造并没有给予农民任何补偿，其在以后的历史发展中也被证明并不能保障农民的基本生活。这种不合时宜的人民公社化运动注定要以失败告终，但是值得注意的是，原先农民入社的耕地、宅基地等自有财产却没有回归到自己的手中，而是仍然归属集体所有，自己只是享有分得土地的使用权。也就是说，农民完全的宅基地所有权变成了宅基地使用权，权利几乎被剥夺殆尽。随着权利的减少，对宅基地使用的限制却越来越多。最突出的表现就是，宅基地及其之上的房屋再也不能实现自由流转。

在上文中我们已经提到，目前我国关于宅基地的法律规定并不是很明确和规范，缺少统一性和权威性。但是与此相对应的是，现实中农村出现了很多关于宅基地的纠纷和矛盾，急需国家立法的出台予以明确。虽然我国的《物权法》将宅基地使用权确定为一种用益权，但是与土地承包经营权和建设用地使用权相比，其规范制度却是不明确的，甚至说是简陋的。

第二节　宅基地使用权——特殊的土地用益物权

宅基地使用权是我国土地用益物权体系中非常特殊的一项物权，虽然它和建设用地使用权一样都是为了建设而存在的土地权利，但是我国却把这一权利独立出来，这在世界范围内来看是独一无二的。笔者认为，宅基地使用权从本质上来说就是建设房屋及其附属设施的"建设用地使用权"。但是包括《物权法》在内的现行法却将之从建设用地使用权中分离出来，单独加以规定，这是一种计划经济时代城乡二元体制的表现。这就导致了城市中的"建设用地使用权"和农村的"宅基地使用权"[1] 相对立，二者在权利取得、存续时间、权利内容等方面都存在本质上的差异，造成了宅基地使用权的特殊性。

---

[1] 在城镇中，新中国成立初期也是实行宅基地私人所有权制度，但是随着城市土地国有化的实施，城镇宅基地所有制度随之消失，城镇居民宅基地使用制度逐步确立。后来城镇居民的宅基地使用权逐步被国有土地使用制度取代，城镇居民也不能占用农民集体土地建造住宅。目前，城镇居民宅基地为数极少，几乎已经不存在。所以本书中如无特别说明，宅基地使用权仅指农村宅基地使用权。当然也有学者建议现行法应当考虑到城镇中存在的历史遗留的城市宅基地，参照建设用地使用权的规定。参见朱岩：《"宅基地使用权" 评释 评〈物权法草案〉第十三章》，《中外法学》2006 年第 1 期。

一、宅基地使用权的用益物权属性的确定

在宅基地使用权制度产生之初，对于其法律属性我国民法学术界争论颇多，主要有以下几种：

1. 地上权说

地上权说是将我国建设用地使用权包括宅基地使用权定位为地上权，认为可以用传统民法的地上权理论来架构我国建设用地使用权体系。① 有学者认为，为建筑及培植林木而使用国家、集体土地的权利符合地上权的法律特征，是地上权，并主张以现行的国有土地使用权、农村土地使用权、宅基地使用权以及国家或集体山岭、荒地、草原、滩涂造林权为基础，创建统一的地上权制度。② 还有学者认为，"地上权，包括我国现行法规定的土地使用权、宅基地使用权"。③

2. 基地使用权说

基地使用权说认为，宅基地使用权属于基地使用权，此种基地使用权还包括国有土地使用权、乡镇企业建设用地使用权等。持这种观点的是梁慧星教授，他认为，应该将我国现行的各种土地使用权形式加以整理，形成完整的用益物权体系。同时他还指出，土地使用权不是一个严谨适当的法律概念，考虑到我国大陆的习惯，可以改称为基地使用权。所谓基地使用权，"是指为在他人所有的土地上建造并所有建筑物或其他附属物而使用他人土地的权利。""基地使用权制度确立后，由于目前的国有土地使用权、乡镇企业建设用地使用权、农村的宅基地使用权，都是把他人土地作为基地来使用，因而都可以归属基地使用权的范围，以便于立法、执法和司法上对同类土地使用权的规制，便于同类土地使用权法律制度的统一协调。"④

3. 人役权说

有少数学者认为，农村宅基地使用权具有生存权属性，在立法目的、属性、权利的构成等方面相较于地上权而言，它更接近于人役权。人役权具有其他物权制度无法代替的社会功能，它是为特定人设定的物权，具有社会保障功能。我国集体经济组织的成员对集体土地的使用权是一种人役权，是为广大农民的生存利益而设定的。⑤ 另有学者认为，应当重构和整合我国的他物权体系，应当规定用益权，其中包括宅基地用益权。⑥

---

① 参见房绍坤：《用益物权三论》，《中国法学》1996年第2期。
② 参见杨立新：《疑难民事纠纷司法对策》，吉林人民出版社1998年版，第1141–1142页。
③ 参见崔建远：《我国物权法应选取的结构原则》，《法制与社会发展》1995年第3期。
④ 参见梁慧星著：《中国物权法研究》（下册），法律出版社1998年版，第647–650页。
⑤ 参见关涛：《大陆法系民法中的人役权》，《法学论坛》2003年第6期。
⑥ 参见王明锁：《论我国他物权体系的整合与重构》，《政法论坛》2005年第2期。

4. 独立的用益物权说

独立的用益物权说认为，宅基地使用权是我国的一种特殊的用益物权，不同于传统物权法上的地上权，不能用地上权替代宅基地使用权。① 因此，正如某些学者所言，在一国的民法制度中，物权制度是公认的本土性最强的法律制度，与一国的经济制度、政治制度、民族文化传统联系密切。各国的国情不同，所以世界各国的物权体系也都是不同的。我国的宅基地使用权制度，是在我国特定的社会和历史条件下形成的，具有鲜明的中国特色，在构建这一制度时，没有必要生搬硬套外国的模式。在构建我国宅基地使用权制度时，同样可以借鉴他国与之类似的制度中的合理成分，并结合我国的历史传统和具体国情将其改造为具有本土化的法律制度，这无疑才是一种较为理想的立法选择。②

目前《物权法》将宅基地使用权与土地承包经营权、建设用地使用权并列，明显说明在我国宅基地使用权是一种独立的用益物权。笔者认为，无论地上权还是人役权，都非我国学界的广泛用语，一般民众对此更是陌生，将其作为宅基地使用权的上位概念，在某种程度上并不适合我国的法律体系。实际而言，宅基地使用权目前的法律构造，并不完全满足任何一种上位权利的基本构造。与此同时，宅基地使用权确切地属于发展中的权利概念，从其发展方向与定位来看，多数学者认为应当通过宅基地使用权的完善来看，都倾向于将其以用益物权为范本加以构造。将其定性为其他任何一种权利类型，都是南辕北辙之举。在目前法律规定体系内，我们要注意这种用益物权的特殊性所在。这将在下文中予以阐述。

二、宅基地使用权的特殊性

由于宅基地使用权是非典型用益物权，所以它有不同于其他用益物权的一些特点：

1. 宅基地使用权的主体特定，只能是农村集体经济组织成员

根据《土地管理法》第 62 条第 1 款，宅基地使用权的主体具有身份性。也就是说，只有农村集体经济组织成员才能成为宅基地使用权的主体，城镇居民不能成为宅基地使用权的主体，但是不包括通过继承、遗赠等方式取得农村房屋所有权而附随取得宅基地使用权的倾向。另外需要注意的是，农村集体经济组织成员作为宅基地使用权的主体并不是以自然人的身份出现，而是"户"。也就是说，宅基地是以户为单位申请的，单个家庭成员不能以个人名义申请宅基地。

2. 宅基地使用权的客体特定，只能是集体所有的土地

《宪法》第 10 条第 2 款规定，宅基地和自留地、自留山，也属于集体所有。

---

① 参见王卫国：《中国土地权利研究》，中国政法大学出版社 2003 年版，第 135–146 页。
② 参见解玉娟：《农村宅基地使用权性质探析》，《河南省政法管理干部学院学报》2008 年第 3 期。

上文中我们已经介绍过城镇居民宅基地使用权，但是这种宅基地使用权只是存在了一段时间，目前已经基本消失，所以宅基地使用权只能是设定在集体土地之上，而且这里的集体土地不能是农用地特别是耕地。因为法律规定，任何组织和个人都不得擅自将耕地变为宅基地。

3. 宅基地使用权人的权利内容特定，只能利用该土地建造住宅及其附属设施

《物权法》第152条规定，宅基地使用权人依法对集体所有的土地享有占有和使用的权利，有权依法利用该土地建造住宅及其附属设施。可见，宅基地使用权具有特定的用途，即只能用于建造住宅及其附属设施。建造完住宅及其附属设施后，权利人只能将其用于个人或家庭的居住生活，而不能用作生产厂房或投资等。

4. 宅基地使用权取得程序特定，只能通过申请审批取得

在取得方面，宅基地使用权的特点非常明显，也就是宅基地使用权必须要由集体经济组织成员申请、集体土地所有权人同意，然后由地方政府土地管理进行审批才能取得。这明显不同于土地承包经营权的承包合同取得、建设用地使用权的划拨出让取得。

5. 宅基地使用权取得是无偿的

《物权法》没有对宅基地使用权取得是否有偿做出明确规定，而只是规定宅基地使用权的取得适用《土地管理法》等法律和国家有关规定，而根据这些法律规定，宅基地使用权的取得是无偿的，集体经济组织成员是不需要支付对价或支付很低的对价就能取得宅基地使用权。之所以如此规定就在于宅基地使用权具有社会福利的性质，具有一定的保障功能。

6. 宅基地使用权没有期限限制

宅基地使用权一般是为了满足农民基本生活需求而设定的，它关系到农民的居住问题，如果规定有期限，那么将会对农民的生活造成很大的混乱，同时也不利于社会主义新农村的建设。当然宅基地使用权虽然没有规定期限，但这不代表这种权利不会消灭，例如公益征收就会导致宅基地使用权的消灭。

7. 宅基地使用权流转受到严格限制

关于宅基地使用权能否流转，《物权法》没有做出明确的规定，只是规定宅基地使用权的转让适用《土地管理法》等法律和国家有关规定。而根据现行法律的有关规定，例如"一户只能有一处宅基地"、"农村村民出卖、出租住房后，再申请宅基地的，不予批准"等规定来看宅基地使用权的流转是受到限制的。

当然宅基地使用权的特殊性不局限于此，还有很多内容，关于这些特殊之处的争议和讨论也是非常之多。例如对于宅基地使用权的无偿性，有学者认为，从宅基地使用的他物权性质来看，宅基地使用权的取得是有偿还是无偿，应由其当事人即农民集体与使用人协商，而不应由国家统一规定。依用益物权取得的基本

第五章 我国农村宅基地使用权法律制度创新研究

法理，应以有偿为原则，无偿为例外。① 也有学者认为，宅基地无偿使用导致土地资源浪费现象严重。因为宅基地具有福利性，农民取得宅基地的无偿性，且占有宅基地无须支付费用，刺激了农民尽可能多占宅基地的欲望，导致了农村乱占地、多占地、建新不拆旧、占用耕地建房的现象普遍存在。对于宅基地使用权的无期限性，有学者认为，作为在他人之物上设立的一类用益物权，宅基地使用权是否具有期间限制，自然应当取决于当事人的意愿，即由宅基地所有权人（即农民集体）与使用人之间协商确定。依用益物权的基本法理，宅基地使用权应有期限限制，我国物权法所确立的其他各类用益物权——土地承包经营权、建设用地使用权、地役权等都有期限的限制。我国现行制度中宅基地使用权的永久性却值得质疑。②

在此，我们需要指出的是，在看待宅基地使用权时，我们首先要承认其与其他用益物权的特异之处，也就是说已经预设了一个前提即宅基地使用权是一种特殊的用益物权。基于此，我们不能仅仅以一般用益物权的特性，仅仅从法理的角度再反推宅基地使用权应当具有的性质，乃至对宅基地使用权进行立法论角度的重构。归根结底，宅基地使用权究竟应当满足怎样的特性，不是取决于用益物权的一般法理，而是基于国家社会状况的决策以及相应的立法确认。试图以用益物权的一般法理作为宅基地使用权更新之主要理由的观点，存在循环论证的缺点。进言之，实际上犯了以结论推前提的逻辑错误。所以讨论宅基地使用权的特性时，绝对不能"纸上谈兵"，而不关注其产生的历史背景和社会经济状况，否则可能会使讨论设计出的宅基地使用权制度"表面光鲜"，而最终不能被农民所接受，其效果不免大打折扣。

---

① 有学者进一步对这种有偿使用机制进行了建议，认为宅基地有偿使用制度设计可以把握以下几点：第一，本集体成员首次取得不超过面积标准的宅基地，出于保障其基本居住的需要，目前无须支付使用费。第二，本集体成员超占、多占宅基地，须支付惩罚性的使用费（其标准的确立应使其无法超占、多占宅基地）。第三，非本集体成员取得宅基地（无论是创设取得还是移转取得）须支付使用费（这一使用费的确立标准应参照建设用地使用权的土地出让金标准）。第四，本集体成员转让宅基地使用权的，须征得本集体同意，并将其转让收益中属于宅基地收益部分的相当比例（如50%）收归本集体，同时对转让价格做出限制性规定，比如转让价格不应低于同地区建设用地使用权的土地出让金标准；同时转让后，该成员无权再次申请创设取得宅基地。第五，所有使用费均属本集体依其土地所有权所取的收益，应由本集体所有，无须上缴国库，由本集体依法使用，参见高圣平：《宅基地性质再认识》，《中国土地》2010年第1期。
② 参见高圣平：《宅基地性质再认识》，《中国土地》2010年第1期，第20—24页。

·133·

第三节　宅基地使用权的取得及登记

宅基地使用权的取得是指农村集体经济组织成员通过申请批准、继承房屋、转让房屋、获取赠与房屋等法律规定的方式取得在农村集体土地上建造房屋及其附属设施权利的行为。《物权法》第153条规定，宅基地使用权的取得，适用于《土地管理法》等法律和国家有关规定。《土地管理法》对宅基地使用权取得的规定比较原则，具体的规定还是由地方法规规章予以确定的，因此可能在不同的地方，会有不同的规定。

一、宅基地使用权的取得

根据相关法律和国家有关规定，宅基地使用权的取得主要有两种方式：

1. 通过申请审批取得宅基地使用权

通过申请审批取得宅基地使用权，应当具备以下几点条件：

（1）宅基地使用权取得主体及其资格。因为宅基地使用权具有社会福利的性质和保障基本生活的功能，所以农村集体经济组织的每个成员都有资格获得宅基地使用权。但是这并不表明集体经济组织成员都能有权获得宅基地使用权，其取得宅基地使用权要受到法律的限制。根据《土地管理法》第62条第1款的规定，农村村民一户只能拥有一处宅基地。所谓"一户一宅"是指以户为单位分配宅基地，此处的户是农村自然户，即一个农村家庭，而非农村承包经营户。另外许多地方法规都对宅基地使用权取得主体的资格做了限定，一般来说，只有符合无宅基地的、家庭人口众多确需分户居住的，因国家或乡（镇）建设需要另行安排宅基地的或者在农村落户需建住宅而无宅基地的村民等情况的，才可以向所在的村民委员会或者农村集体经济组织申请宅基地使用权。由此可见，宅基地使用权是农村居民以"户"的名义享有的权利，即农民家庭享有的权利，而不是个人享有的权利。由于土地资源的稀缺性，规定一户只能拥有一处宅基地，确保每户农民都能得到一块安身之所，无论贫富，结果均等，在很大程度上顺应了民心，符合人民朴素的公平观念，也实现了农村基本的社会保障。

另外还有一个问题需要讨论，那就是集体经济组织以外的人是否可以取得宅基地使用权。在我国《物权法》的草拟和研讨过程中，曾有意设置若干例外，承认本集体经济组织外的某些人可以申请设立宅基地使用权。例如，甲村的农户到乙村承包土地，从事农林牧渔的生产经营活动，期限较长，应当准予该农户在乙村取得宅基地使用权的申请。又如城镇居民到农村承包"四荒"土地，从事农林

第五章　我国农村宅基地使用权法律制度创新研究

牧渔的生产经营活动，期限较长，应当准予该农户在乙村取得宅基地使用权的申请。这些均系符合客观实际的合理意见，遗憾的是没有变成法律。笔者认为，这种观点在理论上是十分可取的，值得肯定。这样可以在一定程度上打破宅基地使用权的身份限制，与土地承包经营权一样，实现成员权限制的突破，这样可以更好地实现宅基地使用权的流转。

（2）宅基地使用权取得的程序。集体经济组织成员获得宅基地使用权需要经法定的程序，否则不得取得宅基地使用。《土地管理法》第 62 条第 3 款规定，农村村民住宅用地，经乡（镇）人民政府审核，由县级人民政府批准。也就是宅基地使用权主要是通过申请、审批的方式取得的。申请宅基地使用权的程序主要是：首先，由农村村民以户为名义向所在的农村集体经济组织或村民委员会提出用地申请。这里需要注意的是，各个地方可能对申请条件做了限定，所以各个地方的农村村民在申请时要注意自己是否符合当地的申请条件。其次，在申请人提出申请后，由集体经济组织或村委会将申请人张榜公布并经村民会议同意，之后上交乡（镇）人民政府审核。再次，由乡（镇）人民政府在经现场查看、审核后，报县级人民政府相关土地管理部门审批。最后，宅基地使用权批准后，土地管理部门应当及时拨划宅基地。

有学者认为，该设立宅基地使用权的程序的规定有以下失当之处：①这一规则不合所有权的法理。宅基地使用权是在宅基地所有权上所设定的权利负担，因此，其设定人应为宅基地所有权人。而相应规则表明，宅基地使用权的取得只需县级人民政府审批即可，作为宅基地所有权人的"农民集体"，在这里毫无意义。②这一规则按行政许可模式构建宅基地使用权初始取得的程序，极不合理。根据行政许可法的规定，行政许可是指行政机关根据公民、法人和其他组织的申请，经依法审查，准予其从事特定活动的行为，它是一种赋权行为，行政相对人本没有这项权利，只是因为行政机关的允诺和赋予，才获得此项一般人不能享有的特权。由此可见，在审批之前，宅基地使用人根本没有权利，也就从根本上否定了集体土地所有权人的所有权，将一个本应该行使当家做主权利的群体沦为一个完全受限制和管理的群体。① 对此，笔者认为应当实现审批到核准的转变，这样才能确认和建立乡镇政府等对于宅基地使用权设立的监督，同时又不影响集体土地所有权的依法自由行使。在核准模式下，乡、县政府本身并非土地的所有权人，是作为土地使用和流转秩序的管理者而出现的，其进行的审核、批准，内容应当限于该申请是否按照村庄和集镇规划，合理布局、综合开发，配套建设；是否符合乡（镇）土地利用总体规划和土地利用年度计划相关规划以及土地利用计划；

---

① 参见高圣平：《物权法：原理·规则·案例》，清华大学出版社 2007 年版，第 117 页。

是否在有荒地的情况下占用农用地等。从而监督集体经济组织合理利用土地、避免随意将农用地转为建设用地。因此，此种审批严格地讲应当是一种核准，只要不违反相关规划和计划，就不应驳回其申请。审批机关也不能越权干预集体经济组织对申请的审核，不能对集体经济组织没有通过的宅基地进行审批。①

（3）宅基地的范围。《土地管理法》第62条第3款规定，农村村民建住宅，应当符合乡（镇）土地利用总体规划，并尽量使用原有的宅基地和村内空闲地。对于涉及占用农用地的，应当办理农用地专用审批手续。《土地管理法》第62条第3款规定："农村村民住宅用地，经乡（镇）人民政府审核，由县级人民政府批准。其中，涉及占用农用地的，依照本法第44条的规定办理审批手续。"《土地管理法》第44条第1款规定："建设占用土地的，涉及农用地转为建设用地的，应当办理农用地转用审批手续。"对涉及将农用地转为宅基地的，要实行更为严格的审批程序。

（4）宅基地的分配标准与面积。对于宅基地的分配标准和面积，国家并没有在《物权法》、《土地管理法》等法律中作出统一规定，而是由各个地方根据当地实际情况自己规定，这些标准和面积的规定大多见于各省实施《土地管理法》办法中。但是有一点必须注意，各级政府批准使用宅基地应当严格按照当地制定的分配标准执行，不得超出规定的面积数额。

但也有学者认为这一限制性的规定不合理，应改为"农户新取得宅基地的面积不得超过规定的标准"。因为从实际情况看，农户若因其他原因（如继承）而取得房屋所有权时，其享有宅基地使用权的宅基地面积可能会超过规定的标准，但法律不能因此而剥夺公民的宅基地使用权（因为不能剥夺房屋所有权），实际上这一限制性规定只是针对新批宅基地而言的。②对于这一观点，我们持赞同意见。在现实中，农村中的很多村民由于种种原因，已经拥有不止一处宅基地，如果仅仅规定一户一宅，而不区分对待，显然有失公平合理。

2. 通过房屋流转继受取得宅基地使用权

依据我国现行法规定，宅基地本身不能单独流转，但是农村房屋在一定条件下是可以进行流转的。③因此农村村民可以通过房屋的转让、赠与等方式取得房屋所有权，按照"地随房走"的原则，间接地取得宅基地使用权。但是《土地管理法》第62条第4款规定，农村村民出卖、出租住房后，再申请宅基地的，不予批准。

另外，宅基地使用权也可以通过继承或受遗赠房屋所有权而取得。通过这种

---

① 参见尹飞：《物权法·用益物权》，中国法制出版社2005年版，第265页。
② 郭明瑞：《关于宅基地使用权的立法建议》，《法学论坛》2007年第1期。
③ 注意这里是指宅基地之上的房屋的流转，关于宅基地使用权的流转我们将在下文中详细论述。

方式取得宅基地使用权一般不需要经过严格的审批程序和法律限制，所以会导致"一户多宅"的情况，在农村中有相当一部分农户拥有两处以上的宅基地，而且其宅基地面积大多超出了法律法规规定的标准数额。

二、宅基地使用权的登记

宅基地使用权的取得一般是通过申请审批取得的，而且土地管理部门都会在审批的时候进行登记、发放宅基地使用证书，因此宅基地使用权不需要使用权人登记，而且这里的登记一般是土地管理机关为了管理职能的需要而做出的，并不是生效要件。宅基地使用权主体在现行法下仅限于本集体经济组织成员，他们彼此相识，甚至是本家乃至亲戚，加之现行法严格限制宅基地使用权的流转，本村村民占有宅基地之上的房屋即足以公示其对相应范围内的宅基地享有使用权，因此，就宅基地使用权而言，可以以占有为其公示方法。但是同时，为"定分止争"，并为宅基地使用权的流转留下空间，允许寻求登记以为公示。登记在司法上的功能即为公示宅基地上的权利状态，登记簿上载明的权利人即推定为宅基地的真正使用权人，第三人与使用人从事与该宅基地有关的交易时即应查阅相关登记簿以避免交易风险。因此，《物权法》第155条规定："已经登记的宅基地使用权转让或者消灭的，应当及时办理变更登记或者注销登记。"①

值得注意的是，对于《物权法》第155条规定的"变更登记或注销登记"，属于登记生效要件还是属于登记对抗要件，学界存在不同的观点：一种观点认为，《物权法》第155条规定应当及时办理登记表明该条规定属于登记生效要件；另一种观点认为，宅基地使用权制度都采纳的是登记对抗主义，不可能在变更登记或注销登记方面采用登记要件主义。我们赞成后一种观点。从体系解释的角度来看，既然宅基地使用权的设立采取的是登记对抗主义，因此宅基地使用权的流转也采取登记对抗主义的规定，即没有登记也会发生物权的变动，只是不能对抗善意第三人。采纳登记对抗主义使得宅基地使用权的设立更为便捷，同时也是考虑到我国现阶段宅基地流转市场较为封闭，宅基地使用权的变动并不频繁，在此情况下，即使未经登记，一般也不会危害交易的安全。但我国《物权法》对宅基地使用权的取得并没有要求登记，对宅基地使用权的变更，要求应当办理登记手续，主要是为了保障在现行法下交易中的第三人的利益。当然，笔者认为不动产的变动从本质上就应当采取登记生效主义模式，这样可以产生较强的公示效果，保障交易的顺利进行。未来我国宅基地使用权的发展趋势必然是趋向自由，因此从长远来看，以后的宅基地使用权的变动应当是以登记生效主义模式为最佳选择。

---

① 参见王利明主编：《民法》，中国人民大学出版社2008年版，第287页。

第四节 宅基地使用权的流转

一、现行法下宅基地使用权的流转

1. 宅基地使用权不得单独流转

学界目前关于宅基地使用权能否进行转让存在争议，主要有三种观点：第一种观点认为应当允许转让，否则宅基地使用权就成了死产。第二种观点认为不宜放开宅基地使用权的转让。第三种观点是认为经本集体经济组织同意，可以在本集体经济组织内部随着房屋的转让而有条件的转让，以实现物尽其用的目的。

现行法中，关于宅基地使用权能否转让也是不明确的。在《物权法》中没有做出详细规定，而只是规定适用《土地管理法》等法律和国家有关规定。《土地管理法》第62条第4款规定，农村村民出卖、出租住房后，再申请宅基地的，不予批准。国家相关规定主要就是国家颁布的一些规范性文件，例如1999年国务院办公厅《关于加强土地转让管理严禁炒卖土地的通知》第2条第3款规定，农民的住宅不得向城市居民出售，也不得批准城市居民占用农民集体土地建住宅，有关部门不得为违法建造和购买的住宅发放土地使用证和房产证。国土资源部于2004年11月2日发布的《关于加强农村宅基地管理的意见》也重申了"严禁城镇居民在农村购置宅基地，严禁为城镇居民在农村购买和违法建造的住宅发放土地使用证"的规定。根据现有法律法规和相关规定来看，有条件地允许宅基地使用权转让是符合我国宅基地使用情况的，而且也是合法的。但是宅基地使用权转让后不能再申请宅基地。

《物权法》、《担保法》等都明确规定，宅基地使用权不得抵押。因为如果允许抵押，那么实现抵押权时，房屋可以查封流转，但是宅基地不能转让，最终将导致抵押权无法实现。所以，无论是在集体经济组织内部还是外部，宅基地使用权都不得用于抵押。而且宅基地之上的房屋也不得抵押。在现实中，农村出现的以房屋或宅基地使用权进行抵押的都是无效的，不受法律保护。

宅基地使用权能否出租，《物权法》没有做出明确规定，但是《土地管理法》规定农村村民可以出租住房。所以原则上，宅基地使用权是不得单独出租的，但是在农村村民出租房屋时宅基地使用权是随之一并转移的。但是农村村民在出租房屋后没有住房的，只能要求与房屋承租人解除租赁关系，不能再申请宅基地。

2. 宅基地使用权可以附随房屋进行流转

在上文中我们已经提到，宅基使用权的流转受到严格的限制，一般是不能单独转让的。但是在农村现实生活中，很多集体经济组织已经没有多余的空地可以分配给农民做宅基地，但是农村人口又在不断增长，用地压力很大，同时很多家庭拥有多处宅基地或宅基地面积超标，这些情况都要求宅基地使用权要进行内部流转，但是需要随同房屋所有权一同转让。但是需要注意的是，这里附随房屋的流转也并不是没有限制。宅基地使用权随同房屋转让也要有一定的条件：

（1）转让人与受让人必须是同一集体经济组织内部的成员。也就是说，本集体经济组织外的成员、城镇居民、法人和其他组织购买农村房屋和宅基地的，因为违反国家规定也不具备宅基地使用权人的主体资格，应当认定无效。

（2）受让人没有住房和宅基地，且符合宅基地使用权申请分配的条件。如果受让人已经拥有宅基地和住房或不具有申请分配资格，那么根据"一户一宅"等规定，就不能转让。

（3）转让行为需征得本集体经济组织的统一。如果当事人擅自转让农村住房和宅基地，未征得本集体经济组织同意的，应当认定为无效。

另外，根据《物权法》第155条的规定，已经登记的宅基地使用权转让应当及时办理变更登记。在上文中，我们已经提到经申请取得的宅基地使用权是由土地管理部门进行审批的，在审批的过程中就已经进行了登记。所以，宅基地使用权转让也要进行变更登记，否则不发生转让的法律后果。

二、我国农村宅基地使用权流转中存在的法律问题

1. 农村宅基地使用权流转的法律规范滞后

上文中我们已经提到，我国法律是严禁宅基地使用权单独转让的。然而现实生活中宅基地使用权的流转却由来已久，在许多经济发达地区还非常活跃。在合法流转无法进行的情况下，农村宅基地和住宅的非法交易屡禁不止，交易数量日益增多。这充分说明当前有关宅基地的法规政策已很难满足经济发展的需要。随着城镇化水平的不断提高，宅基地流转将呈不断上升的趋势。如果法律不加以系统规定，必定会引起各种纠纷，威胁农村的安定。

在实践中，法院审理有关农村宅基地使用权转让案件时，出现了两种做法：一种是房屋和宅基地使用权一并转让，不论其受让方是村民还是非村民，一律依据《土地管理法实施条例》第6条的规定，判决认定其转让有效。另一种是单一宅基地使用权的买卖，不涉及房屋，在这种情况下，法院的裁判就出现了较大的分歧。部分法院依据对现行法律的推断，认为法律没有禁止农村宅基地使用权的流转，从而认定转让行为有效；部分法院则回避是否可以流转这一棘手问题，而直接按合同关系进行解决；还有部分法院认为法律没有明文规定农村宅基地使用权可以转让，从而认定转让行为无效。有关农村宅基地使用权案例裁判的不一致，一方面体现了国家立法与实践的脱节，表现出了国家在运用公权力来管理私

权利时的薄弱；另一方面更重要的是凸显了有关宅基地使用权转让法意识、法价值的认识各异，不利于农村及城镇居民利益的保护。

2. 宅基地无偿使用导致土地资源浪费现象严重

因为宅基地具有福利性，农民取得宅基地的无偿性，且占有宅基地无须支付费用，刺激了农民尽可能多占宅基地的欲望，导致了农村乱占地、多占地、建新不拆旧、占用耕地建房的现象普遍存在。在有些地方，新建住宅不断向村庄外围延伸，村庄四周新楼林立，村庄内部破破烂烂，形成"空心村"。据有关材料统计，目前全国 2.4 亿亩村庄建设用地中，空心村内老宅基地闲置面积占 10%～15%，宅基地的闲置使大量的可耕土地被白白浪费。①

3. 流转制度与现实冲突严重，地下交易活跃

很多在农村拥有宅基地的人由于各种原因长期空置房屋，希望出售，例如城市郊区或者发达农村；同时，在某些情况下，城市人口和贫困地区的农民希望跨地区、跨城乡购买宅基地，然而这种供需两旺的交易市场一再被落后的意识和法律所拒绝，此时，地下交易出现就在所难免了。据北京市城郊经济研究会与中国土地勘测规划院地政研究中心 2004 年 6 月至 2005 年 6 月对北京郊区 14 个村的调查数据表明，农宅在城乡居民和外来人口之间流转规模已达到总农户的 24%，其中租赁占 20%，买卖占 4%。② 现行法律法规的规定与现实相抵触，于是就逼得农民和市民把合理合情的房屋买卖行为变成了偷偷摸摸的"地下交易"。有的用长期租赁的办法变相买卖。而乡村组织又采取"不干预、不支持、不介入"的态度，因而埋下了隐患。

4. 农村宅基地使用权流转困难，影响了农村社会的稳定，制约了农村经济的发展

我国法律规定，房屋所有权人可以出租、转让房屋。但是，基于"地随房走"原则，农民转让或出租房屋时，宅基地使用权也随之转移。现在，农村房屋买卖仍较多，宅基地私下流转频繁，由此产生了很多纠纷。另外，随着农村经济发展和产业结构的进一步调整，越来越多的农村家庭在从事非农生产、扩大产业规模或调整产业结构时，都遇到资金短缺问题，迫切需要金融机构的信贷支持。但现有法律禁止农村宅基地作为抵押物向金融机构申请贷款。这一问题制约了金融机构在农村范围内业务的扩大和发展，限制了农民生产融资的渠道。③

---

① 参见晁乐红、陈林娟：《农村宅基地管理制度探析》，《台州学院学报》2006 年第 1 期。
② 参见范力军：《农村宅基地即将入市》，《中国农村科技》2007 年第 6 期。
③ 参见胡廷松、汪琴：《论农村宅基地使用权流转制度》，《内蒙古农业大学学报》2007 年第 4 期。

三、宅基地使用权流转应当允许进行流转

无论从社会发展文明进步的角度还是从物权法发展趋势的角度看，农村宅基地使用权的自由流转都将是大势所趋。当然在目前情况下，农村宅基地使用权不可能实现完全的自由流转，而且过于超前地允许宅基地自由流转不仅难以发挥其应有的积极作用，甚至还可能产生消极的影响。所以笔者认为，应当取消加在宅基地之上的诸多不合理限制，使其真正"活起来"，而不是一处"死产"。总的来说，目前应当限制宅基地使用权单独进行流转，但应当允许宅基地使用权随房屋自由流转。随着经济社会的发展，应当逐步建立起真正的房地一体主义，地随房走，房也能随地走。

关于宅基地自由流转，很多地方都进行了有益的尝试。例如广东省试点宅基地入市流转。2005年6月23日，广东省以省政府令形式发布《广东省集体建设用地使用权流转管理办法》，规定农民集体所有的建设用地使用权可以出让、出租、转让、转租和抵押，自2005年10月1日起，广东省内的农民集体建设用地可以直接进入市场。2007年2月，广东省国土资源厅向省政府报送《关于加强农村宅基地管理的通知》，其中明确了农民合法的宅基地可上市流转，各地要按规定对现有的农村宅基地和农民住宅完善确权和登记发证手续。另外还有成都市也进行了尝试。2007年8月21日，成都市出台了《集体建设用地使用权流转管理办法》。其中，以专章的形式规定了农村宅基地的流转问题。主要是，农村宅基地在严格执行"一户一宅"的法律规定下，宅基地使用权由区（市）县人民政府登记造册，并在核发集体建设用地使用证或宅基地使用证的前提下进行流转。根据其第12条的规定，远离城镇不实施土地整理的山区、深丘区，农村村民依法取得的宅基地在符合村庄规划、风景名胜区保护规划等的前提下，可以通过房屋联建、出租等方式流转。且规定农村村民出卖、出租住房后，不得再申请新的宅基地。这些地方经验和试点都证明，允许宅基地自由流转是符合社会发展趋势的。所以在未来改革宅基地管理制度时，我们不应当局限于一时之见，要以更加远大的目光改造我们的宅基地，真正还权于农民，使农民真正掌握自己的土地权利。

允许宅基地使用权进行流转还需要注意一个问题，那就是要取消对流转主体限制，不仅仅限制宅基地使用权在集体经济组织成员之间进行流转，还应当允许集体组织成员以外的单位或个人通过流转取得宅基地使用权。关于这一点，一个绕不开的问题就是农村"小产权"房问题。所谓"小产权"房其实就是在集体土地上建设的房屋，与在国有土地上建造的房屋相比，在产权方面不完整。有人认为，目前的"小产权"房根据其之上的土地可以分为两类：一类是在村集体所有的集体建设用地和宅基地上建成的房屋；另一类是违法占用农用土地在农地上建造的房屋。笔者认为在非法占用农地之上建造的房屋并不属于"小产权"房的范

· 141 ·

畴，而是非法建筑，应当予以拆除。"小产权"房只是在集体所有的建设用地（包括宅基地）之上的房屋。"小产权"房是在20世纪90年代我国城镇化和城市化过程当中逐渐出现的，在我国的居民房屋类型构成当中占有相当的比例。到2009年，"小产权"房建设面积达60多亿平方米，相当于中国房地产业近10年来的开发总量。① 目前，在农村、城郊集体土地上建造房屋并出售给城市居民，已经逐渐形成了一个"小产权"房交易市场，但是"小产权"房交易却面临着法律上的障碍，因为我国《土地管理法》等法律法规明确规定，禁止在集体建设用地上进行房地产开发，并对宅基地的流转做出了严格的限制。因此，"小产权"房没有国家颁发的产权证，即国有土地使用权证和城市房屋所有权证，不能进行流转。笔者认为，"小产权"房之所以"产权小"、难以流转，其根本原因还在于其下的土地产权不完整。依据我国现行法的规定，农民的宅基地的流转受到严格限制，根本不可能到土地市场上进行交易，那么在其之上的房屋又怎能自由交易呢。宅基地自由流转是大势所趋，也是适应市场经济发展的必由之路。在宅基地实现自由流转的前提下，其上的房屋也应当实现自由的流转，不能因为土地城乡差别而区别对待。

第五节　农村宅基地闲置问题

一、农村中存在大量闲置宅基地的情况

农村闲置宅基地之上有建筑物或无建筑物，但因各种原因无法发挥其应有效能而闲置。这里的闲置可能是指长期无人居住，也可能是指宅基地面积超出标准。从一般意义上来说，后一种情况算不上真正的闲置宅基地。但我国现在处于宅基地稀缺的情况下，宅基地分配不均，有些人占用了大面积宅基地，而没有相应的人口居住，这样也会造成宅基地闲置。

可以说，我国现行法关于宅基地面积的规定并没有发挥很好的规制效果。虽然《土地管理法》有"一户一宅"、"宅基地面积不得超过省、自治区、直辖市规定标准"、"必须符合乡（镇）土地利用总体规划"、"农村村民住宅用地由县级人民政府批准"、"集体土地使用权不得出让、转让"等规定，但"一户多宅"的情况在不少地方的农村却十分普遍。据第二次全国农业普查资料显示，2006年末全国22108万户农民中拥有2处住宅的有1421万户，占6.4%，拥有3处以上住

---

① 参见杨磊：《国土部宣战小产权房》，《南风窗》2010年3月3日。

宅的有 77 万户，占 0.4%。目前，我国 2 亿亩宅基地中处于闲置状态的有 12%~15%。从我国目前的情况看，随着工业化、城镇化逐年提高，进城务工的农民逐年增加，农民转变为城镇居民的也越来越多，城镇在不断扩张，而农村在逐渐缩小，农村常住人口也急剧下降，但外农村宅基地却始终保持"人减地增"的势头。

二、宅基地闲置问题的解决

如何解决农村宅基地中"一户多宅"、"宅基地闲置"的问题，已经成为土地法律制度面临的重要任务。长期以来，各级国土资源部门都在积极研究探索，寻求切实有效的解决办法。2004 年 11 月 4 日，为了贯彻落实《国务院关于深化改革严格土地管理的决定》（国发〔2004〕28 号），国土资源部印发《关于加强农村宅基地管理的意见》（国土资发〔2004〕234 号），提出"对'一户多宅'和空置住宅，各地要制定激励措施，鼓励农民腾退多余宅基地。凡新建住宅后应退出旧宅基地的，要采取签订合同等措施，确保按期拆除旧房，交出旧宅基地"。根据我国现行法的规定，笔者认为可以从以下几个方面进行解决。

1. 对多占宅基地进行有偿使用改革

2010 年 3 月 2 日，国土资源部印发了《关于进一步完善农村宅基地管理制度切实维护农民权益的通知》，不仅明确提出了"经济条件较好、土地资源供求矛盾突出的地方，允许村自治组织对新申请宅基地的住户开展宅基地有偿使用试点"；而且还提出了"对超过当地规定面积标准的宅基地，经依法处置后，按照《关于进一步加快宅基地使用权登记发证工作的通知》（国土资发〔2008〕146 号）要求予以登记的，村集体组织可对确认超占的面积实施有偿使用"。文件中对超过当地规定面积标准使用宅基地可以实行有偿使用的规定，对破解农村宅基地管理"一户多宅"的难题，提供了一条积极有效的途径。对此，我们也是持肯定的态度。对多余的宅基地进行有偿使用的改革，将会是一种非常有效的措施。

但有偿使用制度的建立还需要一系列配套措施，笔者认为应当注意以下几点：

（1）做好宅基地调查发证工作，以明确宅基地产权。关于宅基地调查发证问题，《中共中央国务院加大统筹城乡发展力度进一步夯实农业农村发展基础的若干意见》指出："加快农村集体土地所有权、宅基地使用权、集体建设用地使用权等确权登记颁证工作，工作经费纳入财政预算。力争用 3 年的时间把农村集体土地所有权确认到每个具有所有权的农村集体经济组织。"为了认真贯彻落实党的十七届三中全会精神，国土资源部印发了《关于进一步加快宅基地使用权登记发证工作的通知》。笔者认为要实现宅基地的有偿使用，其前提就是要确权。所以各地要抓紧完成农村宅基地调查发证任务，查清每户农村村民使用的宅基地面积，为村集体经济组织确认农户使用的宅基地是否超过当地规定的面积提供基础数据，同时也为保护农民宅基地使用权提供保障。

（2）要制定科学合理的农村宅基地用地标准。按照《土地管理法》第77条的规定，各省、自治区、直辖市可以根据地区差异制定自己的宅基地使用标准。各个地区在制定自己地区宅基地使用标准时一定要注意切合本地区的实际情况，宅基地使用面积的划定的主要标准在于满足农民的居住需求，不能因为本地区面积广就随意扩大本地宅基地使用标准。

（3）制定合理的收费标准。对超过当地规定面积标准的宅基地收取有偿使用费，标准不能定得太低，否则无法起到用经济手段限制多占宅基地的目标。另外，也要为农民提高居住水平和现实情况而考虑，在一定的范围内还是应当允许农民多占一些宅基地，但是为了遏制过多占用，我们建议采用递增式收费标准，例如多占10平方米收费1000元，再多占10平方米收费2000元，再多占10平方米收费4000元，依次类推。

（4）明确收取的多占费用的归属和使用。笔者认为，收费的费用应当属于农民集体所有，具体由农村集体经济组织或村民小组管理。收取的费用必须实行专户存储，只能用于本集体经济组织的公益事业建设，例如修建本村小学、福利院等。关于费用的使用，应当由村民大会讨论决定，除此之外任何人不能擅自动用。而且特别要强调的是，要定期公布费用的收支情况，接受全体村民的监督。

2. 允许宅基地进行自由流转

笔者认为还应当建立土地流转平台，规范宅基地流转程序，实现合法占有宅基地使用权的流转。在农村中，一些人可能由于种种原因，如继承、买卖房屋等，合法占有了超过法定面积的宅基地，其中一些宅基地处于闲置状态。如果允许农民合法占有的宅基地进行流转，一方面可以为其带来一定的收入，另一方面也可以解决另一些没有宅基地的人的需求，可谓一举两得。

要建立农村宅基地使用权流转制度，必须强调以下几点：

（1）可以转让的土地。作为被转让的农村宅基地必须是已经现实性地成为宅基地的土地，不能是尚没有获得批准的预期利益。该宅基地必须是经过集体组织同意，已办理相关法定手续而实际取得的，这是转让的前提条件，并非将农村一切土地不加限制地均列入宅基地而予以流转。

（2）可以转让的范围。允许农村宅基地向社会各类购买对象放开，而不是局限于现有的本集体经济组织内部或者本乡镇范围内的符合申请宅基地的人员。

（3）市场化的转让价格。农村宅基地转让价格应让买卖双方协商确定，完全由市场机制调节，与现有的国有土地交易市场接轨。政府或者集体经济组织不应该定价或者对转让价格作出某些限制性规定。

第六章 我国集体建设用地法律制度创新研究

第一节 现行集体建设用地的法律规定与制度

一、集体建设用地制度的历史发展及其现行法规定

1. 集体建设用地制度的历史发展

在新中国成立之后,农村的土地在一段时期内还是属于农民个人所有,这主要是以1950年6月颁布的《土地改革法》为法律依据,该法明确规定:废除地主阶级封建剥削的土地所有制,实行农民的土地所有制。后来国家开始进行社会主义改造,推行合作社运动,特别是建立人民公社制度,在农村实行社会公有制改革。经过这一时期,农村的土地由私人所有变为了集体所有。农村土地集体所有的公有制一直保留到现在,在未来一段时间内国家可能仍然会采取这一所有制形式。应当说,在确立了人民公社制度以后,农村中的土地不再仅仅局限于农业用地和宅基地,集体化生产所需要的基础设施,如道路建设、集体企业的厂房建设、打谷场等,都需要土地,因此集体建设用地开始大量出现。可以说,在改革开放以前,集体建设用地实行集体所有、集体统一经营,完全依靠行政权力进行管理。20世纪80年代中期以后,乡镇企业崛起,与此相适应,1986年《土地管理法》对集体建设用地采取了与国有建设用地相对平等的态度:将土地国有制和土地集体所有制并立,明确规定"国有土地和集体所有的土地的使用权可以依法转让"。土地使用的批准权主要在县及县以下,集体建设用地可以流转,审批比较简便,管理较为宽松。随着工业化、城市化的不断提高,房地产市场开始发展起来,另外随着政府垄断土地一级市场思路的确立,1998年《土地管理法》对集体建设用地作了严格的限制,"任何单位和个人进行建设,需要使用土地的,必须依法申请使用国有土地",把使用集体建设用地从事非农建设作为例外予以规范。农民利用集体土地从事非农建设的空间越来越缩小,集体建设用地管理也越

来越收紧。

2. 现行法关于集体建设用地的规定

到目前为止，关于集体建设用地的法律规定以《宪法》为基础，主要包括《民法通则》、《物权法》、《土地管理法》、《土地管理法实施条例》等法律法规，其中主要是以《物权法》和《土地管理法》为主要法律依据。其中《物权法》主要是关于集体建设用地的权利规定，《土地管理法》主要是关于建设用地的管理规定，当然二者并不是截然分开的，而是相辅相成的。

(1)《物权法》第 59 条规定："农民集体所有的不动产和动产，属于本集体成员集体所有。"该法在第 12 章建设用地使用权中规定了集体建设用地使用权，第 151 条规定："集体所有的土地作为建设用地的，应当依照土地管理法等法律规定办理。"

规定了集体建设用地权利包括所有权和使用权，其中集体建设用地归属于集体所有，集体建设用地使用权是一种用益物权。但是值得注意的是，《物权法》第 135 条规定："建设用地使用权人依法对国家所有的土地享有占有、使用和收益的权利，有权利用该土地建造建筑物、构筑物及其附属设施。"这里所表述的建设用地使用权只是建立在国有土地之上的，笔者认为这一规定不是很完整，不论是国有土地还是集体土地，都可以设立建设用地使用权。

(2)《土地管理法》第 43 条规定："任何单位和个人进行建设，需要使用土地的，必须依法申请使用国有土地；但是，兴办乡镇企业和村民建设住宅经依法批准使用本集体经济组织农民集体所有的土地的，或者乡（镇）村公共设施和公益事业建设经依法批准使用农民集体所有的土地的除外。"这就表明，从立法上肯定了我国政府垄断土地一级市场的合法性，改变了以往国有土地和集体土地的平等地位。集体建设用地只能用于乡镇企业、村民建设住宅、乡（镇）村公共设施和公益事业建设四种情况，其中住宅用地属于宅基地范畴，除此之外，任何建设项目都只能使用国有土地。

该法第 60 条规定："农村集体经济组织使用乡（镇）土地利用总体规划确定的建设用地兴办企业或者与其他单位、个人以土地使用权入股、联营等形式共同举办企业的，应当持有关批准文件，向县级以上地方人民政府土地行政主管部门提出申请，按照省、自治区、直辖市规定的批准权限，由县级以上地方人民政府批准。其中，涉及占用农用地的，依照本法第四十四条的规定办理审批手续。按照前款规定兴办企业的建设用地，必须严格控制。省、自治区、直辖市可以按照乡镇企业的不同行业和经营规模，分别规定用地标准。"第 61 条规定："乡（镇）村公共设施、公益事业建设，需要使用土地的，经乡（镇）人民政府审核，向县级以上地方人民政府土地行政主管部门提出申请，按照省、自治区、直辖市规定的批准权限，由县级以上地方人民政府批准。其中，涉及占用农用地的，依照本法第四十四条的规定办理审批手续。"这就表明,使用集体土地的建设项目,如兴办乡镇企业、进行乡(镇)村公共设施和公益事业建设,还要经过政府部门严格的审批,作为集体建设用地的所有者的集体经济组织却没有任何参与作用,这不禁让人产生疑问,集体建设用地是谁的土地?

另外,关于集体建设用地的流转问题,该法第63条规定:"农民集体所有的土地的使用权不得出让、转让或者出租用于非农业建设;但是,符合土地利用总体规划并依法取得建设用地的企业,因破产、兼并等情形致使土地使用权依法发生转移的除外。"也就是说,集体建设用地使用权除了上述四种情况外,是不能流转用于非农业建设,当然除了一种情况外,即符合土地利用总体规划并依法取得建设用地的企业,因破产、兼并等情形致使土地使用权依法发生转移的除外。

关于集体建设用地的法律规定还有很多,在此限于篇幅原因我们没有详细列举。在下文中我们将会在论述集体建设用地制度时,对其另外一些法律规定进行引用。

二、集体建设用地法律制度

1. 集体建设用地的范围界定

按照土地用途土地可以分为农用地、建设用地和未利用地。根据《土地管理法》第4条的规定,建设用地是指建造建筑物、构筑物的土地,包括城乡住宅和公共设施用地、工矿用地、交通水利设施用地、旅游用地、军事设施用地等。依据上述概念,建设用地可根据土地所有性质分为城市国有建设用地与农村集体建设用地。所谓农村集体建设用地就是指农民集体所有的,并经依法批准用于乡镇企业、村民建设住宅、乡(镇)村公共设施和公益事业建设的土地。

我们可以从以下几个方面来理解集体建设用地:

(1) 集体所有。《土地管理法》第2条规定:"中华人民共和国实行土地的社会主义公有制,即全民所有制和劳动群众集体所有制。"第8条规定:"城市市区的土地属于国家所有。农村和城市郊区的土地,除由法律规定属于国家所有的以外,属于农民集体所有宅基地和自留地、自留山,属于农民集体所有。"集体建设用地土地所有权归属于集体所有。

(2) 非农使用。集体建设用地不是农用土地,土地不再作为农业生产资料和劳动对象参与农业生产,土地的使用方向为非农性质。集体建设用地上附着有一些资本投入,处于开发利用状态。

(3) 只能自用并且限制流转。集体建设用地使用具有严格的限定性。集体建设用地仅限于在农村集体经济组织和农民内部自己使用。禁止利用集体建设用地流转、参与房地产开发、娱乐用地等高收益性的土地利用方式。

根据集体建设用地的用途不同,集体建设用地可以分为村民建设住宅用地、乡镇企业用地、乡镇村公共设施和公共事业建设用地。

（1）农村居民住宅建设用地即农村宅基地，包括居住用房等主建筑物和厨房、仓库、厕所等一些附属建筑、构筑物，以及房子周围农户自己使用的土地。宅基地使用权人必须是集体经济组织内部成员，并且只能申请一处不超过规定标准的宅基地。关于宅基地，我们将在宅基地专题中予以详细论述。

（2）乡镇企业用地是乡镇企业建设所使用属于乡镇集体所有的土地、村办企业建设所使用的属于本村农民集体所有的土地、村民组（小组）办企业所使用的本村民组（小组）所有的土地、农民个人办企业所使用的其所在农民集体组织的土地、农民集体经济组织使用本集体所有土地与其他单位和个人以土地入股、联营等方式共同兴办的企业等，这些企业占地统称为乡镇企业用地。随着农村工业化推进，大量乡镇企业用地利用自有土地形成建设用地，改革开放后，部分乡镇企业用地随着企业改制进入市场，也有一些乡镇企业用地由于企业破产而废弃闲置，等待重新进入市场。

（3）乡镇村公共设施和公益事业建设用地主要包括学校、通信、医疗卫生、敬老院、村委会办公室等公共服务设施用地。由于农村基层政府机构实施大规模的改革，撤乡并镇以及村组合并，部分原有的大队、生产队和乡镇的办公房用地、库房用地、饲养场用地等废弃闲置。一些公益性用地，如学校用地、敬老院用地、卫生院用地等，也因这些机构的调整和合并重建等原因而成为废弃地。宅基地是宅基地使用权人依法利用集体所有的土地建造住宅及其附属设施，并对土地享有占有和使用的权利。

2. 集体建设用地所有权制度

我国《宪法》规定，中华人民共和国的基本经济制度是生产资料的社会主义公有制，即全民所有制和劳动群众集体所有制，集体所有制经济是我国公有制经济的重要组成部分。我国《民法通则》、《物权法》也规定，劳动群众集体组织的财产属于劳动群众集体所有。在我国，集体所有权是指集体组织以及集体组织全体成员对集体财产享有的占有、使用、收益和处分的权利，它是劳动群众集体所有制在法律上的体现。① 集体土地所有权是集体所有权的一种，是指集体组织及其全体成员对集体土地所享有的占有、使用、收益和处分的权利。集体建设用地所有权属于集体土地所有权的范畴。根据我国《物权法》第59条第1款的规定，农民集体所有的不动产和动产，属于本集体成员集体所有。由此可以看出，农村集体建设用地应当属于本集体成员所有。

集体建设用地所有权的特征主要有：

---

① 王利明：《物权法论》（修订二版），中国政法大学出版社2008年版，第144页。

（1）所有权的主体是本集体组织的成员。本集体组织成员所有并不是集体成员的共有，因为成员集体所有是一种公有，它和共有在法律上差别极大。集体土地由成员公有可以强调集体成员对集体土地的共同支配权、平等管理权和共同收益权，有助于明确和保护成员的权利。

（2）所有权的客体是就是集体所有的建设用地。我国《物权法》对集体土地所有权的客体作了专门规定，集体所有的不动产和动产包括法律规定属于集体所有的土地和森林、山岭、草原、荒地、滩涂。集体建设用地就属于集体所有的土地的一种。

（3）所有权的内容就是集体组织成员对集体建设用地享有的占有、使用、收益和处分的权利。集体土地所有权的内容在法律上有一个重要特点就是必须由集体组织的成员进行民主管理，并依照法定权限和程序行使权利。此外，集体成员通过民主程序依法制定的各种规约也可能涉及集体土地所有权的行使，集体组织也应当依据这些规约来行使所有权。不得不承认的是，目前由于我国法律规定的限制，集体建设用地所有权在处分权能方面略显不足。

3. 集体建设用地使用权制度

建设用地使用权有广义和狭义两种含义。其中，狭义上的建设用地使用权仅指存在于国有土地上的建设用地使用权，而广义上的建设用地使用权还应当包括集体土地上的建设用地使用权。我们这里采广义上的建设用地使用权。

根据《物权法》第135条规定，笔者认为所谓建设用地使用权是指建设用地使用权人依法对国家所有土地和集体所有土地享有的占有、使用、收益的权利，建设用地使用权人有权在该土地上建造建筑物、构筑物及其附属设施。而集体建设用地使用权就是指建设用地使用权人依法对集体所有土地享有的占有、使用、收益的权利，建设用地使用权人有权在该土地上建造建筑物、构筑物及其附属设施。我国《物权法》第117条规定："用益物权人对他人所有的不动产或者动产，依法享有占有、使用和收益的权利。"根据这一规定，用益物权是指权利人对他人所有的物享有的占有、使用和收益的物权。因此，集体建设用地使用权是一种用益物权。

关于集体建设用地使用权的特点，笔者认为主要有以下几点：[①]

（1）主体特定。根据《土地管理法》第43条、第60条和第61条的规定，集体土地建设用地使用权只能用于集体经济组织的成员和集体经济组织兴办的企业，以及乡镇村公共设施和公益事业建设等。本集体以外的其他个人或单位不能单独成为主体。而与之相比，国有建设用地使用权的主体则非常广泛，原则上是

[①] 为了更加突出集体建设用地使用权的特点，我们这里将之与国有建设用地使用权相比较。

不受任何限制的。

（2）客体特殊。也就是说，农村集体建设用地使用权必须建立在集体所有的土地之上。我国的土地分为国家所有和集体所有两种，只有建立在集体所有土地上的建设用地使用权才成为农村集体建设用地使用权。正是土地所有性质的差异，决定了农村集体建设用地使用权与国有建设用地使用权的巨大差异。

（3）取得审批。集体土地建设用地使用权原则上只能通过行政审批的方式取得。而国有土地建设用地使用权的取得方式则非常多样化，有划拨、出让等方式。

（4）目的限定。也就是说，该使用权仅可用于乡镇企业建设、乡（镇）村公共设施和公益建设、宅基地建设，不能用于商业、旅游以及商品住宅等项目的开发。而国有建设用地使用权则基本没有如此限制，权利人可以自由选择建设项目，只要符合法律规定。

（5）流转限制。根据《土地管理法》第63条的规定："农民集体所有的土地的使用权不得出让、转让或者出租用于非农业建设；但是，符合土地利用总体规划并依法取得建设用地的企业，因破产、兼并等情形致使土地使用权依法发生转移的除外。"《物权法》第183条规定，乡镇、村企业的建设用地使用权不得单独抵押。与此相比，国有建设用地使用权不仅可以在土地一级市场出让，还可以依法转让、抵押、出租等，当然法律对以划拨方式取得的国有建设用地使用权的流转做了一定的限制，但是并没有禁止，在符合一定条件下仍然是可以进行流转的。

4. 集体建设用地管理制度

集体建设用地管理是指国家为了控制农村集体建设用地的使用而依照法律规定的权限对其进行的规划、审批、监督等的行政管理行为。集体建设用地的管理要遵循依法管理、集约节约用地、保护农民、保护耕地等原则。

对集体建设用地的管理，基本上也要遵循国有建设用地管理制度，而这一部分我们已经在建设用地使用权专题中详细讨论了。这里我们主要介绍一下集体建设用地管理制度中比较特殊的地方。

（1）集体建设用地的申请审批。具体来说：

第一，农村集体经济组织使用乡（镇）土地利用总体规划确定的建设用地兴办企业或者与其他单位、个人以土地使用权入股、联营等形式共同举办企业的，应当持有关批准文件，向县级以上地方人民政府土地行政主管部门提出申请，按照省、自治区、直辖市规定的批准权限，由县级以上地方人民政府批准。

第二，乡（镇）村公共设施、公益事业建设，需要使用土地的，经乡（镇）人民政府审核，向县级以上地方人民政府土地行政主管部门提出申请，按照省、自治区、直辖市规定的批准权限，由县级以上地方人民政府批准。

第三，农村村民住宅用地，经乡（镇）人民政府审核，由县级人民政府批准。但是需要注意的是，农村村民一户只能拥有一处宅基地，其宅基地的面积不得超过省、自治区、直辖市规定的标准。农村村民建住宅，应当符合乡（镇）土地利用总体规划，并尽量使用原有的宅基地和村内空闲地。农村村民出卖、出租住房后，再申请宅基地的，不予批准。

另外需要注意的是，《土地管理法》还规定，乡镇企业、乡（镇）村公共设施、公益事业、农村村民住宅等乡（镇）村建设，应当按照村庄和集镇规划，合理布局，综合开发，配套建设；建设用地，应当符合乡（镇）土地利用总体规划和土地利用年度计划，并依照《土地管理法》第44条、第60条、第61条、第62条的规定办理相关的审批手续。这些审批手续我们已经在建设用地使用权专题中详细介绍过，在此不赘述。

（2）集体建设用地的流转限制。《土地管理法》第63条明确规定："农民集体所有的土地使用权不得出让、转让或出租用于非农业建设。"《城市房地产管理法》规定："城市规划区内集体所有的土地，经依法征用转为国有土地后，该幅国有土地的使用权方可有偿转让。"《担保法》第37条明确规定，宅基地使用权、乡村公益建设用地使用权不得抵押。国务院一系列政策明确要求，禁止农村集体建设用地直接进入市场，禁止在农村集体建设用地上进行开发。

现行法律和政策基本禁止了集体建设用地使用权的流转。《土地管理法》对集体建设用地流转只规定了两种例外情况：一是第60条规定，以土地使用权入股、联营等形式共同兴办企业；二是第63条规定，符合土地利用总体规划并依法取得建设用地的企业，因破产、兼并等情形致使土地使用权依法发生转移。《担保法》第33条第3款规定："乡（镇）村企业的土地使用权不得单独抵押。以乡（镇）村企业的厂房建筑物抵押的，其占用范围内的土地使用权同时抵押。"

（3）集体建设用地收回。有下列情形之一的，农村集体经济组织报经原批准用地的人民政府批准，可以收回土地使用权：第一，为乡（镇）村公共设施和公益事业建设，需要使用土地的；第二，不按照批准的用途使用土地的；第三，因撤销、迁移等原因而停止使用土地的。这里需要注意的是，依照第一种情况规定收回农民集体所有的土地的，对土地使用权人应当给予适当补偿。

第二节　当前集体建设用地制度的现实问题与困局

由于现行法律规定的不足，造成了集体建设用地制度出现了很多问题，我们选取了三个最重要的问题进行详细介绍。

一、政府垄断土地一级市场，限制集体建设用地流转

我国《宪法》规定了两种土地所有权，即农村集体土地所有权和国家土地所有权，这两种土地权利在法律地位上是平等的，而且受宪法平等保护。然而现实中虽然国家土地所有权与集体土地所有权并立，但二者的地位并不平等。农民集体组织虽然依法享有土地所有权，但其权能是不完整的，从某种程度上来说，集体土地所有权并不是通常意义的完全物权。在上文中，我们已经提到，根据《土地管理法》等法律规定，单位和个人的建设项目必须使用国有土地。集体建设用地只能用于兴办乡镇企业、村民建设住宅、乡（镇）村公共设施和公益事业建设。这种制度设计从根本上反映出我国国有土地和集体土地的不平等地位。也就是说，国家垄断土地一级市场，国有建设用地使用权可以自由入市流转，但作为平等主体的集体建设用地使用权却禁止入市流转，只能限于极其有限范围的建设项目。这种政府垄断土地一级市场，禁止集体建设用地入市的歧视性规定，致使农民的土地权利及其利用土地谋求发展的权利被剥夺，他们既无法利用土地来吸引投资，也无法分享城市化带来的土地增值利益，农村土地使用权流转受到严格限制，集体建设用地在城市化、工业化进程中体现市场价值成为泡影。而与集体建设用地不能入市流转形成鲜明对比的是，国家却在大量征收农民集体土地，转变为国有土地，然后通过招拍挂等出让方式入市交易，获取高额的差价。对此，我们非常不能理解。如果说在改革开放之前，国家通过农产品"剪刀差"价支持工业和城市发展是为了工业建设和国防需要，那么现在通过土地"剪刀差"价获取巨大的土地收益又为了什么呢？如果这种政府垄断土地市场，限制集体土地流转的模式继续持续下去，我们的农民、农村和农业又何谈发展？

有人担心集体建设用地入市流转会造成耕地减少，危及粮食安全。笔者认为，集体建设用地使用权入市流转与耕地减少并没有必然联系。这主要是因为我国实行严格的土地用途管制制度，只要土地用途管制制度得到严格有效的落实，即使允许集体经济组织有偿提供建设用地使用权，也不会导致耕地流失。而从另一方面来看，我们不允许集体建设用地入市交易有没有真正保护耕地呢？从现实情况来看，真正破坏耕地、占用耕地的恰恰是国家的征收。地方政府为了土地财政，大量地征收集体土地，这才是真正破坏耕地的"元凶"。另外，很多地方政府在实行土地管理时并不遵循"最严格的土地管理政策"，也造成了大量耕地流失。所以我们不明白，为什么允许国家征收集体土地然后转为国有土地出让，就不允许农民入市交易自己的土地呢？

二、立法保护不足，农民土地权利缺失，利益受损

在上文中我们已经提到了关于集体建设用地的法律规定，通过这些规定我们

可以发现我国现行法对于集体建设用地采取了模糊的立法态度，即使是备受关注的《物权法》的制定也对此问题做了回避，其第151条就明确规定："集体所有的土地作为建设用地的，应当依照《土地管理法》等法律规定办理。"而且，对于建设用地使用权的定义也没有包含集体建设用地使用权，其第135条规定："建设用地使用权人依法对国家所有的土地享有占有、使用和收益的权利，有权利用该土地建造建筑物、构筑物及其附属设施。"也就是说，集体建设用地使用权甚至在《物权法》中都没有获得其应有的地位。而反观《土地管理法》，这是一部管理土地的行政性法律，并不是民事权利法，它更多的是限制了农民的集体建设用地的权利。可以说，不管是民事立法还是行政立法，都没有给予农民关于集体建设用地应有的权利。这就造成一种假象，即农民只享有其承包土地的使用权、宅基地使用权，而农村中大量存在的闲置集体建设用地并不属于农民集体所有。我们的立法就使很多农民相信这一点，明明是自己的土地，却认为是国家所有。如果农民连自己都没有意识到其应有的土地权利，那么何谈保护他们的土地呢？

在土地立法中，有一项制度本来是为了造福公众而设立的，但是在当前的中国农村却变成了一种掠夺农民土地的手段，这就是土地征收制度。关于土地征收制度存在的问题我们在集体土地征收专题中有所论述，在此不赘述。在中国，由于土地是公有的，只属于国家和集体所有，所以土地征收的对象只是农民集体所有的土地。在当前社会，房地产市场高涨、地方政府财政拮据、土地立法不完善等各种原因，共同造成了当前土地征收的社会矛盾。在这场"圈地运动"中，农民的权益几乎是被赤裸裸地剥夺，被征收的不仅仅是其承包的耕地和宅基地，还有大量的集体建设用地。那么这些被征收的集体建设用地又是如何补偿的呢？根据现行《土地管理法》第47条的规定，征收土地按照被征收土地的原用途给予补偿。也就是说，征收农民集体所有的建设用地，需要根据集体建设用地的用途给予补偿。而集体建设用地一般都是用于农民住宅建设、乡镇企业建设、公共基础建设和公益事业建设，这些建设项目都是位于农村中，那么它的补偿标准是什么呢？根据《土地管理法》规定，征收耕地以外的其他土地的土地补偿费和安置补助费标准，由省、自治区、直辖市参照征收耕地的土地补偿费和安置补助费的标准规定。被征收土地上的附着物和青苗的补偿标准，由省、自治区、直辖市规定。而地方是如何规定的呢？根据《河南省〈土地管理法〉实施办法》第34条规定，征用其他土地的土地补偿费标准参照征用耕地的土地补偿费标准执行，征用其他土地的安置补助费标准参照征用耕地的安置补助费标准执行。其他地方的实施办法要么没有规定，要么和河南省的规定一样。由此可知，集体建设用地的土地补偿费是参考耕地的补偿标准的。但是我们不禁要问，《土地管理法》明确规定征收土地要按土地用途补偿，而这些地方办法却简单规定为参考耕地的补偿标准，这种规定是否合理呢？另外笔者认为即使按照土地用途补偿，那么是否是要和国有土地上房屋征收补偿方式一样按照市场价值补偿呢?如果按市场价值补偿,在现行法进行集体土地房屋进入市场流转的情况下,如何评估集体建设用地之上的房屋价值呢?这一切问题的根源就在于关于集体建设用地的立法不完善,这必然会导致农民土地权益的受损。所以,我们强烈建议在未来土地立法中能够将集体建设用地纳入到法律调整的范围之内,不要再让集体建设用地游走于法律的边缘,以保护农民的合法权益。

三、管理缺位,造成违法用地严重,土地利用低效

在农村中关于集体建设用地的管理可以说是不规范的,甚至是混乱的。政府部门对集体建设用地的管理大多只是集中在审批一块,对其他方面则管理不够。

(1)乡镇、村规划及规划管理不到位。在政府单方制定土地利用总体规划、下达建设用地年度利用计划指标的机制下,为了垄断土地一级市场等原因,政府将建设用地规划和利用计划指标放在了城市,农村建设用地在规划和计划上很少,这样制定的农村土地规划要么难以发挥作用,要么农村实际建设突破规划、计划,造成违法用地。而且在当前农村中,居民点布局分散,建设无序,村庄占地外延扩张过快,形成了许多"空心村",土地利用率低。

(2)农民违法用地,乱搭乱建现象严重。农民和农村集体受资金、项目、技术、融资等因素的制约,无力发展实业经济,受农业和工商业比较利益的驱使,转而通过出租土地或房屋来发展致富,在城区和近郊区这种情况尤为突出,这些出租的土地和房屋多数不符合规定,属于违法用地或者是违法建筑。

(3)集体建设用地自发、无序地进行的流转,规模不断扩大,客观上形成了集体建设用地隐性市场。由于缺乏法律政策依据,行为不规范,引发了多种纠纷,流转双方的权益难以得到有效保障。

(4)现行法律制度严格限制农用地转为建设用地,以保护国家的粮食安全。但是这种不根据实际情况"一刀切"的做法事实上也无法保证粮食安全。现实是耕地持续减少,农用地转为建设用地的现象屡禁不止。

第三节 "三位一体"模式下的集体建设用地使用权的流转之变

一、集体建设用地使用权应当实现流转

关于集体建设用地,笔者认为最重要的问题就是其流转问题。那么集体建设

用地使用权到底应不应该流转是这一问题的首要前提。关于集体建设用地使用权应不应该流转，目前我国学者对此存在争议，基本上分为三种观点：一是禁止入市流转，二是限制入市流转，三是允许自由入市流转。我们持第三种观点。下面我们将从法学和经济学两方面进行论述。

1. 法学角度的分析

传统的民法理论根据所有制的不同，将我国的所有权划分为国家所有权、集体所有权和个人所有权，但这一划分方法并不意味着三种所有权的法律地位是不平等的。我国《宪法》规定，农村土地属于农民集体所有。作为完整的土地财产权，应包括占有、使用、收益、处分等一系列权利。既然土地归农民集体所有，农民集体或者其所有权代表在符合国家关于土地用途管制的前提下，就有权处分集体土地，即有权自主流转集体建设用地使用权，有权与对方自愿谈判和议定流转的价格。回顾历史，我们可以发现，集体土地所有权和国家土地所有权曾经是两种平等的权利，农村集体土地所有权从属于国家所有权的，而且是在农民私人土地所有权的基础上形成的。然而，由于国家土地所有权和集体土地所有权各自代表的主体层次和范围不同，以至于有学者认为国家土地所有权是"上级所有权"，而集体土地所有权是"下级所有权"，两种所有权在等级上和本质上是存在差异的。① 与此同时，在实践中，由于受这种观念的左右，存在各个方面对国家土地所有权赋予特殊保护，而对农村集体土地所有权则给予差别待遇的现象，且为数不少。上文中，我们提到现行立法的不足也使很多农民相信原本属于自己的土地却认为是国家所有。

在理论上，我国的国家土地所有权并不是集体土地所有权的上位阶概念，两者是平等的、互不隶属的关系，无所谓上下级的区分，应受到法律的平等保护。② 既然国家土地所有权和使用权可以流转，那么与国家土地所有权平等的集体土地所有权也应该被赋予流通性。

目前，我国的集体土地所有权屡受侵犯，正是因为法律未赋予其与国家土地所有权相同的法律地位，受到许多不应有的法律限制。其中一个很重要的表现就是在收益权和处分权方面是不完整的。而在所有权制度安排中，最重要的就是经济资源的排他性收益权和处分权，处分权能是决定物之命运的一项权能，最直接地反映了所有人对物的支配，因而向来被视为所有权内容的核心和拥有所有权的根本标志。然而，国家控制了农民集体土地的处分权，是否处分、怎样处分、怎样补偿都只能服从国家意志，不存在土地所有人与国家权力行使者作为平等民事法律关系主体共同表达意志。在这种情况下，国家不是作为所有者这样一个法律

---

① 关涛：《我国土地所有权制度对民法典中物权立法的影响》，《法学论坛》2006年第2期。
② 参见徐纯先：《论民法之平等原则》，《广西社会科学》2002年第6期。

关系的主体，与其他土地所有权人具有同样的法律地位，而是凌驾于一切其他所有者之上的主宰者，甚至具有超越法律之上的权利。也就是说，国家在对农村集体土地所有权的处分权能和使用权的转让上所进行的限制，已经离开了法律意义的财产所有权基本权能的范围。

从利益平衡的角度来看，集体建设用地使用权流转是维护集体土地所有权的过程，又是衡平国家利益和农民集体利益的过程。它能够有效克服中国现行的土地所有权移转中的单向流动性以及国家对土地的一级市场的垄断而导致的利益失衡。我国土地法律制度，过去一直受计划经济体制的束缚，不恰当地忽视甚至否定了土地的私益性，致使土地法律制度被定位为"土地权力法"，从而造成了"土地权利法"的萎缩状态。考虑到我国过去片面强调土地所有权的公益性而导致的利益失衡，现今转而强调集体土地的私益性，赋予集体建设用地可流通性，允许集体建设用地使用权流转，无疑有着重要意义。这样可以达到国家利益与农民利益的平衡兼顾，实现城乡统筹发展。

2. 经济学角度的分析

笔者认为从经济学角度来看，集体建设用地使用权的流转不论对于国家还是对于农民来说，都是有利的，可以达到"双赢"的效果。

（1）农民集体推进集体建设用地使用权的流转可以获得下列收益：

第一，参与分享土地增值收益。在我国目前的土地制度下，集体建设用地土地产权残缺，集体建设用地所有者的土地权利很容易受到侵害，如基于农地现状收益标准的征地补偿标准，远低于土地转用后的实际收益。为了获取更多的土地收益，农民作为"理性经济人"，尝试突破法律的规定，自发推动集体建设用地流转。[①]集体建设用地入市流转改变了由于现行征地制度补偿低导致的集体土地权利被侵害剥夺的现状。集体建设用地直接入市流转，集体土地所有者可以获得的土地收益远大于征地补偿，并参与分享土地增值收益。

第二，盘活农村中存量土地资产。流转的集体建设用地大多属于闲置浪费低效使用的土地，流转则使得集体经济组织可以通过以土地入股、联营等方式，参与土地开发与经营，盘活闲置土地资产，促进乡镇企业及地方经济发展。

第三，增加非农就业机会。由于城市建设、经济发展大量占用土地，而原来通过乡镇企业安置的劳动力因企业经营不景气出现倒流，同时又有新的劳动力成长起来，人地矛盾越来越尖锐。建设用地流转，引入非农产业和投资，加快了农村工业化发展进程，有利于解决农村剩余劳动力的转移和征地后失地农民出路问题。

---

① 王艳玲：《我国农村集体建设用地使用权流转的制度变革》，《北方经济》2008年第2期。

(2)对于国家和政府部门来说也是有益的：

第一，突破中央政府对土地市场的严格管制，获得新增建设用地来源。土地利用管制制度直接限制了地方政府增加建设用地供给，而从集体建设用地中获得建设用地供给增量是可行的选择。经济发达地区土地供需矛盾尤其尖锐，甚至到了无地可征的程度。而农村存量建设用地还有很大的挖掘潜力。集体建设用地中，因缺乏规划低效利用、因企业停产半停产处于闲置与半闲置之间，这些状态的土地总量很大，还有很大的挖掘空间。以居住用地为例，我国目前全国城市人均居住用地面积为133平方米，农村为182平方米，分别比国家标准允许的最高上限还超出13平方米和32平方米；相应地，根据人口规模可以换算出城市居住用地潜力为4550平方公里，农村居住用地潜力为28800平方公里，农村潜力是城市潜力的6.3倍。允许农村集体建设用地流转可以解决部分土地紧缺问题，弥补国有土地供应的不足，缓解耕地被占用的压力。①

第二，对集体土地规范管理，维护土地市场秩序，节省交易成本。在没有对集体建设用地流转的进行规范之前，集体建设用地的管理处于无法可依、无规可循的状态。这种情况直接导致了土地利用上的混乱。集体建设用地的私自交易冲击土地利用总体规划和城市规划实施，土地利用规划控制指标屡被突破。集体建设用地流转制度创新变堵为疏，规范了市场秩序，节省了交易成本，另外还可以增加政府税收。可谓一举多得。

二、"三位一体"集体建设用地使用权的流转模式

笔者认为，如果要解决集体建设用地制度目前存在的流转问题，就不能只是从某个方面着手，而是应当采取综合措施进行完善。这里我们提出一个设想，就是采取"三位一体"模式解决集体建设用地使用权流转问题。"三位一体"指的就是土地整治、城乡建设用地增减挂钩和集体建设用地使用权流转。

1. 土地整治

土地整治是世界上许多国家解决社会经济发展过程中土地利用问题的一项重要措施。国外土地整治的历史可以追溯到中世纪，德国、法国、俄罗斯等国开展土地整治的时间比较早，澳大利亚、加拿大、日本、韩国和我国台湾地区等也都开展了卓有成效的土地整治工作。

20世纪八九十年代，我国已经开始进行初步的土地整理工作。1997年，中共中央、国务院颁布了《关于进一步加强土地管理切实保护耕地的通知》，要求"积极推进土地整理，搞好土地建设"，第一次将土地整理正式写入中央文件。

---

① 龙开胜：《农村集体建设用地流转：演变、机理与调控》，南京农业大学2009年博士学位论文。

1998年，土地整理写进了新修订的《土地管理法》，明确提出了"国家鼓励土地整理"。2004年，国务院下发了《关于深化改革严格土地管理的决定》（国发〔2004〕28号），提出"鼓励农村建设用地整理，城镇建设用地增加要与农村建设用地减少相挂钩"，为城乡建设用地布局调整提供了政策依据。党的十七届三中全会决定提出"大规模实施土地整治，搞好规划、统筹安排、连片推进"。2009年中央1号文件和政府工作报告也对土地整治做了战略部署。综上可知，我国的土地整治的内涵从以前简单的农用地整理逐步丰富发展，目标多元化、综合化的特点越来越突出。可以说，从"土地整理"到"土地整治"，一字之差，一个飞跃，标志着我国土地整治事业发展到了一个全新时期。

目前在我国各地开展的土地整治形式多种多样，呈现出多元化的特征。这主要是由各地区自然条件的差异性以及社会经济条件的不同所决定的。

总体上来说，我国农村土地整治的类型主要有以下几类：

（1）农用土地的整理。这主要是为增加耕地面积、提高耕地质量、改善农业生产条件而对农村中的田、水、路、林、村的综合治理。例如，地块合并、农田平整、兴修水利、调整道路、坡改梯等。

（2）废弃土地复垦。这主要是对生产建设过程中因人为或自然原因造成的废弃土地进行整治，恢复其可利用状态。例如对废弃的工厂、道路、工矿地、旧宅基地等进行复垦整治。

（3）荒地开发。这主要是采取措施将宜耕未利用的土地开发为耕地。例如对"四荒"的开发复垦。

（4）村镇建设用地整治。这主要是对村镇建设用地进行调整，以节约土地、集约利用。例如对农村居民点的改造、乡镇企业的集中等。

由此可知，建设用地整治即是土地整治的一种。经过多年的发展，我国土地整治在保护耕地、促进城乡统筹发展等方面发挥了非常重要的作用。通过土地整治增加了耕地面积，提高了耕地质量，并且促进了节约、集约用地，改善了农业的生产条件和农民的生活居住条件。同时也推动了农业产业结构的调整和城乡协调统筹发展。这样不仅增加了耕地面积提高了耕地质量，而且进一步拓展了城乡经济发展空间。可以说，土地整治一举多得，既解决了农业生产和农民生活水平不高、农村产业发展滞后等一系列问题，又走出了一条以城带乡、以城促乡、城乡统筹、可持续发展的道路。

2.城乡建设用地增减挂钩

随着社会经济的发展，我国城镇建设用地需求不断扩大，对耕地的占用日益加剧；同时在农村，由于管理不善，村镇规划落后，农村居民点用地面积往往偏大，土地的荒旧废弃现象普遍。两方面原因导致了农村建设用地和城镇建设用地总量同步增长的状况。保护耕地与经济发展占地都为刚性需求，除提高土地集约

第六章 我国集体建设用地法律制度创新研究

利用水平外,平衡农村居民点用地规模与城市建设占地规模的关系,通过统筹城乡用地,用农村建设用地来弥补我国城镇建设用地的缺口成为解决双保(保增长、保红线)问题的一个思路。城乡建设用地增减挂钩政策就是产生于耕地保护与经济发展占地的矛盾之中,着眼于用地布局合理、利用有序、节约集约,是贯彻落实科学发展观要求和土地管理"两个最严格制度"的措施。

2004年国务院下发的《国务院关于深化改革严格土地管理的决定》(国发〔2004〕28号)规定:"鼓励农村建设用地整理,城镇建设用地增加要与农村建设用地减少相挂钩",正式明确提出城镇建设用地增加与农村建设用地减少相挂钩的政策。2005年国土资源部研究制定了《关于规范城镇建设用地增加与农村建设用地减少相挂钩试点工作的意见》(国土资〔2005〕207号),对"挂钩"试点工作的要求、指标周转和项目区的管理、"挂钩"试点的相关配套政策及管理、"挂钩"试点的工作组织提出指导意见。2006年国土资源部下发了《关于天津等五省(市)城镇建设用地增加与农村建设用地减少相挂钩第一批试点的批复》(国土资〔2006〕269号),并在天津、浙江、江苏、安徽、山东等省展开了试点工作。2007年7月,国土资源部下发了《关于进一步规范城乡建设用地增减挂钩试点工作的通知》,强调要统一思想,明确要求,严格、稳步推进城乡建设用地增减相"挂钩"试点工作。另外,为了规范城乡建设用地增减挂钩试点工作的实施,国土资源部在2008年6月发布了《城乡建设用地增减挂钩试点管理办法》。

根据《城乡建设用地增减挂钩试点管理办法》规定,城乡建设用地增减挂钩是指依据土地利用总体规划,将若干拟整理复垦为耕地的农村建设用地地块(即拆旧地块)和拟用于城镇建设的地块(即建新地块)等面积共同组成建新拆旧项目区(以下简称项目区),通过建新拆旧和土地整理复垦等措施,在保证项目区内各类土地面积平衡的基础上,最终实现增加耕地有效面积,提高耕地质量,节约集约利用建设用地,城乡用地布局更合理的目标。自城乡建设用地增减"挂钩"试点工作开展以来,增减挂政策能够缩减农村建设用地,规范居民点建设,新增城镇建设用地指标,从而有利于优化土地利用结构,促进新农村建设,统筹城乡发展,提高土地节约集约度,并为产业经济和城镇建设提供了发展空间,是一项行之有效、广受欢迎的好政策。

城乡建设用地增减挂钩可采取的运作模式有三种:一是政府主导型运作模式;二是市场主导型运作模式;三是农村集体自主型运作模式。①目前在我国政府宏观调控下,主要采取的是第一种模式,主要由政府来组织和管理"挂钩"政策的运行,政府作为组织策划者,负责项目选址立项、编制规划设计方案、筹措

---

① 王君、朱玉碧、郑财贵:《对城乡建设用地增减挂钩运作模式的探讨》,《农村经济》2007年第8期。

资金、监督工程执行情况，承担项目运行风险。

城乡建设用地增减"挂钩"，实质上是保证农用地和建设用地总量不变的前提下，农村建设用地所有权以及使用权通过特定方式的流转。对该项政策应该把握几点：第一，应符合土地利用总体规划，"挂钩"项目应与当地土地利用总体规划相协调；第二，"挂钩"项目应在本市（地）、县（市）行政区域内完成。

城乡建设用地增减"挂钩"试点从2006年开展以来，总体进展顺利，各地在实践中形成了一些典型做法和经验，主要有以下几点：第一，坚持科学规划，规范项目区设置。第二，优化城乡用地结构和布局，使耕地和基本农田集中成片分布。第三，促进土地利用有序规范，切实维护集体和农户合法权益，促进农民生活和农业生产的发展。第四，控制指标使用，保证试点不走样。

增"挂钩"钩试点在促进耕地保护，推动节约、集约用地，支持新农村建设，促进经济发展，推进农村土地管理制度改革等方面取得了明显成效，达到了预期目标。实践证明，增减"挂钩"政策推进了城乡一体化和社会主义新农村建设，促进了节约、集约利用土地、提高了耕地质量，推动了农业产业化进程、增加了农民的收入，可以很好地解决保护资源和保障发展之间的矛盾，为城乡统筹和经济社会发展提供了有效平台。从服务经济社会发展大局来看，增减"挂钩"是一项顺势而为、行之有效、广受欢迎的好政策。从加强土地管理和耕地保护来看，增减"挂钩"是"占补平衡"思路的合理延伸，是破解保障与保护"两难"困境的根本出路，进一步完善推广恰逢其时。

3. 集体建设用地使用权流转

由于我国长期以来实行农村土地禁止流转的政策，集体建设用地使用权一直没有得到重视。但是伴随工业化和城市化的进程，农村土地的价值不断提升，集体建设用地隐性市场普遍存在，许多地方也在进行集体建设用地进入市场的探索，集体建设用地使用权的流转及其市场的建设亟待规范运行。

目前，由于立法限制，集体建设用地使用权还不能合法流转。但是很多地方都在进行试点。集体建设用地使用权流转可归纳为三种模式：

（1）乡镇企业改制型的苏州模式。在乡镇企业改制过程中，为了使乡镇企业原来使用的集体建设用地纳入资产管理，苏州市要求乡镇企业改制时更换土地使用权人，形成苏州模式。苏州属于地方自发试点阶段典型地区，具体做法是：乡镇企业通过转让、出租、作价入股改制的，必须通过集体建设用地流转的办法转换土地使用权人或更换实际使用者。该做法的核心内容是仅允许指定范围内的存量集体建设用地通过转让、作价投入和出租等方式进入土地市场，并提出了集体土地所有权主体代表为乡（镇）农工商总公司或村经济合作社，明确了集体土地的产权运作主体。

（2）政府推动型的芜湖模式。2000年2月，国土资源部决定以安徽芜湖市为全国首家集体建设用地流转试点地区，同时芜湖市颁布了《芜湖市农民集体所有建设用地使用权流转管理办法》，确定在芜湖市5个镇封闭运行，试点时间为3年。因此芜湖市开展了政府推动的集体建设用地流转，形成芜湖模式。流转的实质就是政府自行供应建设用地、经营建设用地。具体做法是：首先明晰集体土地产权，承认土地承包现状，确定土地所有权；然后由乡镇的土地发展中心同农村集体和承包者签订有偿流转合同；将流转来的建设用地进行前期开发，再按照"三集中"原则，将建设用地转包、出让或者租赁给用地者。

（3）经济发展驱动型的广东模式。改革开放以来，珠三角经济发展迅猛，特别是工业得到长足的进步。工业的发展需要大量的建设用地，不仅国有建设用地市场流转频繁，集体建设用地也被卷入市场进行流转，形成广东模式。在试点地区经验的基础上，广东省因势利导，对流转进行规范，参照国有建设用地市场，于2005年由省政府签发出台了《广东省集体建设用地使用权流转管理办法》，并逐步将试点地区扩大至全省21个地市，其具体的操作与国有建设用地管理的出让、转让、租赁等没有太大的区别，只是主体发生改变。

近几年来，集体建设用地使用权流转试点工作取得了非常显著的成效。例如集体建设用地为经济的正常运转提供了要素支持，在一定程度上促进了当地社会经济的发展，尤其是农村社会经济的快速发展。集体建设用地使用权的流转使土地资源配置得到优化，集镇规模不断扩大，城镇化水平显著提高，为实现城乡统筹发展发挥了重要作用。集体建设用地流转充分尊重了农民的土地财产权，切实保障了农民的经济利益，提高了农民的生活水平，使农民的生活质量有了显著改善。提高了土地利用率和使用效益，使耕地得到了有效保护，土地集约利用水平进一步提高，促进了土地利用总体规划和村镇建设规划的实施。

4."三位一体"改革集体建设用地使用权的流转

结合当前实际，我们要厘清土地整治、城乡建设用地增减挂钩、集体建设用地流转之间的关系，处理好三者之间的当前和长远、局部与全局关系，促进三者在工作中的有效衔接，使之成为农村集体土地管理制度改革中三个相互渗透、相互作用、交叉运用、不可分割的环节。

（1）探索协调和整合土地整治、城乡统筹增减挂钩、集体建设用地流转三位一体的政策措施。

第一，要充分发挥政府的主导作用，统筹规划，合理引导，找准切入点和结合点，探索整合土地整治、城乡建设用地增减挂钩、集体建设用地流转三种形式的农村土地管理制度改革政策和措施，充分发挥项目整合、资金融合、挂钩调节的整装优势，促进土地资源、资产、资本"三位一体"管理，发挥政策的整合效益。一是通过开展农村土地整治，解决多年来存在的集体建设用地布局散乱、土地利用效率低下、闲置浪费现象突出等问题。通过土地空间的"移位"，权益人的"易主",实现集中连片开发利用,节约集约用地,促进农村人口、土地、产业相对集中。整治增加的土地首先要复垦为耕地,确保农村耕地不减少。二是要用于农村的公益设施和基础设施建设,发展农村教育、医疗、文化等事业。三是要留足发展非农产业用地,保证农村集体经济发展的用地需要,加快促进农村多元化产业的发展。四是运用城乡建设用地增减挂钩政策,在确保建设用地总量不增加、耕地面积不减少、质量不降低的前提下,将农村节余的建设用地指标调剂到城镇使用,促进小城镇发展,同时把土地级差收益返回农村用于新农村建设,形成良性循环。

需要注意的是,土地整治、城乡建设用地增减挂钩以及流转工作要遵循以下几个原则:一是村庄整治要经国土部门批准并获得周转建设用地指标,非经国家批准不得进行;二是增减挂钩的建设用地指标只能在县域内置换,不能跨县、跨市甚至跨省;三是置换进城使用的建设用地要纳入年度用地计划指标,不得私自使用;四是指标置换进城后增值的土地收益必须全部返还农村,地方政府不得截留。

第二,通过集体建设用地流转,将农村土地整治和城乡建设用地增减"挂钩"节余出来的建设用地就近安排使用,促进小城镇建设,避免用地指标片面向城市集中,促进城乡统筹发展,另外通过流转取得的出让金或租金可以继续投入到土地整治当中,解决土地整治资金短缺的问题。这里需要特别注意一点,即国家提出"城乡建设用地增减挂钩"的本意,是为了促进乡(镇)土地利用总体规划、村庄和集镇规划的编制,通过"增减挂钩",使农村节约的建设用地用于发展小城镇和县域经济,①而非将多余用地指标用于大城市。

第三,进一步细化土地整治、增减挂钩以及集体建设用地流转工作中涉及的相关制度,如土地确权制度、土地评价制度、城乡土地统一市场、利益分配制度等。解决好新增耕地的权属、资源配置、经营方式等问题,抓紧完善相关法律法规和配套政策,规范推进农村土地管理制度改革。同时要加强对农民利益的保护,保障其在土地整治、增减挂钩以及集体建设用地流转中的收益,落实好被搬迁农民房屋的补偿及社会保障等问题。

第四,进一步加强对土地整治、增减"挂钩"以及集体建设用地流转工作的后续监管,包括进一步完善复垦耕地的数量和质量监管机制,加强对新增耕地质量建设与管理的检查,加强对新建项目区用地手续的监管,认真落实和强化土地用途管制制度,防止"搭车"违法用地行为的发生。另外需要特别注意的是要保护农民利益,防止个别地方政府违法违规利用土地整治、增减"挂钩"和流转措

---

① 陈锡文:《公益性征地私人理应吃亏毫无道理》,http://finance.ifeng.com/news/20101001/2676655.shtml. 访问时间 2010 年 9 月 29 日。

施,拿走农民土地,截取土地出让金或租金,破坏耕地的现象。

(2)构建城乡统一的建设用地市场。通过"三位一体"模式改革集体建设用地制度还需要一个关键因素,那就是城乡统一的建设用地市场。党的十七届三中全会提出了"逐步建立城乡统一的建设用地市场,对依法取得的农村集体经营性建设用地,必须通过统一有形的土地市场、以公开规范的方式转让土地使用权,在符合规划的前提下与国有土地享有平等权益"。可以说,建立城乡统一的建设用地市场是推进农村土地管理制度改革的一项重要措施,它是建设社会主义市场经济体制的必然要求、规范土地市场的需要、有效保护农民权益的保障。

第一,统一土地市场运行规则和流转模式。《物权法》第137条规定:"设立建设用地使用权,可以采取出让或者划拨等方式。工业、商业、旅游、娱乐和商品住宅等经营性用地以及同一土地有两个以上意向用地者的,应当采取招标、拍卖等公开竞价的方式出让。"这是国有建设用地使用权流转的方式,即公开竞价出让。可以参照国有土地使用权出让方式设计出台《集体建设用地使用权流转管理办法》,明确集体建设用地使用权流转的条件、范围、方式、程序、利益分配以及价格评估、交易平台等问题,切实规范建设用地使用权流转工作。这样可以规范政府对集体建设用地使用权流转的干预,提高集体建设用地的利用效率。

第二,积极完善集体建设用地使用权流转的配套措施。例如,参照国有土地基准地价制度,分片制定集体建设用地流转最低保护价,防止以权力扭曲集体土地的流转价格;通过制定修改有关法律法规,明确集体建设用地使用权的期限。

第三,流转的集体建设用地与国有土地应予以对接并统一入市。理论上讲,城乡统一的建设用地市场要求不同主体的土地可以相互交易和流转,每个主体可以通过市场获得相应的土地权利,也可以通过市场让渡相应的土地权利。①集体土地和国有土地统一入市,只有这样,城乡一体化的建设用地市场才能具有开放性,有利于不同权利主体进入市场交易。

第四,均衡土地收益分配关系。按照"初次分配基于产权,再次分配税收调节"的原则,合理分配流转土地的收益,"谁所有,谁投入,谁收益"。集体土地流转收益的首次分配应基于产权完全归集体土地所有者所有,转让集体土地使用权的,转让收益由使用权人收取。通过这一分配规则,在保护土地产权人利益的同时,维护社会公平,保障全社会应有的土地权益。同时要注意在集体建设用地流转收益分配管理中,需建立一套公开透明且行之有效的监督机制,防止侵吞或挪用集体资产的行为。

第五,健全完善土地税收制度。由于《土地管理法》限制农村集体建设用地

---

① 吴冠岑、牛星:《构建城乡一体化的建设用地市场探讨》,《广东土地科学》第8卷第4期。

进入市场流转,因此,我国现行的与土地相关的税种除耕地占用税外,均未将农村集体建设用地全部或者部分纳入征税范围,包括城镇土地使用权税、土地增值税和契税等。进行城乡土地市场体系建设,关键在于赋予城乡集体建设用地相同的权益,"同权"是根本。在此过程中,国家的税收政策也应进行相应的调整,使集体建设用地和国有建设用地负担相同的税费。①

---

① 赵忠君:《论新形势下的集体建设用地流转与城乡土地市场构建》,《安徽农学通报》2010年第7期。

第七章　我国土地登记法律制度创新研究

土地登记作为一项基础的土地管理制度，对于明确土地产权关系，保护土地权利人的合法利益，保障土地交易安全，维护土地市场秩序具有重要的作用。2008年2月1日，《土地登记办法》（国土资源部令第40号）开始实施。其以《物权法》为依据，构建了我国土地登记制度的基本框架，为开展土地登记工作提供了依据。但在实践中，有些问题在《物权法》、《土地登记办法》上并未有明确规定或规定得比较模糊，给实际工作带来很多不便，影响甚至阻碍土地登记工作的正常开展。这些问题在将来修订《土地管理法》以及完善配套土地登记制度时应引起足够的重视，在立法上作出明确的规定，促进土地登记工作顺利开展。

第一节　我国土地登记制度的概观

一、土地登记的概念

根据《土地登记办法》第2条规定，土地登记是指将国有土地使用权、集体土地所有权、集体土地使用权和土地抵押权、地役权以及依照法律法规规定需要登记的其他土地权利记载于土地登记簿公示的行为。这里的国有土地使用权，包括国有建设用地使用权和国有农用地使用权；集体土地使用权，包括集体建设用地使用权、宅基地使用权和集体农用地使用权（不含土地承包经营权）。

关于土地登记的概念应从以下几个方面进行理解：

1. 实施土地登记行为的主体是县级以上的人民政府及其土地管理部门

土地登记行为的实施者是代表国家公共权力的行政机关，这一特征赋予了土地登记行为以公法属性，从而将行政登记与其他性质的登记区别开来。而且，土地登记实行属地登记原则，也就是说实施土地登记行为的主体是土地所在地的行政机关。具体来说，申请人应当依照本办法向土地所在地的县级以上人民政府国土资源行政主管部门提出土地登记申请，依法报县级以上人民政府登记造册，核发土地权利证书。但土地抵押权、地役权由县级以上人民政府国土资源行政主管部门登记，核发土地他项权利证明书。跨县级行政区域使用的土地，应当报土地所跨区域各县级以上人民政府分别办理土地登记。在京中央国家机关使用的土地，按照《在京中央国家机关用地土地登记办法》的规定执行。

2. 土地登记行为通常要具有合法性

行政登记行为必须依法实施，这里的"依法实施"是指土地登记应有法律依据，其法律依据包括土地登记的实体法与程序法。一般来说，《物权法》、《土地管理法》、《城市房地产管理法》、《土地登记办法》等法律法规，都是土地登记的法律依据。具体来说，土地登记行为合法性要求履行土地登记职能的登记主体、登记职权、登记内容必须符合法律法规的规定，不得与其相抵触。

（1）行政登记主体法定。行使土地登记职权的行政机关，原则上由法律明文规定。

（2）土地登记职权法定。这就要求行政主体必须在法定的权限范围内实施登记行为，任何没有法律根据的登记职权都是不应存在的。

（3）土地登记内容法定。这就要求登记机关在行使职权时，不能违反有关土地登记的实体法与程序法，登记的范围、登记的事项、登记的类型、登记的审查等都应该严格遵照法律的规定。

3. 土地登记行为的被动性

土地登记行为的被动性，是指除法律另有规定的外，土地登记行为是依申请的单方行政行为。土地登记行为一般应依相对人的申请而进行，申请的存在排除了行政机关主动进行的强制登记，是行政机关被动行使职权的行为。根据《土地登记办法》第6条规定："土地登记应当依照申请进行，但法律、法规和本办法另有规定的除外。"

4. 登记机关对登记事项通常具有审查和监管权

这里的审查，根据法律规定包括形式审查和实质审查。形式审查要求对申请资料是否齐全与形式是否合法进行审查。实质审查要求对登记形式要件的合法性与真实性进行审查。对没有明文规定需要进行实质审查的事项，一般按形式审查的要求进行。

按照《土地登记办法》第5条规定，土地以宗地为单位进行登记。宗地是指土地权属界线封闭的地块或者空间。而土地登记的内容就是指反映在登记簿上的宗地的质和量方面的要素，主要包括：土地权属性质和来源、权利主体、权利客体、其他相关内容。而关于土地登记的效力，我国法律学界已经达成一定的共识，也为立法机构所肯定。《物权法》第6条规定，不动产物权的设立、变更、转让和消灭，应当依照法律规定登记。第9条第1款规定，不动产物权的设立、变更、转让和消灭，经依法登记，发生效力；未经登记，不发生效力，但法律另有规定的除外。这就表明我国土地登记的效力是登记要件主义，土地权利的设立、变更和灭失，自登记时起生效，当然法律另有规定的除外，例如土地承包经营权是自承包合同生效时设立，可以不用进行登记就能设立。

二、土地登记的一般规定

1. 土地登记申请

土地登记应当由依照申请进行，但法律、法规等另有规定的除外。这里的申请应当是双方当事人的共同申请，但是有这样的情况的可以单方申请：①土地总登记；②国有土地使用权、集体土地所有权、集体土地使用权的初始登记；③因继承或者遗赠取得土地权利的登记；④因人民政府已经发生法律效力的土地权属争议处理决定而取得土地权利的登记；⑤因人民法院、仲裁机构已经发生法律效力的法律文书而取得土地权利的登记；⑥更正登记或者异议登记；⑦名称、地址或者用途变更登记；⑧土地权利证书的补发或者换发；⑨其他依照规定可以由当事人单方申请的情形。

申请人申请土地登记，应当根据不同的登记事项提交下列材料：①土地登记申请书；②申请人身份证明材料；③土地权属来源证明；④地籍调查表、宗地图及宗地界址坐标；⑤地上附着物权属证明；⑥法律法规规定的完税或者减免税凭证；⑦土地登记办法规定的其他证明材料。第④项规定的地籍调查表、宗地图及宗地界址坐标，可以委托有资质的专业技术单位进行地籍调查获得。申请人申请土地登记，应当如实向国土资源行政主管部门提交有关材料和反映真实情况，并对申请材料实质内容的真实性负责。

未成年人的土地权利，应当由其监护人代为申请登记。申请办理未成年人土地登记的，除提交《土地登记办法》规定的材料外，还应当提交监护人身份证明材料。委托代理人申请土地登记的，除提交《土地登记办法》规定的材料外，还应当提交授权委托书和代理人身份证明。代理境外申请人申请土地登记的，授权委托书和被代理人身份证明应当经依法公证或者认证。

2. 土地登记申请的处理

对当事人提出的土地登记申请，国土资源行政主管部门应当根据下列情况分别作出处理：①申请登记的土地不在本登记辖区的，应当当场作出不予受理的决定，并告知申请人向有管辖权的国土资源行政主管部门申请；②申请材料存在可以当场更正的错误的，应当允许申请人当场更正；③申请材料不齐全或者不符合法定形式的，应当当场或者在五日内一次告知申请人需要补正的全部内容；④申请材料齐全、符合法定形式，或者申请人按照要求提交全部补正申请材料的，应当受理土地登记申请。国土资源行政主管部门受理土地登记申请后，认为必要的，可以就有关登记事项向申请人询问，也可以对申请登记的土地进行实地查看。

国土资源行政主管部门应当对受理的土地登记申请进行审查,并按照下列规定办理登记手续:①根据对土地登记申请的审核结果,以宗地为单位填写土地登记簿;②根据土地登记簿的相关内容,以权利人为单位填写土地归户卡;③根据土地登记簿的相关内容,以宗地为单位填写土地权利证书。对共有一宗土地的,应当为两个以上土地权利人分别填写土地权利证书。

有下列情形之一的,不予登记:①土地权属有争议的;②土地违法违规行为尚未处理或者正在处理的;③未依法足额缴纳土地有偿使用费和其他税费的;④申请登记的土地权利超过规定期限的;⑤其他依法不予登记的。不予登记的,应当书面告知申请人不予登记的理由。

国土资源行政主管部门应当自受理土地登记申请之日起20日内,办结土地登记审查手续。特殊情况需要延期的,经国土资源行政主管部门负责人批准后,可以延长10日。

3. 土地登记簿与土地权利证书

土地登记簿是土地权利归属和内容的根据。土地登记簿应当载明下列内容:①土地权利人的姓名或者名称、地址;②土地的权属性质、使用权类型、取得时间和使用期限、权利以及内容变化情况;③土地的坐落、界址、面积、宗地号、用途和取得价格;④地上附着物情况。土地登记簿应当加盖人民政府印章。土地登记簿采用电子介质的,应当进行异地备份。

土地权利证书是土地权利人享有土地权利的证明。土地权利证书记载的事项,应当与土地登记簿一致;记载不一致的,除有证据证明土地登记簿确有错误外,以土地登记簿为准。土地权利证书包括:①国有土地使用证;②集体土地所有证;③集体土地使用证;④土地他项权利证明书。国有建设用地使用权和国有农用地使用权在国有土地使用证上载明;集体建设用地使用权、宅基地使用权和集体农用地使用权在集体土地使用证上载明;土地抵押权和地役权可以在土地他项权利证明书上载明。土地权利证书由国务院国土资源行政主管部门统一监制。

三、土地登记的类型

1. 土地总登记

土地总登记,是指在一定时间内对辖区内全部土地或者特定区域内土地进行的全面登记。总登记属于静态登记,土地权利人在拥有或使用土地期间,无论是否发生过变更,都必须按照登记机关的要求,在确定的时点,通过一定法定程序,在统一的簿册上进行注册登记。需要进行土地总登记的情形主要有两种:一是从未进行过土地登记的地区;二是原有登记需要全面更新。土地总登记是日常变更登记的基础,通过土地总登记建立起来的辖区每宗土地的表、卡、证实以后作为变更登记的根据,没有总登记,变更登记就无从谈起。例如2001年11月9

第七章　我国土地登记法律制度创新研究

日，国土资源部发出了《关于依法加快集体土地所有权登记发证工作的通知》，全面部署开展全国集体土地所有权总登记工作。

土地总登记一般包括以下几个程序：

（1）准备与通告。土地总登记涉及面广、工作量大、情况复杂，因此必须做好土地总登记前的准备工作，包括组织准备、行政准备、技术准备等。在准备工作做好之后，应当发布通告。通告的主要内容包括：①土地登记区的划分；②土地登记的期限；③土地登记收件地点；④土地登记申请人应当提交的相关文件材料；⑤需要通告的其他事项。

（2）申请与调查。土地权利人应当按照通告对申请的期限，向登记机关申报其土地产权状况并提交有关证明文件。登记机关对土地登记申请书及其他资料进行形式审查。然后登记机关对申请登记的土地采取调查、核实、测量、定界、成图等措施，以查清土地产权性质、界线、面积、用途及土地权利人的有关情况。

（3）审核与公告。在调查结束后，土地登记机关要对调查结果进行审核。对符合总登记要求的宗地，由国土资源行政主管部门予以公告。公告的主要内容包括：①土地权利人的姓名或者名称、地址；②准予登记的土地坐落、面积、用途、权属性质、使用权类型和使用期限；③土地权利人及其他利害关系人提出异议的期限、方式和受理机构；④需要公告的其他事项。

（4）登记与发证。公告期满，当事人对土地总登记审核结果无异议或者异议不成立的，由国土资源行政主管部门报经人民政府批准后办理登记。土地证书由土地管理部门填写，县级以上人民政府颁发。

2. 土地初始登记

初始登记是指土地总登记之外对设立的土地权利进行的登记。初始登记是相对于变更登记、注销登记的一种登记程序。土地初始登记可以分为很多种情形，大致可以归纳为建设用地使用权初始登记、集体土地所有权和使用权初始登记、土地抵押权初始登记、地役权初始登记等。

土地初始登记的种类情形：

（1）建设用地使用权初始登记。建设用地使用权初始登记主要包括以下几类：①依法以划拨方式取得国有建设用地使用权的，当事人应当持县级以上人民政府的批准用地文件和国有土地划拨决定书等相关证明材料，申请划拨国有建设用地使用权初始登记。新开工的大中型建设项目使用划拨国有土地的，还应当提供建设项目竣工验收报告。②依法以出让方式取得国有建设用地使用权的，当事人应当在付清全部国有土地出让价款后，持国有建设用地使用权出让合同和土地出让价款缴纳凭证等相关证明材料，申请出让国有建设用地使用权初始登记。③划拨国有建设用地使用权已依法转为出让国有建设用地使用权的，当事人应当持原国有土地使用证、出让合同及土地出让价款缴纳凭证等相关证明材料，申请

· 169 ·

出让国有建设用地使用权初始登记。④依法以国有土地租赁方式取得国有建设用地使用权的，当事人应当持租赁合同和土地租金缴纳凭证等相关证明材料，申请租赁国有建设用地使用权初始登记。⑤依法以国有土地使用权作价出资或者入股方式取得国有建设用地使用权的，当事人应当持原国有土地使用证、土地使用权出资或者入股批准文件和其他相关证明材料，申请作价出资或者入股国有建设用地使用权初始登记。⑥以国家授权经营方式取得国有建设用地使用权的，当事人应当持原国有土地使用证、土地资产处置批准文件和其他相关证明材料，申请授权经营国有建设用地使用权初始登记。

（2）集体土地所有权与使用权初始登记。集体土地所有权与使用权初始登记主要包括以下几种情形：①农民集体土地所有权人应当持集体土地所有权证明材料，申请集体土地所有权初始登记。②依法使用本集体土地进行建设的，当事人应当持有批准权的人民政府的批准用地文件，申请集体建设用地使用权初始登记。③集体土地所有权人依法以集体建设用地使用权入股、联营等形式兴办企业的，当事人应当持有批准权的人民政府的批准文件和相关合同，申请集体建设用地使用权初始登记。④依法使用本集体土地进行农业生产的，当事人应当持农用地使用合同，申请集体农用地使用权初始登记。

（3）土地抵押权初始登记。依法抵押土地使用权的，抵押权人和抵押人应当持土地权利证书、主债权债务合同、抵押合同以及相关证明材料，申请土地使用权抵押登记。同一宗地多次抵押的，以抵押登记申请先后为序办理抵押登记。符合抵押登记条件的，国土资源行政主管部门应当将抵押合同约定的有关事项在土地登记簿和土地权利证书上加以记载，并向抵押权人颁发土地他项权利证明书。申请登记的抵押为最高额抵押的，应当记载所担保的最高债权额、最高额抵押的期间等内容。

（4）地役权初始登记。在土地上设定地役权后，当事人申请地役权登记的，供役地权利人和需役地权利人应当向国土资源行政主管部门提交土地权利证书和地役权合同等相关证明材料。符合地役权登记条件的，国土资源行政主管部门应当将地役权合同约定的有关事项，分别记载于供役地和需役地的土地登记簿和土地权利证书，并将地役权合同保存于供役地和需役地的宗地档案中。供役地、需役地分属不同国土资源行政主管部门管辖的，当事人可以向负责供役地登记的国土资源行政主管部门申请地役权登记。负责供役地登记的国土资源行政主管部门完成登记后，应当通知负责需役地登记的国土资源行政主管部门，由其记载于需役地的土地登记簿。

3. 土地变更登记

变更登记，是指因土地权利人发生改变，或者因土地权利人姓名或者名称、地址和土地用途等内容发生变更而进行的登记。

第七章 我国土地登记法律制度创新研究

土地变更登记的情形主要有：

(1) 土地权利变更登记。

第一，依法以出让、国有土地租赁、作价出资或者入股方式取得的国有建设用地使用权转让的，当事人应当持原国有土地使用证和土地权利发生转移的相关证明材料，申请国有建设用地使用权变更登记。

第二，因依法买卖、交换、赠与地上建筑物、构筑物及其附属设施涉及建设用地使用权转移的，当事人应当持原土地权利证书、变更后的房屋所有权证书及土地使用权发生转移的相关证明材料，申请建设用地使用权变更登记。涉及划拨土地使用权转移的，当事人还应当提供有批准权人民政府的批准文件。

第三，因法人或者其他组织合并、分立、兼并、破产等原因致使土地使用权发生转移的，当事人应当持相关协议及有关部门的批准文件、原土地权利证书等相关证明材料，申请土地使用权变更登记。

第四，因处分抵押财产而取得土地使用权的，当事人应当在抵押财产处分后，持相关证明文件，申请土地使用权变更登记。土地使用权抵押期间，土地使用权依法发生转让的，当事人应当持抵押权人同意转让的书面证明、转让合同及其他相关证明材料，申请土地使用权变更登记。已经抵押的土地使用权转让后，当事人应当持土地权利证书和他项权利证明书，办理土地抵押权变更登记。

第五，经依法登记的土地抵押权因主债权被转让而转让的，主债权的转让人和受让人可以持原土地他项权利证明书、转让协议、已经通知债务人的证明等相关证明材料，申请土地抵押权变更登记。

第六，因人民法院、仲裁机构生效的法律文书或者因继承、受遗赠取得土地使用权，当事人申请登记的，应当持生效的法律文书或者死亡证明、遗嘱等相关证明材料，申请土地使用权变更登记。权利人在办理登记之前先行转让该土地使用权或者设定土地抵押权的，应当依照本办法先将土地权利申请登记到其名下后，再申请办理土地权利变更登记。

第七，已经设定地役权的土地使用权转移后，当事人申请登记的，供役地权利人和需役地权利人应当持变更后的地役权合同及土地权利证书等相关证明材料，申请办理地役权变更登记。

(2) 其他土地变更登记。

第一，土地权利人姓名或名称、地址发生变化的，当事人应当持原土地权利证书等相关证明材料，申请姓名或者名称、地址变更登记。

第二，土地的用途发生变更的，当事人应当持有关批准文件和原土地权利证书，申请土地用途变更登记。土地用途变更依法需要补交土地出让价款的，当事人还应当提交已补交土地出让价款的缴纳凭证。

4. 土地注销登记

注销登记是指因土地权利的消灭等而进行的登记。土地登记注销后，土地权利证书应当收回；确实无法收回的，应当在土地登记簿上注明，并经公告后废止。注销登记是土地登记制度的重要组成部分，是产权明晰的保障，是确保不动产交易安全、维护市场秩序的重要法律手段。凡是土地权利的消灭，都必须进行注销登记。

根据注销登记发生的方式不同，可以将注销登记分为直接注销登记和申请注销登记。所谓直接注销登记是指登记机关依照法律规定的职权，在当事人应当申请而未申请或根本无须当事人的申请，而直接对某一登记权利进行注销的登记。申请注销登记是以当事人的申请为条件而进行的注销登记。

注销登记的种类情形主要有：

（1）直接注销登记。有下列情形之一的，可直接办理注销登记：①依法收回的国有土地；②依法征收的农民集体土地；③因人民法院、仲裁机构的生效法律文书致使原土地权利消灭，当事人未办理注销登记的。

（2）申请注销登记。申请注销登记的情形主要有：

第一，因自然灾害等原因造成土地权利消灭的，原土地权利人应当持原土地权利证书及相关证明材料，申请注销登记。当事人未按照规定申请注销登记的，国土资源行政主管部门应当责令当事人限期办理；逾期不办理的，进行注销公告，公告期满后可直接办理注销登记。

第二，非住宅国有建设用地使用权期限届满，国有建设用地使用权人未申请续期或者申请续期未获批准的，当事人应当在期限届满前15日内，持原土地权利证书，申请注销登记。当事人未按照规定申请注销登记的，国土资源行政主管部门应当责令当事人限期办理；逾期不办理的，进行注销公告，公告期满后可直接办理注销登记。

第三，已经登记的土地抵押权、地役权终止的，当事人应当在该土地抵押权、地役权终止之日起15日内，持相关证明文件，申请土地抵押权、地役权注销登记。当事人未按照规定申请注销登记的，国土资源行政主管部门应当责令当事人限期办理；逾期不办理的，进行注销公告，公告期满后可直接办理注销登记。但是土地抵押期限届满，当事人未申请土地使用权抵押注销登记的，除设定抵押权的土地使用权期限届满外，国土资源行政主管部门不得直接注销土地使用权抵押登记。

5. 其他土地登记

这里的其他登记包括更正登记、异议登记、预告登记和查封登记。

（1）更正登记。更正登记是指对登记簿标示部和权利部中的不正确记载进行更正的登记。更正登记具有以下几个特点：①它是对登记簿上已有记载的更正。

②它是对不正确登记行为的改正。③更正登记一般不会发生土地权利变动。

更正登记主要有两种情形：一是国土资源行政主管部门发现土地登记簿记载的事项确有错误的，应当报经人民政府批准后进行更正登记，并书面通知当事人在规定期限内办理更换或者注销原土地权利证书的手续。当事人逾期不办理的，国土资源行政主管部门报经人民政府批准并公告后，原土地权利证书废止。更正登记涉及土地权利归属的，应当对更正登记结果进行公告。二是土地权利人认为土地登记簿记载的事项错误的，可以持原土地权利证书和证明登记错误的相关材料，申请更正登记。利害关系人认为土地登记簿记载的事项错误的，可以持土地权利人书面同意更正的证明文件，申请更正登记。

（2）异议登记。异议登记是指利害关系人对土地登记簿记载的权利归属等事项有异议的，可以通过异议登记来保护自己的权利。

利害关系人认为土地登记簿记载的事项错误的，可申请更正登记。土地登记簿记载的权利人不同意更正的，利害关系人可以申请异议登记。对符合异议登记条件的，国土资源行政主管部门应当将相关事项记载于土地登记簿，并向申请人颁发异议登记证明，同时书面通知土地登记簿记载的土地权利人。异议登记期间，未经异议登记权利人同意，不得办理土地权利的变更登记或者设定土地抵押权。

有下列情形之一的，异议登记申请人或者土地登记簿记载的土地权利人可以持相关材料申请注销异议登记：①异议登记申请人在异议登记之日起15日内没有起诉的；②人民法院对异议登记申请人的起诉不予受理的；③人民法院对异议登记申请人的诉讼请求不予支持的。异议登记失效后，原申请人就同一事项再次申请异议登记的，国土资源行政主管部门不予受理。

（3）预告登记。预告登记是指为确保债权的实现、保障将来实现物权等目的，按照约定向登记机构申请办理的预先登记。在对土地权利进行查封登记后，登记名义人对查封的土地权利的处分受到限制，一般不发生效力。另外查封登记后，登记机关应停止与其权利有关的新的登记。而且同一土地权利上不得重复办理查封登记。

当事人签订土地权利转让的协议后，可以按照约定持转让协议申请预告登记。对符合预告登记条件的，国土资源行政主管部门应当将相关事项记载于土地登记簿，并向申请人颁发预告登记证明。预告登记后，债权消灭或者自能够进行土地登记之日起3个月内当事人未申请土地登记的，预告登记失效。预告登记期间，未经预告登记权利人同意，不得办理土地权利的变更登记或者土地抵押权、地役权登记。

（4）查封登记。查封登记是指为了保全债权人的债权，依债权人的申请，由执行法院就执行标的予以封存，禁止债务人处分而实施的行为。查封登记属于限制登记（保全登记）的一种。

第一，查封登记的办理。国土资源行政主管部门应当根据人民法院提供的查封裁定书和协助执行通知书，报经人民政府批准后将查封或者预查封的情况在土地登记簿上加以记载。

第二，查封登记的审查。国土资源行政主管部门在协助人民法院执行土地使用权时，不对生效法律文书和协助执行通知书进行实体审查。国土资源行政主管部门认为人民法院的查封、预查封裁定书或者其他生效法律文书错误的，可以向人民法院提出审查建议，但不得停止办理协助执行事项。

第三，非法律行为的规定。对被执行人因继承、判决或者强制执行取得，但尚未办理变更登记的土地使用权的查封，国土资源行政主管部门依照执行查封的人民法院提交的被执行人取得财产所依据的继承证明、生效判决书或者执行裁定书及协助执行通知书等，先办理变更登记手续后，再行办理查封登记。

第四，轮候查封登记。两个以上人民法院对同一宗土地进行查封的，国土资源行政主管部门应当为先送达协助执行通知书的人民法院办理查封登记手续，对后送达协助执行通知书的人民法院办理轮候查封登记，并书面告知其该土地使用权已被其他人民法院查封的事实及查封的有关情况。

轮候查封登记的顺序按照人民法院送达协助执行通知书的时间先后进行排列。查封法院依法解除查封的，排列在先的轮候查封自动转为查封；查封法院对查封的土地使用权全部处理的，排列在后的轮候查封自动失效；查封法院对查封的土地使用权部分处理的，对剩余部分，排列在后的轮候查封自动转为查封。

预查封的轮候登记参照以上规定办理。

第五，注销查封登记。查封、预查封期限届满或者人民法院解除查封的，查封、预查封登记失效，国土资源行政主管部门应当注销查封、预查封登记。

第六，对被人民法院依法查封、预查封的土地使用权，在查封、预查封期间，不得办理土地权利的变更登记或者土地抵押权、地役权登记。

第二节 土地登记机构的审查形式

关于土地登记机构的审查责任问题，理论界一直存在较大的争议，《物权法》第12条回避了形式审查和实质审查的概念，在审查责任上采取了折中的态度，既不能给土地登记实际操作者提供依据，也远不能满足司法裁判之需要。我们应当突破传统意义上的实质审查和形式审查概念，对土地登记机构的审查形式作出科学界定。

第七章 我国土地登记法律制度创新研究

一、理论界的争议及现行规定存在的问题

理论界关于土地登记实行实质审查还是形式审查一直争议较大。有人认为，我国正处于市场经济发展初期，市场信用较为低下，欺诈行为时有发生，土地登记机构应当对登记申请进行实质审查，以避免错误登记，保障交易安全；也有人认为，实质审查会浪费大量人力物力，影响效率，并且操作难度较大，土地登记机构应进行形式审查。这种争论长期存在，至今没有定论。由于土地登记机构的审查责任直接关系到土地权利人合法权益和土地市场交易秩序安全，也关系到土地登记机构的赔偿责任，在法律上必须有一个明确的界定。

实践中各地土地登记机关也做法不一，存在多种审查方式。如深圳市房地产登记审查主要采取的是窗口处理加形式审查的方式。湖北省丹江口市国土局采取的是实质审查方式。广西壮族自治区柳州市国土资源局在审查申请材料的真实性时，多要求申请人进行公证，即不仅要对申请材料在形式上是否完备进行审查，还要对申请背后的法律关系进行审查，是一种中间形态。①

对此问题，《物权法》第12条规定："登记机构应当履行下列职责：（一）查验申请人提供的权属证明和其他必要材料；（二）就有关登记事项询问申请人；（三）如实、及时登记有关事项；（四）法律、行政法规规定的其他职责。申请登记的不动产的有关情况需要进一步证明的，登记机构可以要求申请人补充材料，必要时可以实地查看。"从立法者的意图来看，该条的两款规定，既没有试图界定什么是实质审查，什么是形式审查，更不去回答物权法要求不动产登记机构进行实质审查还是形式审查。②这一规定显然过于原则，在土地登记实践中难以操作。例如该条规定的"查验"究竟查验到何种程度，是否意味着应当对当事人提供的材料辨别真伪；再如"就有关登记事项询问申请人"以及"必要时可以实地查看"的规定也过于笼统，是否意味着应当对土地登记据以产生的实体法律关系进行审查。这些问题往往令土地登记工作人员不知所措，难以准确把握。

同时，由于《物权法》第12条在不动产登记机构审查形式方面规定得比较模糊，也让司法工作人员对土地登记机构审查责任的把握出现差异，对相关纠纷的审理认识不一。有的认为，对不动产登记行为进行形式审查即可，司法审查也不应超过形式审查的范围，只限于对登记机关是否依照法定的条件进行形式上的合法性审查。也有的认为，不动产登记机关对登记申请应采取实质审查主义，对申请人提供的登记材料的真实性、合法性和有效性做全面审查，经审查无问题方可登记，否则就可认定为审查不到位，要承担相应的责任。

---

① 参见张昌民、张海龙：《不动产登记审查应摒弃实质与形式之分》，《人民法院报》2010年3月3日。
② 全国人大常委会法工委编：《中华人民共和国物权法释义》，法律出版社2007年版。

· 175 ·

二、国外关于不动产登记机构审查责任规定及其借鉴意义

关于不动产物权登记机构职责，国外有不同的规定，我们这里主要介绍一下大陆法系的代表国家，德国、瑞士和日本的主要做法。

1. 德国

德国不动产登记制度肇始于18世纪的普鲁士，当时不动产登记采用实质审查主义制度，赋予登记人员非常大的审查权限，不仅审查引起物权变动的物权契约，而且审查作为原因行为的债权契约。登记人员为了避免承担错误登记的责任，无限度地扩大审查范围，对于登记申请人的登记能力、申请登记的不动产的真实状况都要进行审查，这也导致登记时间延长，交易成本增加。随着不动产市场的日益繁荣，这种实质审查制度日益受到批判而退出历史舞台。根据德国现行的不动产登记审查制度，以权利让与的登记为例，登记机关只需要审查以下事项：①权利让与人作为权利人已被记载于登记簿。②登记机关仅审查权利人同意登记的意思表示，不审查实体法上的物权让与合意。③同意登记的意思表示应通过公开文本或公证文本作出。① 这实际上是在保留实质审查主义的外衣下，达到了形式主义审查的效果。从而大大减轻了登记机关的工作量，也降低了登记的成本，提高了登记的效率。②

2. 瑞士

由于瑞士对物权变动采取"有因主义"，其法律规定土地物权变动的登记要件除"申请"和"登记承诺"外，还需要证明有"登记簿的处分权和法律原因"，即土地物权变动得以发生的、以权利义务为根据的原因关系。但实际上其"实质审查"并不是由登记机关完成的，例如让与土地所有权，设定、转移独立且继续性的权利，设定用益权、居住权、土地负担等的原因行为，均须进行公证；因继承发生土地所有权转移，继承人办理登记时，需提供由主管机关颁发的证明书；依法院判决而对土地物权变动进行登记时，登记官只需在形式上审查判决书的效力后，即可登记。登记官对这种审查也是着力于审查原因关系是否践行了必要的形式。③

3. 日本

日本不动产登记法规定，登记官在有土地或者建筑物标示登记的申请时，或依职权进行登记时，如有必要，可以调查土地或建筑物标示事项。这实际上是一种以形式审查为主，实质审查为辅的做法。

---

① ③ 参见上海市房地产登记处：《不动产登记机关的审查职责研究》，《房地产权产籍》2010年第3期。
② 李凤章：《登记生效主义和登记对抗主义的比较考察》，《贵州大学学报》2004年第6期。

从以上三个国家的做法不难看出，对土地登记资料真正意义上的实质审查实践中很难做到，即使登记机构进行实质审查，也把大量的前期基础性工作推给了别的机构和申请人，无疑会增加当事人的负担，影响效率。当然，考虑到形式审查难以保证登记结果的正确性，一定条件下也会进行实质审查。

三、土地登记应突破传统意义上的实质审查和形式审查

关于实质审查、形式审查的区分标准，理论界也一直没有定论。有的从是否涉及实体法上权利的角度，认为形式审查就是登记机构仅审查登记申请在登记手续、提供材料等方面是否合法、齐备，不审查登记申请是否与实体法上的权利关系一致；实质审查则是不仅审查登记申请在登记手续上是否合法，还要审查其是否与实体法上的权利关系一致，实体法上的权利关系是否有效。有学者则从登记机构的调查权限上界定实质审查，即登记机构接受了登记申请之后，应当对登记内容进行询问和调查，以确保登记内容的真实性。还有的学者认为登记机构的审查权限及于不动产物权变动的原因关系的，就是实质审查；反之，就是形式审查。

实际上，在目前的条件下，无论采上述何种区分标准，我国的土地登记都难以做到真正的实质审查，而绝对的形式审查又不能适应当前经济社会形势发展的需要。在土地登记实践中，形式审查与实质审查相互交叉，对二者的范围、边界和深度难以作出明确的界定。简单地争论采取何种审查方式，没有实际意义。

1. 实质审查缺乏可行性

（1）从实质审查的内涵来看，真正意义上的实质审查除了查看法定要件以外，还要对材料的真实性和土地登记所依据的法律关系的真实性、合法性负责，即保证土地登记簿的绝对准确，这实际上难以做到。例如，当事人申请土地登记时提供的营业执照、身份证明等，随着现代造假技术日益高超，工作人员往往难以辨别其真伪，对引起土地变更登记所依据的合同关系是否真实等更是难以查证。从可行性方面考察，登记机关根本无法对所有基于物权变动的申请进行实质审查。

（2）从工作效率看，在登记总量为一个定量的时候，减轻登记机关负担的唯一途径就是减少登记审查的范围，而实质审查必然要求登记机关对每一项登记事项都要进行全面详细的审查，必要时还要进行实地勘察，就引起物权变动的具体合同效力进行实质性的调查。在目前土地交易关系日益发达的情况下，登记审查任务将非常艰巨，势必影响到登记的效率。

（3）如果采取实质审查义务，不动产交易的成本必然上升。从物权法立法过

程来看，立法者千方百计想扭转我国目前登记制度中成本过高的问题，[①]而实质审查义务必将在很大程度上增加登记成本，例如为了保证引起土地登记法律行为的合法性，可能会要求申请人对其交易行为进行公证，这显然会增加当事人的负担，造成登记制度与其价值目标的内在冲突。

2. 形式审查不能适应土地登记实际工作的需要

（1）形式审查不能保证登记结果的准确。如果土地登记机构只对申请人所提交材料是否齐全、是否符合法定形式进行审查，由申请人对材料实质内容的真实性、合法性负责，而不管申请人提供的资料是否存在造假、虚构行为，则显然不能保证土地登记结果的准确性，很容易给一些人的违法行为以可乘之机。

（2）形式审查将影响物权的公示公信力。根据《物权法》的规定，凡不动产物权的设立、变更、转让和消灭都应当依照法律规定登记，不动产物权一经登记即对外产生公信效力。当前市场经济条件下，不动产交易非常活跃，交易融资次数较多，涉及金额数量较大，对土地权利人保护的要求也不断提高。如果采用形式审查主义，在现代市场经济条件下，不仅物权交易的安全会受到损害，而且也会损害第三人的利益，从而最终导致财产交易秩序混乱，严重违背物权法所确立的公示公信原则。

由此可见，传统的形式审查与实质审查的区分已经不能适应当前土地登记工作形势的需要，必须从理论上进行突破，根据工作实际加以创新，以适应土地登记实践工作的需要。

四、以准确登记为目的，明确规定登记机构的审慎审查义务

笔者认为，无论土地登记机构采用何种审查方式，都只是一种工作手段，最终目的都在于防止登记错误，保证登记结果的准确性。修订《土地管理法》时，没有必要继续纠缠于土地登记机构应采用形式审查还是实质审查，更重要的是从制度上明确登记机构审查的法定内容，要求其履行审慎审查义务，确保登记结果的准确性。如果用传统的形式审查、实质审查标准来衡量这种思路，那就是以形式审查为基础，附以一定程度的实质审查，必要情况下再进行全面的实质审查。具体来说要做到：

（1）以形式审查为基础，根据不同类型土地登记的法定条件和程序，在法定审查期限内，审查申请人提供的资料是否齐全，是否符合形式要求。

（2）通过履行审慎审查义务进行一定程度的实质审查。与《物权法》第 12 条现有规定不同的是，应明确登记机构要履行审慎审查义务，对申请材料进行认

[①] 如《物权法》第 13 条规定："登记机构不得有下列行为：（一）要求对不动产进行评估；（二）以年检等名义进行重复登记；（三）超出登记职责范围的其他行为。"

真、慎重的审查，尽合理谨慎之注意义务，当然这也意味着赋予了登记机构对登记材料实质审查的权利。一般情况下，由登记机构根据现有条件，在不影响登记效率的情况下对登记申请进行一定程度的实质审查。例如土地登记人员要根据掌握的知识和工作经验，[①]通过考察申请材料的语言文字和前后逻辑关系，核对笔迹、印章、询问申请人等，判断相应材料是否存在虚假伪造等问题；再如登记机构可以设置一些辅助环节来保证登记的准确性，通过建立电话询问机制，由工作人员电话询问所有交易相对人土地登记行为是否为其真实意思表示。在条件允许的情况下，登记机构还可以和工商、公安等部门建立相关信息联网系统，从网上核实相关资料的真实性。在对审慎审查制度有清晰认识的基础上，再逐步完善认定登记机构是否尽到审慎审查义务的客观标准，例如要明确对居民身份证、授权委托书、相关签章真伪的识别应达到何种程度等，为司法判断提供确切的依据。

（3）必要情况下要进行全面实质审查。如果登记人员发现申请人提供的资料存在虚假嫌疑，则可以穷尽各种手段，如进行技术鉴定、到实地查看等，来对土地登记申请进行实质性审查。

上述思路最大的好处在于纠正了《物权法》、《土地登记办法》中关于审查职责的规定过于模糊的问题，既赋予了土地登记机构对登记申请的实质审查权利，又规定其可以根据实际情况，按照一般登记人员的知识范围和工作经验，达到与其职责和能力相适应的理解、注意程度即可；既在现有的条件下尽量保证登记结果的准确性，又可以避免因全面实质审查带来的工作效率低下问题。

为了保证登记结果的准确性，除了上述程序外，还可以通过《物权法》、《土地登记办法》规定的异议登记、更正登记等制度加以弥补，及时纠正错误的登记。同时，还可以充分利用现代科技手段，如利用信息网络、在计算机登记软件上增添功能模块、运用电子比对系统等先进技术手段，丰富完善土地登记审查程序，促进审慎审查规范具体运用方式方法上的拓展、延伸和创新，既达到审慎目的，又可以大大提高效率。

第三节　土地登记的几个实务问题

随着经济社会的快速发展，土地登记实务中常常会出现各种各样的新情况、

[①]《土地登记办法》第四条规定："国家实行土地登记人员持证上岗制度。从事土地权属审核和登记审查的工作人员，应当取得国务院国土资源行政主管部门颁发的土地登记上岗证书。"这为土地登记人员对申请登记材料真实性审查提供了一定的条件。

新问题,再加上一些长期存在的历史遗留问题,而《土地登记办法》等规定不能穷尽所有的情形,导致一些问题缺乏明确的法律规定,影响了土地登记的及时、正确办理。下面结合实际,对几个问题作一简要的分析。

一、集体土地所有权登记问题

集体土地所有权,是法律确定的农民集体的重要财产权。在当前推进农村土地管理制度改革、统筹城乡发展的大背景下,农村集体土地所有权确权登记具有非常重要的意义,对于依法确认农民集体长期而稳定的土地所有权及其范围,保障农村集体经济组织和农民土地合法权益,服务集体土地的流转和利用以及从根本上解决农村土地权属纠纷具有重要意义。

1. 集体土地所有权登记现状及原因分析

长期以来,由于我国农村土地产权制度建设滞后,农民集体土地所有权登记发证工作一直较为薄弱。近年来,各级政府及其工作部门加大力度,逐步推进对农村土地的确权登记工作,取得了一定成效。但是,由于农村漫长的历史变迁和复杂的产权关系,土地登记工作也存在较大的难度,集体土地所有权登记工作进展缓慢,登记发证覆盖面小,导致了农村集体土地权属不清,村与村之间纠纷不断,严重影响了农村的稳定发展,也增加了城乡土地统一管理的难度。

当前,影响农村集体土地所有权登记进展的原因主要有以下几个方面:

(1)制度层面的原因。按照《物权法》第60条、《土地管理法》第10条的规定,①集体土地所有权的主体为三级所有,分别由村集体经济组织(或村民委员会代表集体)、村内各该集体经济组织(或村民小组代表集体)、乡镇农村集体经济组织行使所有权。但是何为农村集体经济组织?法律对此没有明确规定。另外,如果农村集体经济组织等法律规定的权利行使代表不申请登记,农村集体经济组织成员又有何救济措施?类似这些实践中非常具体、现实的问题,目前均无明确的可供操作的依据,造成集体土地所有权虚位,不易确定具体权利行使主体。

(2)历史层面的原因。农村土地制度从土改以来历经多次政策变动,很多行政村之间的权属界限不清,20世纪80年代开展土地利用现状调查时还是计划经

---

① 《物权法》第60条规定:"集体所有的土地和森林、山岭、草原、荒地、滩涂等,依照下列规定行使所有权:1.属于村农民集体所有的,由村集体经济组织或者村民委员会代表集体行使所有权;2.分别属于村内两个以上农民集体所有的,由村内各该集体经济组织或者村民小组代表集体行使所有权;3.属于乡镇农民集体所有的,由乡镇集体经济组织代表集体行使所有权。"《土地管理法》第10条规定:"农民集体所有的土地依法属于村农民集体所有,由村集体经济组织或者村民委员会经营、管理;已经分别属于村内两个以上农村集体经济组织的农民集体所有的,由村内各该农村集体经济组织或者村民小组经营、管理;已经属于乡(镇)农民集体所有的,由乡(镇)农村集体经济组织经营、管理。"

济时期，人们对土地重要性的认识还没有上升到一定高度，对土地权属边界、界址的调查不够细致，甚至有些资料早已灭失或残缺不全。

（3）认识层面的原因。实践中，很多农村集体经济组织的成员并不清楚自己所承包的土地权利归谁所有，大多数农民不清楚自己所承包土地的所有权归属，[①]无法意识到所有权和所有权登记的重要性，对办理农村土地确权登记的积极性不高，不会督促村集体申请所有权登记发证。

2. 推进集体土地所有权登记的几点建议

笔者认为，当前应当进一步加强农村集体土地产权研究和制度建设，通过相关配套措施的运用，推进集体土地所有权登记工作的顺利开展。具体来讲，需要重点做好以下几个方面的工作。

（1）加快农村土地产权改革步伐。根据各地实际情况，进一步明确和细化集体土地所有权的主体、行使代表、权能、权利内涵，理顺农民与农民集体之间的权利义务关系，从实体上落实和显化农民的土地财产权利，调动农民对集体土地所有权关注的自觉性和主动性，推动集体土地所有权登记发证工作顺利开展。

（2）进一步加强相关制度建设。从制度建设来看，《物权法》、《土地登记办法》等法律、法规和规章对国有土地登记的制度设计相对比较成熟，而对集体土地登记所涉及的相关问题研究不深，制度建设相对薄弱，有待进一步完善。在立法时应当针对集体土地登记工作中存在的各种现实问题，及时出台登记细则和技术规程，妥善解决实践中存在的各种疑难问题。

（3）进一步强化相关配套措施。要严格落实国家相关政策规定，加大集体土地所有权登记成果资料的应用程度，促进集体土地所有权登记。例如在农用地转用、征收土地和土地开发复垦整理建设项目立项时，要将集体土地所有权登记发证资料，作为项目审查、征地补偿的依据。土地所有权未登记的，承包经营权和集体建设用地使用权不得进行流转和补偿。通过充分发挥登记结果资料的作用，促使集体土地所有人意识到登记的重要性，从而积极申请产权登记。

（4）按照先易后难的原则逐步推进登记。对于无土地权属争议，申请登记积极性高的地方，要尽快全部登记发证；对于无土地权属争议但村集体和村民积极性不高的地方，要进一步加大宣传力度，动员村集体及时申请登记；对于存在权属争议的，要本着尊重历史、考虑现实、符合规定的原则，具体问题具体分析，逐个解决权属争议，进而及时予以登记。

---

① 据报道，中南财经政法大学《农村土地问题立法研究》课题组曾在10个省份进行问卷调查，对于自己耕种的承包地的所有权，41.91%的农民认为属于国家；3.56%的认为属于乡（镇）集体；29.57%的认为属于村集体；6.23%认为属于村小组；还有17.62%的认为属于个人。

二、新农村建设涉及的土地登记发证问题

近年来，随着国家统筹城乡发展、推进农村土地整治工作的深入开展，很多地方政府都引导鼓励建设农民公寓或新型社区，通过集中成片建设楼房，引导农民集中居住，在提高群众生活质量、推进社会主义新农村建设的同时，也促进了土地的节约集约使用。在这一过程中，原有农村集体经济组织所有的土地可能发生相应的变更，需要在土地登记簿上予以体现，很多搬进楼房的农民也会要求为其办理土地使用证，从而对传统的农村集体土地登记制度提出了挑战。

1. 农村集体土地权属的变更问题

从空间范围看，有的农村集中居住区是利用该集体经济组织原有的集体土地进行整合建设，而有的农村集中居住区则是由当地政府统筹规划，将数个村庄合并后统一选址建设农民新居，特别是在当前各地开展城乡建设用地增减挂钩试点的地区，这种跨区域搬迁建设的情况更是比较多见。从土地权属来看，除了个别地方将整体村庄改造区域的土地全部征收为国有，大部分地区在村庄改造后仍保留其集体土地的性质。这时，不可避免地要涉及集体土地所有权和使用权的变更，而集体土地权属变更登记的具体工作程序在《土地登记办法》等相关法律、法规和规章中并没有明确规定，需要在今后的立法中作出相应规定。

笔者认为，对于在统筹城乡发展、开展农村土地整治工作中产生的农村集体土地权属的变更问题，国土资源管理部门要统筹考虑，分为以下几个步骤来开展土地变更登记工作。

（1）以土地登记、土地利用现状调查以及土地变更调查为依据，切实查清土地整治项目区内的确切界线和项目区内每宗地的权属、地类、面积等现状。

（2）在土地整治项目可行性研究阶段，要提前制定土地权属调整方案，包括项目区内土地权属状况、权属调整的范围、相关当事人签订的协议等。土地权属调整方案应征得 2/3 以上土地权利人的同意，然后在有关乡（镇）、村进行公告。对权属调整方案有异议的土地所有权人、使用权人，应于公告期内书面提出，经协商不能解决的，争议由当地人民政府调处。

（3）土地权属调整方案经公告并征求意见后，应报县（市）人民政府批准。

（4）在农村集体土地整治项目完成后，根据预先制定的土地权属调整方案，结合项目实际利用土地情况，及时办理集体土地所有权和使用权的变更登记。

2. 关于农民住宅的发证问题

根据《土地管理法》等有关法律法规的规定，我国禁止集体建设用地的流转，宅基地只能在本集体经济组织内部转让给其他符合宅基地申请条件的集体经济组织成员。而在跨区域农村集中居住区的建设过程中，有些村庄异地建设新居后，仍然保留其原有农村集体经济组织建制，这时就不可避免地要涉及非本集体经济

组织成员使用本村土地建设住宅的问题。对于一个农村集体经济组织的成员使用另一个农村集体经济组织的土地建设住宅的行为，在国家出台集体建设用地流转办法，放开对集体建设用地流转的限制之前，显然存在违法之嫌。笔者认为，在这种情况下，国土资源部门暂时不宜为农民办理土地使用证，该问题有待国家法律政策对集体建设用地流转限制的突破。

如果农村集体经济组织利用自有土地为其成员统一建设住宅，则可以依法为农民办理宅基地使用证。但是从农民住宅建筑结构看，按照建设社会主义新农村的要求，宅基地上基本不再安排建设传统的单户独院的住宅，很多情况下都组织建设多层甚至高层楼房。这种情况下，农民申请土地登记时就面临土地分割登记的问题。如果政府已经把集中居住区所占用的土地征收为国有，则农民住宅建设所使用的土地可以由政府以划拨方式供应，个人土地使用权登记同于一般国有土地上商品房土地分割登记，为其发放国有土地使用证。如果集中居住区所占用的土地仍保留集体所有，则个人土地使用权登记仍应按照一户一宅的基本原则发放宅基地证，具体分割方法可以参照国有土地上商品房土地分割登记的具体做法。

应当指出的是，目前有的地方在建设集中居住区时除了政府提倡的代建和自建外，还存在其他多种建房方式，最典型的就是村委会与开发商合作，房屋建好后由开发商出售，村委会予以分成，从而形成所谓的"小产权房"。根据国家有关规定，严禁城镇居民到农村购买房屋，在集中居住区购买房屋的只能是农村居民，对于城镇居民购买集体土地上房屋的，不得为其办理土地登记发证手续。

三、空间建设用地使用权登记问题

随着城市化、工业化进程的加快，土地的立体化利用需求日益迫切，这既体现为中心城区建筑高度的日益提升，也反映在地下空间的不断开发利用。与此相适应，对空间土地使用权的立法也不断健全和完善，在同一宗土地的不同空间可以分别设立地表、地上或地下三项建设用地使用权。从土地登记的角度，目前对地表上设立的建设用地使用权登记制度比较完善，而对于地上和地下建设用地使用权的登记制度还比较薄弱，空间建设用地使用权登记制度有待进一步丰富和完善。

1. 空间建设用地使用权的权利主体

《物权法》第136条规定："建设用地使用权可以在土地的地表、地上或者地下分别设立。新设立的建设用地使用权，不得损害已设立的用益物权。"《土地登记办法》第5条也规定："土地以宗地为单位进行登记。宗地是指土地权属界线封闭的地块或者空间。"据此，建设用地使用权分层设立制度得以确立，但上述规定过于笼统，在国家将地表土地使用权出让或划拨后，该宗土地地上、地下建设用地使用权又如何设置呢？是几项权利同属一个主体，还是应分别设立。为确保地上、地下空间的有序开发，首先要明确地上、地下建设用地使用权的设立主体。

笔者认为，根据《物权法》的规定，地表、地上、地下三项建设用地使用权都是独立设立的，土地使用权人取得地表土地使用权后，并不意味着必然取得该宗土地地上、地下建设用地使用权。地上、地下建设用地使用权应当同地表上设立的建设用地使用权一样，由国家依法通过划拨或出让的方式设立。具体工作中，地上、地下建设用地使用权既可以单独设立，也可以在设立地表土地使用权的同时，一并通过出让或划拨方式设立。① 属于同一主体结合地面建筑一并开发建设地下工程的，地下部分可以随地表土地使用权一并办理登记。独立开发建设的地下、地上工程，应单独进行土地使用权登记。

2. 地籍管理模式的改进

目前，我国主要采用二维地籍模式，即通过平面土地测量，借助二维关系划分各宗地彼此界线，在衡量单位上是以平方米来计算。而地上、地下建设用地使用权登记时，不仅要登记土地四至界线，还要登记土地的上下空间，在衡量单位上是以立方米来计算。② 传统的二维地籍已难以满足土地立体化利用的需要，不能全面地反映地块或土地权利的三维位置和三维边界，急需改进和完善。从具体操作的角度，由于完全的三维地籍登记管理在法律、技术等方面尚不成熟，成本也较大，实践中可以采用三维地籍登记和二维地籍登记相结合的方式，寻求一种混合地籍管理模式，保留二维地籍，同时加上外部注释表明三维状况，这是当前条件下一条比较可行的解决途径。

3. 空间建设用地使用权与建筑物登记的协调统一

随着土地立体化利用步伐的加快，随之产生的建（构）筑物也越来越多。由于我国目前没有统一的不动产登记机关，多头登记导致权属不明，范围不清，时常引起权属纠纷，不动产交易登记成本增加，给当事人带来极大不便。所以，应当统一不动产登记机关，不仅要将地下商业服务设施、停车场、物资仓储等经营性建筑物登记在册，还要涵盖市政管道、民防工程、地铁场站、城市立交桥、过街天桥等公益性建（构）筑物，从而建立空间利用信息的共享机制，促进城市建设的整体性、协调性和系统性，避免重复施工建设。

4. 空间建设用地使用权制度建设

《物权法》确立了地表、地上、地下建设用地使用权的独立地位，填补了空

---

① 实践中，各地在出让土地时，地下空间单独确立容积率等规划指标，政府所收取的土地出让金实际上包含了地下建设用地使用权，此时可以认为地表和地下建设用地使用权同时设立。
② 参见朱金东：《建设用地使用权分层设立问题研究》，《理论导刊》2009 年第 12 期。

间土地使用权的法律空白，为规范土地的空间利用奠定了坚实的法律基础。但国家对具体的空间土地使用权登记方法和内容等尚未出台专门的规定，制度建设滞后于土地立体化开发利用的实际需要。在这方面，一些地方政府做了一些有益的探索，①为下一步丰富和完善空间土地使用权登记制度积累了宝贵的经验。2008年1月3日，国务院发布了《关于促进节约集约用地的通知》（国发［2008］3号），要求国土资源部会同有关部门，依照《物权法》的有关规定，抓紧研究制定土地空间权利设定和登记的具体办法。所以，为实现定分止争、物尽其用的目的，我们有必要进一步加强对空间土地使用权的研究和探索，尽快出台相关制度，促进空间土地使用权的规范有序利用。

四、土地使用权抵押登记问题

1. 抵押权主体的限制问题

抵押登记是土地初始登记的一种重要形式。《土地登记办法》对于抵押权主体未作限制，但实践中，是否受理非金融机构土地使用权抵押登记工作一直是土地登记机构难以界定的问题。对此，原国家土地管理局《关于土地使用权抵押登记有关问题的通知》规定"抵押权人为非金融机构，其抵押借款行为依法应当办理有关批准手续的，应当提交有关批准文件。"据此，有人认为根据这《贷款通则》第61条"各级行政部门和企事业单位，供销合作社等合作经济组织、农村合作基金会和其他基金会，不得经营贷款等金融业务。企业之间不得违反国家规定办理借款或者变相借贷融资业务"的规定，土地使用权抵押权人必须限于金融机构，金融机构以外的其他主体作为抵押权人的，国土资源部门都不应予以登记。

（1）土地使用权抵押权人不能限于金融机构。笔者认为，土地使用权抵押权人限于金融机构的做法既不合理，又不合法，在将来的立法上不应作此限制，原因如下：

第一，土地使用权抵押权人限于金融机构与相关法律相违背。《合同法》第十二章专门对"借款合同"作出详细规定，但并未对贷款人的身份作出限制，并且该法第198条规定，"订立借款合同，贷款人可以要求借款人提供担保。担保依照《中华人民共和国担保法》的规定"。而无论是《担保法》还是《物权法》，都未规定土地使用权抵押权人必须限于金融机构。《贷款通则》作为部门规章，显然与《合同法》、《担保法》、《物权法》的规定相冲突，存在违反上位法之嫌。

---

① 例如，2003年杭州市国土资源局颁布了《关于加强杭州市区地下空间土地使用权管理的通知》，就地下空间有偿使用的土地使用权登记相关程序做出规定。2006年，上海市政府出台了《上海市城市地下空间建设用地审批和房地产登记试行规定》，涉及地下空间开发的权属问题、审批程序、使用范围、登记办法等方面。

中国土地法体系构建与制度创新研究

从司法实践看，人民法院对金融机构以外的真实合法的借贷关系也予以了认可。最高人民法院《关于人民法院审理借贷案件的若干意见》（法民发［1991］21号）明确规定，公民之间的借贷纠纷，公民与法人之间的借贷纠纷以及公民与其他组织之间的借贷纠纷，应作为借贷案件受理。审理借贷案件时，对于因借贷关系产生的正当的抵押关系应予保护。最高人民法院《关于如何确认公民与企业之间借贷行为效力问题的批复》（法释［1999］3号）明确规定，公民与非金融企业之间的借贷属于民间借贷。只要双方当事人意思表示真实，即可认定有效。因此产生的抵押担保合同也有效。

值得注意的是，《贷款通则》制定于1996年，很多内容已脱离实际，滞后于贷款实践，社会各界要求修订《贷款通则》的呼声非常强烈。国家发改委《关于2010年深化经济体制改革重点工作的意见》明确提出，要"深化金融体制改革，修订出台《贷款通则》，积极引导民间融资健康发展，加快发展多层次信贷市场"。据悉，在《贷款通则》修订后，贷款人除了金融机构外，还应包括非金融机构放款人、民间借贷等。这将从制度上加快消除土地使用权抵押权人为金融机构的限制，从发展的角度看，只要真实合法有效的土地使用权抵押担保，都应依法办理登记。

第二，土地使用权抵押权人限于金融机构不适应市场经济发展的需要。随着市场经济的深入发展，企业拓宽融资渠道的需求日益强烈，越来越多的非金融机构如担保公司、典当公司、小额贷款公司等非金融机构不断涌现，有效解决了一些企业发展的资金瓶颈。而土地使用权作为企业资产的重要组成部分，往往成为其借款担保的首选对象，既为非金融机构等贷款人的合法利益提供了保障，又有利于企业尽快筹集自身发展所需要的资金。这就要求国家必须顺应时代发展的需要，逐步放开国家金融放贷政策，国土资源部门也应取消对土地使用权抵押权人的限制，为相关非金融机构、企业、群众做好投融资服务工作，促进经济社会健康有序发展。

（2）区分不同情况，妥善处理土地使用权抵押登记问题。当然，在目前相关规定未予明确的情况下，国土资源部门在进行土地使用权抵押登记时，对于土地使用权人是否限于金融机构可以保持谨慎的态度，根据现行规定妥善处理，但这并不意味着对土地使用权抵押权人为金融机构以外的其他主体一概不予登记，而应区分具体情况分别处理：

第一，对于非因借贷形成的土地使用权抵押关系，应依法予以登记。实践中，企业之间不仅会因借贷而产生抵押关系，在买卖、货物运输、加工承揽等经济活动中，为担保合同能够得到顺利履行，也会以土地使用权作为债务履行的担保并申请抵押登记。①例如在卖方交货后买方还没有支付货款之前，或者在买方暂时无法支付货款时，卖方会要求买方以其不动产作为抵押并办理登记，从而使卖方的债权能够得到优先受偿。对于这些情况，国土资源部门应依法办理土地使用权抵押登记，不应对抵押权主体作出限制。

第二，对于抵押权主体为依法成立的担保公司、小额贷款公司等非金融机构，应依法进行登记。根据现行有关规定，担保公司、小额贷款公司等非金融机构在成立时，应经过国家金融管理机构的审查批准，这意味着其在从事金融借贷业务时，已经获取了相关职能部门的批准，这显然符合上述原国家土地管理局规定的"抵押权人为非金融机构，其抵押借款行为依法应当办理有关批准手续的，应当提交有关批准文件"的规定。所以，土地使用权抵押权主体为依法成立的担保公司、小额贷款公司等非金融机构的，国土资源部门应依法为其登记。

第三，对于土地使用权抵押权主体为担保公司、小额贷款公司等非金融机构以外的企业、个人的，应依法审查其是否具有金融管理机构的批准文件。对于一般企业之间、个人之间以及企业与个人之间因借贷产生的土地使用权抵押关系，国土资源部门应严格按照国家的有关规定，审查其是否有金融管理机构的批准文件。如果其能出具相关批准文件，符合抵押登记条件，则国土资源部门可以为其办理土地使用权抵押登记，否则可以对其抵押登记申请不予受理。

2. 土地使用权抵押人的限制问题

近年来，随着市场经济的深入发展，众多的私立学校和私立医院大量出现，其在发展过程中受资金的限制，常常会涉及贷款融资的问题，其中土地使用权作为重要的资产，往往成为首选的贷款抵押物。那么，私立学校、私立医院的土地能否进行抵押，国土资源部门能否为其办理抵押登记呢？

（1）理论上的争议。对此问题，法律上没有明确的规定，实践中也存在两种不同的观点。

第一种观点认为，我国《担保法》第37条第3项和《物权法》第184条第3项都明确禁止，"学校、幼儿园、医院等以公益为目的的事业单位、社会团体的教育设施、医疗卫生设施和其他社会公益设施"作抵押。因此，无论是公立学校、公立医院，还是私立学校、私立医院，其土地使用权都不得用于抵押。

第二种观点认为，私立的学校、医院等单位的土地一般是通过出让取得，而不是划拨取得，因此抵押不应当受到限制；除此之外，他们认为私立学校、医院一般是依法设立并在工商登记部门登记注册的企业法人，执行企业税收政策和财务会计制度，是营利性企业法人，而不是公益性的事业单位或社会团体，因此

---

① 《担保法》第2条、《物权法》第171条对此都有相关规定。

不属于《担保法》第37条第3项和《物权法》第184条第3项调整的对象,其土地使用权应当允许抵押。

(2)私立学校、私立医院的土地使用权不得抵押。笔者认为,分析私立学校、私立医院土地使用权能否抵押,先要弄清当前市场经济条件下私立学校、私立医院的性质究竟是什么?对此问题,《民办教育促进法》第3条规定:"民办教育事业属于公益性事业,是社会主义教育事业的组成部分。"《民办非企业单位登记管理暂行条例》第2条规定:"本条例所称民办非企业单位,是指企业事业单位、社会团体和其他社会力量以及公民个人利用非国有资产举办的,从事非营利性社会服务活动的社会组织。"可见,从法律定位上,私立学校、私立医院都应属于民办非企业单位,公益性是其基本要求,这是其与一般企业法人的根本区别所在。所以,无论私立学校、私立医院的土地为划拨土地使用权还是出让土地使用权,都应适用《物权法》第184条第3项的规定,不得进行抵押。

近期,全国人大常委会法制工作委员会对这个问题专门作出解释,其在《对关于私立学校、幼儿园、医院的教育设施、医疗卫生设施能否抵押的请示的意见》中认为:私立学校、幼儿园、医院和公办学校、幼儿园、医院,只是投资渠道上的不同,其公益属性是一样的。私立学校、幼儿园、医院中的教育设施、医疗卫生设施也属于社会公益设施,按照《物权法》第184条第3项规定:学校、幼儿园、医院等以公益为目的的事业单位、社会团体的教育设施、医疗卫生设施和其他社会公益设施不得抵押。当然,根据最高人民法院的司法解释,私立学校、医院以其教育设施、医疗卫生设施和其他社会公益设施以外的财产为自身债务设定抵押的,国土资源部门应当予以登记。①

另外,不得不指出的是,私立学校、私立医院作为市场主体,其趋利避害的逐利本性是不可回避的。甚至有人会问,私立学校、私立医院没有获得国家投入,凭什么要他们去和公立学校、医院一样提供公益服务?笔者认为,私立学校、医院在成立之初,法律上就已经明确其应以公益性为首要任务,行业的特点要求其必须承担起教书育人、治病救人的社会责任,这是其设立的目的限制或宗旨,以后也不能违背。对于私立学校、私立医院的融资问题,国外一些国家的做法可以给我们一定的借鉴。在一些欧美发达国家,公益性私立医院是大量存在的,其兴办模式的特点在于,私立医院被视为医疗卫生系统的重要组成部分,除了政府对私立医院给予直接或间接的资助或拨款,各种性质的社会慈善机构及富人们也经常踊跃捐款资助医院,很多富人以捐款给私人医院为荣。而这些医院能

---

① 最高人民法院《关于适用〈中华人民共和国担保法〉若干问题的解释》第五十三条规定:"学校、幼儿园、医院等以公益为目的的事业单位、社会团体,以其教育设施、医疗卫生设施和其他社会公益设施以外的财产为自身债务设定抵押的,人民法院可以认定抵押有效。"

够给民众提供廉价的医疗服务并接受政府专门的管理考核，接受社会媒体及相关机构的监督，依此赢得公众信任。这些事实告诉我们，私立医院确实能够提供公益性服务。当前，我们的问题在于，国家对私立学校、医院基本没有财政投入，慈善机构及社会人士还没有养成向私立学校、医院捐款办慈善的习惯，私立医院没有渠道接受来自社会资本的赞助，而资金投入的瓶颈是制约其发展的关键所在，这应当引起有关部门的关注，并从立法上予以解决。

3. 土地使用权的重复抵押问题

市场经济条件下，企业的融资需求日益迫切，一些企业开始选择以一宗土地多次向银行抵押，获取贷款来发展壮大企业。对于土地使用权的重复抵押问题，《物权法》、《土地登记办法》都予以了肯定，允许土地使用权多次抵押，但是对于总的抵押金额是否限制在土地价值范围内，国土资源管理部门在办理抵押登记时是否应对其抵押金额进行审查，立法上存在一定的模糊性，实践中各地国土资源部门在认识和把握上不一。下面试对这一问题作一简要的分析。

（1）现行有关规定。从现行法律规定看，关于同一宗地重复抵押问题的规定主要有：

第一，《物权法》第199条规定：同一财产向两个以上债权人抵押的，拍卖、变卖抵押财产所得的价款按照下列规定清偿：抵押权已登记的，按照登记的先后顺序清偿；顺序相同的，按照债权比例清偿；抵押权已登记的，先于未登记的受偿；抵押权未登记的，按照债权比例清偿。

第二，《土地登记办法》第36条规定：依法抵押土地使用权的，抵押权人和抵押人应当持土地权利证书、主债权债务合同、抵押合同以及相关证明材料，申请土地使用权抵押登记。同一宗地多次抵押的，以抵押登记申请先后为序办理抵押登记。

第三，《担保法》第35条规定：抵押人所担保的债权不得超出其抵押物的价值。财产抵押后，该财产的价值大于所担保债权的余额部分，可以再次抵押，但不得超出其余额部分。

从上述规定可以看出，虽然《担保法》第35条要求抵押人所担保的债权不得超出其抵押物的价值，但是《物权法》、《土地登记办法》并未对土地使用权抵押的金额作出限制，并且《物权法》第13条第1项明确规定登记机构不得要求对不动产进行评估，这也隐含着登记机关不得干预抵押物价值，不需审查土地使用权抵押金额，也就无法对抵押人所担保的债权是否超出其抵押物的价值进行把关。根据《物权法》第178条的规定，在《担保法》与《物权法》的规定不一致时，要适用《物权法》。所以，从法理上讲，土地使用权抵押所担保的债权并不一定非得局限在土地使用权价值范围内，国土资源部门也没必要对此进行审查。

（2）土地使用权抵押金额不宜限制在土地价值范围内。土地作为一种商品，其价格受市场供求的影响特别大，前后会出现较大的波动，土地使用权在设定抵押时和实现抵押权时的价格很难完全一致，如果实现抵押权时房地产市场需求较之设定抵押时更加旺盛，土地使用权价格会大幅上涨，可能会出现这样的情况：设定抵押时土地使用权所担保的债权超出其自身价值，但是实现抵押权时，却因为土地价格的上涨而高于其所担保的债权，从而使抵押权人的债权都能得到优先受偿。这种情况下，如果在设定抵押权时要求土地使用权抵押所担保的债权不得超出土地使用权价值，显然是不合理的。反过来，如果实现抵押权时房地产市场低迷，则可能会出现即使设定抵押权时总抵押额在土地使用权价值范围内，但由于土地使用权价格的下降而导致抵押权人无法完全获得清偿的现象，抵押权人的权益就无法得到充分有效的保护。这种情况下，设定抵押权时要求土地使用权抵押所担保的债权不得超出土地使用权价值，显然又没有实际意义。

实际上，作为抵押权人的金融部门在审核确定贷款额度时，应当充分考虑市场风险，根据土地资产估价金额确定发放贷款的额度。如果其比较谨慎，则会将贷款金额严格限制在土地使用权估价金额内，以保证其债权在受偿时不受损失，也就不存在办理抵押登记时，土地使用权抵押金额超出土地使用权自身价值的现象。如果金融部门看好某个项目，明知贷款人用于抵押的土地使用权此前已经存在多个抵押，并且抵押总金额已超过土地使用权自身价值，仍同意贷款人用该宗地块向其提供抵押，则风险由其自行负担，国土资源部门没必要进行干预。

在办理土地抵押登记时，国土资源部门可以要求抵押人和抵押权人对所抵押土地使用权的价值协商确定，并通过书面形式予以体现，即可为其办理抵押登记。当然，为了尽可能防范风险，对于多次抵押的，国土资源部门应将该宗土地上所担保的总抵押金额告知抵押权人，由其自己决定是否同意办理该宗抵押。

（3）土地使用权的重复抵押和分割抵押的关系。实践中，不少地方出现了所谓的"土地使用权分割抵押"，即只抵押一宗地的一部分面积给一家银行，将其中的另外一部分抵押给另外一家银行，进行多次融资。笔者认为，通过上述分析，完全可以通过土地的多次抵押来达到多次融资的目的，而没必要将土地分割抵押，并且"土地的分割抵押"本身并不可取，主要原因有以下几个方面：

第一，现行法律对"土地的分割抵押"并没有明确的规定，《物权法》所倡导的是抵押物的整体抵押，①国土资源部门在办理此类业务时缺乏法律依据。按照公权力"法无明文规定不可为"的依法行政基本原则，国土资源部门无权为当事人办理土地的分割抵押业务。

---

① 《物权法》第182条规定："以建筑物抵押的，该建筑物占用范围内的建设用地使用权一并抵押。以建设用地使用权抵押的，该土地上的建筑物一并抵押。抵押人未依照前款规定一并抵押的，未抵押的财产视为一并抵押。"这实际上规定的是一种整体抵押。

第二,"土地的分割抵押登记"与《土地登记办法》规定的土地以宗地为单位进行登记的原则不相符。土地抵押登记作为土地登记的一种类型,也应当以宗地为单位进行,土地抵押登记的效力及于整宗土地,而不得擅自分割。

第三,"土地的分割抵押登记"可能会侵害抵押权人的合法权益。政府在出让土地前,必须由规划部门对该宗土地提出规划条件,明确该宗土地上的容积率、建筑密度、绿化率、公建配套等问题。如果随意将某宗土地使用权的一部分分割出来进行抵押,则分割出来的部分可能在规划上是绿化带或公共配建部分,将来无法单独处置,抵押权人的合法权益无法得到保障。

实践中,如果抵押宗地的面积确实较大,宗地内的地块之间界限清晰且当事人有分别抵押意愿的,土地登记机构应当先办理土地的分宗登记,分别发放土地证书之后再分别办理土地使用权的抵押登记。

五、商品房土地使用权分割登记的问题

近年来,我国房地产市场蓬勃发展,房屋交易量猛增。随着广大业主维权意识的增强,个人住房土地分割登记日益成为众多购房者所关注的问题。所谓个人住房土地分割登记,是指将城镇居民个人居住的商品房、房改房、经济适用住房及单位集资建房等楼房所使用的国有土地按户分割,以各户分割后的分摊土地面积进行土地登记发证的行为。由于房改房、经济适用住房及单位集资建房基本由政府主导,实践中存在问题的主要是商品房的土地分割登记问题,下面作一简要的分析。

1. 办理商品房土地分割登记的意义

(1) 商品房土地分割登记是我国土地登记制度的重要内容。根据《物权法》、《土地管理法》等规定,国家实行土地所有权、使用权登记发证制度,依法登记的土地所有权和使用权受法律保护。《土地登记办法》第40条规定"因依法买卖、交换、赠与地上建筑物、构筑物及其附属设施涉及建设用地使用权转移的,当事人应当持原土地权利证书、变更后的房屋所有权证书及土地使用权发生转移的相关证明材料,申请建设用地使用权变更登记。"据此,商品房用地应依法进行分割登记。

(2) 办理商品房土地分割登记是商品房上市交易的必要条件。《城市房地产管理法》明确规定,房屋交易必须取得土地使用权证书和房屋所有权证书。商品房业主如果不能取得土地使用权证,则商品房不具备"两证齐全"上市交易的条件,无法正常进行处置。

(3) 办理商品房土地分割登记是维护购房者合法权益的需要。如果业主没有分割的小土地证,其对土地拥有的使用权益就没有发生效力,其权利处于不确定状态。如果开发商将未分割的大土地证抵押给银行,各住户的房产也随之予以抵

押，一旦开发商还贷出现问题，很可能涉及银行对土地使用权的处置，业主的利益也因此受到严重损害。商品房土地分割登记有利于保护购房者的合法权益，防止开发商擅自处置商品房所占土地。

2. 当前存在的问题

目前，我国相关法律法规对商品房土地分割登记问题没有作出明确的规定，各地具体操作模式也不一致，一般是在商品房取得预售许可后，由开发商到国土资源部门办理商品房土地使用权分割证明，待商品房销售后，由购房者持房产证和土地分割证明申请土地登记。但实践中，很多开发商往往拒不配合办理土地分割登记，业主买了商品房以后，长时间拿不到土地使用证。

而根据《土地登记办法》的规定，土地登记实行依申请的原则，登记程序应该由当事人申请而启动，如果开发商拒不办理商品房土地分割登记手续，登记机关不得主动登记，且对开发商没有制约措施，业主可以通过诉讼等法律途径进行解决。但一些开发商和业主所签署的《商品房买卖合同》约定出卖人仅负有为买受人申领所购房屋权属证书的义务，却并无办理土地使用权证书的相关约定，这样即使业主通过提起诉讼要求开发商协助办理商品房土地使用权分割登记，也存在较大的难度。

3. 解决问题的建议

笔者认为，《物权法》、《土地登记办法》已经确立了土地登记依申请的原则，开发商不配合业主办理土地使用权证的情况属于民事责任的范畴，主要通过双方签订的合同来约定责任。尽管如此，在相关配套制度中仍应对商品房土地使用权分割登记的相关问题作出明确规定，要求开发商及时为业主办理土地使用权证。只有这样，才能进一步增强业主办理土地使用权分割登记的意识，把商品房是否具有国有土地使用权分割转让证明作为选购的必备要件之一，并在《商品房买卖合同》中明确约定开发商协助办理土地使用权证的义务，督促开发商及时办理土地使用权分割转让申请，从而便于业主将来取得土地使用权证。

从具体程序来看，立法上可以对商品房土地使用权分割登记作出如下规定：商品房项目开发人应当自取得商品房预售许可证之日起 30 日内，持该宗土地使用权证等材料，向土地行政管理部门申请商品房预售土地分割登记。土地管理部门经调查、审核，以每套商品房为单位，按户（套）向商品房项目开发人核发《国有土地使用权分割转让证明》。待商品房销售后，开发商向购房者提供《国有土地使用权分割转让证明》。购房人应当自领取房屋产权证之日起 30 日内，持分割转让证明、房屋产权证书等材料到土地登记机关领取土地使用权证。

六、预告登记的相关问题

所谓预告登记，是指当事人约定转让土地使用权时，为了限制债务人处分该土地使用权,保障债权人将来取得土地使用权而作的登记。预告登记是立法对债权人的一种保护措施,它的本质是使债权请求权具有了物权的效力。当然,预告登记也应有一定的有效期,以便保障物的流通,防止预告登记产生消极作用,但有效期的规定不能忽略预告登记的现实意义,否则不利于当事人合法权益的保护。

《土地登记办法》第 62 条规定:"当事人签订土地权利转让的协议后,可以按照约定持转让协议申请预告登记。对符合预告登记条件的,国土资源行政主管部门应当将相关事项记载于土地登记簿,并向申请人颁发预告登记证明。预告登记后,债权消灭或者自能够进行土地登记之日起 3 个月内当事人未申请土地登记的,预告登记失效。预告登记期间,未经预告登记权利人同意,不得办理土地权利的变更登记或者土地抵押权、地役权登记。"这里规定预告登记失效的一种情况是"自能够进行土地登记之日起 3 个月内当事人未申请土地登记的",对此问题如何具体把握呢,下面作一简要的分析。

(1) 从土地登记机关的角度看,对于《土地登记办法》规定的"自能够进行土地登记之日起 3 个月内"如何把握,即何为"能够进行土地登记"。理论上讲,这里的"能够进行土地登记"应当是符合土地登记的形式要求,具备土地变更登记所必需的各种材料。具体来看,对于没有地上建筑物或地上建筑物尚未竣工的国有建设用地使用权转让的,当事人应当持原国有土地使用证和土地权利发生转移的相关证明材料,申请国有建设用地使用权变更登记,其中属于房地产开发项目的,还要出具"完成开发投资总额的 25%以上"的证明材料。对于地上有建筑物且具有产权证书的,当事人应当持原土地权利证书、变更后的房屋所有权证书及土地使用权发生转移的相关证明材料,申请建设用地使用权变更登记。如果是购买商品房,还要办理土地分割登记许可(证明)等材料后,才能为业主办理土地分割登记发证。

(2) 从当事人的角度,对于究竟何时"能够进行土地登记",主动权实际上主要掌握在债务人手中,债权人根据自身条件难以判定是否"能够进行土地登记"。如果事实上已经"能够进行土地登记",但是债务人故意不予告知债权人,那么 3 个月过后,很可能债权人尚对能够办理登记手续毫不知情,债务人就又可以随意处置已转让的土地使用权了。这与没有预告登记时的情况相比,对债权人的保护方面没有实际意义。

所以,我们建议,在立法上应当规定,在预告登记后,如果已经具备"能够进行土地登记"的条件,债务人应当书面告知债权人。自债权人接到债务人关于可以办理土地使用权登记通知后的第 2 日起 3 个月内,应当向土地登记机构申请土地登记。同时,在 3 个月限期起算后,如债务人怠于办理变更登记,则只要债权人单方提出办理申请,预告登记就应有效,直至办理完毕变更登记手续或证明债权已消灭后，预告登记才告失效。

七、查封登记的相关问题

按照《土地登记办法》的规定，查封登记作为土地登记的一种形式，应当在土地登记簿上加以记载。由于《土地登记办法》对查封登记规定得比较笼统，实际工作中主要按照最高人民法院、国土资源部、建设部《关于依法规范人民法院执行和国土资源房地产管理部门协助执行若干问题的通知》（法发 [2004] 5 号，以下简称"5 号文"）执行。尽管如此，实践中有些问题仍然存在争议，需要在立法上进一步明确。

1. 轮候查封登记的期限

所谓轮候查封登记，是指人民法院对同一宗土地使用权多次进行查封的，国土资源部门为首先送达协助执行通知书的人民法院办理查封登记手续后，对后来办理查封登记的人民法院所作登记即为轮候查封登记。轮候查封登记的顺序按照人民法院送达协助执行通知书的时间先后进行排列，查封法院依法解除查封的，排列在先的轮候查封自动转为查封。

根据上述三部门"5 号文"的规定，人民法院对土地使用权的查封期限不得超过二年，期限届满可以续封一次，续封的期限不得超过一年，确有特殊情况需要再续封的，应当经过所属高级人民法院批准，且每次再续封的期限不得超过一年。但"5 号文"并未对轮候查封的查封期限及续封作出具体规定，实践中对此认识不一。有的认为应当从人民法院向国土资源部门送达协助执行通知书之日起计算，如果轮候查封期限内排在前面的查封尚未解除，也未将该宗土地处置完毕，则法院应当在轮候查封满 2 年后到国土资源部门办理续封手续，即轮候查封的期限与一般查封的期限完全一样，最长为 2 年。有的则认为，轮候查封期限应当从其自动转为查封之日起计算，在此之前，轮候查封一直有效。

笔者同意后一种观点。从设置轮候查封制度的目的来看，是借鉴了德国、日本等国关于"再查封制度"的规定，以及美国、英国、奥地利等国关于"优先分配制度"的规定，有利于多个债权的实现，并提高了执行效率，为更好地解决"执行难"提供了可操作的模式。轮候查封避开了重复查封的"同时性"，以"前后相序"的错位式查封对法院的行为予以认可，赋予了人民法院对查封财产的单独处分权，保障了法院审判、执行权的唯一性和独立性。实际上"轮候查封"在转为正式查封前，只有一种"预期"效力，如果在这个阶段就计算查封期限，并在期限届满后要求法院进行续封，显然没有实际意义，只有转为正式查封后，才应按照"5 号文"的规定来明确查封期限。

2. 查封期间的权属转移手续问题

关于查封的效力，《土地登记办法》第 69 条明确规定："对被人民法院依法查封、预查封的土地使用权,在查封、预查封期间,不得办理土地权利的变更登记或者土地抵押权、地役权登记。""5号文"也规定:"国土资源部门对被人民法院依法查封、预查封的土地使用权,在查封、预查封期间不得办理抵押、转让等权属变更、转移登记手续。"人民法院在向国土资源部门送达协助执行通知书时,也会作出类似的表述。那么,被人民法院查封的土地在查封期间是否一概不能办理权属转移手续呢?

笔者认为,一般情况下,在土地查封之后,国土资源部门不得擅自办理土地的抵押、转让等手续。如果登记机构违反规定,对已经查封的土地办理了变更登记或者抵押登记,登记机构除了要承担民事赔偿责任,还要承担相应的行政责任和刑事责任。但是如果人民法院、查封申请人同意办理土地权利变更登记的,土地登记机构当然可以办理土地权利的变更登记。因为法院查封土地的最终目的是通过处置土地使用权,来偿还抵押人所欠抵押权人的债务,在查封期间内,如果抵押人要处置该宗土地使用权,则人民法院和抵押权人,一方面可以同意其处置行为,另一方面由法院提前介入,通过查封扣转抵押人处置土地使用权的所得,来解决当事人之间的债权债务纠纷。需要注意的是,如果此土地权利还存在其他限制或者负担,如存在轮候查封,则须由处置法院协调轮候查封法院和查封申请人同意,如果存在抵押,也须经过抵押权人的同意,才能办理土地使用权权属转移登记。

八、土地登记资料查询的相关问题

土地登记资料公开查询是土地登记制度的重要组成部分。随着土地市场的日益活跃,越来越多的当事人希望及时全面掌握土地权利状况,有效规避市场风险,这就涉及土地登记资料的公开查询问题。目前,相关法律法规对此问题规定得比较笼统,实践中不便操作,也不利于当事人合法权益的保护。下面对此问题作一简要的分析。

1. 申请查询人的资格

《物权法》第18条规定:"权利人、利害关系人可以申请查询、复制登记资料,登记机构应当提供。"《土地登记办法》第72条规定:"国家实行土地登记资料公开查询制度。土地权利人、利害关系人可以申请查询土地登记资料,国土资源行政主管部门应当提供。土地登记资料的公开查询,依照《土地登记资料公开查询办法》的规定执行。"可见,可以申请查询土地登记资料的主体主要包括两种情况:一是土地权利人;二是利害关系人。对于土地权利人的判断比较容易,只要与土地权利证书上的名称或姓名一致即可。而对于利害关系人的判断则比较复杂,《物权法》和《土地登记办法》都未作出明确界定,实践中也存在不同的做法,操作起来比较混乱。

笔者认为，对于申请查询人是否为利害关系人的判定，要兼顾保护土地权利人的合法权益和尽量为当事人提供便利的需要，视具体情况而要求申请查询人提供相应的证明材料：如果双方当事人因纠纷已经诉至法院，则法院的立案通知书可以作为"利害关系人"的证明，法院立案审理后，如果对当事人的纠纷作出裁定或判决，则判决书或裁定书当然可以作为证明当事人利害关系的材料；如果申请查询人获得土地权利人的授权，也可以认定为利害关系人；如果银行要查询贷款人的土地登记资料，只要提供双方签订的贷款合同，即可视为利害关系人；如果土地权利人要转让其土地，则潜在的购买意向人可以凭土地权利人转让该宗土地的相关公告、报纸等书面凭证，到国土资源部门查询该宗土地的相关情况。

2. 查询的内容

对于当事人可以查询哪些土地登记资料的内容，《物权法》和《土地登记办法》没有具体列举。但是根据《土地登记办法》的规定，土地登记资料的公开查询，依照《土地登记资料公开查询办法》的规定执行。《土地登记资料公开查询办法》将土地登记资料分为土地登记结果（包括土地登记卡和宗地图）和原始登记资料（包括土地权属来源文件、土地登记申请书、地籍调查表和地籍图）两大部分，并规定任何单位和个人都可以查询土地登记结果，对于原始登记资料，只有土地权利人、取得土地权利人同意的单位和个人、土地登记代理机构、国家安全机关、公安机关、检察机关、审判机关和纪检监察部门有权查询。

显然，《土地登记资料公开查询办法》已经滞后于《物权法》和《土地登记办法》的规定，对于土地登记结果的查询并非无所限制，而应限定为权利人和利害关系人；对于原始登记资料的查询，则应按照该《土地登记办法》的规定，限定为土地权利人、取得土地权利人同意的单位和个人以及公安机关、检察机关、审判机关等，以有效保护当事人的合法权利。

3. 查询的结果

《土地登记资料公开查询办法》第11条规定："查询人可以阅读或者自行抄录土地登记资料。应查询人要求，查询机关可以摘录或者复制有关的土地登记资料。查询机关摘录或者复制的土地登记结果，查询人请求出具查询结果证明的，查询机关经审核后可以出具查询结果证明。查询结果证明应当加盖查询机关印章，并注明日期。查询结果证明复制无效。对无土地登记结果的，应查询人请求，查询机关可以出具无土地登记记录的书面证明。"由于这里只是规定"查询人可以阅读或者自行抄录土地登记资料"，并且查询人请求出具查询结果证明的，查询机关经审核后"可以"（而不是必须）出具查询结果证明，实践中当事人到土地登记机构将相关资料查询完毕后，土地登记机构为了避免引起相关纠纷，总是百般刁难不让查询人复制相关资料，不愿意出具查询结果，更不会为当事人加盖公章。以后国家出台新的规定时，一定要将此类的"可以"修改为"应当"，督促土地登记机构为当事人提供必要的服务。

应当指出的是,2007年4月5日,国务院颁布了《中华人民共和国政府信息公开条例》,对信息公开提出很多新的要求,《土地登记资料公开查询办法》应根据《物权法》、《土地登记办法》以及《信息公开条例》的相关规定,尽快修订完善。国土资源部门也要进一步加强土地登记资料的规范化建设,提高土地登记资料的规范化水平,确保土地登记资料的规范、全面、准确,并积极推进地籍管理信息化建设,运用高科技手段为当事人提供查询,保证土地交易安全,规范土地市场秩序,建立公开、公平、公正的土地市场。

第四节 房地产登记机构的统一

由于行政管理体制改革的滞后,我国的房地产登记长期部门分割,难以统一,一直为各界所诟病,建立独立、统一的不动产登记制度一直是社会各界的理想。《物权法》规定了不动产统一登记的原则,从立法上将土地、房产等不动产统一到一个机构进行登记,但由于部门利益的博弈等诸多原因,结束不动产登记机构"多头登记"的局面短期内还难以实现。那么,以房地产统一登记为核心的不动产统一登记为何难以实现?如何从我国国情出发,构建真正具有实践性、可操作性的不动产登记制度?本文主要从实证的角度,对上述问题作一简要的分析。

一、我国房地产登记现状

1. 实践中的主要做法

长期以来,各地在房地产登记机构的设置及具体操作方面做法不一,归纳一下,主要有以下几种不同的做法:①

(1)房地机构分设,规定房地分别登记并实际执行。目前,我国大多数省(自治区、直辖市)房、地行政主管部门分设,实行房地分开登记发证。比较有代表性的是江苏省,2002年通过的《江苏省城市房地产交易管理条例》本着既体现便民高效的原则,又与原有工作基础相衔接的原则,规定市、县人民政府应当设立一个专门的窗口,统一接受房地登记申请,并明确了办理时限,对土地、房屋登记分别限时办结。

(2)机构合一,规定统一登记并实际执行。部分地方,如上海、重庆、天

---

① 参见刘燕:《由房地产权登记谈不动产统一登记制度》,《中国土地》2006年第1期。

津、广州、深圳等地，房地管理部门机构合一，同时，通过地方立法规定房地产实行统一登记并实际实施。这些地方在房地产统一登记方面的具体做法也有差异，如上海、重庆实际上是"一本两证"，一个本子里分别登记土地、房屋的产权状况，在技术上仍是两条线，只是在发证形式上实现了合一。深圳则采用了国际通行的不动产登记模式，房地产权证以土地登记为核心，房屋作为地上附着物登记，实施的效果较好。

（3）房地机构分设，规定房地统一登记但并未实际执行。少数地方在机构分设的情形下，通过地方性法规规定房地产统一登记，但由于实施过程中遇到的种种问题，而实际并未得到实施。以安徽省为例，该省在 2001 年通过的《安徽省城市房地产交易管理条例》中，规定"由省人民政府确定，市、县人民政府应由一个部门或一个机构统一负责城市房地产交易管理工作，制作、颁发统一的房地产权证书……"《条例》颁布后，由于其不具有可操作性，在实施中遇到多方面的问题，时至今日，"两证合一"的规定基本没有实施。还有一些地方，如广东省的肇庆等十几个市（地区），虽然规定由房管部门统一制发"房地产权证"，但由于该证无法涵盖土地登记的内容，土地使用权证也同时发放，所谓的"房地产权证"实质上还是"房屋所有权证"。

（4）机构合一，分别发证的情形。以北京市为例，北京的房地管理机构合一，设北京市国土资源和房屋管理局，但房产、土地两证分别发放的情形延续多年。2004 年 7 月，为落实中央关于土地管理体制改革的精神，土地与房产部门正式分家，成为分设的两个部门。

2. 房地产登记的有关规定

目前，房地产分割登记局面据以存在的主要法律依据就是《城市房地产管理法》第 61 条的规定："以出让或者划拨方式取得土地使用权，应当向县级以上地方人民政府土地管理部门申请登记，经县级以上地方人民政府土地管理部门核实，由同级人民政府颁发土地使用权证书。在依法取得的房地产开发用地上建成房屋的，应当凭土地使用权证书向县级以上地方人民政府房产管理部门申请登记，由县级以上地方人民政府房产管理部门核实并颁发房屋所有权证书。"同时，该法第 63 条也规定："经省、自治区、直辖市人民政府确定，县级以上地方人民政府由一个部门统一负责房产管理和土地管理工作的，可以制作、颁发统一的房地产权证书，依照本法第 61 条的规定，将房屋的所有权和该房屋占用范围内的土地使用权的确认和变更，分别载入房地产权证书。"各地在地方性法规、规章中也对房地产登记问题作出了不同的规定，但大多数规定房地分别登记，少数省、市如上海、重庆、广东等地则规定了统一登记。

如何统一中国的不动产登记制度，始终是学者们争议的焦点问题之一，一直未能达成共识。为了减少阻力，《物权法》采取了搁置争议、维持现有不动产登记

第七章 我国土地登记法律制度创新研究

格局的做法,该法第 10 条规定:"不动产登记,由不动产所在地的登记机构办理。国家对不动产实行统一登记制度。统一登记的范围、登记机构和登记办法,由法律、行政法规规定。"第 246 条规定:"法律、行政法规对不动产统一登记的范围、登记机构和登记办法作出规定前,地方性法规可以依照本法有关规定作出规定。"这实际上是立法者在制定《物权法》时不得不采取的妥协态度,导致《物权法》在不动产统一登记方面没有实质性突破。

《物权法》出台后,未见有地方性不动产登记法规出现,而国家不动产登记法规的出台也还需要一段时间。为了在这段时间内做好房地产登记与《物权法》的衔接工作,2007 年 12 月 30 日,国土资源部颁布了《土地登记办法》。2008 年 2 月 15 日,建设部颁布《房屋登记办法》。两个规章出台后,曾一度遭到学者的批评,认为两个部委从部门利益出发,坚持在房地产登记方面各自为政,甚至曾有律师就此上书国务院,要求对这两个规章进行合法性审查。但实事求是地讲,在不动产统一登记短期内不能实现的情况下,国土资源部、建设部为了在房地产登记方面贯彻落实好《物权法》的相关规定,只能以行政规章的形式先行出台规定,来规范相应的不动产登记工作。当然,这客观上也造成《物权法》有关统一登记的规定在相当长的一段时间内恐怕难以实现。

3. 影响房地产统一登记的原因分析

目前,无论理论界还是实务界,对不动产应实行统一登记特别是房地统一登记,已经达成共识,只是在具体制度的设计上还未形成一致意见。目前,存在的争议主要有以下几个方面:

(1) 不动产登记机构。有学者认为应由司法部门——人民法院作为登记机关;有学者认为应该在政府中设立专门负责不动产物权登记的行政机关,具体又存在由国土资源部门、房产管理部门以及单独设立不动产登记局负责统一登记的不同观点;还有学者认为应该设立一个中立的事业性组织来负责登记。

(2) 不动产登记范围。不动产主要包括土地和房屋,其中土地又分为建设用地、农用地和未利用地,农用地又分为耕地、草地、林地等。目前,我国不仅土地和房屋由不同的部门进行登记,而且不同类型的土地也分别由不同的部门进行登记。如房屋由住房和城乡建设部门主管和登记,建设用地使用权和集体土地所有权等由国土资源部门负责登记,草地由农业部门进行主管和登记,林地由林业部门进行管理和登记,承包经营的耕地由农业部门进行登记,水面、滩涂的养殖使用权由渔业部门进行管理和登记。下一步,哪些应列入不动产登记范畴,其权证名称如何定,目前还存在一定的争议。

(3) 登记方法。不动产统一登记种类繁多,情况复杂,绝不是简单地把土地、房产等管理部门合一,直接发一个房地产证就可以了。实行不动产统一登记,需要进一步细化登记种类,整合和完善登记程序与方法,并妥善处理好统一

· 199 ·

登记前的土地、房产等登记资料。目前，只有少数实行不动产统一登记的地区在这方面进行了探索，如果要上升到国家法律的层面，还需要进一步的研究，制定一套切实可行的不动产登记制度。

当然，上述三个方面只是影响不动产统一登记进程的直接原因，或者说是技术层面的原因。究其根源，阻碍不动产统一登记进程最主要的还是部门利益的博弈。换言之，它已不仅仅是一个法理问题，更主要的是利益层面的问题。各登记机关为了获取部门利益，争相登记，不愿意放弃既有利益而实行统一登记。具体到房地统一登记，到底是"地随房走"还是"房随地走"，一直无法统一，特别是在建设部、国土资源部分别出台《房屋登记办法》、《土地登记办法》以后，使不动产统一登记之路更为漫长。

二、我国应加快推进房地产统一登记

房地产统一登记是大势所趋，也是我国房地产管理的发展方向，绝不能因为部门利益的原因而长期搁置，必须加快房地产统一登记进程，实现对房地产的高效、便捷管理，这也是经济全球化背景下，不动产登记与国际惯例接轨的客观需要。

（1）加快房地产统一登记进程是促进房地产市场健康发展的必然要求。目前由于房屋和土地分别登记，导致房地分离的现象十分严重，有的人利用此漏洞，将房屋和土地分别抵押骗取银行贷款。出现问题后，相关各方很容易因为谁优先受偿出现激烈争执，甚至经常会出现法院将房、地分别拍卖偿还债务的现象，导致房地分离的现象日益增多，长期积累下去，将严重影响房地产市场交易安全，也给社会稳定造成隐患。此外，房地产分别登记还会增加银行不良贷款，造成金融风险和国有资产流失。

不动产交易秩序的安全依赖于不动产的登记，而不动产登记发挥其强大公示功能的途径就在于给第三人提供权威的登记信息。就目前状态而言，如果实行房地统一登记，将房地权利在同一个网络系统上运行，则可以有效地避免分别登记造成的分别转让、抵押、登记内容不一致以及重复查封等问题，有利于物权公示和查询，保障房地产交易安全，防止不法分子利用管理信息不对称进行欺诈，降低金融风险，使房地产管理更加规范、有序。

（2）加快房地产统一登记是维护法制统一的必然要求。《物权法》突破重重障碍确立了不动产统一登记制度，但如果围绕不动产统一登记问题展开的部门博弈不能尽快得到解决，将对《物权法》的实施造成极大的阻碍作用，《物权法》规定的统一登记制度可能落空，其法律效力将受到严重影响。长此以往，民众会失去对法制的信心，甚至会影响我国法治社会的进程。

（3）加快房地产统一登记是关注民生、维护群众利益的必然要求。房地分离给广大群众造成了极大的不便,不仅权利人办理登记不方便,而且交易相对人查询登记资料也很困难,难以了解交易标的权利状况。例如,在房地产抵押时,不仅要到建设部门办理房屋抵押登记,而且要到国土资源部门办理土地抵押登记,既增加了经济成本,也增加了时间成本,第三人因多头登记也难以判断信息的真实可靠性,造成了很大的交易风险,不适应市场经济深入发展的需求。

(4)加快房地产统一登记是提高行政效率、提升政府形象的需要。在目前房地产分别登记的情况下,各个部门都要配备一套专门的人员、机构、场所以及设施设备等,国家不仅为此相应地多支付人力、物力成本,而且由于各部门之间的职能交叉,容易导致争权夺利或者扯皮推诿,降低办事效率,严重影响政府的形象。这些问题将在房地产统一登记后得到有效解决。

(5)加快房地产统一登记有利于政府准确、全面地掌握房地产情况。近年来,各地楼市价格一路上扬,房地产市场严重失控,通过房地产统一登记,有利于政府动态监控房地产市场,为城市建设、房地产市场宏观调控等提供依据,促进国家楼市宏观调控政策的贯彻落实和房地产市场健康发展。

(6)加快房地产统一登记是与国际社会接轨的必然要求。不动产统一登记制度是国际通常做法,很多国家将建筑物等作为土地的组成部分而不是作为独立的不动产,土地登记就包括建筑物的登记。如英国、新加坡、澳大利亚、中国香港,土地的概念就包括建筑物,土地和房产统称为不动产(Real Estate)。还有不少国家和地区,认为林地、牧草地与土地是一个整体,按土地用途进行统一的土地登记。

三、我国已经基本具备房地产统一登记的条件

从另一个角度看,我国已经基本具备了房地产统一登记的各种条件,为建立统一登记制度打下了良好的基础,主要表现为以下几个方面:

(1)从技术条件看,随着我国市场经济机制的建立和完善,不动产产权市场价值日益彰显,房地产交易活动日益频繁,客观上也促进房地产权登记体系逐步成熟,土地、房产登记的信息管理和查询系统已实现了数据化、电子化管理,为实现房地产统一登记提供了技术支持。

(2)从实践经验看,一些城市已经进行了房地产统一登记的实践探索,如上海、重庆、天津等地在房地产统一登记方面已经摸索出一些宝贵的经验和做法,为在全国范围内推进房地产统一登记打下了基础。

(3)从社会基础来看,建立不动产统一登记制度便民利民,顺应民心和民意。不动产统一登记不仅可以方便权利人的申请登记,也方便交易相对人和利害关系人查询登记资料,减少当事人的交易成本,活跃市场交易,维护交易安全,降低交易风险,有效保护当事人的合法权益。

(4) 从历史上看，建立不动产统一登记制度符合我国的传统。我国曾经在很长一段时间内实行不动产统一登记，民国初期便建立了不动产的统一登记制度，现在我国台湾地区实行的仍然是统一登记。现在全面推进不动产统一登记符合历史传统。

四、构建我国房地产统一登记制度的构想

客观地讲，目前不动产统一登记在我国仍然困难重重，进展缓慢。笔者认为，推进不动产统一登记，关键是要找准问题的症结所在，在此基础上寻找一条适合我国实际、能够顺利推进的不动产统一登记实现途径。具体来讲，可以采用先易后难、逐步推进的原则，在完整意义上的不动产统一登记，即林地、草原、海域、房屋、土地等统一登记短期难以实现的情况下，可以先从对百姓生活影响最大、关注率最高、最容易取得突破的房地产统一登记着手，待这一问题解决后，再逐步实现对其他不动产的统一登记。

对于房地产统一登记的实现途径，理论界普遍认为首先要出台《不动产登记法》，明确不动产登记的机构、范围和方法等内容。笔者认为，当前最重要的是要明确不动产登记机构，这一核心问题确定之后，再根据该机构实际情况，来研究不动产登记的若干具体问题。现在之所以《不动产登记法》迟迟未能出台，主要原因就在于一直未明确由哪个机构来负责房地产统一登记工作，进而也就无法着手研究房地产如何统一登记的相关具体问题。只要确定了房地产统一登记机构，相信其他的问题也会迎刃而解，进而实现房地产统一登记乃至整个不动产统一登记的目标。

1. 统一房地产登记机构

归纳起来，目前理论界对于如何设立房地产登记机构主要有两种观点：一是抛开现有的房地产登记机构，成立新的不动产登记机构，具体又分为由司法机构进行登记或设立一个中立的事业性组织来负责登记；二是对现有房地产登记机构进行整合，具体又分为由国土资源部门、房产管理部门以及单独设立不动产登记机构负责统一登记的不同观点。笔者认为，在当前形势下，第一种思路有些过于理想化，不利于加快推进不动产统一登记进程，原因如下：

(1) 从前后衔接看，按照房地产统一登记的要求，以后将把房产证、土地使用证合并为一证，但这需要一个过渡期，对于群众此前持有的房产证、土地使用证在一段时间内将继续有效。当事人一般是在准备进行房地产交易时，才会到登记机构换发新的房地产权证。而这项工作的开展必须以原来的房、地产登记资料为基础，并且工作人员应当了解原来的房地产登记政策，完全脱离于房地产登记机构的新设机构显然难以满足上述要求。

(2) 从登记工作程序看，即使推行房地产统一登记，也很难完全与房地产管

理部门相脱钩。表面上看，房地统一登记就是将两个证合成一个证，将房屋登记信息和土地登记信息同时在一个证上记录，实际上具体操作过程中并非如此简单。例如，权利人取得土地使用权后完成地上建筑前，单独申请土地使用权登记（也就是办理白地的土地权属证书）的，登记机构也应予以办理，而相关资料主要由国土资源部门掌握，如果在现有房地产管理部门之外单独设立登记机构，显然难以完成这项登记工作。

（3）从节约成本的角度看，原有的房地产登记机构即房产管理部门与国土资源部门，多年来在房地产登记方面积累了宝贵的经验，已经形成一套切实可行的登记制度，其工作人员也具备了进行房地产登记所必需的知识和经验。如果要另设新的房地产登记机构，则显然会造成人力、财力、物力的极大浪费。因此，从制度变迁的成本来看，我国不动产登记机构改革应尽可能遵循已有的路径，尽量在现有法律框架内进行改造，并注重与现行管理体制的衔接，以节约改革成本。①

排除了第一种思路后，第二种思路仍然有三种方案，即选择国土资源部门和房产管理部门中的一个或在二者的基础上成立新的机构负责房地产统一登记。笔者认为，虽然从理论上来讲，基于房屋对土地的依附性，由土地行政主管部门负责统一登记比较合适，但在目前两个部门利益难以平衡的情况下，最理想的解决方式是由国务院统筹安排，将房产和土地行政主管部门合并，在新成立的房地产管理部门下设事业单位型房地产登记机构，具体负责房地产统一登记，原因如下：

第一，将房地产管理机构合并，可以从根源上解决部门利益之争，减少房地产统一登记存在的阻力。从操作层面讲，推进房地产统一登记应当让行政机构改革先行，②在合并房地产管理部门后，再按照既定目标实行房地产统一登记。当然，改革必然会带来一些阵痛和部门利益的损失，这既需要规则制定者的智慧和勇气，又要各部门有大局观念，站在理性的高度上去看待问题，全面支持推进房地产统一登记。

第二，将房地产管理机构合并，可以充分利用土地管理部门和房产管理部门原有的登记资料和管理经验，便于开展房地产统一登记工作。因为无论是将房地产统一登记交由土地管理部门负责，还是交由房产管理部门负责，在资料和经验的积累上都有欠缺，只有将二者合并，才能实现资源的最佳配置和利用，提高房地产登记工作质量。

---

① 参见梁亚荣、王崇敏：《不动产登记机构设置探析》，《法学论坛》2009年第1期。
② 目前，从中央到地方都进行了大刀阔斧的大部制改革，按政府综合管理职能合并政府部门，例如，原来一直对立的人事部门和劳动部门就合并为人力资源和社会保障部门。这就说明只要政府下决心，机构改革及相应的政府职能转变都能得以推进，房产管理部门与土地管理部门的合并也是如此。

第三,将房地产管理机构合并,可以提高登记工作效率。房地产登记只是一种结果的确认,前期从取得土地到房屋建设,都需要土地管理部门和房产管理部门的介入和管理,如土地管理部门办理土地征收和出让等,房产管理部门则负责政府保障性住房的建设和管理,这样在两个部门合并后,可以实现信息、资源共享,简化了信息查询和确认、卷宗的转送等程序,可以大大地提高工作效率。

2. 整合房地产登记制度

房地统一登记是一项政策性统一、综合性强、涉及面广的工作。房地机构分设20余年来,国土资源部、建设部以及各地有关部门就房、地登记问题出台过许多政策,但基本都是分别对房、地登记政策作出了规定,那么在统一登记过程中要将有关政策统一起来,有机整合和融合房地登记的内容、方法、程序和操作平台等,形成房地统一的登记政策。

3. 做好统一登记前后的过渡工作

在房地产统一登记过程中,要本着统一规范、保护权利人合法权益、便民高效的原则,妥善处理各项历史遗留问题。对于房地统一登记前已经领取的《国有土地使用证》和《土地他项权利证明书》、《房屋所有权证》、《房屋他项权证》等,仍作为房、地权利的凭证,继续有效。当事人申请换发房地产权证的,可以到统一后的房地产登记机构办理。并且,政府不宜规定当事人必须换发房地产权证的期限,不能因为其未及时申请换证就废止其房地产权证书,但可以规定当事人在进行房地产交易时必须同时换发新证。此外,由于房地登记的政策、登记部门、登记时间的不同,造成房地登记不同步,房地登记权利人不一致,房地登记范围不同等问题,必须依法妥善处理好,切实维护权利人的合法权益。

在将上述问题厘清以后,《房地产统一登记办法》的出台便会水到渠成,做到登记机构、登记依据、登记程序、权利证书、登记效力的有机统一,从而为不动产统一登记摸索出一条切实可行的道路。

第八章 我国国有土地上房屋征收法律制度创新研究

征收是国家为了公共利益的需要,而利用公权力强制性地将集体或私人所有的财产征归为国有,或者对集体或私人财产权施加某种限制。由此可以看出,征收的主体是国家,必须是为了公共利益的需要,另外征收要符合法定的权限和程序,并且要依法作出补偿。[1] 征收,虽然在外观上是国家以强权侵犯私权,但却是为保障公共利益实现的必要制度。即使以宣扬私有财产权神圣不可侵犯的法国《人权宣言》,也确认可以在公共需要时于事前以适当补偿后剥夺财产权。[2] 这一条关于公益征收的原则性规定被后世许多国家的宪法所效仿,也逐渐发展出了公益征收的制度,以实现私权与公权的平衡、促进社会经济的进步。

我国法律中也对公益征收做了规定。我国《宪法》规定:国家为了公共利益的需要,可以依照法律规定对土地实行征收或者征用并给予补偿。国家为了公共利益的需要,可以依照法律规定对公民的私有财产实行征收或者征用并给予补偿。我国《物权法》也规定:为了公共利益的需要,依照法律规定的权限和程序可以征收集体所有的土地和单位、个人的房屋及其他不动产。由此可见,我国的不动产征收制度主要分为集体土地征收和城市房屋征收。征收集体土地主要是由《土地管理法》予以规定,我们已经在另一专题中对此进行了论述。征收私有房屋则主要是由《城市房屋拆迁管理条例》(以下简称《房屋拆迁条例》)进行规范。目前国务院已经完成国有土地上房屋征收补偿的立法工作,《国有土地上房屋征收与补偿条例》(以下简称《房屋征收条例》)已于2011年1月19日经国务院第141次常务会议通过。2011年1月21日,国务院总理温家宝签署国务院第590号令,公布并施行。

关于《房屋征收条例》的理解和适用,目前来说还存在着一些争议和模糊。笔者认为,在理解和适用《房屋征收条例》时,特别是在公共利益的判断、征收房屋的补偿以及强制执行等方面,切实做到公权与私权、公共利益与私人利益、

---

[1] 参见王利明:《物权法论》(修订二版),中国政法大学出版社2008年版,第126-131页。
[2] 法国《人权宣言》第17条规定:私人财产神圣不可侵犯,除非当合法认定的公共需要所显然必需时,且在公平而预先赔偿的条件下,任何人的财产不得受到剥夺。

社会发展与个人自由的平衡协调,既要保护又要限制,以真正适应未来城市发展之需要和人民生活水平之提高。

第一节 房屋征收的法理基础之所在：自由与限制的平衡[①]

在上文中笔者已经提到,房屋征收是公益征收制度的组成部分之一。所谓征收实质上是对私人财产的一种限制,以达到公共利益之目。根据我国《物权法》第42条规定,为了公共利益的需要,依照法律规定的权限和程序可以征收集体所有的土地和单位、个人的房屋及其他不动产。由此可以看出,不动产征收是国家为了顺利完成其公共社会管理职能、实现社会公共利益而行使的一种法定权力,必然有其存在的合理价值和法理基础。而笔者认为这个基础就是私人财产权自由与公法限制,私人利益与公共利益要实现协调平衡。

一、财产权之自由

财产是什么？这是一个模糊而又不断发展的概念。因为自人类出现,不同的时代和不同地域的人对于财产的定义完全不同,例如古人以贝壳为货币,今人以纸币为货币,未来发展之趋势将会弃实在之货币而通行电子货币。社会发展之趋势异常迅猛,可以说随着时代的发展,财产意识也会随着时间和空间不停地变化。我国《民法通则》、《合同法》、《物权法》等法律中多次提到"财产"一词,但均未作特定解释。通常所谓之财产,是指由具有金钱价值的权利所构成的集体。[②] 而财产权是财产在法律上的体现,它以财产利益为其基本内容。西方法学理论通常认为财产权是指存在于任何客体上的完全的权利,所以财产权不是单一的权利,而应当是若干权利的集合。[③] 所以广义上的财产权包括物权、债权、知识产权等。但是从狭义上来看,财产权一般是指物权。财产权之核心在于财产所有权,是其他财产权利得以产生存在的基础。根据我国《民法通则》和《物权法》等法律规定,财产所有权按主体不同可以分为国家所有权、集体所有权和私人所有权等。

[①] 关于此处房屋征收的法理基础同样也适用于集体土地的征收,在本书集体土地征收补偿专题中,我们将不再对此问题进行论述。
[②] 参见王泽鉴:《民法总则》(增订版),中国政法大学出版社2001年版,第233页。
[③] 参见卡尔·拉伦茨:《德国民法总论》(下册),法律出版社2003年版,第1006页。

第八章　我国国有土地上房屋征收法律制度创新研究

所有权绝对、契约自由和过失责任并列为近代民法的三大原则。德国学者梅迪库斯有言："所有权自由是指所有权人有权在法律和第三人权利的框架内，任意处分其物，并排除第三人对物的干预。"① 财产权之自由源自于所有权绝对原则，所以财产权人原则上也得自由占有、使用、收益、处分其财产权。笔者认为，财产权的自由有两层含义：一是拥有财产的自由以及处分财产的自由；二是财产权之自由受法律保护，其他人不得干预权利人行使其财产权，特别是政府不得侵害个人的财产权。财产权之自由对于个人保全其人格完整、行使其自由之权利、对抗他人之干涉特别是政府的侵害具有重要的作用，可谓基础的自由。"不动产财产权自由原则使人民的财富增加、生活水平提高，国家的经济实力因而提升；因此，原则上符合公共利益。国家应以保护公共利益的精神，保障私有不动产财产权，维护不动产财产权自由原则。"②

二、财产权自由的限制

个人的财产权有高度自由，但是这种自由并不是绝对的，也要受到一定的限制。在当前社会中，如果人人只知自己的权利，而不顾他人特别是公众之权利，势必会发生激烈的矛盾。因此需要协调两者的冲突，在一定程度上限制私人之财产权的自由，以实现社会福祉之最大化。

对财产权之自由的限制方式有很多，大致上可分为公法上的限制和私法上的限制两种，前者主要以国家公权力限制或剥夺私人财产权之自由，例如对财产征税、收费、没收、征收、征用等，而后者大多是设置一些法律原则或规则，私人行使财产权必须遵守之，例如禁止权利滥用原则、公序良俗原则、相邻关系规则、地役权规则等。在公法对财产权之自由的限制方式中，非常重要的一种就是征收。可以说，公益征收之法理基础就在于限制个人私益的过度自由，保障公共利益之实现，最终达到公益与私益的平衡。公益征收虽然在外观上是国家公权力侵犯私人财产权，但却是保障有关公共利益之事业实现的不可或缺的制度。笔者认为，公益征收与私人财产权之自由并非水火不相容，两者可以结合为一体，并与财产权保障制度构成财产权完整的制度体系。

现代福利国家中，政府之职能由消极趋向积极，给付行政已成为公行政之主流。政府为实施给付行政，对国民提供最佳服务，其具体表现方式之一，即积极兴办公共事业、提供建构生活基础所需之各项设施，以改善国民之整体生活环

---

① 迪特尔·梅迪库斯：《德国民法总论》，邵建东译，法律出版社2001年版，第146页。
② 谢哲胜：《不动产财产权的自由与限制——以台湾地区的法制为中心》，《中国法学》2006年第3期。

境，提升公共福祉。①为兴办公共事业，必然需要对特定不动产实施征收，以获取一定的土地。因此公益征收就有其必要性，很多国家的宪法都对此做了规定。如法国《人权宣言》第17条规定，财产是不可侵犯的权利，除非合法认定公共利益显然必要时，并在公平且预先补偿的条件下，任何人的财产不得剥夺。美国《宪法修正案》第5条和第14条规定，不经正当程序，不得剥夺任何人的生命、自由和财产。不给予公平补偿，私有财产不得充作公用。日本《宪法》第29条规定，财产权不得侵犯。财产权的内容，应由法律规定，以期适合于公共福利。私有财产，在正当的补偿下得收归公用。德国《基本法》第14条规定，财产权与继承权应予保障。其内容及其界限，由法律规定。财产权负有义务，其使用应同时有益于公共福利。欧洲人权公约规定，除非为了公共利益，不得剥夺任何人的财产占有。

三、公益征收之平衡原则

政府限制财产权必须以必要者为限，不能违反宪法保障财产权的意旨，基于限制的功能在于弥补财产权自由的不足之处，而限制有其成本和界限，以防公权力过分干涉私权利，损害人民之利益。因此，公益征收应取得平衡，以求得国家和人民利益的最大化。但是需要看到的是，在需要平衡的公益征收法律关系中，一方是国家行政权过于强大，而另一方相对方权利过于弱小，因此有学者认为，在这种法律关系下根本不可能达到一种平衡关系，所谓的"平衡"也只是不切实际的"空中楼阁"。但是这种故步自封的思想显然不能适应新时期社会发展之需要。在以前房屋拆迁制度中，国家行政权力的过于强大，在一定程度上已经与民众的权利失去了均衡的比例，导致了很多暴力拆迁、流血拆迁的发生。新征收条例的出台在一定程度上平衡了公权与私权的关系，正如某些学者看来，行政法的平衡是指行政法的行政权与相对方权利配置格局达到了结构性均衡。②在笔者看来，公益征收作为一种国家实施的行政行为，应当建立一种平衡，使行政权与相对方权利形成对峙均势，行政主体与相对方的法律地位总体平等。在这种均衡中实现社会利益最大化，达到社会之公共福祉。

1. 征收合法性原则

合法性原则即公益征收必须依据法律，符合法律的要求，不能与法律发生抵

---

① 陈立夫：《土地法研究》，(台湾)新学林出版股份有限公司2007年版，第215页。
② 参见罗豪才、宋功德：《行政法的失衡与平衡》，《中国法学》2001年第2期。

触和冲突。具体来说政府的征收行为应当受到《宪法》第 10 条和第 13 条,① 以及《物权法》第 42 条② 等法律规定的拘束，不得违背上位法对征收做出的规定，而且有关征收的行政法规也应当符合《宪法》、《物权法》等基本法律的规定，不得做出与之相抵触的规定。另外根据法律保留原则，征收只能在法律明确授权的情况下才能实施，否则就是违法征收。我国《立法法》第 8 条规定，对于非国有财产的征收应当制定法律，当然全国人民代表大会及其常务委员会有权作出决定，授权国务院可以根据实际需要，对其中的部分事项先制定行政法规。我国 1991 年制定的《城市房屋拆迁管理条例》没有法律依据，明显存在违宪、违背上位法的情况，不符合合法性原则的规定，所以已经被废止。现行《国有土地上房屋征收与补偿条例》是根据《房地产管理法》制定的,③ 具有法律上的依据，符合合法性原则。总而言之，没有法律的规定，行政机关不得做出剥夺公民私有财产权的征收行为。

2. 征收合理性原则

行政合理性最重要的就是遵守比例原则。所谓比例原则就是对行政手段和行政目的之间关系进行衡量，甚至是对两者各自代表的、相互冲突的利益之间进行权衡，来保证行政行为是合乎比例的、恰当的。其具体内容包括手段的妥当性、必要性、法益相称性。④ 公益征收追求的目的必须是适合于增进全体国民之利益，符合全体国民之愿望和目的，此为征收的妥当性；公益征收目的和手段要做理性判断，需保证征收之手段对被征收人来说造成的损失最小、伤害最小，此为征收的必要性；征收所追求的公共利益目的和征收之手段不仅要符合妥当性、必要性，还要做到法益相称性，也就是说对征收所实现的公共利益要与被征收人的损失利益进行衡量，如果征收对被征收人及其他人或社会造成的损害非常之大，超过了征收所实现的利益，那么征收就不应当实施。

---

① 《宪法》第 10 条规定，国家为了公共利益的需要，可以依照法律规定对土地实行征收或者征用并给予补偿。第 13 条规定，国家为了公共利益的需要，可以依照法律规定对公民的私有财产实行征收或者征用并给予补偿。
② 《物权法》第 42 条规定，为了公共利益的需要，依照法律规定的权限和程序可以征收集体所有的土地和单位、个人的房屋及其他不动产。
③ 《房地产管理法》第 6 条规定，为了公共利益的需要，国家可以征收国有土地上单位和个人的房屋，并依法给予拆迁补偿，维护被征收人的合法权益；征收个人住宅的，还应保障被征收人的居住条件。具体办法由国务院规定。
④ 参见应松年主编：《行政法与行政诉讼法》（第二版），法律出版社 2009 年版，第 37—38 页；马怀德：《行政法与行政诉讼法》，中国法制出版社 2007 年版，第 54—56 页。

3. 征收程序正当性原则

程序的正当与实体结果之公平正义具有内在的关联性,因此征收必须符合正当之程序。具体来说征收应当做到以下几点:首先,有关机构应当主动或者根据征收相对人的申请公开有关征收的情况和资料;其次,有关机构应当公正地对待所有被征收人,不得歧视或欺压某些被拆迁人;再次,应当保障被征收人的参与权,有机会陈述自己的意见,获得抗辩异议的机会;最后,赋予被征收人救济的权利,在征收发生违法违规的情况时可以诉请有关机构处理,以获得救济。

第二节 我国房屋征收补偿制度的历史发展与现行规定的概观

一、我国房屋征收补偿制度的历史发展

我国的城市房屋拆迁法律制度最早始于20世纪50年代。1953年11月,当时的政务院颁布了《国家建设征用土地办法》(1958年修订),这是我国第一个涉及房屋拆迁的法规,在房屋拆迁方面,确定了拆迁房屋的原则、程序、权限及其补偿标准。这里需要注意的是,我国的城市房屋拆迁法律制度与城市土地制度是紧密相连的。在新中国成立初期,城市中的私人土地并没有被国有化,个人仍然享有对自己房屋之下的土地所有权。但是在之后的发展中,城市私有房屋之下的土地被国有化。这一过程是比较模糊的。有学者认为,虽然最早对我国城镇私人土地所有权消灭做出规定的法律应当是1982年宪法,但是我国城镇土地国有化的标志应当是1967年国家房管局、财政部税务总局《答复关于城镇土地国有化请示提纲的记录》的公布。① 也就是说在此之后,城市中不再存在私人土地所有权,房屋所有人只对房屋之下的土地享有使用权。因此,在城市中不再实行土地征用制度,而是房屋征收拆迁制度。在改革开放以前,由于当时我国实行高度集中的计划经济,人们的住房主要依靠工作单位提供或者政府提供,尚未形成私人购买房屋的房地产市场。在这一时期,城市房屋拆迁模式是"政府出资,定标准,安置住户,一切由政府包办"。

改革开放以后,由于我国社会经济的发展,对土地的需求开始增加。当时,

---

① 刘俊:《中国土地法理论研究》,法律出版社2006年版,第96页。

第八章 我国国有土地上房屋征收法律制度创新研究

人口众多与土地稀缺的矛盾十分突出,城市规划格局也不太合理,政府"包办一切"的拆迁模式并不能满足人们改善住房条件的要求。所以对城市房屋拆迁制度提出了新的要求。1991年6月,国务院发布了《城市房屋拆迁管理条例》,这是我国在房屋拆迁方面的第一部较为规范的法规。当时城市建设的主体多是国有单位,以政府为主导的拆迁行为,较少涉及公共利益和非公共利益的区别。2001年6月对《拆迁条例》进行了修改,修改后的《拆迁条例》仍未区分公益和商业拆迁,其运作模式依然沿袭了建设单位向政府申请拆迁许可、获批后实施拆迁、发生纠纷由政府裁决、被拆迁人拒绝拆迁的实行强制拆迁等做法。2004年修改《宪法》,第四次修正案增加了"公民的合法私有财产不受侵犯"、"国家为了公共利益的需要,可以依照法律规定对公民的私有财产实行征收或者征用并给予补偿"等内容。2007年通过的《物权法》也对此作了规定,"为了公共利益的需要,依法可以征收集体所有的土地和单位、个人的房屋及其他不动产,应给予拆迁补偿、维护被征收人的合法权益,征收个人住宅的还应当保障被征收人的居住条件"。在此期间,房地产市场发展迅速,但是《拆迁条例》确立的房屋拆迁制度却发展滞后,导致了一些拆迁冲突的发生,甚至出现了"血拆"的事件。2009年8月27日,全国人大常委会修改了《城市房地产管理法》,其第6条规定:"为了公共利益的需要,国家可以征收国有土地上单位和个人的房屋,并依法给予拆迁补偿,维护被征收人的合法权益;征收个人住宅的,还应当保障被征收人的居住条件。具体办法由国务院规定。"该法的修改为《拆迁条例》废除、新条例的制定铺平了道路。2009年12月7日,北大五名法学学者沈岿、王锡锌、姜明安、钱明星和陈端洪向全国人大常委会建言,认为《拆迁条例》与《宪法》、《物权法》等抵触或冲突,建议对《条例》进行审查。2010年1月29日,国务院法制办公布《国有土地上房屋征收与补偿条例(草案)》,向社会公开征求意见。2010年12月15日,国务院法制办公布《国有土地上房屋征收与补偿条例(第二次公开征求意见稿)》,再度就"新拆迁条例"立法征求公众意见。2011年1月21日,国务院公布了《国有土地上房屋征收与补偿条例》。2011年6月3日,住房和城乡建设部根据《国有土地上房屋征收与补偿条例》发布了《国有土地上房屋征收评估办法》。至此,我国的房屋征收补偿制度建立并逐步完善起来。

二、新条例确定的房屋征收补偿制度

1. 现行房屋征收补偿制度的概观

根据刚通过的《国有土地上房屋征收与补偿条例》,我国国有土地上的房屋征收已经形成一定的法律制度,初具形态。下面我们将简单地介绍一下《房屋征收条例》所规定的房屋征收补偿程序及其效力。

为了保障国家安全、促进国民经济和社会发展等公共利益的需要,确需征收

房屋的，由市、县级人民政府作出房屋征收决定。房屋征收部门拟定征收补偿方案，报市、县级人民政府。市、县级人民政府应当组织有关部门对征收补偿方案进行论证并予以公布，征求公众意见。征求意见期限不得少于30日。而且市、县级人民政府应当将征求意见情况和根据公众意见修改的情况及时公布。市、县级人民政府作出房屋征收决定后应当及时公告。被征收人对市、县级人民政府作出的房屋征收决定不服的，可以依法申请行政复议，也可以依法提起行政诉讼。

作出房屋征收决定的市、县级人民政府应当对被征收人给予补偿。房屋征收部门与被征收人依照《房屋征收条例》的规定，就补偿方式、补偿金额和支付期限、用于产权调换房屋的地点和面积、搬迁费、临时安置费或者周转用房、停产停业损失、搬迁期限、过渡方式和过渡期限等事项，订立补偿协议。补偿协议订立后，一方当事人不履行补偿协议约定的义务的，另一方当事人可以依法提起诉讼。房屋征收部门与被征收人在征收补偿方案确定的签约期限内达不成补偿协议的，或者被征收房屋所有权人不明确的，由房屋征收部门报请作出房屋征收决定的市、县级人民政府依照本条例的规定，按照征收补偿方案作出补偿决定，并在房屋征收范围内予以公告。被征收人对补偿决定不服的，可以依法申请行政复议，也可以依法提起行政诉讼。作出房屋征收决定的市、县级人民政府对被征收人给予补偿后，被征收人应当在补偿协议约定或者补偿决定确定的搬迁期限内完成搬迁。被征收人在法定期限内不申请行政复议或者不提起行政诉讼，在补偿决定规定的期限内又不搬迁的，由作出房屋征收决定的市、县级人民政府依法申请人民法院强制执行。

就上述房屋征收补偿程序，政府主管部门的房屋征收行为可以分为两个阶段：一是公告征收决定之后；二是补偿完毕之后。这两个阶段发生了两次效力，分别为：

（1）市、县级人民政府将房屋征收决定公告后，在房屋征收范围内不得新建、扩建、改建房屋和改变房屋用途，同时房屋征收部门将通知有关部门暂停办理相关手续。这是一种限制房屋所有权人行使其房屋权利的法律效力。此时，被征收房屋之人对其房屋权利虽然没有消失，但是却被限制、冻结，而征收机关应当及时地给付补偿以弥补被征收人的损失。

（2）在房屋征收补偿费发给完之后，被征收人就失去了其房屋之上的权利，同时由征收机关取得房屋所有权，此时征收完成。但是我国《物权法》第28条规定：因人民法院、仲裁委员会的法律文书或者人民政府的征收决定等，导致物权设立、变更、转让或者消灭的，自法律文书或者人民政府的征收决定等生效时发生效力。这里表明只要政府作出了征收决定，征收令就发生效力。但也有学者认为，仅由政府作出决定还不能导致征收令生效，这里的生效具有特定的含义；也就是说必须在征收补偿完成之后、被征收人对征收决定未提起行政复议或诉讼，

第八章　我国国有土地上房屋征收法律制度创新研究

或者提起了行政诉讼或复议后原征收决定被维持的，才能认为征收令发生了效力。①笔者赞同这种观点，这也符合我国《宪法》的规定和精神。但是值得注意的是，在司法实践中一般认为，人民政府在进行征收时作出的征收决定送达被征收人时即发生法律效力，被征收的集体土地或者单位、个人的房屋、其他不动产的所有权自征收决定送达时转移给国家。②

2. 新条例的进步

《房屋征收条例》的制定可以说引起了社会上的广泛关注和议论，因此在这个条例出台以后很多人都提出了自己的意见，有赞许，也有批评。笔者认为，与之前的《拆迁条例》相比，《房屋征收条例》在很多方面都取得了巨大的进步。笔者认为主要有以下几点：

（1）改"拆迁"为"征收"，并且排除了因商业目的的征收，只能由政府进行公益征收。而且最重要的是，界定了公共利益范围。

新条例一个显著的变化，就是删去了旧条例中敏感的"拆迁"二字，代之以"征收"。"拆迁"二字，此前已在1991年国务院发布的《城市房屋拆迁管理条例》中存在。2001年修改《拆迁条例》时仍然继续采用"拆迁"。2007年12月，国务院常务会议审议的《国有土地上房屋征收与拆迁补偿条例（草案）》中，"拆迁"依然在列。而在2010年1月、12月的两次向社会公开征求意见稿中，其表述已经变为"征收"。正式公布的新条例，"拆迁"二字则彻底消失。笔者认为这一改变是正确的。普遍意义上所使用的房屋拆迁主要是指在不动产征收中所发生的房屋拆迁，有学者认为拆迁仅只是征收过程中所产生的一个附带问题，并不具有独立的法律地位，征收才是一项独立的法律制度。③笔者认为，从字面上看，房屋拆迁是由拆和迁组成，对象是房屋。"拆"，是指将土地上原有的建筑物或其他必须拆除的物拆除；"迁"，是指对原土地使用者的暂时或永久迁移。根据我国《物权法》第30条规定可知，④拆除房屋是一种事实行为，而房屋拆迁发生的原因很多，⑤其中重要的一个原因就是因征收而发生的拆迁（包括土地征收和房屋征收），这也是人们所普遍认知的拆迁，这种拆迁只是房屋征收的一个环节，而非一种独立的制度。

---

① 王利明：《物权法论》（修订二版），中国政法大学出版社2008年版，第69页。
② 参见黄松有主编：《〈中华人民共和国物权法〉条文理解与适用》，人民法院出版社2007年版，第125页。
③ 温世扬：《征收、拆迁与不动产物权变动及其相关立法问题》，《福建政法管理干部学院学报》2008年第4期。
④《物权法》第三十条规定，因合法建造、拆除房屋等事实行为设立或者消灭物权的，自事实行为成就时发生效力。
⑤ 例如，土地征收；建设用地使用权被收回；建设用地使用权到期以后可能会被拆迁；房屋所有人对于自己的房屋享有完全所有权，因此可以自由处分，因此他可以选择拆迁。

《房屋征收条例》明确规定，只有为了"公共利益"的需要，才能对国有土地上单位、个人的房屋实行征收。这就明确了一点，那就是将"公共利益"征收与商业开发征收混为一谈的拆迁模式从此彻底退出了历史舞台。按照法律，公益征收的主体只能是政府。《房屋征收条例》明确了政府是征收补偿的主体，并禁止建设单位参与搬迁，要求房屋征收实施单位不得以营利为目的，这些都有助于化解长期以来因开发商作为拆迁主体所引发的各种社会矛盾，有助于维护社会稳定。

对公共利益的范围，有很多的不同意见，在条例制定过程中也有不少争论。对公共利益，条例明确规定了六种情形，同时，为了加强规划的调控作用，条例还规定，确需征收房屋的各项建设活动都应当符合国民经济和社会发展规划、土地利用总体规划、城乡规划和专项规划，并要求制定规划应当广泛征求社会公众意见，经过科学论证，保障性安居工程建设和旧城区改建还应纳入市、县级国民经济和社会发展年度计划。可以说，公共利益的范围界定，是一个世界性的难题，很多国家的法律也没有很好地对公共利益的范围进行界定，而我国立法长期以来对这一问题并没有给予足够的重视，所以很长一段时间都没有解决。笔者认为，界定了公共利益的范围，就明确了征收的前提条件。这是一个立法的重大完善和进步。

（2）确定征收补偿范围，被征收人有权选择补偿方式，并可由中立的评估机构按市场价进行评估。

征收过程中容易发生纠纷的原因主要是对补偿不服，特别是很多征收部门做出的补偿决定明显低于市场价，所以被征收人的权益得不到保障，引发了很多强制搬迁、强制拆迁的问题。事实上，从实践来看，因征收与拆迁所引发的各种矛盾，主要不是在是否应当符合公共利益的需要而征收方面，而大多体现在征收补偿的标准和补偿的公平性方面。新条例的核心就是强化补偿。新的条例明确规定，征收决定必须是一个合理的补偿、公平的补偿。首先是补偿范围包括了房屋价值、搬迁和临时安置费、营业损失，其次还对被征收人给予一定的补助和奖励以表彰其对公益建设项目的支持。

而补偿标准就是不得低于房屋征收决定公告之日起被征收房屋类似房地产的市场价格，也就是用市场的价格来确定补偿标准，这是一个很大的变化。这就可以保证被征收人在拿到补偿款之后，可以在同等区位用市场价格购买新房屋。这是一种市场化的措施，也是保证被征收人合法权益的一个重要标准。这里对房屋价格进行评估的房地产价格评估机构由被征收人协商选定；协商不成的，通过多数决定、随机选定等方式确定。这就赋予了房屋评估机构的独立性，可以从一定程度上保证评估结果的可信赖性。

另外，新条例规定，补偿方式可以实行货币补偿，也可以实行房屋产权调换,或者实行货币补偿与房屋产权调换相结合的形式。因旧城区改建征收个人住宅,被征收人选择在改建地段进行房屋产权调换的,作出房屋征收决定的市、县级人民政府应当提供改建地段或者就近地段的房屋。这就提供了灵活多样的选择,体现了对被征收人的尊重。

这里需要注意的是,新条例还规定:房屋征收范围确定后,不得在房屋征收范围内实施新建、扩建、改建房屋和改变房屋用途等不当增加补偿费用的行为;违反规定实施的,不予补偿。也就是说,在公告征收范围之后新建、扩建、改建房屋不予以补偿。

(3)被征收人享有知情权、参与权,可对征收决定、补偿协议或决定进行异议,寻求司法救济。

新条例规定,市、县级人民政府应当将征求意见欠款和根据公众意见修改的情况及时公布。因旧城区改建需要征收房屋,多数人认为征收补偿方案不符合本条例规定的,市、县级人民政府应当组织由被征收人和公众代表参加的听证会,并根据听证会情况修改方案。征收程序是规范政府征收行为、维护被征收人合法权益、促使政府做好群众工作的重要保障。公平、公开、公正的原则也在条例中充分体现……同时,条例在征收程序上也增加了公开透明和公众参与的规定。条例规定,征收补偿方案应当征求公众意见;政府作出房屋征收决定前,应当进行社会稳定风险评估;房屋征收决定涉及被征收人数量较多的,应当经政府常务会议讨论决定;被征收房屋的调查结果和分户补偿情况应当公布;被征收人对征收决定和补偿决定不服的,可以依法申请行政复议或者提起行政诉讼。

(4)先补偿后搬迁,取消行政强制拆迁,由法院强制执行。

新条例明确规定,作出房屋征收决定的市、县级人民政府对被征收人给予补偿后,被征收人应当在补偿协议约定或者补偿决定确定的搬迁期限内完成搬迁。这就是实施房屋征收应当先补偿、后搬迁。

过去的拆迁往往是由房地产开发商或建设单位实施的,所以一些企业为了实现经济利益,拆迁过程很不规范,强制搬迁过程中会出现一些恶性事件,在社会上引起了较大的反响。因此,新条例取消了原条例中行政机关自行强制拆迁的规定,规定了被征收人在法定期限内不申请行政复议或者行政诉讼,在补偿决定规定的期限内又不搬迁的,由作出房屋征收决定的市、县级人民政府依法申请人民法院强制执行。这样规定,有利于加强法院对政府征收补偿活动的制约,保证了被征收人的合法权益。当然也有意见认为,为了提高征收工作的效率,保证建设活动的顺利进行,实行行政强制搬迁与司法强制搬迁并行的制度,甚至有些人不同意由法院强制执行,认为法院执行力不足,法院独立性、公正性也难以保证,司法程序太慢。笔者认为新条例的规定是值得肯定的,至少这代表了一种立法的进步。

另外，从近几年的实践看，由于拆迁进度与建设单位的经济利益直接相关，很容易造成拆迁人与被拆迁人矛盾激化。因此，新条例禁止建设单位参与搬迁活动，任何单位和个人不得采取暴力、威胁或者违反规定中断供水、供热、供气、供电和道路通行等非法方式迫使被征收人搬迁。如果采取暴力、威胁或者违反规定中断供水、供热、供气、供电和道路通行等非法方式迫使被征收人搬迁，造成损失的，依法承担赔偿责任；对直接负责的主管人员和其他直接责任人员，构成犯罪的，依法追究刑事责任；尚不构成犯罪的，依法给予处分；构成违反治安管理行为的，依法给予治安管理处罚。这些规定有助于化解长期以来因建设单位作为拆迁主体所引发的各种社会矛盾，有助于维护社会稳定。

第三节　对国有土地上房屋征收制度若干问题的探讨

一、房屋征收之公共利益范围的界定

1.《房屋征收条例》关于公共利益的具体规定

《房屋征收条例》第8条对公共利益做了规定，这也是我国立法上首次对财产征收的公共利益范围进行界定：为了保障国家安全、促进国民经济和社会发展等公共利益的需要，有下列情形之一，确需征收房屋的，由市、县级人民政府作出房屋征收决定：

（1）国防和外交的需要；

（2）由政府组织实施的能源、交通、水利等基础设施建设的需要；

（3）由政府组织实施的科技、教育、文化、卫生、体育、环境和资源保护、防灾减灾、文物保护、社会福利、市政公用等公共事业的需要；

（4）由政府组织实施的保障性安居工程建设的需要；

（5）由政府依照城乡规划法有关规定组织实施的对危房集中、基础设施落后等地段进行旧城区改建的需要；

（6）法律、行政法规规定的其他公共利益的需要。

确需征收房屋的各项建设活动，应当符合国民经济和社会发展规划、土地利用总体规划、城乡规划和专项规划。保障性安居工程建设、旧城区改建，应当纳入市、县级国民经济和社会发展年度计划。制定国民经济和社会发展规划、土地利用总体规划、城乡规划和专项规划，应当广泛征求社会公众意见，经过科学论证。

第八章　我国国有土地上房屋征收法律制度创新研究

在财产征收法律制度中，公共利益的界定无疑是重要的。但是，如何界定公共利益，进而如何实现公共利益，在理论界和实务界都是一个令人困扰的问题。《房屋征收条例》在制定的、修改、出台过程中，其关于"公共利益"规定不断地发生变化。具体来看，新条例确定的我国房屋征收的公共利益的范围是采取了概括加列举的方式进行界定，其中概括的表达是为了保障国家安全、促进国民经济和社会发展等公共利益的需要，列举的范围主要包括国防外交建设、基础设施建设、公共事业、保障性安居工程建设、旧城区改建以及法律法规确定的其他公共利益。

特别重要的是，《房屋征收条例》引入了人民代表大会的审议和监督机制。因为上述规划和计划大多是要经过人民代表大会或人民代表大会常委会审议通过的。这样，征收所确定的公共利益就要间接地接受人民代表机关的监督，从而对地方政府混淆"公共利益"、过度依赖"土地财政"推进地方经济发展和城市建设的冲动构成一定的制约。

2. 房屋征收时利益的衡量

对于房屋征收条例中的公共利益界定，目前有很多争议。有人认为过于宽泛，如果公共利益界定得很宽泛可能导致政府机关借助公共利益的名义进行征收，损害私人合法权益。也有人认为，公共利益范围界定得过窄将不利于我国社会经济的发展，因此需要扩大化。

总的来说，公益征收的范围从世界范围来看是呈现逐渐扩大的趋势，[①]已经不再仅限于公共事业之需，而变成为了达到公共利益之需，有时虽然供某一部分人使用但与公共利益相关也可以征收，例如廉租房、公租房建设。这里的公共利益的界定就显得尤为重要，那么到底哪些才是公共利益？

笔者认为，房屋征收是国家基于公共利益的目的对私有房屋的剥夺，为了保障私有财产权益不受国家强权的肆意侵犯，必须有合法的理由存在，这就是公共利益必须界定的原因所在。房屋征收条例中规定的公共利益仅具有抽象的意义，政府在征收时必须要将具体的建设事项与之进行衡量对比才能变为具体的公共利益，此时才能列为征收的公益范围。具体来说其衡量认定标准，可以参考以下几

---

① 例如，德国的公用征收的概念呈现逐渐扩张之倾向，从18世纪末19世纪初的牺牲请求权到19世纪后半叶的传统征收，再到魏玛时代征收概念的扩展，征收目的不再限于特定的公共事业之需求，凡有利于公共利益者即得为征收。参见〔德〕哈特穆特·毛雷尔：《行政法学总论》（下册），法律出版社2000年版，第663-666页。法国的公用征收目的也在扩张，特别是在20世纪以后法国社会生活发生很大变化，政府对于经济生活和社会生活的干预逐年增加，公用的目的发展成为公共利益的同义语，涉及卫生健康方面、社会行动方面、文体方面、经济方面、城市规划方面等。参见王名扬：《法国行政法》，北京大学出版社2007年版，第292-293页。例如，日本、韩国、中国台湾地区等的公益征收也都呈现出扩大的趋势，在此不再一一介绍。

点：首先，建设事业应当是法律法规所列举的公共利益范围内的项目；其次，事业建设应当有其必要，可以增进社会之福祉；再次，公共利益比私人所失之利益优胜；最后，就是建设的事业应当可以完成，而且可以最大化地使被征收之财产发挥最大的社会效应，注意这里不是经济效应。当具体建设事项所获得的利益与所失的利益相比，前者较后者优越时而且对绝大多数人有益时才能称为公共利益。这里所得的公共利益可能会因不同类型的建设事项而有所不同，而所失利益则应包括房屋征收者所失的个人利益以及征收房屋所失的公共利益，个人利益如居住利益、经济利益等，公共利益如历史古迹、自然生态等价值。当某些建设事项需要征收私有房屋时所导致损失的利益大于所得的利益之时，就不应当对此进行征收，例如在建设道路时需要拆除某些具有非常大历史价值的古建筑或名人故居时就不应当对此进行公益征收。

另外需要注意的是，并不是因公共利益而存在的建设项目都需要进行征收的，如果在有其他方法就可以实现公共利益的情况下就应当采取其他方法，征收只能是最后而不得不为之的手段，绝不是唯一的手段。

二、房屋征收补偿的内容

1.《房屋征收条例》关于征收补偿的具体规定

（1）征收补偿的范围。条例规定：作出房屋征收决定的市、县级人民政府对被征收人给予的补偿包括：被征收房屋价值的补偿；①因征收房屋造成的搬迁、临时安置的补偿；因征收房屋造成的停产停业损失的补偿。市、县级人民政府应当制定补助和奖励办法，对被征收人给予补助和奖励。

因征收房屋造成搬迁的，房屋征收部门应当向被征收人支付搬迁费；选择房屋产权调换的，产权调换房屋交付前，房屋征收部门应当向被征收人支付临时安置费或者提供周转用房。对因征收房屋造成停产停业损失的补偿，根据房屋被征收前的效益、停产停业期限等因素确定。

由此可以看出，征收补偿的范围包括房屋价值、搬迁和临时安置费、停产停业的损失，另外还对被征收人给予一定的补助和奖励以表彰其对公益建设项目的支持。

（2）征收补偿的标准与房屋评估。对被征收房屋价值的补偿，不得低于房屋征收决定公告之日被征收房屋类似房地产的市场价格。被征收房屋的价值，由具有相应资质的房地产价格评估机构按照房屋征收评估办法评估确定。

---

① 根据《国有土地上房屋征收评估办法》第 11 条规定，被征收房屋价值是指被征收房屋及其占用范围内的土地使用权在正常交易情况下，由熟悉情况的交易双方以公平交易方式在评估时点自愿进行交易的金额，但不考虑被征收房屋租赁、抵押、查封等因素的影响。

第八章 我国国有土地上房屋征收法律制度创新研究

根据《国有土地上房屋征收评估办法》规定，注册房地产估价师应当根据评估对象和当地房地产市场状况，对市场法、收益法、成本法、假设开发法等评估方法进行适用性分析后，选用其中一种或者多种方法对被征收房屋价值进行评估。被征收房屋的类似房地产有交易的，应当选用市场法评估；被征收房屋或者其类似房地产有经济收益的，应当选用收益法评估；被征收房屋是在建工程的，应当选用假设开发法评估。被征收房屋价值评估应当考虑被征收房屋的区位、用途、建筑结构、新旧程度、建筑面积以及占地面积、土地使用权等影响被征收房屋价值的因素。

（3）征收补偿的方式。被征收人可以选择货币补偿，也可以选择房屋产权调换。被征收人选择房屋产权调换的，市、县级人民政府应当提供用于产权调换的房屋，并与被征收人计算、结清被征收房屋价值与用于产权调换房屋价值的差价。因旧城区改建征收个人住宅，被征收人选择在改建地段进行房屋产权调换的，作出房屋征收决定的市、县级人民政府应当提供改建地段或者就近地段的房屋。

（4）补偿协议与补偿决定。房屋征收部门与被征收人依照本条例的规定，就补偿方式、补偿金额和支付期限、用于产权调换房屋的地点和面积、搬迁费、临时安置费或者周转用房、停产停业损失、搬迁期限、过渡方式和过渡期限等事项，订立补偿协议。补偿协议订立后，一方当事人不履行补偿协议约定的义务的，另一方当事人可以依法提起诉讼。

房屋征收部门与被征收人在征收补偿方案确定的签约期限内达不成补偿协议，或者被征收房屋所有权人不明确的，由房屋征收部门报请作出房屋征收决定的市、县级人民政府依照本条例的规定，按照征收补偿方案作出补偿决定，并在房屋征收范围内予以公告。

2. 对征收补偿标准和范围的探讨

关于国家依靠公权力对公民财产进行征收后如何补偿的学说，主要有以下几种：

（1）完全补偿模式，即要求对征收征用实行全额的补偿。遵循"财产权绝对保障"，以"市场经济之交易价值"作为评估标准。

（2）适当补偿模式，即规定对征收征用进行适当的补偿。何为"适当"，大多由法官事后裁定。

（3）公平补偿模式，是指权衡公共利益与私人利益后决定补偿的原则。公平的补偿通常都是按照公平的市价给予补偿。

（4）合理补偿模式，即权衡公益的需要，参考当事人的财产状况给予适当的补偿数额。① 很多学者都主张完全补偿说，按照市场价格给予补偿。基于人们财产权保障的内在含义，以及现在民意所趋，应当站在所有权人的立场，给予完全补偿。

笔者认为，完全补偿说有其一定的道理。但是，土地、房屋等不动产的价值并不是由个人所决定的，社会之发展、建设之需要必然在一定程度上提升了个人财产的价值，因此，应当将补偿限定为充分合理，而非完全依照市场价格补偿之。具体到房屋征收条例来说，就是实行公平补偿的标准。

关于房屋征收补偿的范围，笔者认为存在着非常大的疏漏，即完全忽视了对国有土地使用权的补偿。虽然货币补偿中考虑了区位因素，间接上补偿了土地使用权被剥夺的损失，但是房屋征收的根本目的是在于获得房屋之下的土地。可以说，城市房屋拆迁（征收）的实质是国家以土地所有权人的身份收回土地使用权而不是对房屋的征收。② 而《房屋征收条例》仅仅规定，房屋被依法征收的，国有土地使用权同时收回。这显然回避了国有土地使用权的补偿问题，对被征收人是不公平的。我国《物权法》第148条规定，建设用地使用权期间届满前，因公共利益需要提前收回该土地的，应当依照本法第42条的规定对该土地上的房屋及其他不动产给予补偿，并退还相应的出让金。对建设用地使用权因公益而提前收回是一种准征收，应当按照征收的规定进行。但是《房屋征收条例》却忽视了建设用地使用权补偿的问题，显然是一个错误。虽然《房屋征收评估办法》规定，被征收房屋价值包括被征收房屋占用范围内的土地使用权，但是我们还是认为应当将建设用地使用权纳入到补偿范围之内，独立于房屋进行补偿。

3. 征收补偿决定的作出

《房屋征收条例》规定，房屋征收部门与被征收人在征收补偿方案确定的签约期限内达不成补偿协议，或者被征收房屋所有权人不明确的，由房屋征收部门报请作出房屋征收决定的市、县级人民政府依照本条例的规定，按照征收补偿方案作出补偿决定，并在房屋征收范围内予以公告。

这里需要明确一下征收补偿决定作出的条件，以规范这一行政行为，维护被征收人的权益。

（1）补偿决定作出的前提是房屋征收部门与被征收人在征收补偿方案确定的签约期限内达不成补偿协议，或者被征收房屋所有权人不明确。也就是说，可以作出补偿决定的情况有两种：一是房屋征收部门与被征收人在征收补偿方案确定的签约期限内达不成补偿协议；二是被征收房屋所有权人不明确。这里需要注意

---

① 王利明：《物权法与国家征收补偿》，《上海城市职业技术学院学报》2007年第2期。
② 参见佟绍伟、蔡卫华：《城市房屋拆迁实质是土地使用权的收回与补偿》，《中国国土资源经济》2010年第6期。

第二种情况,即被征收房屋的所有权人不明确。所谓的"不明确"到底是指哪种情况?是因为房屋所有权有争议,暂时不能确定所有权人,还是房屋所有人在征收时具体情况和信息不明,找不到房屋所有权人?如果是前一种情况,那么完全可以等待法院对房屋所有权进行确权判决,之后再以此为依据作出征收补偿决定。如果是后一种情况,找不到房屋所有权人,则需要对此进行有区分的看待,因为房屋所有人可能是因为征收而消失以期获得更高补偿,也有可能确实在征收时不知道其房屋被征收而没有出现或者房屋所有人已经在征收时下落不明。笔者认为将房屋所有权人不明确纳入到作出征收补偿决定的范围内是必需的,但是需要注意的是,征收补偿决定的作出仍然要符合《房屋征收条例》的规定。

(2)征收补偿决定的作出要符合法定程序。也就是由房屋征收补偿报请作出房屋征收决定的市、县级人民政府依照本条例的规定,按照征收补偿方案作出补偿决定,并在房屋征收范围内予以公告。注意这里作出征收补偿决定的主体与作出房屋征收决定的主体是一致的。笔者认为在作出征收补偿决定的补偿标准应当与同时被征收的其他房屋的补偿标准一致,不能有所差别。

三、房屋征收后的搬迁与强制执行

1. 《房屋征收条例》关于搬迁与强制执行的具体规定

实施房屋征收应当先补偿、后搬迁。作出房屋征收决定的市、县级人民政府对被征收人给予补偿后,被征收人应当在补偿协议约定或者补偿决定确定的搬迁期限内完成搬迁。

被征收人在法定期限内不申请行政复议或者不提起行政诉讼,在补偿决定规定的期限内又不搬迁的,由作出房屋征收决定的市、县级人民政府依法申请人民法院强制执行。

由此可知,房屋征收的强制执行是由作出房屋征收决定的市、县级人民政府依法申请人民法院实施的,而不是行政机关自己实施强制执行,也就是以行政机关申请人民法院强制搬迁取代了《拆迁条例》中的行政机关自行强制拆除和行政机关申请人民法院强制拆除。

2. 房屋征收强制执行的司法裁决机制

强制搬迁作为房屋征收的组成部分应当受到严格限制。而强制搬迁应属于强制执行的范畴。所谓强制执行,是指在行政法律关系中,作为义务主体的行政相对人不履行其应履行的义务时,行政机关或者人民法院依法采取行政强制措施,迫使其履行义务或者达到与履行义务相同状态的活动。① 根据我国《行政诉讼法》

---

① 姜明安主编:《行政法与行政诉讼法》,北京大学出版社、高等教育出版社2007年版,第325页。

规定，公民、法人或者其他组织对具体行政行为在法定期限内不提起诉讼又不履行的，行政机关可以申请法院强制执行，或者依法强制执行。因此，强制执行可分为两种：一是行政机关的强制执行；二是法院依法申请的强制执行。也就是通常所说的行政强制执行模式和司法强制执行模式。"执行模式"之前冠以"行政"或者"司法"，旨在表明该执行是有行政或者司法主导的。在《房屋征收条例（第一次征求意见稿）》中，规定了如果被征收人以及与房屋征收决定有关的利害关系人对补偿决定不服，但是逾期不申请行政复议也不向人民法院提起行政诉讼又不履行的，由作出房屋征收决定的县级以上地方人民政府强制搬迁，或者依法申请人民法院强制搬迁。也就是说在第一稿中，是承认行政机关的强制执行和司法机关的强制执行的。由于担心行政机关的强制执行的危害性比较大以及考虑到司法机关具有中立性、公正性，在第二稿和最终公布的条例中取消了行政机关的强制执行，仅仅保留了申请法院强制执行，希望通过法院实现对行政机关征收的监督和制约。

笔者认为，由法院进行裁判是否实行强制执行是房屋征收制度上的一大进步，但是有一点必须要注意，那就是实际执行问题。《房屋征收条例》将搬迁的强制执行权全面地赋予法院，这种权力配置模式是不可取的，在实践层面也必将面临诸多难以破解的问题。所以我们建议实行裁执分离的模式，① 即由法院裁决，由行政机关实施。具体来说，根据《行政诉讼法》的规定，法院在受理行政机关的申请后应当在 30 日内组成合议庭对行政决定的合法性进行审查，并就是否准予强制执行作出裁定。根据《行政诉讼法司法解释》第 95 条，对申请法院强制执行的审查适用"重大违法"审查标准，即在行政决定存在"明显缺乏事实根据"、"明显缺乏法律依据"、"其他明显违法并损害被执行人合法权益"的情形时，法院应裁定不予执行。不存在上述情形的，法院应当裁定准予执行。法院对房屋征收决定进行审查的目的主要就是防止存在有重大违法的行政决定进行强制执行的程序，以维护被征收人的合法权益。如果不实行裁执分离，统一由法院执行庭或行政庭实施，同样会导致滥权、侵权和腐败。但是这里还有一个问题，即司法裁决强制执行是以司法独立为前提的，但是在目前情况下，我国的地方法院在很大程度上并不具备独立性，往往受制于地方政府，如何实现监督与制约还是一个问题。

另外，笔者认为，要实现房屋征收中司法强制执行还需要另外一些合理机制进行补充：

（1）诉讼中止强制执行制度，也就是在当事人提请诉讼、法院审判过程中，

---

① 参见杨建顺：《司法裁判、裁执分离与征收补偿——〈国有土地上房屋征收与补偿条例〉的权力博弈论》，《法律适用》2011 年第 6 期。

第八章 我国国有土地上房屋征收法律制度创新研究

不得实施强制搬迁。行政诉讼中具体行政行为不停止执行原则,是当今世界许多国家行政诉讼的通例,也是行政诉讼的一项特有原则,例如《日本行政案件诉讼法》第 25 条第 1 款确立了"起诉不停止执行原则"。也有一些国家规定在诉讼中停止执行,例如《德国行政法院法》第 80 条第 1 款确立了"起诉停止执行原则"。这里需要注意的是,虽然很多国家规定了诉讼期间不停止执行,但是以当行政行为可能造成损害时停止执行为例外。也就是说当行政行为可能会对行政相对人造成损害时仍然是要停止执行的。我国在《房屋拆迁条例》中曾经规定过先予执行,结果导致案件未被判决,房屋却被拆迁的不良后果,严重损害了权利人的利益。①所以我们在诉讼中应当停止强制执行,待诉讼完毕再根据法院裁决进行执行。当然,也有人批评,漫长的诉讼过程会造成征收速度放慢,不利于项目的建设,会阻碍社会经济的发展。笔者认为这一观点并不合理,如果仅仅因为经济建设的发展需要就要剥夺人民的私有财产和救济权利显然是说不过去的,而且在中国现实的情况下,被征收人之房屋对其来说就是安家立命的根本,在诉讼过程中如果强制执行会造成被征收人居无定所、生活水平急剧下降,社会的安定和谐从何谈起。所以笔者认为应当在诉讼中中止强制执行。

(2)监督救济制度。法院对强制执行作出裁决之后并不代表法院的管辖至此结束,在法院作出裁决之后还要对政府机关的实施行为进行监督,以保证其裁决能够被依法执行。同时被征收人还应当有权对政府实施的违法的强制执行行为向法院提起诉讼,请求救济。

---

① 参见吴春岐、孙广青:《房屋拆迁冲突的法律制度性成因分析——兼谈相关立法完善》,《中国房地产》2010 年第 12 期。

第九章　我国集体土地征收补偿及其争议解决机制

当前中国正面临着社会转型的各种挑战和压力，其中一个非常严峻的问题就是由农村土地征收和城市房屋拆迁所引发的社会矛盾，对此党中央和国务院以及各级人民政府都给予了高度关注，而关于征收和拆迁的事件和话题也引起了广大人民群众的高度关注。随着城镇化、工业化进程的加速，以及公路、铁路、飞机场、广场等基础设施建设步伐的加快，此前时常在城市里上演的拆迁攻防战，如今已经更多地转移到了农村集体土地上，农地和农房往往成为被强征或强拆的主角，触目惊心的"暴力拆迁"事件频频见诸报端和电视。那么是什么导致了这样一种现象发生呢？笔者认为这一现象的发生应当放到我国社会经济发展的大环境背景下进行思考，任何一个方面的解释都不是这个问题发生的唯一原因，这包括了经济、政治、财政、法律等各个方面因素。具体来说，我国经济在很长一段时间以来都处于高速增长，社会经济的发展必然对土地的需求日益增长，但是土地是有限的，这就导致了土地的供求不平衡，土地价值开始上升。土地的稀缺性导致了土地价格的上涨，必然带动一批以土地为依托的产业的发展，最好的例子就是房地产行业。20世纪90年代我国实行财税改革（分税制）以后，地方政府缺少足够的资金支持地方的基础建设、社会保障等的投入，而通过征收农民土地然后再高价出让却可以获得巨大的经济利益，这就导致了地方政府的"卖地"冲动，过分依赖"土地财政"，另外某些地方政府更是胆大妄为，私自截留上级拨划给农民的征收补偿款，致使最终分配给农民的征收补偿款少之又少。而在法律上，我国至今没有一部有关财产征收的法律法规，对于集体土地征收主要是由《土地管理法》加以规定。但是这部《土地管理法》关于土地征收的规定主要制定于20世纪90年代，已经远远不能适应当前社会经济发展的需要，可以说相当滞后。例如规定国家垄断一级土地市场，禁止集体土地流转，征收公共利益目的模糊，征收补偿标准过低等。这些法律规定的漏洞或不足为地方政府和房地产企业联合征占农民土地提供了便利。在执法司法方面，某些地方政府利欲熏心，甚至不惜动用暴力手段对被征收人进行威胁，而被征收人在司法方面也得不到应有的救济，只能通过上访、对抗等简单的方法维护自己的权益。所有的这些因素加在一起导致了当前土地征收问题的发生。由于我们能力有限，从多角度去研究土地征收这一问题存在着障碍，这里我们主要是从法律方面进行论述。

在当前土地征收问题中有一个非常突出的问题，那就是征收补偿的问题。在某种程度上来说，被征收土地的农民也许并不反对政府为实施基础建设等项目进行的征收行为，但是政府在实施征收时却漠视被征收人的合法权益，对被征收人的补偿安置不够合理。俗话说"土地是农民的命根子"，失去了土地，而又得不到合理的补偿安置，最后失地的农民又将如何实现生存发展呢？如果失地农民无法生存发展，那么建设社会主义新农村也就只能是一句空话了。所以笔者认为当前土地征收改革的重点之一，就是实现被征收人能够得到公平合理的补偿安置，并且可以通过争议解决机制保护自己的合法权益。

第一节 我国集体土地征收补偿及其争议解决制度的概观

一、我国集体土地征收补偿及其争议解决机制的历史考察

我国现行的土地征收补偿制度是建立在土地二元所有制基础之上的，也就是我国土地分为国有和集体所有，而国家通过征收将集体土地变为国有土地。所以说我国现行土地征收补偿制度是指对集体土地征收补偿制度，① 这与很多国家的土地征收补偿制度是不同的。

1. 国家和集体二元土地所有制的建立

新中国成立后，我国承认私人土地所有权的存在，与国家土地所有权并存，形成了国家和私人二元土地所有制，此时农民对自己的土地享有所有权。但是在随后的社会发展中，由于某些历史原因，私人土地所有权逐步消灭。而农民所有的土地则通过互助组、初级农业合作社、高级农业合作社和人民公社几个阶段，迅速转变为集体所有制。这样就形成了现在的国家和集体二元土地所有制，私人土地所有制已经不再存在。

（1）新中国的土地改革运动（1949~1953年）。1947年，毛泽东在《目前形

---

① 当然在集体土地所有制未建立之前，我国是存在私人可以拥有土地所有权的，此时国家为了建设需要征收的是私人所有的土地，而不是集体所有的土地。这一时期颁布的有关征收的法律法规主要有：1950年中央人民政府政务院颁布的《铁路留用办法》；1950年政务院公布的《城市郊区土地改革条例》；1953年公布实施的《关于国家建设征用土地办法》；1958年国务院公布实施的《国家建设用地征用办法》等。

势和我们的任务》中明确提出新民主主义的三大经济纲领之一,即没收封建地主阶级的土地归农民所有。①1949年7月,中国人民政治协商会议通过的《政治纲领》第3条明确表明:"中华人民共和国必须取消帝国主义国家在中国的一切特权……有步骤地将封建半封建的土地所有制改变为农民的土地所有制。"随后1950年6月30日《土地改革法》也践行了这一主张,在第一章规定了土地改革的目标,即废除地主阶级封建剥削的土地所有制,实行农民的土地所有制,借以解放农村生产力,发展农业生产,为新中国的工业化开辟道路。经过这次土地改革,消灭了封建土地制度,形成了农民土地私有制。到1953年,除一部分少数民族地区外,全国土地改革基本完成,大部分农民获得了自己的土地。

(2)农业合作化(1954~1957年)。新中国成立后我们的国情是,国民经济体系千疮百孔,工业体系残缺不全,只有少量的轻工业,重工业基础几乎不存在。因此,要建立发达的工业基础和强盛的国民经济,就必须从工业领域以外寻找发展资金。在农村已经完成土地改革的情况下,就有可能为国家的工业化建设提供必需的发展资金。其实,早在1949年,毛泽东在《论人民民主专政》里就特别强调了"以国有企业为主体的强大的工业的发展是农业集体化的前提,没有农业的集体化,就没有全部的巩固的社会主义。"②1951年9月,中央就形成了《关于农业生产互助合作协议(草案)》,明确了农业互助合作的重要方针政策,社员农民在保有所有权的前提下,以土地和其他生产资料入股,但互助组与初级合作社并未从根本上改变土地农民所有这一基础。随后1953年12月的《关于发展农业生产合作社的决定》明确指出我国农业合作化的道路是由互助组到初级形式的半社会主义农业合作社,再到完全社会主义的高级形式的农业生产合作社。在毛泽东的号召下,1955年冬季,农业合作化高潮出现。1956年6月,第一届全国人民代表大会第三次会议通过了《高级农业生产合作社示范章程》第13条规定:"入社的农民必须将所有土地和耕畜、大型农具等主要生产资料转为合作社集体所有。"这样农民的土地私有制开始瓦解,集体所有制度初步建立。

(3)人民公社化(1958~1981年)。1958年,全国开展人民公社化运动,同年年底在全国实现了人民公社化。人民公社实行政社合一,原来高级社拥有的土地和其他生产资料无偿地转归公社,农民私有的土地转归集体所有。在1962年党的八届十中全会上,通过的《农业六十条修正草案》明确,生产队是人民公社中的基本核算单位,实行以生产队为基础的三级集体所有制,这一制度确定下来

---

① 参见《毛泽东选集》(第4卷),人民出版社1991年版,第1253页。
② 参见《毛泽东选集》(第4卷),人民出版社1991年版,第1293页。

至少30年不变。"三级所有、队为基础"这一基本的公社制度得到了确认。自此，我国农村土地所有制的变迁由大起大落进入较为平稳的发展时期。①至此，集体土地所有制正式登上历史舞台。在此后的30年里，"三级所有，队为基础"的公社集体所有制基本没有发生变化。在人民公社体制下，国家主导了集体财产性权利，享有农业生产的收益分配优先权、剩余索取权，而且通过计划经济体制、统购统销政策和价格双轨制，国家从农业生产中获得了用于工业化建设的巨额资金，完成了国民经济体系的建立。这也为后来城乡二元结构的形成埋下了伏笔。然而，由于它是建在农村落后基础上的，缺乏对农民长期有效的利益激励机制，它带来的直接后果便是农业长久的停滞不前、农村经济的发展滞后和农民的生活水平下降。

（4）国家和集体二元土地所有制的最终确立（1982年到现在）。由于以上原因的存在，人民公社很难继续维持下去，最后的结果只能是解体。1982年12月4日第五届全国人民代表大会第五次会议通过《中华人民共和国宪法》第30条规定，基层政权实行"政社分设"，最基层政权单位为乡政府，不再是人民公社。同时，《宪法》首次以根本大法的形式明确规定"农村和城市郊区的土地，除由法律规定属于国家所有的以外，属于集体所有宅基地和自留地、自留山，也属于集体所有"。这标志着集体土地所有制在立法上的正式确立，也成为现在我国土地所有制的宪法依据。在随后颁布施行的《民法通则》、《土地管理法》、《农业法》、《物权法》等法律法规中，都延续了1982年《宪法》的规定。这样国家和集体二元土地所有制最终确立。

2. 二元土地所有制下集体土地征收补偿及其争议解决机制的立法发展

在国家和集体二元土地所有制下，国家的土地征收对象只能是农民集体所有的土地。在此前提下，我国土地征收补偿及其争议解决机制的立法是在1982年《宪法》之后开始进行的。

（1）立法开始阶段（1978~1997年）。改革开放以来，我国经济全面复苏，对建设用地需求大幅增长，这也对土地征收立法提出了新的要求，土地征收补偿立法日益增多。1982年5月14日国务院公布《国家建设征用土地条例》，分别就城镇建房用地和国家建设用地中的征用征收标准、补偿条件和补偿额度等补偿问题作了具体规定，明确规定征地费包括土地补偿费、附着物补偿费和农业人口安置补偿费。1986年6月25日通过的《中华人民共和国土地管理法》以法律的形式进一步确认了《国家建设征收土地条例》中规定的征地补偿标准。该法第27条规定："国家建设征用土地，由用地单位支付土地补偿费。征用耕

---

① 参见陈明：《农地产权制度创新与农民土地财产权利保护》，湖北人民出版社2006年版，第83页。

第九章 我国集体土地征收补偿及其争议解决机制

地的补偿费,为该耕地被征用前三年平均年产值的 3~6 倍。征用其他土地的补偿费标准,由省、自治区、直辖市参照征用耕地的补偿费标准规定。"第 28 条规定:"国家建设征用土地,用地单位除支付补偿费外,还应当支付安置补助费。征用耕地的安置补助费,按照需要安置的农业人口数计算。需要安置的农业人口数,按照被征用的耕地数量除以征地前被征地单位平均每人占有耕地的数量计算。每一个需要安置的农业人口的安置补助费标准,为该耕地被征用前 3 年平均每亩年产值的 2~3 倍。但是,每亩被征用耕地的安置补助费,最高不得超过被征用前 3 年平均年产值的 10 倍。征用其他土地的安置补助费标准,由省、自治区、直辖市参照征用耕地的安置补助费标准规定。"第 29 条规定:"依照本法第 27 条、第 28 条的规定支付土地补偿费和安置补助费,尚不能使需要安置的农民保持原有生活水平的,经省、自治区、直辖市人民政府批准,可以增加安置补助费。但是,土地补偿费和安置补助费的总和不得超过土地被征用前 3 年平均年产值的 20 倍。"该法并未对土地征收补偿争议解决机制作出规定。

(2)立法发展阶段(1997~2007 年)。1998 年 8 月 29 日,第九届全国人大常委会第四次会议修订了《中华人民共和国土地管理法》,对土地征收补偿制度作出了重大调整:征地审批权上收至国务院和省、自治区、直辖市人民政府;大幅度上调补偿安置标准,由原规定各项补偿费用之和不得超过被征用土地前 3 年平均年产值的 20 倍调整为 30 倍;规范土地征收补偿程序等。同年 12 月通过了新的《土地管理法实施条例》,对土地征收补偿制度做了细化。该条例第 47 条规定:"征用土地的,按照被征用土地的原用途给予补偿。征用耕地的补偿费用包括土地补偿费、安置补助费以及地上附着物和青苗的补偿费。征用耕地的土地补偿费,为该耕地被征用前 3 年平均年产值的 6~10 倍。征用耕地的安置补助费,按照需要安置的农业人口数计算。每一个需要安置的农业人口的安置补助费标准,为该耕地被征用前 3 年平均年产值的 4~6 倍。但是,每公顷被征用耕地的安置补助费,最高不得超过被征用前 3 年平均年产值的 15 倍。征用其他土地的土地补偿费和安置补助费标准,由省、自治区、直辖市参照征用耕地的土地补偿费和安置补助费的标准规定。被征用土地上的附着物和青苗的补偿标准,由省、自治区、直辖市规定。依照本条第 2 款的规定支付土地补偿费和安置补助费,尚不能使需要安置的农民保持原有生活水平的,经省、自治区、直辖市人民政府批准,可以增加安置补助费。但是,土地补偿费和安置补助费的总和不得超过土地被征用前 3 年平均年产值的 30 倍。国务院根据社会、经济发展水平,在特殊情况下,可以提高征用耕地的土地补偿费和安置补助费的标准。"该条例第 25 条规定:"征用土地方案经依法批准后,由被征用土地所在地的市、县人民政府组织实施,并将批准征地机关、批准文号、征用土地的用途、范围、面积以及征地补偿标准、农业人员安置办法和办理征地补偿的期限等，在被征用土地所在地的乡（镇）、村予以公告。被征用土地的所有权人、使用权人应当在公告规定的期限内，持土地权属证书到公告指定的人民政府土地行政主管部门办理征地补偿登记。市、县人民政府土地行政主管部门根据经批准的征用土地方案，会同有关部门拟订征地补偿、安置方案，在被征用土地所在地的乡（镇）、村予以公告，听取被征用土地的农村集体经济组织和农民的意见。征地补偿、安置方案报市、县人民政府批准后，由市、县人民政府土地行政主管部门组织实施。对补偿标准有争议的，由县级以上地方人民政府协调；协调不成的，由批准征用土地的人民政府裁决。征地补偿、安置争议不影响征用土地方案的实施。征用土地的各项费用应当自征地补偿、安置方案批准之日起3个月内全额支付。"

2001年国土资源部发布了《征用土地公告办法》，对征收土地的具体补偿程序作了较为完善的规定。基本程序包括发布征地公告，被征地人征地补偿登记，征地补偿、安置方案公告，市、县人民政府土地行政主管部门实施，其中赋予被征地农民对补偿、安置方案享有要求听证的权利，并规定了市、县人民政府土地行政主管部门在执行征地补偿、安置方案过程中要接受社会监督。

2004年3月14日，十届全国人大二次会议通过了《宪法修正案》，第一次在《宪法》中明确提出了私有财产权和补偿的概念，将第13条第3款修订为："国家为了公共利益的需要，可以依照法律规定对土地实行征收或者征用并给予补偿。"这次宪法的修改，将征收与征用的概念区别开来，为土地征收补偿制度的进一步建立和完善提供了宪法上的依据和保障。

2004年11月3日，国土资源部发布了《关于完善征地补偿安置制度的指导意见》，明确规定要因地制宜确定征地补偿标准，保证被征地农民长远生计。2005年7月23日，国土资源部发布《关于开展制定征地统一年产值标准和征地区片综合地价工作的通知》，目的在于解决征地过程中存在的补偿标准偏低、同地不同价、随意性较大等突出问题，征地补偿标准从"前3年主要农产品的平均产值或产量"向"制定征地统一年产值标准和区片综合地价"发生转变。2006年4月10日，《国务院办公厅转发劳动保障部关于做好被征地农民就业培训和社会保障工作的指导意见》正式下发。该文件被认为是新中国成立57年来第一份为解决被征地农民社会保障问题的政策性文件。

可以说，经过这一时期的发展，我国的土地征收补偿及其争议解决机制已经初步建立。但是从某种程度上来说，这个机制还并不完善，需要继续发展。

（3）立法完善阶段（2007年至今）。2007年《中华人民共和国物权法》正式实施，作为规范财产归属和利用的基本法律，《物权法》对农村土地征收补偿制度作了进一步的规定。该法第42条规定："为了公共利益的需要，依照法律规定的权限和程序可以征收集体所有的土地和单位、个人的房屋及其他不动产。征收集

第九章 我国集体土地征收补偿及其争议解决机制

体所有的土地,应当依法足额支付土地补偿费、安置补助费、地上附着物和青苗的补偿费等费用,安排被征地农民的社会保障费用,保障被征地农民的生活,维护被征地农民的合法权益。征收单位、个人的房屋及其他不动产,应当依法给予拆迁补偿,维护被征收人的合法权益;征收个人住宅的,还应当保障被征收人的居住条件。任何单位和个人不得贪污、挪用、私分、截留、拖欠征收补偿费等费用。"相对于《土地管理法》,《物权法》关于土地征收补偿制度规定的亮点在于:一是确认土地承包经营权的用益物权地位,将用益物权纳入土地征收补偿范围;二是明确在进行土地征收补偿时应考虑社会保障因素,这对于维护被征地农民合法权益有着重要意义。另外,一些地方政府也根据各自地区的实际情况制定了有关土地征收补偿的规定,例如2007年的《海南省土地征收补偿安置管理办法》、2009年的《浙江省征地补偿和被征地农民基本生活保障办法》、2010年的《山东省土地征收管理办法》等。

目前,我国已经形成了关于集体土地征收补偿及其争议解决机制的法律制度体系,即以宪法规定为基础,以《物权法》、《土地管理法》等法律为主要内容,以《土地管理法实施条例》、《征用土地公告办法》等法规规章为补充,同时兼有地方性法规规章以及政府规范性文件的体系。这个法律制度体系为土地征收补偿提供了法律依据,对保护被征收人和耕地具有重要的意义。

二、我国集体土地征收补偿及其争议解决机制的现行规定

由于我国《土地管理法》等法律法规对集体土地征收补偿及其争议解决机制的规定并不是很明确,一些部门规章以及地方性法规规章也对土地征收补偿进行了规定,所以导致我国现行集体土地征收补偿及其争议解决机制并不是很统一。但是通过对这些法律法规以及一些地方的实践分析仍然可以看出,我国集体土地征收补偿及其争议解决机制的大体规定。①

1. 集体土地征收补偿的程序

(1)征收土地方案的审批、公告与征地补偿登记。被征地所在市、县、自治县土地行政主管部门制定征地方案,经市、县、自治县人民政府审核后,按照国家有关规定报请批准。征收基本农田、超过35公顷的基本农田以外的耕地、超过70公顷的其他土地,由国务院批准;此外,征收其他以外的土地的,由省、自治区、直辖市人民政府批准,并报国务院备案。

征收土地方案经依法批准后,被征收土地所在地的市、县人民政府应当在收到征用土地方案批准文件之日起10个工作日内进行征收土地公告,将批准征地

---

① 这里的规定主要是根据《土地管理法》、《土地管理法实施条例》、《征用土地公告办法》等。

机关、批准文号、征收土地的用途、范围、面积以及征地补偿标准、农业人员安置办法和办理征地补偿的期限地点等，在被征收土地所在地的乡（镇）、村以书面形式予以公告。其中，征收乡（镇）农民集体所有土地的，在乡（镇）人民政府所在地进行公告。

被征收土地的所有权人、使用权人应当在公告规定的期限内，持土地权属证书到公告指定的人民政府土地行政主管部门办理征地补偿登记。被征地农村集体经济组织、农村村民或者其他权利人未如期办理征地补偿登记手续的，其补偿内容以有关市、县土地行政主管部门的调查结果为准。

（2）征地补偿安置方案的制定、公告与听证。市、县人民政府土地行政主管部门根据经批准的征收土地方案，在征收土地公告之日起45日内会同有关部门拟订征地补偿、安置方案，在被征收土地所在地的乡（镇）、村予以公告，听取被征收土地的农村集体经济组织和农民的意见。被征地农村集体经济组织、农村村民或者其他权利人对征地补偿、安置方案有不同意见的或者要求举行听证会的，应当在征地补偿、安置方案公告之日起10个工作日内向有关市、县人民政府土地行政主管部门提出。有关市、县人民政府土地行政主管部门应当研究被征地农村集体经济组织、农村村民或者其他权利人对征地补偿、安置方案的不同意见。确需修改征地补偿、安置方案的，应当依照有关法律、法规和批准的征收土地方案进行修改。

征地补偿、安置方案报市、县人民政府批准后，由市、县人民政府土地行政主管部门组织实施。有关市、县人民政府土地行政主管部门将征地补偿、安置方案报市、县人民政府审批时，应当附具被征地农村集体经济组织、农村村民或者其他权利人的意见及采纳情况，举行听证会的，还应当附具听证笔录。

征地补偿安置、方案公告应当包括下列内容：本集体经济组织被征用土地的位置、地类、面积，地上附着物和青苗的种类、数量，需要安置的农业人口的数量；土地补偿费的标准、数额、支付对象和支付方式；安置补助费的标准、数额、支付对象和支付方式；地上附着物和青苗的补偿标准和支付方式；农业人员的具体安置途径；其他有关征地补偿、安置的具体措施。

（3）征地补偿安置方案的批准、实施与监督。征地补偿、安置方案经批准后，由有关市、县人民政府土地行政主管部门组织实施。有关市、县人民政府土地行政主管部门将征地补偿、安置费用拨付给被征地农村集体经济组织后，有权要求该农村集体经济组织在一定时限内提供支付清单。征收土地的各项费用应当自征地补偿、安置方案批准之日起3个月内全额支付。

市、县人民政府土地行政主管部门有权督促有关农村集体经济组织将征地补偿、安置费用收支状况向本集体经济组织成员予以公布，以便被征地农村集体经济组织、农村村民或者其他权利人查询和监督。市、县人民政府土地行政主管部门应当受理对征用土地公告内容和征地补偿、安置方案公告内容的查询或者实施中问题的举报，接受社会监督。

（4）征收补偿争议解决。对补偿标准有争议的，由县级以上地方人民政府协调；协调不成的，由批准征用土地的人民政府裁决。征地补偿、安置争议不影响征用土地方案的实施。关于这一点我们将在下文中予以详细介绍。

2. 集体土地征收补偿的范围

征收集体所有的土地，应当依法足额支付土地补偿费、安置补助费、地上附着物和青苗的补偿费等费用，安排被征地农民的社会保障费用，保障被征地农民的生活，维护被征地农民的合法权益。按照《土地管理法》规定，征收集体土地，按照被征收土地的原用途给予补偿。根据土地的用途，可以将土地大致上分为耕地和非耕地：

（1）征收耕地的补偿费用包括土地补偿费、安置补助费以及地上附着物和青苗的补偿费。征收耕地的土地补偿费，为该耕地被征收前3年平均年产值的6~10倍。征收耕地的安置补助费，按照需要安置的农业人口数计算。需要安置的农业人口数，按照被征收的耕地数量除以征地前被征收单位平均每人占有耕地的数量计算。每一个需要安置的农业人口的安置补助费标准，为该耕地被征收前3年平均年产值的4~6倍。但是，每公顷被征收耕地的安置补助费，最高不得超过被征收前3年平均年产值的15倍。如果依照规定支付土地补偿费和安置补助费，尚不能使需要安置的农民保持原有生活水平的，经省、自治区、直辖市人民政府批准，可以增加安置补助费。但是，土地补偿费和安置补助费的总和不得超过土地被征收前3年平均年产值的30倍。被征收土地上的附着物和青苗的补偿标准，由省、自治区、直辖市规定。

（2）征收其他土地的土地补偿费和安置补助费标准，由省、自治区、直辖市参照征收耕地的土地补偿费和安置补助费的标准规定。

对此，一些地方政府根据各自地方的实际情况制定了征收补偿费用的标准。例如海南省规定：土地补偿费和安置补助费标准按照征地统一年产值标准或者征地区片综合地价确定。征地统一年产值标准或者征地区片综合地价，由市、县、自治县人民政府组织测算报省人民政府批准。青苗补偿费标准由市、县、自治县人民政府按照下列规定组织测算报省人民政府批准：①多年生作物根据其种类和生长期长短测算，幼苗按照种植面积测算；②短期作物按照实际种植面积以一茬（造）产值测算；人工林和零星树木由征地双方根据林木生长情况协商确定，也可以委托评估机构参照市场价格评估确定。房屋等地上附着物的补偿标准由市、县、自治县人民政府根据其重置价格、折旧等组织测算，报省人民政府批准。如果因土地征收造成被征地农民失去生活来源和就业保障的，市、县、自治县人民政府应当按照有关规定和标准为被征地农民办理养老、医疗等社会保障。①

3. 集体土地征收补偿争议解决机制

关于集体土地征收补偿的争议主要有以下几类：

（1）对征收补偿额标准的争议。自1987年我国第一部《土地管理法》颁布实施以来，征地补偿标准适应市场经济发展的需要在逐步提高。1999年实施的新《土地管理法》在原来的基础上将征地补偿费和安置补助费标准提高了近1倍，但仍不足以维持农民的现实生活和长远生计。根据一些学者的调查，征地补偿费一般只够维持6~7年的基本生活，如果在落后地区或者遇到公益性占地，补偿标准更低，一般只够3~5年。②现行法律对于土地征收规定的法定补偿标准存在较大的弹性，最低标准是征地补偿费与安置补助费两项之和为该耕地前3年平均年产值的10倍，最高标准是30倍。而根据2004年《国务院关于深化改革严格土地管理的决定》，如果达到法定高限尚不足以保证被征地农民现有生活水平不下降的，还可以突破30倍的限制。地方政府为了降低征地成本，在补偿标准上一般是能低就低，而被征地农民则希望按照最高标准获得补偿。这之间的矛盾往往就会引发争议。

（2）对征收补偿费分配的争议。虽然《土地管理法实施条例》规定："土地补偿费归农村集体经济组织所有；地上附着物及青苗补偿费归地上附着物及青苗的所有者所有。"但是对于征收补偿费的分配却没有做出规定。而征地补偿费的分配往往被认为是农村集体经济组织内部问题，由于我国集体土地所有主体的模糊性，导致了分配情况十分复杂，较为突出的如农村集体经济组织成员权的确定问题、集体经济组织与其成员之间的分配比例问题、承包经营权人在征地补偿费用中的分配比例问题等。

（3）对征收补偿费支付的争议。不少地方政府担心一次性发放征地补偿费用，老百姓"吃干花尽"，没有长远保障，因此把部分征地补偿费用不直接支付给村集体和农民，而是用于被征地农民社会保障等公共支出，由此也引发了争议。

当然，对于集体土地征收补偿的争议还有很多，在此不便一一列举。根据我国现有法律的规定，解决征地纠纷的途径和方式主要有协商、调解、信访、行政复议、行政诉讼等。而关于征收补偿标准的争议，《土地管理法实施条例》第25条专门规定："对补偿标准有争议的，由县级以上地方人民政府协调；协调不成的，由批准征用土地的人民政府裁决。征地补偿、安置争议不影响征用土地方案

---

① 参见《海南省土地征收补偿安置管理办法》的有关规定。
② 参见韩俊、李果：《征地制度改革与失地农民权利保护》，《调查研究报告》（国土资源部内部资料）专刊第48期。

第九章 我国集体土地征收补偿及其争议解决机制

的实施。"由此我国关于土地征收补偿争议已经形成了以行政救济和司法救济为主,以自力救济、社会救济为辅的一个解决机制。这里我们主要介绍一下行政救济和司法救济解决机制。

(1)行政救济。这里的行政救济解决机制主要包括行政复议、信访和行政裁决。

第一,行政复议。根据《行政复议法》的规定,公民、法人或者其他组织认为具体行政行为侵犯其合法权益,向行政机关提出行政复议申请,行政机关受理行政复议申请、作出行政复议决定。该法第6条规定,公民、法人或者其他组织认为行政机关违法集资、征收财物、摊派费用或者违法要求履行其他义务的可以依照本法申请行政复议。由此可知,政府对集体土地的征收行为属于《行政复议法》调整的具体行政行为,被征收人可以提起行政复议。也就是说,被征地农民集体可以向有关行政机关的上级行政机关申请复议,由上级行政机关启动行政复议程序来解决争议。

第二,信访。所谓信访是指公民、法人或者其他组织采用书信、电子邮件、传真、电话、走访等形式,向各级人民政府、县级以上人民政府工作部门反映情况,提出建议、意见或者投诉请求,依法由有关行政机关处理的活动。① 从性质而言,信访是一种非常规、替代性、补充性的纠纷解决机制,不同于国家鼓励的常规性纠纷解决机制。信访制度在农村土地征收纠纷解决方面发挥了一些特殊作用,化解了一些矛盾和纠纷。但是,从实践来看,因征地纠纷引起的信访一直被作为信访突出问题,在信访总量中占有不小的比例。② 近年来,土地信访数量仍居高不下,农民往往把信访看成优于其他行政救济,甚至司法救济的一种特殊途径,导致信访数量不断攀升。

第三,行政裁决。1998年出台的《土地管理法实施条例》第25条第3款创设了征地补偿裁决制度,随后国土资源部开始在湖南、安徽、重庆等地进行试点。经过几年的试点,国土资源部在全国范围内进行了推广。目前已经有超过半数的省市建立了《征地补偿安置争议裁决办法》。由此可见,征地补偿安置争议裁决制度已经从上到下得到了广泛的关注和重视,并逐步走向制度化、规范化。根据这些办法的一般规定,省人民政府是征地补偿安置争议的裁决机关。省人民政府国土资源行政主管部门具体承办依法由省人民政府裁决的征地补偿安置争议案件。市、州、县(含市、区,下同)人民政府负责对本辖区内的征地补偿安置争议案件进行协调。征地补偿安置争议应当先协调后裁决。

---

① 参见《信访条例》第2条。
② 大量征地纠纷不进入法定的纠纷解决程序,涌向"信访",其主要原因是因为法定途径成本太高,或者法定途径不能有效解决问题,对法定途径不信任。

(2) 司法救济。通过作为司法救济手段的诉讼解决农村土地征收纠纷，是国家权力运行的结果。这也是被征收人最后的权利救济手段。根据《行政诉讼法》的规定，公民、法人或者其他组织认为行政机关和行政机关工作人员的具体行政行为侵犯其合法权益，有权依照本法向人民法院提起诉讼。对于政府机关的征收补偿方案，如果被征收人的合法权益受到损害，他当然可以向法院提起行政诉讼已保护自己的合法权益。这里需要注意的是，如果是非行政机关及其工作人员的行为侵犯了被征收人的补偿权益，一般来说应当是一种侵害财产权的侵权行为，属于民事法调整的范畴，而不能提起行政诉讼。

从实践来看，根据学者对某地被征收失地农民所做的问卷调查，[①] 在接受问卷调查的失地农民中，有近八成（78.26%）的失地农民不愿意土地被征用，主要是由征地补偿偏低，担心生活无着；15.22%的失地农民选择服从国家政策，愿意土地被征；还有13.04%的失地农民对征地无所谓。而关于征地补偿，有60.87%的失地农民表示不满意或者很不满意，39.13%的失地农民表示可以接受，没有表示满意的问卷。部分失地农民出于对征地决定以及征地补偿的不满，采取了上访、围堵政府、阻挠工程建设、拒不搬迁等行为来维护自身利益。调查结果显示有28.26%的失地农民进行了各种形式的维权行为，但其中仅有30.77%的维权有所收获。由此可见，我国现行土地征收补偿争议解决机制还存在着不少的问题，这将在下文中予以论述。

第二节 我国集体土地征收补偿及其争议解决机制的问题检讨

为了更好地、更清楚地了解我国集体土地征收补偿及其争议解决机制存在的问题，我们这里选取了一个真实的案例作为分析的对象。通过这个案例分析，我们将从实际角度，并且通过比较研究的方法审视一下我国现行土地征收补偿及其争议解决机制到底存在哪些问题，以期对未来制度的完善提供一点借鉴。

一、关于集体土地征收补偿的一起实际案例的介绍与分析

1. 实际案例的基本情况

2009年秋，S省L市某国道某段进行提升改造，路两侧各进行10米宽的精

---

① 参见刘杨、黄贤金、吴晓洁：《失地农民的维权行为分析——以江苏省铁本事件征地案件为例》，《中国土地科学》2006年2月。

细化绿化、铺设 3 米宽人行道、敷设排水管网、安装路灯,以改善路两旁的环境,同时在绿化带和人行道外侧建设高标准的古典风格商业门面楼(主要由某房地产开发商和政府、村委会联合开发,然后对外出售)。为此需要动迁国道经过的某几个村庄的村民住房。在当时,该地方政府并没有出面协调此事,也没有出台任何规范性文件对此事进行说明公告,主要是由这几个村庄所在的街道办事处和村委会发出公告,宣称将对国道两边的村民住房进行征收拆迁,对村民住房的补偿是 400~500 元/m²,非建筑用地和附属设施补偿非常低,此外其他补偿费用没有。当时该地区商品房最低价格在 2000 元左右。对此补偿方案,村民普遍不能接受,所以拒绝搬迁。当地政府和村委会则采取了软硬兼施的手段,对某些有威望和影响的村民进行拉拢,对其他村民进行断水、断电,甚至强拆、雇用地痞流氓进行恐吓殴打。在这种压力下,一部分村民被迫屈服,签订了补偿协议,但是另外一部分村民继续抗争,他们主要是采取上访的手段,但是他们的上访几乎没有引起任何一级政府的关注。到目前为止,该地国道两侧已经基本被拆迁完毕,还有几户村民仍然在坚持抗争。

2. 对此案例中的问题分析

在这起案例之中,可以发现现在农村中发生的征地拆迁存在着非常多的问题:

(1)公共利益和商业利益混淆,项目不存在公共利益或附随于公共利益建设而实施。在这起案例中,修建国道并对国道两侧进行绿化、修建人行道等从现行法上来看可以归于公共利益的范畴,因此进行征地拆迁并无可厚非。但是在对国道两侧进行绿化、修建人行道等改造时,却要同时进行商业门面楼的开发,并将之附随于国道改造工程,这明显就不属于公共利益的范畴了。因此商业门面楼的开发不应当适用征收的规定,因为这里需要进行开发的土地属于集体土地,按照国家的规定,建设项目用地必须要使用国有土地,如果开发商在集体土地上建设商业门面楼并对外销售,这就涉嫌违法用地,需要追究其法律责任。

(2)征收的程序明显存在漏洞。这起征收拆迁并没有报经有关部门进行审批,只是当地政府和村委会联合进行的"地下征收拆迁"。所以这就导致了在以后的征收拆迁中,根本不存在"两公告一登记"的程序。被征收的农民自始至终没有看到政府部门作出的土地征收公告,也没有看到政府审批的征收补偿安置方案,也没有被通知到政府部门进行征地补偿登记。更为可笑的是,被征地的农民收到的征收公告居然只有"某某工程联合拆迁办公室"的署名,没有这个机构的盖章,也没有其他任何政府部门的盖章。

(3)征收补偿的标准太低。这起征收拆迁案例中,对农民住房的补偿标准是 400~500 元/m²,而同时期该地区商品房最低价格在 2000 元/m²。如果以四口之家为例,其原拥有住房的面积为 150m²,按照最高补偿价,其征收补偿款为 75000 元,而以该款去购买同时期商品楼,按照最低价,将可购买 37.5m²。我们了解到该村建有保障房,其价格约为 1000 元/m²,那么将可购买 75m²。由此可以看出如果按照这个补偿标准的话,那么将会大大减少被征收人的居住面积,必然将会导致其居住质量的下降,影响其生活。

(4)权利救济得不到保障。被征地农民在获知其宅基地被征收之前,并没有得到任何通知,而在之后的征收过程中,农民多次要求征收方出具政府公文或文件,但都没有得到,唯一的征收文件还是某区政府对另一地区的改造文件,这让我们非常诧异。也就是说该地政府用改造 B 地区的文件征收拆迁 A 区的农民的宅基地和住房。在与政府部门协商未果的情况下,该地被征收农民选择了上访这种方式。但是由于该地区上下级政府沆瀣一气,上访书一直没有被送到相关部门进行处理,而该地区法院直接对此案不予受理。由此可以看出,在地方政府强权之下,被征地农民的合法权利往往根本得不到任何救济和保障。

二、从比较研究的角度对我国集体土地征收补偿及其争议解决机制的问题检讨

从我们提供的案例就可以管窥到我国农村中大量发生的征收拆迁存在着不少的问题,上文中分析的问题只是其中的一部分而已。这里我们将以国外大多数国家的基本规定为视角,全面地分析一下我国农村中发生的集体土地征收补偿中存在的问题。笔者认为我国集体土地征收补偿的问题,大致上可归纳为一个大问题、四个具体问题。所谓一个大问题就是土地征收补偿制度的发展滞后,四个具体问题,即一是征收补偿程序问题;二是征收补偿内容问题,包括补偿原则问题、补偿范围问题、补偿标准问题、补偿方式问题等;三是征收补偿分配问题,包括征收补偿收益主体及其之间的具体分配问题;四是征收补偿的权利救济问题。

可以说我国的土地征收补偿制度是脱胎于我国计划经济时代。在 20 世纪 50 年代高度计划经济时期确定的征收补偿制度是适应于计划经济的,然而,当前我国已经进入社会主义市场经济时期。在市场经济体制不断完善的过程中,尽管我国曾多次对原来的征地补偿制度进行调整,但是按市场经济发展的要求来看,现行《土地管理法》等法律法规确定的征地补偿制度依然没能脱离计划经济模式,严重不适应当前的市场经济建设。如果在计划经济时期,对征地实行低标准补偿还是具有一定的合理性。这主要是因为我国正处于经济建设初期,农业为国民经济的基础产业,为了保证工业的快速发展,根据我国的具体情况,国家选择了牺牲部分农业利益来支撑工业的发展,而且在计划经济时期,建设项目都是国家投资实施的、都是为了全民族的发展需要,所以为了公共利益的需要有必要在征地中采取低标准补偿以降低工业发展成本。另外,在计划经济时期,国家对于被征地农民的补偿安置是比较合理的,一般情况下都是在给予适当补偿后,还安排被征地农民就业和农转非,享受市民或者工人的福利待遇,因此,失地农民无后顾

第九章 我国集体土地征收补偿及其争议解决机制

之忧,在某种程度上来说,农民甚至非常愿意自己的土地被国家征收。然而在改革开放之后,我国开始实行社会主义市场经济,在市场经济体制下,对资源的分配是通过市场调节来完成的,并且要遵循市场定价的方式对土地进行补偿。但是我国的征收补偿制度并没有随之而发生变化,仍然在坚持计划经济时代国家、集体利益高于个人利益的低征收补偿模式,而在另一方面,国家却不再对失地农民进行安置,由于农民自身条件的局限,让被征地农民自谋职业缺乏竞争力,在失去土地后很容易陷入既失地又失业的困境。所以说,从整体上来说,我国当前的土地征收补偿制度已经远远不能适应当前社会经济的发展需要,尤其是不能适应当前社会主义新农村建设的需要。

可以说,我国土地征收补偿制度的发展滞后性体现在土地征收补偿的四个具体问题之中,下面我们将对这四个问题进行论述。

1. 征收补偿程序存在的问题

关于征收补偿程序我们已经在上文中有所提及,通过分析笔者认为,我国土地征收补偿程序存在着以下几个问题。

(1) 先征收后补偿的程序安排不合理。国外很多国家的征收制度都很重视程序的设计,在征地补偿方面大都规定了较为严格的征收补偿程序,大致上都遵循着"先补偿后征收"的程序原则。例如德国土地征收程序一般包括:事业的认定、应征土地的确定、补偿金的确定、征收的完成。① 依据日本土地征收的相关规定,土地征收程序分为以下几个阶段:举办事业的准备、举办事业的认定、土地的限定、征收协议、补偿金的裁决、补偿金的给付与征收的完成。②

笔者认为,公正合理的征收补偿程序是保证征收补偿顺利进行的有效保障,程序正义是实体正义得以实现的前提。反观中国,基本都是按照"先征收再补偿"的程序进行的。也就是说,被征地农民对土地征收的决定基本没有任何影响,只有在征收决定之后才能进行征收补偿登记,从某种程度上来说,这就是一种被动式的征收补偿。如果农民对征收补偿安置存在异议,那么在征收决定之后,他对自己的土地是没有任何权利要求的,只能被动地接受征收补偿安置,或者只能就征收补偿安置进行异议。土地征收审批通过与否完全取决于有审批权的政府部门,农民在征地过程中,完全被忽视。

(2) 补偿安置方案的公告、听取意见等程序流于形式,被征地农民缺乏知情权、参与权。在国外很多国家的土地征收补偿制度中,对被征收人的知情权、参与权和异议权都给予了高度的保护。例如英国有关法律规定,所有收到土地征收通知的人均有权对征收命令提出异议,并有权提起公开审理程序或要求指定的仲

---

① 参见毛雷尔:《行政法学总论》,高家伟译,法律出版社 2000 年版,第 662—667 页。
② 参见史尚宽:《土地法原论》,正中书局 1975 年版,第 512—514 页。

· 239 ·

裁人审查征收命令。

根据《土地管理法实施条例》第 25 条的规定："市、县人民政府土地行政主管部门根据经批准的征用土地方案，会同有关部门拟订征地补偿、安置方案，在被征用土地所在地的乡（镇）、村予以公告，听取被征用土地的农村集体经济组织和农民的意见。"从这一规定可以看出，在整个土地征收程序中，征地补偿安置方案是在征地申请获得批准之后进行公告，属于事后程序。只有在征收审批通过后的征地程序中，农民才享有对补偿、安置方案提出意见和要求听证的权利，而之前征地补偿金标准、数额、分配方案、安置方案都属于行政机关内部程序，农民无法参与。而且因为"先征收后补偿"的程序设计，这时的提出意见和要求听证的权利对农民已无实质意义。即使农民提出意见或者要求听证，但听取意见之后征地补偿安置方案是否修改、怎样修改，农民的意见是否能够被认真考虑、农民的权利是否可以得到真正的维护，都是值得质疑的。所以有些被征地农民甚至戏称公告、听证等程序只是"走个过场、摆个样子"而已。

2. 征收补偿内容存在的问题

（1）土地征收补偿原则不明确。对被征收财产给予公平、合理的补偿是现代法关于征收制度的一项基本原则，已经为许多国家所承认并规定于法律之中。考察世界发达的法治国家或地区的立法，无论是"公平补偿"、"完全补偿"、"公正补偿"或者"相当补偿"，对于土地征收补偿原则大都以宪法的形式予以确认。例如法国 1789 年的《人权宣言》中就宣布："财产是神圣不可侵犯的权利，除非当合法认定的公共需要显系必要时，且在公正而且预先补偿的条件下，任何人的财产不得受剥夺。"

但是纵观我国征地补偿制度的历程，从《宪法》中的相关规定到专门的法律法规的规定均没有找到关于征地补偿原则的明确规定。2004 年修订的《宪法》第 10 条第 3 款规定："国家为了公共利益的需要，可以依照法律规定对土地实行征收或者征用并给予补偿。"该条虽然对土地征收与征用做了文字上的区分，却没有对补偿原则进行明确化，只是规定"给予补偿"，这使下位法律法规以及中央至地方的征地补偿政策都没有统一的指导思想。我国《土地管理法》第 47 条中规定征地补偿按照"被征收土地的原用途"进行，这只是对土地及相关价值的评估测算进行时间和依据的界定，而非征地补偿原则的规定。2007 年颁布的《物权法》第 42 条规定中的"足额"也并非征地补偿原则的完全补偿的意思，而是对补偿费用支付的要求，即支付上要"足额"。因此可以说，在我国当前立法中，征地补偿原则并没有得到明确的规定。

从实践中来看，我国的土地征收补偿原则基本上属于不完全、不合理的补偿原则。这主要是因为，当前的征地补偿制度从根本上沿用了计划经济体制时期的精神，强调个人利益的"社会义务性"，即个人利益必须服从国家集体利益。随着我国社会经济发展水平的提高以及公民法律权利意识的增强,不完全、不合理的补偿原则带来的社会问题将会越来越凸显,这已经与国家要求的"保证被征地农民的生活水平不降低"的征收补偿原则形成悖论。

(2)土地征收补偿范围过窄。国外很多国家的土地征收补偿范围一般包括直接损失和间接损失两部分。一般情况下,土地征收补偿范围至少包括三项:土地及其地上建筑物、附着物和构筑物补偿;困难补偿;因土地征收引起的外部不经济的补偿。如英国土地征收补偿的具体范围主要包括:①土地市场价格。②残余地的分割或损害赔偿,其标准为市场的贬值价格。③租赁权损失补偿,其标准为契约未到期的价值及因征收而引起的损害。④迁徙费、经营损失等的补偿。⑤其他必要费用支出的补偿。① 法国《公用征收法典》确定了法国征地的补偿范围。该法典第 1 部分规定:"补偿金额必须包括由于公用征收产生的全部直接的、物质的和确定的损失在内。"凡是这种"直接的、物质的和确定的"性质的损失,都必须全部补偿,不具备这些性质的损失则不予补偿。直接损失是和公用征收之间有直接的因果关系的损失。物质的损失是因征收而丧失的不动产所有权和其他权利本身的价值,不包括精神上和感情上的损失。确定的损失是已发生或将来一定发生的损失。②

因此,有必要对现行土地征收立法进行修改。应从我国实际出发,结合国外的成熟经验,适当扩大征收补偿范围。

我国现行土地征收补偿范围其实是对部分受损主体的部分直接损失的部分补偿,具有相当的不完全性,存在的问题很多。例如间接损失很难得到补偿。我国法律所规定的补偿范围仅限于土地补偿费、青苗及地上附着物补偿费、安置补助费。从被征收土地的财产损害角度分析,征收补偿范围基本上只限于被征收人的直接损失,对被征收人的间接损失如残余土地补偿、工事费用补偿、移迁费补偿等损失,则没有考虑。而实际上,除补偿直接损失外,因征收土地给被征收土地的农民造成的其他方面的损失,都应该补偿。另外,《物权法》中对土地征收补偿的范围有所突破,例如规定农村土地的用益物权人也应该得到应有的补偿,增加了"社会保障费用"等,但是具体落实还需要《土地管理法》等法律法规的完善补充。

(3)土地征收补偿标准不合理。由于国外很多数国家或地区实行资本主义市场经济体制,所以基本上都按照土地市场价格确定土地征收补偿标准。例如英国土地征收补偿的价格,是以被征收土地所有者在公开土地市场上能得到的出售价

---

① 参见韦德:《行政法》,徐炳译,中国大百科全书出版社 1993 年版,第 621 页。
② 参见王名扬:《法国行政法》,中国政法大学出版社 1988 年版,第 395-396 页。

格为基础，计算补偿的时期确定在征收进入土地的日期。① 日本征地补偿的标准较为宽泛：一是土地地价的补偿按照征收时的正常市价进行；二是地上物补偿的标准为交易同等对象的相当价格；三是迁移费补偿，包括农、林、牧、渔业停业、暂停、规模缩小的补偿和其他损失。②

但是我国实行土地公有制，土地本身不能进行流转，现行农地征收补偿标准不是土地本身的价格，虽然土地使用权能进行流转，但是当前农村的土地使用权基本上只能内部流转，很难形成市场价格，所以补偿标准也不是土地使用的价格。根据现行法的规定，土地征收补偿的标准是土地原使用用途下的年产值。征地补偿费的计算依据是土地原用途下的农业年产值，实现的是土地在农业用途下的收益，根本没有体现土地被征收后转为非农建设用地的升值情况，也没有考虑到土地对于农民承担的生产资料和社会保障的双重功能。而且年产值是农作物产量与价格的函数，其高低受所处地区的农业生产自然条件如光、温、水、土等和社会经济条件如农产品价格、耕作制度、产业结构调整等的影响。事实上土地补偿费的确定很大程度上与被征地所处的区位、区域经济发展状况及区域基础设施条件等紧密相关，而与土地年产值的关联性并不明显。在当前社会主义市场经济条件下，这种补偿标准没有体现土地市场的供需状况，不符合市场经济规律。这种建立在土地国家所有和集体所有两种公有制的基础上的征地补偿标准，还是根据原来计划经济条件下生产资料分配及其调拨方式制定的，已经难以适应新时期的发展要求。在当前工业反哺农业、城市反哺农村的城乡统筹发展阶段，补偿标准不该再是从前的"不低于征地前生活水平"的旧标准，而应该是以逐步提高农民的生活水平为原则，否则就会拉大城乡差距，造成我国城乡发展的不协调。

另外，根据我国现行《土地管理法》第47条的规定："地上附着物和青苗费的补偿标准由省、自治区、直辖市人民政府规定。"从我国的实际情况看，一些地方的省、自治区、直辖市人民政府没有规定地上附着物和青苗费的补偿标准，而授权市、县人民政府规定，还有的地方是虽然规定了补偿标准，但因长时间没有修改，致使原来的标准与地上附着物和青苗费日后的实际价值相差太大。而根据《中华人民共和国立法法》第10条的规定，被授权机关应当严格按照授权目的和范围行使该项权力。被授权机关不得将该项权力转授给其他机关。当前制定征收补偿标准的权力层层下放，使本无权制定补偿标准的基层政府及有关部门，以行政文件、命令、通知的形式对征收土地之上的地上物等的补偿标准进行规定，这些补偿标准高低无据，随意性极大。笔者认为，政府既是利益分配者，又是利益获得者，由于被征收方极少能够参与征收协商谈判过程，很多地方政府滥用制

---

① 参见韦德：《行政法》，徐炳译，中国大百科全书出版社1993年版，第621页。
② 参见江义雄：《日本法上公用征收补偿制度之探讨》，《中正大学法学集》1999年第13期。

定补偿标准的自由裁量权,常常按照法定最低标准给予补偿,这不但远远不能解决被征地农民的长远生计问题,还将造成农民生活水平急剧下降,形成社会不稳定因素。

(4)土地征收补偿方式单一。在国外,现在基本上都采取多元化的补偿方式,即以货币补偿为主,同时兼以其他方式进行补偿。例如法国原则上采用货币补偿,但随着经济的发展,近些年来也增加了实物补偿的方式。主要有:一是货币补偿方式或同样条件房屋补偿。二是征收生活用房时,征收单位必须为承租人安排住房,费用、规格不超过最低房租住房标准,同时补偿其搬家费、安置费和其他损失,卫生设备、照明设备的折旧费。三是家庭耕作土地被征收时,征收单位应为被征者提供同样的条件和设备的土地。① 又如日本,早期也采用货币补偿形式,后来在吸收德国法的基础上,又增加了现物补偿方式,如工事代行补偿、代替地补偿、耕地造成补偿、宅地造成补偿和迁移代行补偿等。

我国现行土地征收补偿方式主要采取的是货币补偿的形式,即以土地补偿费、安置补助费、地上附着物和青苗的补偿费作为经济补偿,并实行一次性发放。虽然其他国家或地区也实行以货币补偿为主要补偿方式的制度,但是其基础在于补偿范围的广泛性和补偿标准的市场化,使土地权利人能够获得足够的征地补偿金。但是,由于我国土地征收补偿的原则、范围、标准都存在着一些问题,使得失地农民最终可获得的土地征收补偿款十分有限。这跟其他国家按照市场价值进行的完全公正补偿相比就显得非常不足。另外,一个需要注意的就是我国农村土地在某种程度上起着社会保障的作用,如果将土地征收为国有,仅仅只是进行货币补偿将会使农民的住房、生产等受到很大的影响,很难保证其生活质量不下降。而且在现有劳动力市场供求格局下,大多数失地农民由于年龄、文化、技能、体力、就业意识和择业观念等限制,就业机会少,选择面窄。尤其是大龄农民及完全依赖土地为生没有进过城的农民,在当下严峻的就业形势下明显处于弱势地位,难以谋求新的职业。随着时间的推移,单纯货币安置方式的弊端在实践中暴露出来,政府必须积极探索改革单一的安置方式,加大力度推行多元化补偿安置。

3. 征收补偿分配存在的问题

国外大多数国家基本都承认土地私人所有权,因此土地征收补偿的受益主体较为明确,对土地征收补偿金数额的协商也更为充分,加之合理的补偿标准、完善的补偿程序和有效的救济机制,使被征地人的权利能够得到较全面的保障。而在我国土地征收补偿制度中,"农民集体"作为集体土地所有权人,自然也是征

---

① 参见刘道元、谭奕和:《土地征收中集体土地权利研究:基于物权法视角之思考》,《法学杂志》2007年第3期。

收补偿的受益主体。但是现实的情况是,"农民集体"是一个非常模糊的主体。《土地管理法》第 10 条规定:"农民集体所有的土地依法属于村农民集体所有的,由村集体经济组织或者村民委员会经营、管理;已经分别属于村内两个以上农村集体经济组织的农民集体所有的,由村内各该农村集体经济组织或者村民小组经营、管理;已经属于乡(镇)农民集体所有的,由乡(镇)农村集体经济组织经营、管理。"《物权法》第 59 条规定:"农民集体所有的不动产和动产,属于本集体成员集体所有。"第 60 条规定:"对于集体所有的土地和森林、山岭、草原、荒地、滩涂等,依照下列规定行使所有权:(一)属于村农民集体所有的,由村集体经济组织或者村民委员会代表集体行使所有权;(二)分别属于村内两个以上农民集体所有的,由村内各该集体经济组织或者村民小组代表集体行使所有权;(三)属于乡镇农民集体所有的,由乡镇集体经济组织代表集体行使所有权。"由此可见,我国集体土地归农民集体所有,而代表集体行使所有权的是集体经济组织、村委会或者村民小组。但是,模糊的"农民集体"作为农村土地的所有权主体,必然造成农村集体土地所有权的虚置,出现了"人人有权,而又人人无权"的局面。农民集体对土地的所有权并没有量化给农民个体,集体占有土地所有权并不意味着集体内的农民个体拥有土地。在这种情况下,必然导致受益主体的模糊,这就会使某些利益集团乘虚而入,侵吞征收补偿款。虽然 1998 年《土地管理法实施条例》中规定,国家要将土地补偿费交给集体,但是却没有对国家将这些土地补偿费下发到集体后,集体如何对其进行处理做过任何规定。2004 年《关于深化改革严格土地管理的决定》中也只是规定省、自治区、直辖市人民政府应当根据土地补偿费主要用于被征地农户的原则,制定土地补偿费在农村集体经济组织内部的分配办法,但这也仅仅是一个宽泛的原则性规定,没有制定出具体的分配方法。因此,在实践中,很多基层地方政府、村委会主任、村长等都以征收补偿款收益人身份控制土地征收补偿款,真正分给被征地农民的补偿往往是被层层盘剥剩余的。

4. 征收补偿的争议解决问题

有效的救济途径是保障被征收人合法权益的重要措施,国外很多国家在立法中规定了不同的救济措施和方法。如果在征收中出现补偿金额的计算错误、公共利益的界定不清、听证和公告程序权利被侵犯等问题,被征收人都可以通过多种渠道维护自身合法权益,申请听证、复议、诉讼等。例如德国,在救济制度方面,联邦行政法院审查征收的适法性及其法律依据的合宪性,而是否补偿以及在何种范围内补偿则由普通法院管辖。① 征收人的行为违反法定程序或超越公共利

---

① 参见曼弗雷德·沃尔夫:《物权法》,吴越、李大雪译,法律出版社 2002 年版,第 45-46 页。

第九章 我国集体土地征收补偿及其争议解决机制

益的,被征收人可以向行政法院提起诉讼。同时,德国《宪法》被完全司法化了,被征收人在权益受到侵害时,也可以向专门的宪法法院提起诉讼,通过存续保证和价值保证的方式对其利益进行保护。如果被征收人对补偿的数额不服,也可以向普通法院提起民事诉讼。[①] 而在美国,征地补偿引起的纠纷的解决方式通常通过民事诉讼来解决。美国法院在土地征收中,着眼点多是放在如何补偿更加公平合理上,而非征收行为是否符合公共目的上。所以被征收人对征收补偿的结果不满意时,通常向普通法院提起民事诉讼。当然,如果立法机关通过制定法将征收权授予政府的行政机关、私营公司或个人时,美国法院也有权受理被征收人就征收目的而提起的诉讼。[②]

上文中我们已经提到征收补偿纠纷的解决机制包括很多,主要有行政救济、司法救济等。行政复议作为解决土地征收及补偿争议的一项重要法律制度,由于某些原因,在处理农村土地征收补偿纠纷中的作用并未得到充分发挥,其中最主要的原因,就在于行政复议欠缺独立性和公正性。因为地方政府对农民土地进行征收,其决定要经过上级政府的批准,主要是省级人民政府和国务院,而省级人民政府和国务院又是这些土地征收决定的行政复议机关。这样就导致其在解决征收补偿纠纷时公正性受到了很大的质疑。另外再看司法救济,由于地方法院在某种程度上不能独立于地方政府,所以其在审判案件时往往要受到地方政府的影响,很难保证其判决的公正性。而且从诉讼成本、效率及实效性上看,我国诉讼目前还存在诉讼成本过高、诉讼迟延、诉讼的实效性不足等问题,导致农民对诉讼的认同程度较低,很少有农民通过诉讼来解决补偿争议。下面我们将重点分析一下征收补偿争议裁决机制的问题。

《土地管理法实施条例》第 25 条规定:"对补偿标准有争议的,由县级以上人民政府协调;协调不成的,由批准征用土地的人民政府裁决。"这一规定确立了解决征地补偿争议的裁决机制。但是,从《实施条例》颁布实施至今,征地争议裁决制度在各地的实施却非常缓慢和艰难,主要原因有三点:一是争议裁决的法律程序没有明确,导致行政效率的低下;二是法律规定的裁决范围过窄,只有补偿标准争议可以申请裁决,农民对在征地过程中行政机关侵犯自己权益的诸多行为缺乏寻求救济的有效途径;三是对裁决的前置程序——协调的时限、争议裁决提起的时限以及作出裁决决定的时限没有科学的规定。

另外,关于征收补偿争议裁决机制还存在一些问题需要解决。一是裁决性质不明确。虽然各地区对征地补偿争议裁决制度做出了规定,但是,关于征地补偿裁决的性质究竟是民事仲裁还是行政仲裁,到目前尚无定论,对该制度的本质还

---

① 参见曼弗雷德·沃尔夫:《物权法》,吴越、李大雪译,法律出版社 2002 年版,第 392-393 页。
② 参见丁文:《土地征收救济机制之比较研究》,《法学评论》2008 年第 1 期。

存在诸多争议。二是裁决范围模糊。在我国《土地管理法实施条例》中，关于征地补偿争议裁决范围的规定仅仅是"补偿标准"四个字，但却未规定裁决哪些补偿标准。这也就造成了各地区裁决机关在实践中的随意性比较大。有的省仅对被征土地年产值的倍数进行裁决，有的省将征地补偿安置标准依据的适用、被征地农村集体经济组织人均耕地面积的认定、被征土地的种类、等级的认定纳入裁定范围，总之很多地区的裁决范围是不一样的。三是裁决公正性受到质疑。按照规定，我国征地补偿争议裁决是由国务院和省政府作出的，而他们都是有征地批准权的行政机关，而在批准征地时，补偿安置方案也是批准的必备部分。如果在发生征地补偿争议后，又由这些行政机关来裁决，这就出现了行政机关在征地补偿争议解决中既当"运动员"又当"裁判员"的状况，其公正性难以体现，所以受到了被征地农民的很多质疑。

第三节 新时期集体土地征收补偿及其争议解决机制的改进分析

笔者认为当前我国正处于新时期发展变革阶段，一方面社会经济的飞速发展对土地的需求急剧增加，而另一方面土地又是相当稀缺的，这就造成了土地供求的不协调。在目前体制不变的情况下，如何规范国家征收集体土地，并给予农民公正合理补偿就成了当务之急。然而现在我国的土地征收补偿制度在某种程度上很难实现这一任务和目标，笔者认为在当前情况下需要从全局出发，构建在全国范围内统一而又包含地方情况的征收补偿制度，使之真正成为一种解决当前我国集体土地征收补偿争议的有效机制。

一、土地征收补偿程序的完善

1. 建立先补偿后征收的程序

根据上文，可知我国现行的征收补偿程序是"两公告一登记"：第一次公告是征收土地公告。被征地所在市、县、自治县土地行政主管部门制定征地方案，经市、县、自治县人民政府审核后，按照国家有关规定报请批准。征收土地方案经依法批准后，被征收土地所在地的市、县人民政府进行征收土地公告。登记为被征收人的补偿登记。被征收土地的所有权人、使用权人应当在公告规定的期限内，持土地权属证书到公告指定的人民政府土地行政主管部门办理征地补偿登记。第二次公告是拟定的征地补偿安置方案的公告。市、县人民政府土地行政主管部门根据经批准的征收土地方案拟订征地补偿、安置方案，在被征收土地所在地的乡（镇）、村予以公告。征地补偿、安置方案报市、县人民政府批准后，由市、县人民政府土地行政主管部门组织实施。

根据这些规定，有些地方也制定了更为详细的征收补偿程序，例如海南省根据《海南省土地征收补偿安置管理办法》第5条规定，征地按照下列程序实施：

第一，被征地所在市、县、自治县土地行政主管部门制定征地方案，经市、县、自治县人民政府审核后，按照国家有关规定报请批准；

第二，征地方案批准后，由被征地所在市、县、自治县人民政府公告，被征地的权益人在公告规定期限内，持土地权属证书等材料到当地土地行政主管部门办理征地补偿登记；

第三，市、县、自治县土地行政主管部门组织勘测、调查土地权属，清点青苗及地上建筑物等其他附着物，调查结果经市、县、自治县土地行政主管部门与被征地集体、农民和其他地上附着物产权人共同确认；

第四，市、县、自治县土地行政主管部门根据调查结果和批准的征地方案制定征地补偿安置具体方案；

第五，市、县、自治县土地行政主管部门将征地补偿安置具体方案公告，并征求被征地集体和农民的意见；

第六，农民集体和农民对被征地的补偿标准、安置途径等事项申请听证的，市、县、自治县土地行政主管部门应当按照规定组织听证；

第七，市、县、自治县土地行政主管部门与被征地集体签订《征地补偿协议书》，并落实征地有关事项。

海南省的征收补偿程序基本上与《土地管理法》及其《实施条例》等法律法规确定的程序相同，但是在某些细节方面进行完善。例如增加了征收勘测调查程序，其调查结果需要征收各方当事人的共同确认。2011年山东省颁布施行的《山东省土地征收管理办法》在很多程序方面进行了一定的创新和突破。根据此办法规定，山东省的征收补偿程序可概括为：

第一，拟征收农民集体所有的土地，市、县人民政府应当在该农村集体经济组织所在地发布征收土地公告。

第二，市、县人民政府国土资源行政主管部门应当进行土地征收勘测调查，土地征收勘测调查清单应当由参与现场调查、清点、核实的各方共同确认。被征收人可对调查结果当场提出异议，调查单位应当进行复核。

第三，市、县人民政府国土资源行政主管部门应当自勘测调查结束之日起15个工作日内拟定土地征收补偿安置方案，在农村集体经济组织所在地进行公示。农村集体经济组织、农民或者其他权利人对补偿标准和安置方式可要求举行听证。

第四，对补偿标准和安置方式没有异议的，由市、县人民政府国土资源行政主管部门和财政部门与农村集体经济组织签订土地征收补偿安置协议。对补偿标准有异议，达不成土地征收补偿安置协议的，由市、县人民政府进行协调；协调不成的，报省人民政府裁决。

第五，土地征收补偿安置协议签订或者补偿标准裁决后，市、县人民政府国土资源行政主管部门组织编制土地征收方案，连同有关材料，报有批准权的人民政府批准。

第六，市、县人民政府应当自收到土地征收批准文件后，在被征收土地农村集体经济组织所在地予以公告。市、县人民政府财政部门会同国土资源行政主管部门应当将土地征收补偿安置费、地上附着物和青苗补偿费按照规定程序足额支付给被征收土地农村集体经济组织、农民和其他权利人。被征收土地农村集体经济组织、农民和其他权利人应当在规定的期限内清理附着物，并移交土地。

由此可以看出，山东省的征收补偿程序在某种程度上发生了比较大的变化：首先是规定了拟征收土地的公告；其次是以签订征收补偿安置协议代替补偿登记，对征收补偿标准有异议可申请协调裁决；最后是将补偿安置提前到征收审批之前，并且土地征收方案要以签订的补偿安置协议或补偿标准裁决为前提。笔者认为山东省的征收补偿程序的改进是值得肯定的。

根据《土地管理法（征求意见稿）》的规定，目前《土地管理法》关于土地征收补偿程序的修改很可能朝向更好的方向改进，其第70条规定了征收土地程序：市、县人民政府在申报征收土地前，应当拟订征收方案、确定拟征收土地的用途、位置、补偿标准、安置途径，将有关事项向被征收土地的农民公告。对拟征收土地现状的调查结果、安置方案须经被征收土地农村集体经济组织和农户确认，并签订土地征收补偿安置协议，被征收土地的农民提出申请的，市、县人民政府土地行政主管部门应当依照有关规定组织听证，被征收土地的农民知情、确认的有关材料应当作为征收土地报批的必备材料。土地征收项目依照法定程序批准后，由县级以上地方人民政府予以公告并组织实施。被征收土地的所有权人、使用权人应当在公告规定期限内，持土地权属证书到当地人民政府土地行政主管部门办理征地补偿登记。

当然也要看到这里的征收补偿程序与山东省的征收补偿程序还是有一些差别。对此我们提出几个问题，即这里的征收补偿安置协议与征收补偿安置方案之间的关系如何？如果签订了征收补偿安置协议，那么在征收审批之后进行征地补偿登记的意义何在？笔者认为，将征收补偿安置协议提前到征收审批之前有其合理存在的意义，因为这样可以使征收人与被征收人更好地协商征收补偿安置，有利于保护被征收人的知情权、参与权等合法权益。但是这里需要注意的是，并不是所有的征收项目都可以与被征收人达成征收补偿安置协议的，如果达不成的话，对征收项目的审批将会有何影响？这里还需要在修改《土地管理法》时予以明确。我们的意见是应当确立这样一种观点，就是先补偿后征收。因为在现实中，很多征收的补偿安置都没有到位却将被征地农民的土地征收或将其房屋拆迁，在这种情况下，如果不先补偿安置，农民的合法权益将如何保障呢。笔者认为，政府制定的征收补偿安置方案是签订征收补偿安置协议的参考，可以此为协议的基础，但是被征收人可以对此进行协商修改。如果签订了征收补偿安置协议，就可以替代征收补偿安置方案，因为两者之间在很大程度上是一致的。如果将征收补偿安置方案替代后，补偿登记也就失去了意义。当然如果不签订征收补偿协议，仍然采取征收补偿安置方案，那么就应当在制定征收补偿安置方案时与被征地农民进行协商，积极听取被征地农民的意见和建议，并根据这些意见和建议进行修改。所以笔者认为山东省的征收补偿安置程序是比较值得借鉴的。

2. 以程序保障被征地农民的知情权、参与权

"一个健全的法律，如果使用武断的专横的程序去执行，不能发生良好的效果；一个不良的法律，如果用一个健全的程序去执行，可以限制或削弱法律的不良后果。"[①] 笔者认为，土地征收补偿除了对一般的征收补偿程序作出规定外，应以《征用土地公告办法》和《国土资源听证规定》这两个程序性条例为基础，借鉴其他国家和地区关于征收补偿程序的规定，从保护农民利益的角度出发，建立公平、公正的征地程序，以保障被征地农民的知情权和参与权等权利。具体来说，首先，要尊重征地前农民的参与权和知情权，明确规定补偿标准和安置途径要进行公告，农民个人可以参与对征地补偿款、征地补偿标准、支付方式等进行协商。其次，被征地村经济集体组织和农民个人对征地补偿安置方式有异议的，可以提出听证申请，必须规定公告、告知、听证、村经济组织以及农民个人的确认和同意意见作为征收土地报批的必要材料。最后，在征地补偿方案批准后，由国土部门在被征地所在的村集体经济组织予以公告，公告期满后可以实施补偿安置工作。

二、土地征收补偿之内容

1. 征收补偿的原则

关于征收补偿的原则，发达国家一般都采取完全补偿原则，通过明确规定补偿的范围对土地征收人予以保护。但我国的社会经济发展水平与发达国家不一样，综合考虑我国的土地制度、"三农"问题的特点以及我国目前的经济发展水平，笔者认为提出"公平合理"的补偿原则是比较适合我国当前的征收补偿情况。当然"公平合理"的补偿原则比较抽象，笔者认为可以从以下几个方面进行

---

① 王名扬：《英国行政法》，中国政法大学出版社1995年版，第11页。

理解。

（1）公平合理的补偿原则应当明确同地同价的补偿原则。同地同价补偿原则指的是同样位置或相邻区域的土地，无论征作公益用途还是商业用途，都以土地的市场价格为补偿依据，征地补偿标准和补偿价格不会改变，或者说，国家依法征收农民集体组织所有的土地给予集体组织和农民的补偿价格与国家依法出让国有土地使用权的价格相同。[①]同地同价原则的核心是按照市场价格对被征收土地权利人进行补偿，也是一种公平补偿，是对公平补偿原则的具体化。

（2）同地同价在我国并不是仅仅完全按照市场价进行规定，还要根据土地的区位、土地资源条件、土地供求关系等综合因素制定征收补偿的标准，符合我国经济发展的水平，同时要使补偿的标准随着社会经济的发展而适时调整。

（3）充分的补偿确保补偿能够体现土地对于农民的生活和保障功能，足以维护农民现有生活水平不降低、长远生计有保障。另外，还要强调补偿款到位的及时性，补偿款必须在申报用地时存入专户，政府批准用地后必须在土地征收实施前支付完毕。

2. 征收补偿的标准

目前我国社会经济水平虽然不是很高，但是也已经达到了可以公平合理补偿的水平，但是也要看到我国毕竟和发达国家有一定的差距，而且现在经济建设又需要大量土地和资金，如果完全像发达国家立法那样制定补偿标准，虽然更有利于保护被征地农民的利益，但对整个社会经济的发展将会带来较大负担，因此征地补偿标准的制定也必须寻找个人权利保障和公共利益的平衡点。对此，我国征地补偿标准的改革主要有三种观点：第一种是应采取渐进式的改革方式，逐步提高征地补偿标准；第二种是主张区分所征土地的经营性和非经营性，对经营性用途的征地采用市场价格进行"征购"，对非经营性用途的征地仍然采用现有补偿标准；第三种也是大多数学者赞同的观点，即按照"市价"给予补偿。笔者认为，第一种观点采用的土地年产值的计算标准不能真实反映被征收土地的自身的价值，其弊端我们已经在上文中有所论述。第二种观点对非经营性用途的征收实行不完全补偿的办法仍然没有脱离计划经济的征收模式，似乎认为农民本来就应该为国家的建设牺牲自己的合法利益，笔者认为这一观点也不足取。而第三种观点能反映市场价值规律，有利于保护被征地农民的利益。因此我国应借鉴国外相关做法，以市场作为基础，将主要补偿项目的补偿价格参照当前土地市场价格，充分体现"效率、公平"原则。农地征收补偿标准市场化，就是要在对农地征收补偿价值中充分体现农地的总体价值，不仅包括农地作为生产资料的价值和

[①] 李集合、邹爱勇：《土地征收补偿之同地同价的理性分析》，《河北法学》2009年第9期。

生态价值，还要体现农地上的发展价值。

具体来说，2005年7月国土资源部发布了《关于开展制定征地统一年产值标准和征地区片综合地价工作的通知》，针对征地区片综合地价的补偿标准做出了详细规定。实践证明，"统一年产值标准"、"综合区片地价标准"还有"地价最低保护标准"均比现行土地管理法规定的按年产值倍数法计算的标准更佳，既符合农民的目前实际生活水平，又适合我国目前的经济发展水平。

根据国土资源部关于综合区片价以及地方立法关于最低保护标准的规定，征地补偿标准应当体现以下内容：

（1）当地土地资源条件、土地产值、土地区位、土地供求关系和社会经济发展水平等综合因素，并且根据社会经济发展水平适时调整。

（2）应当对征地补偿标准作出原则性、指导性的规定，授权地方政府根据该原则制定各地的具体区域最低的征地补偿保护标准报国务院备案后公布实施，并明确规定根据当地经济发展水平2~3年进行调整。目前由各省制定本省统一年产值标准和综合区片地价标准，报国务院备案后实施证明是有效可行的，因此授权给各省进行地方的立法是可取之路。地方政府应当根据"同地同价"、"公平合理"、"充分及时"的原则，制定统一的年产值标准和综合区片地价标准。

（3）成立专门的土地评估机构来制定征地补偿标准。政府作为征地主体，不应当制定征地补偿的标准，而是成立专门的土地评估机构制定征地补偿标准，这样才能确保补偿标准的制定的中立性、公平性和客观性。

3. 征收补偿的范围

我国征收补偿范围首先是解决用益物权补偿缺位的问题，即对益物权单独进行补偿。其次是具体补偿范围要依据权利人受到直接损失和间接损失来确定。

集体土地用益物权的损失补偿主要包括土地承包经营权损失和宅基地使用权。根据《物权法》的规定，土地承包经营权已成为一种独立的用益物权，因此被征地农民可以基于土地承包经营权的丧失而要求给予补偿。但是《物权法》对补偿标准未做进一步的规定，笔者认为，在以市场价格为补偿标准的基础上，将承包经营合同期限长短作为补偿标准之一。农民宅基地使用权补偿，主要是指农民在宅基地上建造房屋所投入的费用以及重新购买宅基地的费用。

土地征收补偿范围应当包括土地征收造成的直接损失和间接损失两方面。直接损失是指对土地上多种权利因征收所直接遭受到的损失，即土地所有权、土地用益物权（土地承包经营权、宅基地使用权）以及其他物权等带来的损失，具体体现在土地权利价值的损失、土地上建筑物、农作物种植投入损失以及搬迁损失等；间接损失主要包括因征地导致对农作物投入的预期利益损失、残余地损失、相邻地损失等。

这里需要特别注意的一个问题就是集体土地上的房屋征收补偿问题。在目前情况下,由于《国有土地上房屋征收与补偿条例》的颁布施行,城市中的房屋征收补偿已经有了规范依据。但是现在社会中发生的大量房屋征收拆迁纠纷更多的是发生在集体土地上,而集体土地上房屋征收与补偿的法律依据缺乏。目前,集体土地征收中的房屋拆迁补偿可依据的法律有:

(1)《物权法》第42条规定:"为了公共利益的需要,依照法律规定的权限和程序可以征收集体所有的土地和单位、个人的房屋及其他不动产。征收集体所有的土地,应当依法足额支付土地补偿费、安置补助费、地上附着物和青苗的补偿费等费用,安排被征地农民的社会保障费用,保障被征地农民的生活,维护被征地农民的合法权益。"

(2)《土地管理法》第47条规定:"征收土地的,按照被征收土地的原用途给予补偿。征收其他土地的土地补偿费和安置补助费标准,由省、自治区、直辖市参照征收耕地的土地补偿费和安置补助费的标准规定。被征收土地上的附着物和青苗的补偿标准,由省、自治区、直辖市规定。"而从地方实践来看,各地集体土地上的房屋拆迁适用各级地方人大、地方政府部门发布的地方性法规和政府规章及部门文件,导致拆迁补偿政策混乱、各地做法不一。其中一个较大的问题就是集体土地房屋征收补偿较低。笔者认为,对集体土地上的房屋进行征收,自己安身立命的住所,所以房屋的征收补偿应保证被征收农民重新"住有所居"。所以笔者认为有必要在未来《土地管理法》修改时能够解决这一问题,可以采取与《国有土地上房屋征收与补偿条例》相同的立法模式,即在《土地管理法》中对集体土地上房屋征收补偿进行概括式的规定,然后制定《集体土地上房屋征收与补偿条例》。对于农民住房的补偿,笔者认为应当区别于城市中的房屋征收补偿,因为在城市中的房屋由于区位等优势,其价值往往较大,而且流转性较好,可以形成市场价格,所以被征收人既可以选择货币补偿,也可以选择房屋产权调换。但是农村的房屋在某种程度上来说,其本身的价值往往并不是很大,而且其房屋也只能在有限的范围内流转,所以货币补偿往往并不能实现被征地农民的"住有所居",可以考虑以产权调换为主,"以房换房",为被征地农民提供经济适用房等保障性住房,或者另外划定居住区,提供新的宅基地,并对其建房提供补助。

4. 征收补偿的方式

现阶段,我国土地征收补偿方式以金钱补偿为主,即将征地补偿金一次性发放给农民,其优点在于便捷高效,但是弊端却更为明显。因此笔者认为,要进行改进,可以参考德国、日本等国的立法,以货币补偿为主,兼采取其他的补偿方式为辅的方式,这里的其他补偿方式有很多,例如留地安置、社保安置、土地入股、安置就业、支持创业等多种安置方式。

关于货币补偿,我们已经在上文中有所论述。这里我们主要谈一下其他几种补偿安置方式。所谓留地安置,是借鉴我国台湾地区的抵价地补偿方式,即在征收土地的同时,按规划划定部分农地给被征地农村集体经济组织,用于发展第二、三产业。而土地入股,主要适用于综合效益高、周期长、收益稳定的重点能源、交通、水利等基础建设征地补偿,可以以征地补偿金或者土地使用权入股参与经营,让失地农民可以得到长期保障。对失地农民进行就业安置,就是将被征地农民就近安置在附近的企业,当然政府应重视对失地农民的技术培训,提高他们的就业能力。如果有条件允许,政府还应当鼓励农民进行自主创业,当然也要给予其一定的政策优惠。

这里有一个问题需要注意,由于受我国经济发展水平的限制,我国的农村土地征收补偿水平短期内大幅提高的可能性不大,而失去农地的农民的社会保障却因土地被征收而存在很大的问题。2007年施行的《物权法》关于征收的亮点之一,就是明确要求给失地农民以社会保障,但由于《物权法》实施时间较短,国家尚未出台统一的失地农民社会保障实施办法。国家征收农民集体所有的土地,应当依法足额支付土地补偿费、安置补助费、地上附着物和青苗的补偿费等费用,同时还应当安排被征地农民的社会保障费用,保障被征地农民的基本生活,维护被征地农民的合法权益。笔者认为可以建立某种失地农民的保障基金,以此为资金支持为失地农民提供社会保障。被征地农民的基本生活保障资金可以由政府、被征地农村集体经济组织和参加被征地农民基本生活保障的个人三方出资构成。参加基本生活保障的被征地农民,达到一定年龄,按月领取基本生活保障金。参加基本生活保障的被征地农民,经就业培训后仍未能就业,生活确有困难的,其所在地市、县人民政府应当给予一定的生活补助费。关于失地农民社会保障基金或者类似的制度在很多地方已经开始启动,例如,浙江省在2009年颁布了《浙江省征地补偿和被征地农民基本生活保障办法》。

三、土地征收补偿的分配

农村土地征收是国家为了公共利益而对集体土地的征收,在某种程度上来说是对农村集体土地所有权、农民土地承包经营权、农民宅基地使用权等具体权利的剥夺或限制,因此在进行土地征收补偿时应清晰界定所应补偿的权利内容,明确各项权利的真正权利人,使真正权利人享受到土地征收补偿。笔者认为,征收土地补偿费归农村集体经济组织和被征收土地的农民所有,地上附着物及青苗补偿费归地上附着物及青苗的所有者所有。这里需要指出的是,参与土地征收补偿费用分配的主体与集体成员主体并不完全一致,应当加以区分。参与土地征收补偿费用分配的主体不仅包括集体成员,还可能包括非集体成员。因为根据目前法律法规,集体土地在一定条件下是可以向集体经济组织以外的单位和个人进行流转的。例如《最高人民法院关于审理涉及农村土地承包纠纷案件适用法律问题的解释》的第22条第2款有所体现,即在土地承包经营权存在转包、出租等流转情况下，征地补偿费中的青苗补助费及地上附着物补偿费可以归实际投入的第三人。该第三人可以是该集体的成员，同样可以是经集体成员依法表决通过后的非集体成员。当然，在实践中，参与土地征收补偿分配的一般都是集体经济组织的成员。所以如何确定集体成员资格是明确土地征收补偿费分配主体的关键。通常情况下，具有集体经济组织的户籍，承包土地进行生产劳动的自然人即具有集体经济组织成员资格。

关于土地征收补偿如何进行分配，分配的标准是什么，从严格意义上来说，我国现行法律并未规定。笔者认为，根据本文前述的土地征收补偿款的集体成员共有与个人所有并存的设计，应当确立分配的一般原则是：以分配给个人为主，集体自留为辅。对已承包或占有使用的土地的征收补偿款应当由地上经营者及使用者按照其经营（使用）的土地面积及人口进行合理分配。对无人承包和占用的土地征收补偿款归集体所有，由集体组织统一管理、经营，当然如果集体成员一致同意也可在集体成员中按人均分配。除此之外，还可以适当引进公司模式，将土地征收补偿款作为投资进行经营，盈利之后再分红。当然还有另外一些模式，笔者认为"授人以鱼不如授人以渔"，鼓励被征地农民将征收补偿款集中使用，搞好集体组织共有财产的经营，可以更好地增加集体成员的收益，也许可能从根本上解决农民的经济收入问题。这不失为一种通过征收补偿促进农村发展的策略。当然这一切都要遵循一个原则，那就是自愿原则。在征收补偿分配中绝对不能逼迫农民违反自己的意愿，如果农民选择了某种分配模式就应当按照这种模式进行分配。

根据《村民委员会组织法》规定，征地补偿费用的使用管理办法由该集体经济组织的成员集体表决确定。各乡镇、县、市必须监督收支情况的公开，认真组织落实农村集体经济组织的民主理财、村务公开和农村审计等各项制度。国土资源部门批准农村土地征用后，应会同监察、农业、审计部门对土地补偿费、安置补助费的分配使用加强跟踪，检查征地补偿费用的收支状况，规范征地补偿费的使用行为，切实解决农民反映强烈的土地权益受侵犯的问题。另外，应适当加强对农民集体组织经营管理层的限制，公开集体组织在征地补偿收入方面的财务，有效地防止经营层侵吞集体财产；防止经营层以合法形式掩盖非法目的向外输送利益，如以担保、赠与、捐助等名义进行集体财产处分；落实集体成员的诉权，在集体组织对侵害集体财产不作为的情况下，集体成员有权以自己的名义寻求相应的法律救济。

四、土地征收补偿争议解决机制

1. 专门化的征收补偿争议协调裁决机制

笔者认为，根据当前情况，应当建立一种专门化的土地征收补偿争议解决机

第九章 我国集体土地征收补偿及其争议解决机制

制，也就是土地征收补偿争议协调裁决机制。具体来说，被征收土地的农村集体经济组织和农民对征收土地方案中确定的补偿方案（或征收补偿协议）有争议的，由市、县人民政府协调；协调不成的，由省、自治区、直辖市人民政府裁决。由省、自治区、直辖市人民政府对征收土地补偿方案的裁决为最终裁决。对裁决程序有异议的，可以向人民法院起诉。

（1）协调。根据《土地管理法实施条例》的有关规定，裁决是以协调为前置条件的。因此，所有的裁决案件裁决机关在受理前，都要求先由市、县人民政府进行协调。协调达成一致意见的，由市、县人民政府制作协调意见书，不再启动裁决程序。协调达不成一致意见，或者市、县政府逾期不协调的，裁决机关才受理裁决申请，启动裁决程序。在启动裁决程序后，裁决机关还要组织争议双方进行协调，充分表达各自的意愿和要求。经协调达成一致意见的，下达协调决定书，并终止裁决程序；不能达成一致意见的，依法下达裁决决定。经过多次协调，双方的意见经过相互交流，在某种程度上来说已经被对方所知悉，可能会逐步趋于一致，为纠纷的顺利解决奠定了良好的基础。从实地调研和案例分析看，在办理裁决案件的过程中，许多地方都很重视协调在案件办理过程中的重要作用，将协调贯穿到裁决活动的始终，最大限度地争取通过协调解决问题。笔者认为，协调程序在一定程度上类似于调解制度，因为争议双方当事人是在第三方行政机关的主持下互相交换意见，达成共识，解决纠纷。当然也要看到，协调机制与调解机制还是有一定差异的，这主要是因为征收补偿争议纠纷中，争议双方当事人不是平等的主体，而是征收机关和被征收人，双方存在着隶属关系，而且在启动方面，调解必须是双方自愿，而裁决只要有当事人单方面的申请就可以启动，而无须另一方当事人同意。在征地补偿安置争议裁决中，争议一方的市县政府也是被动地进入裁决活动的。因此裁决与调解机制不一样。

笔者认为，在征地补偿安置争议的解决上，要立足于协调。因为，征地补偿安置争议裁决制度的设立虽然为解决征地补偿安置争议纠纷提供了稳定而公平的方法，裁决决定也能以书面形式给当事人提供正当程序保护。但是，同协调相对来说，裁决是比较僵硬的，而协调与裁决有所不同，它更具有灵活性，不像裁决那样仅仅停留在法律和事实的争论上，它允许当事人在法律允许的范围内达成较有创造性和双方更满意的结果。因此，在解决征地补偿争议中应当坚持以协调为主的原则。但在实践中，由于协调的性质不清，导致一些当事人因市县政府不积极履行协调职责而丧失了进一步获得救济的权利。因此，必须明确协调的法律责任，才能发挥其积极的功能。因此，笔者认为应明确当事人向市县政府申请协调时，市县人民政府必须在法定时限内发出受理通知书，明示愿意协调，并在法定期限内作出协调意见书。如果市县人民政府认为没有协调的必要，则出具不予受理通知书，当事人可以直接向裁决机关申请裁决。这样就避免了反复要求市县人

· 255 ·

民政府协调,而市县人民政府拖沓不予受理致使被征收人权益受损的现象。

(2)裁决。当市县人民政府协调不成的,由省、自治区、直辖市人民政府裁决。这里的征地补偿争议裁决的性质如何,对此学者持有不同的意见。有人认为,征地补偿安置争议裁决在性质上属于行政复议。理由是征地补偿安置争议裁决是由省级人民政府针对原市级人民政府的征地补偿安置决定作出的一个行政决定,与行政复议中的上一级人民政府对下一级人民政府的决定进行复议的行为相符合,因此可以认为征地补偿安置争议裁决具有行政复议的性质。① 也有学者认为,征地补偿安置争议裁决制度是一种准司法裁判行为。因为裁决制度中设立了裁决的主体为批准征地的政府,同时,也设立了裁决双方当事人为被征地农民或农村集体经济组织和市县人民政府,体现了行政裁判的司法性。② 我们认同第二种观点,征地补偿安置争议裁决具有准司法性,是由行政机关来解决行政纠纷的一种手段,是一种专门的土地纠纷解决机制。在对现行征地补偿争议裁决制度进行改革时,应当加强征地补偿安置争议裁决的司法性,尽量减弱其行政性。具体来说可以进行以下改进。

第一,要建立专门的、中立的裁决机构。从国外征地补偿争议的立法和经验来看,由专门的、中立的土地裁判机构来解决征地补偿争议是一种有效的解决办法。目前,在我国中立性的机构有法院和仲裁委员会,但是,从现有实际情况来看,由法院和仲裁委员会来解决征地补偿争议都存在一定的缺陷。为保障裁决机关居中、独立裁决,最佳方案是成立类似英国裁判所的独立的准司法机构,成立中国的土地裁判机构。在此基础上,遵循权力行使与权力监督相分离的原则,由政府设立专门的行政裁判机构,配备专门办案人员和办案经费,从而全面地落实国家行政法规创设的这一征地纠纷解决机制。而在现阶段,短时间内建立起专门的行政裁判机构以管辖土地征收补偿争议的裁决,可能实现不了。可以考虑在现行政府组织下,吸收社会参与的委员会制。有人曾提出,借鉴《信访条例》提出的工作机制,"由相关社会团体、法律援助机构、相关专业人员、社会志愿者等共同参与……更好地体现居中、中立和专业性的特点,专业人士可以是土地评估机构还可以是社会人士,如人大代表和政协委员等"。③ 具体案件需要裁决时,可以从委员会委员中随时抽取。政府主要承担组织工作,负责落实工作经费,加强人员的监管等。在裁决机构的独立化问题上,我们可以借鉴北京市政府行政复议

---

① 参见贺日开:《我国征地补偿安置争议裁决机制构建研究》,《江海学刊》2008年第2期。
② 参见杨明:《完善征地补偿安置争议协调裁决制度的思考》,《资源与人居环境》2006年第7期。
③ 李元:《依法推行征地补偿安置争议裁决制度 切实维护社会稳定》,《国土资源通讯》2006年第3期。

委员会的经验，接纳社会人员参与，真正做到中立和专业化。①

第二，要明确裁决的范围。从目前各省市已经出台的裁决办法来看，均对受案的范围作出了规定，主要包括土地补偿费、安置补助费、地上附着物和青苗的补偿费等费用的争议。但是征地补偿的全过程至少包括以下几个：一是"公共利益"范围的确定；二是征收补偿的确定；三是被征地人的参与；四是征收方案的确定与公告；五是权利的救济。笔者认为征地补偿裁决的范围不仅应当包括征地补偿的争议，还应当对现有的征地补偿纠纷裁决的范围进行适当的拓宽，将以上各方面情况也纳入到裁决范围之中。这里需要注意的是，征收补偿争议裁决的主要是征地补偿的合法性问题。但是笔者认为，在未来的发展之中，应当将征收的适当性也纳入到裁决的范围。

第三，要明确裁决的效力及其救济途径。关于征地补偿安置争议裁决的效力问题以及不服裁决行为后的救济问题，各省市出台的裁决办法中，并未形成一致意见。在安徽、甘肃等省市的裁决办法中，不服裁决的，既可以申请行政复议也可以申请行政诉讼；在湖南省制定的裁决办法中，仅规定了可以提起行政诉讼。上面我们已经提到，征地补偿安置争议裁决是裁决机关对征地补偿行为的合法性进行审查，并作出裁决决定的行为。在实践中我们要防止裁决制度演变成阻碍被征地单位和个人维护合法权益的障碍，成为被征地单位和个人的诉讼负担。因此为了更好地保护农民权益，考虑到司法最终救济原则，应当规定对裁决有异议的，可以提起行政诉讼，由法院对裁决机关作出征地争议裁决的合法性进行审查。

另外笔者认为，征地补偿安置争议裁决不应当是行政诉讼的前置程序，二者应当是并行的纠纷解决机制。当事人对征地补偿安置有争议的，应当尊重当事人的选择权，如果当事人不愿意申请裁决的，也可以直接申请复议和诉讼，而不是必须要先经过裁决。

2. 其他争议解决机制的协调配合

上文中，我们介绍了征地补偿争议的几种解决机制，主要包括行政复议、信访、行政裁决、行政诉讼等。当征地相对人或者利害关系人不服政府的征地补偿安置方案时，相对人或者利害关系人面临如下四个选择：申请行政复议、提起行政诉讼、申请裁决和信访。这几种争议解决机制各自具有何种优势，它们之间的关系如何，是需要厘清的一个重要问题。

（1）裁决与复议。有些学者认为，从一般意义上讲，行政复议与裁决同属

---

① 2007年11月14日，北京市正式成立了行政复议委员会，28名委员中有18位是来自北京部分高校、研究机构和国家部委的知名专家学者。吸收社会专业资源实行专家审议、科学断案，有利于进一步消除人们对行政复议"官官相护"的疑虑，增进申请人对案件裁判结果的认同。

"行政裁判",是行政机关对纠纷的裁断活动。只不过行政复议裁断行政纠纷,而行政裁决主要解决与行政管理有关的民事纠纷。也就是说,行政裁判是行政裁决的上位概念。但是笔者认为征地补偿安置争议协调裁决,并不是一种典型的行政裁决,因为征地补偿纠纷的性质比较特殊,不同的纠纷类型反映不同的法律关系,对征地决定不服的,属行政争议,而征地补偿争议,又具有某些民事纠纷的特征。因此,征地补偿安置争议协调裁决不能被行政复议所替代,而是一种专门化的行政裁判机制。

从现有的规定来看,征地补偿争议裁决具有较强的行政性,基本上可以认为它是行政系统内部解决土地征收补偿争议的一种制度。这样一来,征地补偿争议裁决制度和行政复议在某种程度上就有些相似。但是要看到,两者还是存在差异的,主要有:一是行政复议重在监督和纠错,而非权利救济,因此并不强调复议机关必须是中立的第三方。而征地补偿争议协调裁决对于当事人来说是一种权利救济,所以要求有较强的中立性,目前的裁决机关是处于较高行政层级的国务院和省级政府,将来还要设立相对独立的裁决机构,做到居中裁判,就具有了准司法的性质。二是裁判前的程序不同。行政复议强调的是纠错的功能,从立法原意上看不太重视调解,即使修改后的《行政复议法实施条例》增加了有关调解的规定,但也不是法定的必经程序;而征地补偿裁决是以解决争议为目的的,在裁决前将申请市县政府协调作为前置程序,协调不成的,才行使裁决权,我们在上文中提到过,这里的协调程序在一定程度上类似于调解制度,强调双方当事人都能合意达成共识,以解决纠纷。

两者是并行不悖的两种制度。笔者认为征地相对人或者利害关系人可以在征地补偿安置争议裁决和行政复议这两种救济方式中进行选择,要么选择征地补偿争议裁决,要么选择行政复议。在选择征地补偿争议裁决或者行政复议后,如果申请人对裁决决定或者复议决定不服,可以向人民法院提起诉讼。

(2)裁决与诉讼。裁决属于行政司法范畴,是行政机关按照准司法程序进行了裁判纠纷的活动。与诉讼相比,规范性较弱,但是从效率方面来看,因为裁决更看重解决问题的实施效果,在公平与效率的权衡上更看重效率,因此较多地考虑争议的具体情况和双方当事人的实际状况。另外,与诉讼相比,裁决的启动程序和实施程序不够严格,同时,裁决的决定性也不如司法判决,也不是最终的救济措施,当事人对裁决不服的,还可以向法院起诉。

关于裁决与诉讼的关系,有一点必须要说明,即裁决作为行政诉讼前置程序的问题。从目前各省市出台的裁决办法来看,基本上把裁决作为行政诉讼的前置程序。实际上,把征地补偿争议裁决制度作为行政诉讼的前置程序,将会导致大量的争议被排除在人民法院的受案范围之外,这种情况很不利于征地补偿安置争议的解决,也侵害了当事人对救济的自由选择权,不利于对当事人的全面保护。

所以笔者认为,应当赋予被征地单位和个人选择的权利,在解决征地补偿争议时,被征地单位和个人既可以选择先申请征地补偿安置争议裁决,如果对裁决不服还能再向人民法院提起行政诉讼;也可以选择在不经过征地补偿争议裁决前提下,直接向人民法院提起行政诉讼。

(3)裁决与信访。从实践中看,在征地补偿争议纠纷的解决中,部分的单位和个人通过到相关国土资源管理部门或人民政府信访部门申请信访的方式解决了部分争议,但是大部分的纠纷并不是能通过信访制度来解决的。而且信访制度从某种程度上来说并不是一种正式的纠纷解决机制。同信访相比,在解决征地补偿争议纠纷中,裁决制度具有办事效率高、审结期限短的优势,同时,征地补偿争议裁决更具有专业性和权威性。所以在征地补偿争议纠纷的解决过程中,当被征地单位和个人试图通过信访方式解决征地补偿安置争议时,信访机关应当加以正确引导,引导他们充分利用裁决制度的优势解决征地补偿争议纠纷,或者通过其他正式的纠纷解决机制,例如行政复议、行政诉讼等方式。

第十章 我国土地管理中的监督检查及归责制度

作为一种不可再生资源,再加之我国庞大的人口基数,土地资源在我国显得尤为稀缺,所以土地在当前中国备受关注,此皆因土地对于社会经济之发展、人民生活之改善有着非同一般的意义和作用。为了更好地发挥土地的效用,国家积极采取立法措施对土地的利用和管理行为进行规范,例如制定了《土地管理法》、《农村土地承包法》、《物权法》、《基本农田保护条例》等法律法规,甚至将"十分珍惜、合理利用土地和切实保护耕地"确定为我国的一项基本国策。然而综观当前中国,因土地而生之问题在日益增多,地价飞涨、耕地保护、土地财政等问题。在这些土地问题中,不乏由于利益驱动而导致的土地违法行为,甚至一些土地犯罪行为也层出不穷,此种形势可谓相当严峻。

总体上来说,我国近几年土地违法的总量还是很大,其中涉及耕地的违法案件比重最大,违规批地征地占地的违法行为严重损害了农民的合法权益。根据有关数据,1999~2008年,全国共发现土地违法行为130多万件,涉及土地面积800多万亩。通过卫星遥感监测对新增建设用地进行检查发现,前几年违法用地平均占新增建设用地总宗数的46%,有的地方高达80%以上。[1]根据国土资源部2009年公报,当年全国共结案查处土地违法案件4.2万件,涉及土地面积3.2万公顷,其中耕地1.4万公顷。最新国土资源部公布的数据显示,2010年全国发生的违法用地行为5.3万件,涉及土地面积41.8万亩,其中耕地16.4万亩。2011年第一季度,全国发现违法违规用地行为9832件,涉及土地面积7.3万亩。而就在当前土地违法反弹现象比较严重、执法形势相当严峻的情况下,地方政府违法占地问题却相当突出,凡是性质严重的土地违法行为,几乎都涉及地方政府或相关领导,一些重要项目也都存在着土地违法问题。国土资源部公告显示,2010年中国违法违规用地中,国家和省级重点工程项目违法用地33万亩,其中耕地

---

[1] 王雪峰、葛燕平:《当前土地违法行为的原因分析及其对策》,《国土资源》2008年8月号。

15万亩,分别占全国违法用地面积和违法占用耕地面积的45%和54.7%。①另外,从土地违法的空间分布来看,我国土地违法现象的总体空间特征主要有以下几点:一是土地违法现象的空间布局总体较为分散;二是土地违法现象在局部地区表现出集聚态势;三是土地违法现象与社会经济发展水平之间在空间上并未呈现出显著的相关性。而从空间演变特征分析,我国存在土地违法的总体规模不断扩大,土地违法现象的空间蔓延态势明显,阶段性的空间集聚等问题。②

土地违法行为严重违背了"十分珍惜、合理利用土地和切实保护耕地"的基本国策,同时也违反了国家相关的土地法律法规,给社会带来了诸多不稳定因素。可以说,我国出现的大规模土地违法行为造成了土地尤其是耕地资源的严重浪费和破坏,并加剧了原本就十分尖锐的人地矛盾。如果继续任由这种势头发展下去,肯定将会对我国的社会经济发展造成不良影响。当然,土地违法问题的出现是多种因素导致的结果,包括政治的、经济的、法律的,等等。但是不可否认的是,针对土地违法行为的监督检查与归责制度的不完善是导致土地违法现象层出不穷的重要原因之一。所以有必要对我国土地违法行为的监督检查与法律责任制度予以审视和检讨,同时根据社会发展之需要对其进行改进,以期对当前土地违法之现象有所遏制,保护我国十分珍贵的土地资源,促进社会经济的发展。本文的写作思路与结构是首先梳理一下我国当前面临的土地违法问题,然后将以我国现行法为依据概括介绍我国土地违法的监督检查与归责制度,并对一些典型案例予以介绍,最后将会在国外相关制度比较研究的基础之上对我国现行制度进行检讨并提出改进建议。

第一节 我国土地监督检查及归责的法律制度概述

土地监督检查(简称土地监察),是指土地管理部门依法对单位和个人执行和遵守国家土地法律、法规情况进行监督检查以及对土地违法者实施法律制裁的活动。③由此可知,土地监督检查是以单位和个人执行和遵守国家土地法律法规情况为对象,如果单位和个人不执行和遵守国家土地法律法规,实施土地违法行为就要承担相应的法律责任。

---

① 参见《2010年土地督察和执法监察情况》,《国土资源通讯》2011年第8期。
② 关于土地违法现象的空间特征及其演变趋势可参见陈志刚、王青、赵小风、黄贤金:《中国土地违法现象的空间特征及其演变趋势分析》,《资源科学》2010年第7期。
③ 1995年国家土地管理局《土地监察暂行规定》第2条。这一概念是20世纪90年代确定的概念,随着社会经济的发展,这一概念有进一步扩大和修正的必要。

第十章 我国土地管理中的监督检查及归责制度

一、土地违法行为的类型化分析及其意义

对土地违法行为进行类型化的前提首先是要确定土地违法行为的概念范围。那么什么是土地违法行为？现行法并没有对其作出规定。笔者认为，土地违法行为是法律主体（包括土地管理人和土地使用人等相关主体）作出的行为，具有意志性，而且受到法律的调整，所以应当属于一种法律行为。根据行为是否符合法律的内容要求，可以分为合法行为与违法行为。违法行为是行为人所实施的违反法律规范的内容要求、应受惩罚的行为。[①] 土地违法行为应当属于违法行为的一种，所以可以将土地违法行为界定为：违反相关土地法规定的义务、应当追究其法律责任的行为。这个概念包括以下几方面内容：一是土地违法行为必须是违反土地法规定的义务的行为；二是土地违法行为对社会造成了损害；三是土地违法行为应当受到法律的制裁。

关于土地违法行为的分类，有学者认为可以按照不同的标准进行分类：一是按违法主体划分。土地管理法主要约束的是土地管理工作中的土地管理者和土地管理相对人。土地违法行为主要有针对土地管理者的政府土地违法，针对土地管理相对人的法人土地违法、个人土地违法和社会组织土地违法。二是按违法性质划分。以行为性质为划分依据的土地违法行为主要有土地行政违法行为、土地民事违法行为和土地刑事违法行为。三是按违法行为属性划分。按照违法行为属性划分的土地违法行为主要有土地权属方面的违法行为、土地利用方面的违法行为和土地管理方面的违法行为。[②] 笔者认为，这种土地违法行为的分类有其合理之处。但是通过分析我国《土地管理法》、《土地管理法实施条例》等的规定来看，我国现行法主要是按照行为的具体内容而划分的土地违法行为。[③] 根据国土资源部2005年制定的《查处土地违法行为立案标准》，土地违法行为主要分为以下几类：

（1）非法转让土地。它包括未经批准，非法转让、出租、抵押以划拨方式取得的国有土地使用权的；不符合法律规定的条件，非法转让以出让方式取得的国有土地使用权的；将农民集体所有的土地的使用权非法出让、转让或者出租用于非农业建设的；不符合法律规定的条件，擅自转让房地产开发项目的；以转让房

[①] 这里的"法律行为"是广义上的法律行为概念，是指人们所实施的、能够发生法律上效力、产生一定法律效果的行为。参见张文显主编：《法理学》（第二版），高等教育出版社、北京大学出版社2003年版，第121-128页。
[②] 参见郑晓俐、占超：《我国土地违法行为现状及治理对策》，《池州学院学报》2007年第6期。
[③] 《土地管理法》第7章"法律责任"对一些土地违法行为的类型进行了列举，并规定了其法律责任。当然土地违法行为的类型并不局限于此，另外一些法律法规也对土地违法行为有所规定，例如，《城市房地产管理法》、《基本农田保护条例》、《土地监察暂行规定》等。

· 263 ·

屋(包括其他建筑物、构筑物),或者以土地与他人联建房屋分配实物、利润,或者以土地出资入股、联营与他人共同进行经营活动,或者以置换土地等形式,非法转让土地使用权的;买卖或者以其他形式非法转让土地的。

(2)非法占地。它包括未经批准或者采取欺骗手段骗取批准,非法占用土地的;农村村民未经批准或者采取欺骗手段骗取批准,非法占用土地建住宅的;超过批准的数量占用土地的;依法收回非法批准、使用的土地,有关当事人拒不归还的;依法收回国有土地使用权,当事人拒不交出土地的;临时使用土地期满,拒不归还土地的;不按照批准的用途使用土地的;不按照批准的用地位置和范围占用土地的;在土地利用总体规划确定的禁止开垦区内进行开垦,经责令限期改正,逾期不改正的;在临时使用的土地上修建永久性建筑物、构筑物的;在土地利用总体规划制定前已建的不符合土地利用总体规划确定的用途的建筑物、构筑物,重建、扩建的。

(3)破坏耕地。它包括占用耕地建窑、建坟,破坏种植条件的;未经批准,擅自在耕地上建房、挖砂、采石、采矿、取土等,破坏种植条件的;非法占用基本农田建窑、建房、建坟、挖砂、采石、采矿、取土、堆放固体废弃物或者从事其他活动破坏基本农田,毁坏种植条件的;拒不履行土地复垦义务,经责令限期改正,逾期不改正的;建设项目施工和地质勘察临时占用耕地的土地使用者,自临时用地期满之日起1年以上未恢复种植条件的;因开发土地造成土地荒漠化、盐渍化的。

(4)非法批地。它包括无权批准征收、使用土地的单位或者个人非法批准占用土地的;超越批准权限非法批准占用土地的;没有农用地转用计划指标或者超过农用地转用计划指标,擅自批准农用地转用的;规避法定审批权限,将单个建设项目用地拆分审批的;不按照土地利用总体规划确定的用途批准用地的;违反法律规定的程序批准占用、征收土地的;核准或者批准建设项目前,未经预审或者预审未通过,擅自批准农用地转用、土地征收或者办理供地手续的;非法批准不符合条件的临时用地的;应当以出让方式供地,而采用划拨方式供地的;应当以招标、拍卖、挂牌方式出让国有土地使用权,而采用协议方式出让的;在以招标、拍卖、挂牌方式出让国有土地使用权过程中,弄虚作假的;不按照法定的程序,出让国有土地使用权的;擅自批准出让或者擅自出让土地使用权用于房地产开发的;低于按国家规定所确定的最低价,协议出让国有土地使用权的;依法应当给予土地违法行为行政处罚或者行政处分,而未依法给予行政处罚或者行政处分,补办建设用地手续的;对涉嫌违法使用的土地或者存在争议的土地,已经接到举报,或者正在调查,或者上级机关已经要求调查处理,仍予办理审批、登记或颁发土地证书等手续的;未按国家规定的标准足额缴纳新增建设用地土地有偿使用费,擅自下发农用地转用或土地征收批准文件的。

第十章 我国土地管理中的监督检查及归责制度

（5）其他类型的土地违法行为。它包括依法应当将耕地划入基本农田保护区而不划入，经责令限期改正而拒不改正的；破坏或者擅自改变基本农田保护区标志的；依法应当对土地违法行为给予行政处罚或者行政处分，而不予行政处罚或者行政处分、提出行政处分建议的；土地行政主管部门的工作人员，没有法律、法规的依据，擅自同意减少、免除、缓交土地使用权出让金等滥用职权的；土地行政主管部门的工作人员，不依照土地管理的规定，办理土地登记、颁发土地证书，或者在土地调查、建设用地报批中，虚报、瞒报、伪造数据以及擅自更改土地权属、地类和面积等滥用职权的。

（6）依法应当予以立案的其他土地违法行为。这是兜底性的规定。

以上六类土地违法行为基本上涵盖了土地违法行为的所有类型，可以说是认定土地违法行为的重要参考依据。但是需要注意的是，根据《查处土地违法行为立案标准》，这些土地违法行为是依法应当给予行政处罚或行政处分的，但是违法行为轻微并及时纠正，没有造成危害后果的，或者法律、法规和规章未规定法律责任的，不予立案。当然如果这些土地违法行为情节比较严重，违反了《刑法》规定，则要根据法律规定追究刑事责任，但是追究刑事责任一定要遵循"罪刑法定"的原则，如果法律没有明文规定为犯罪，则不能科以刑法。由此可以看出，目前现行法上所称的土地违法行为主要是指行政违法行为和刑事违法行为，这主要是因为民事违法行为主要发生于民事主体之间，并不涉及行政主体，所以一般不需要法律对其作出特殊规定，当事人之间可以通过协商和解、调解、诉讼等手段予以解决。但是对于土地行政违法行为和刑事违法行为来说，由于违反了国家强制性的法律规范，损害了国家、社会集体的利益，需要由国家对该行为予以处理，依法追究相关主体的责任，包括行政责任和刑事责任。由于土地行政违法行为和刑事违法行为的特殊性，所以我们主要是对以上两种行为的探讨，下文如无特别说明，我们所称的土地违法行为主要是指土地行政违法行为和刑事违法行为。[①] 法律行为是引起法律关系形成、变更、消灭的原因之一，所以不同的土地违法行为就会引起不同的法律关系，从而导致适用不同的法律规则，产生不同的法律后果。这也是不同的土地违法行为导致不同的法律责任的原因所在。所以说土地违法行为的概念和类型对于认定土地违法行为和法律责任具有重要的意义。

---

① 关于这一点，我国《土地管理法》等法律法规也只是对土地行政违法行为和刑事违法行为作出了规定，土地民事违法行为可以通过一般的民事纠纷解决机制予以处理，因此法律没有必要单独作出规定。

二、土地监督检查机制

《土地管理法》第 66 条规定:"县级以上人民政府土地行政主管部门对违反土地管理法律、法规的行为进行监督检查。"这是一般意义上的土地监督检查。随着社会经济的发展,我国的土地违法形势非常严峻,为全面落实科学发展观,切实加强土地管理,国家新创设了一项制度,即国家土地督察制度。2006 年 7 月国家正式启动土地督察制度,设立国家土地总督察及其办公室,并向地方派驻国家土地督察。也就是说,现在的土地监督检查机制已经有所扩大和发展,不再局限于以前的土地监察制度,而新增加了土地督察制度。所以说土地监督检查分为两类:一是土地监察,① 即人民政府土地管理部门依法对单位和个人执行和遵守国家土地法律、法规情况进行监督检查;二是土地督察,即国家土地督察机构对省、自治区、直辖市和计划单列市人民政府的土地利用和管理情况进行监督检查。② 这里需要特别说明一下土地监督检查与土地督察之间的关系:两者在监督对象和客体上是交叉的。土地督察的客体表现为地方人民政府的土地利用和管理行为;而土地监督检查则除了地方政府的土地利用和管理行为外,还对行政相对人的土地利用行为进行监督检查。所以,土地监督检查制度包含了土地督察的内容。土地督察制度实际上是把对地方人民政府涉及中央权力和利益的土地行政行为的监督权从土地监督检查权力中分离出来,形成专门的制度规则,加强中央政府对地方政府的土地行政行为的监督管理。在处理土地督察与土地监督检查之间的关系上,虽然土地监督检查的一部分权力被分离出去,但这并不影响土地督察部门与土地管理部门在各自的职权范围内互相配合。这里需要注意的一点就是,笔者认为在对土地违法行为的查处中,土地监察应当发挥首要作用,但是当土地管理部门出现监察不力或政府出现利用管理土地行为违法时,土地督察就要强势介入,对这些土地违法行为进行查处。

1. 土地监察机制

1986 年 6 月 25 日,《中华人民共和国土地管理法》颁布,其中单列一章"法律责任",明确赋予了土地管理部门行政处罚权和处理权。虽然在《土地管理法》中没有提到土地监察的概念,但综观全法可以看到,土地监察的任务、内容、职权、要求都已包含在其中。1995 年国家土地管理局颁布了《土地监察暂行规定》,

---

① 原来土地监督检查就是指土地监察,但是随着土地督察的创设,土地监督检查已经不再仅仅包括原先土地监察的内容。所以这里我们将土地监督检查抽象为土地监察与土地督察的综合上位概念,不再仅仅指土地监察。也就是说土地监察是土地监督检查的一部分,与土地督察共同构成土地监督检查制度。关于这一点我们将在下文中予以详细论述。
② 参见 2009 年《国家土地督察专员派出工作规范(试行)》第 2 条。

改变了土地监察工作"无法可依、无章可循"的局面。1996年制定实施了《土地违法案件查处办法》。以1997年修改后的《刑法》增设土地犯罪为标志,土地违法的法律责任制度趋于完善。1998年修改《土地管理法》,则单独增列一章"监督检查",对土地监督检查制度做了较为完整的规定。2005年国土资源部制定了《查处土地违法行为立案标准》。这样就形成了一个比较完整的土地监察制度。可以说,土地监察制度的建立在一定程度上促进了土地合理利用和耕地保护。

根据上述土地监察相关法律法规的规定,我国土地监察制度主要包括以下几个方面:

(1)土地监察主体。《土地管理法》第66条规定:"县级以上人民政府土地行政主管部门对违反土地管理法律、法规的行为进行监督检查。土地管理监督检查人员应当熟悉土地管理法律、法规,忠于职守、秉公执法。"由此可知土地监察的主体主要包括土地监察机构和土地监察人员。土地监察机构是土地管理部门按照内部职责划分设置的专门负责土地监察工作的职能机构。县级以上地方人民政府土地管理部门应当设置土地监察机构,建立土地监察队伍。县级以上地方人民政府土地管理部门经同级人民政府批准,可以向下一级人民政府土地管理部门委派土地监察专员,检查指导土地监察工作。土地监察机构应当配备足够数量的土地监察人员。土地监察人员应当具有较高的政治素质,通晓土地监察业务,熟悉土地法律、法规,忠于职守,秉公执法,清正廉明。土地监察人员应当经过岗位培训并经考核合格方能任用。

(2)土地监察职权。土地管理部门的土地监察职责是:①监督检查土地法律、法规的执行和遵守情况;②受理对土地违法行为的检举、控告;③调查处理土地违法案件;④协助有关部门调查处理土地管理工作人员依法执行职务遭受打击报复的案件;⑤对下级人民政府土地管理部门履行土地职责的情况进行监督检查;⑥指导或者领导下级人民政府土地管理部门的土地监察工作。

土地管理部门履行土地监察职责,享有以下权力:①对单位和个人执行和遵守土地法律、法规情况依法进行检查;②对违反土地法律、法规的行为依法进行调查;③对正在进行的土地违法活动依法进行制止;④对土地违法行为和土地侵权行为依法实施行政处罚和行政处理;⑤对违反土地法律、法规,依法应当给予行政处分的个人和单位主管人员,依法提出给予行政处分的建议。

土地管理部门依法行使土地监察职权,有权采取下列措施:①查阅、复制与土地监察事项有关的文件资料;②要求监察对象提供或者报送有关的文件、资料以及其他必要情况;③可以进入土地违法现场察看和测量,并询问有关人员;④对依法受到限期拆除新建的建筑物和其他设施处罚但继续施工的单位和个人的设备、建筑材料等予以查封;⑤其他依法可以采取的措施。这些其他措施例如询问违法案件的当事人、嫌疑人和证人,进入被检查单位或者个人非法占用的土地现场进行拍照、摄像,责令当事人停止正在进行的土地违法行为,对涉嫌土地违法的单位或者个人,停止办理有关土地审批、登记手续,责令违法嫌疑人在调查期间不得变卖、转移与案件有关的财物,等等。

这里需要说明的是,土地管理监督检查人员履行职责,需要进入现场进行勘测、要求有关单位或者个人提供文件、资料和作出说明的,应当出示土地管理监督检查证件。

(3) 土地监察的内容和方式。土地管理部门依法对单位和个人下列行为的合法性进行监督检查:建设用地行为;建设用地审批行为;土地开发利用行为;土地权属变更和登记发证行为;土地复垦行为;基本农田保护行为;土地使用权出让行为;土地使用权转让、出租、抵押、终止行为;房地产转让行为;其他行为。

土地管理部门可以根据本地区的实际,采取下列方式进行监督检查:①根据土地监察工作计划,定期、不定期地对监察对象执行和遵守土地法律、法规情况进行全面检查;②针对某一地区的实际情况,对特定的监察对象的特定活动进行专项检查;③为防止违法行为的发生,对监察对象活动的全过程进行事先检查、事中检查和事后检查。

这里需要特别说明一下,土地管理部门是可以对下级人民政府及其土地管理部门(包括工作人员)土地管理行为进行监督检查的。具体来说,包括对以下几种土地管理行为进行监督检查:一是制定的规范性文件或规章。土地管理部门对下级人民政府土地管理部门制定的与国家土地法律、法规相抵触的规范性文件,可以责令其修改或者向下级人民政府提出撤销的建议。土地管理部门发现下级人民政府制定的行政规章、规范性文件与国家土地法律、法规相抵触,可以向制定机关提出修改建议;必要时,可以向同级人民政府提出责令修改或者撤销的建议。二是不履行法定职责或消极执法,甚至违法执行职务。土地管理部门发现下级人民政府土地管理部门不履行法定职责或者消极执法的,有权责令限期改正或者报同级人民政府责令履行;对下级人民政府土地管理部门及其工作人员执行职务的违法行为有权提出处理意见,报有关部门依法追究法律责任。三是错误的处罚决定。土地管理部门发现下级人民政府土地管理部门的未经行政诉讼或者行政复议程序,但已发生法律效力的行政处罚决定确有错误的,可以责令下级人民政府土地管理部门重新处理,也可以自己依法处理。

(4) 土地监察工作制度。土地管理部门应当建立土地监察目标管理责任制度。县级以上地方人民政府土地管理部门应当把土地监察工作纳入土地管理工作的目标考核体系。

土地管理部门应当建立土地监察工作报告制度。土地管理部门应当定期向上一级人民政府土地管理部门报告土地监察工作。必要时,可以越级向上级人民政

第十章 我国土地管理中的监督检查及归责制度

府土地管理部门报告。

土地管理部门应当建立巡回检查制度。县级以上地方人民政府土地管理部门和乡（镇）土地管理人员应当认真进行巡回检查工作，发现问题及时处理。土地管理部门应当采取专业人员与群众相结合的方式，建立和完善土地监察信息网络。

土地管理部门应当建立土地违法行为举报制度。县级以上地方人民政府土地管理部门应当公开设置举报电话、信箱。土地管理部门应当依法保护举报人的合法权益。

土地管理部门应当建立土地违法案件统计制度。土地管理部门应当每年向上一级人民政府土地管理部门报送土地违法案件统计报表以及土地违法案件分析报告。

土地管理部门应当建立重大土地违法案件备案制度。土地管理部门对自己处理的重大土地违法案件，应当在结案后一个月内报上一级人民政府土地管理部门备案。

（5）土地违法案件的查处。土地违法案件，是指违反土地法律、法规，依法应当追究法律责任的案件。土地管理部门查处土地违法案件，应当依照规定的程序进行。其程序主要包括管辖、受理和立案、调查和处理、送达和执行、查封、结案等程序。下面我们将简略地介绍一下土地违法案件的查处程序。

土地违法案件由土地所在地土地管理部门管辖。一般来说，县级以上地方人民政府土地管理部门管辖本行政区域内发生的土地违法案件，依照规定应当由上级人民政府土地管理部门管辖的除外。而设区的市已实行土地监察集中统一管理体制的，由市人民政府土地管理部门管辖所辖区内的土地违法案件，依照规定应当由上级人民政府土地管理部门管辖的除外。这里需要说明一下，国土资源部管辖下列案件：一是国务院交办的省级人民政府非法批地的案件或者其他案件；二是在全国范围内有重大影响的案件；三是法律、法规规定由其管辖的案件。

土地管理部门对上级交办、其他部门移送和群众举报的土地违法案件，应当受理。举报案件要用书面或者口头举报方式。土地管理部门受理土地违法案件后，应当进行审查，凡符合立案条件的，应当及时立案查处；不符合立案条件的，应当告知交办、移送案件的单位或者举报人。立案条件包括：一是有明确的行为人；二是有违反土地法律、法规的事实；三是依照土地法律、法规的规定应当追究法律责任的；四是属本部门管辖和职责范围内处理。符合立案条件的案件，应当填写《土地违法案件立案呈批表》，经土地管理部门主管领导批准的立案。土地管理部门立案处理的重大案件，应当抄报上一级人民政府土地管理部门备案。

经批准立案的案件，土地管理部门应当及时指派承办人，承办人应当全面、客观、公正地调查、收集有关证据，承办人调查取证时，不得少于两人，并应当向被调查人出示土地执法证件。承办人可以向当事人、证人或者关系人提出询问,并应当制作询问笔录。承办人在必要时,可以勘验物证或者现场。经立案调查认定有违法行为的,土地管理部门应当及时发出《责令停止土地违法行为通知书》,送达当事人。承办人在案件调查结束后,应当根据事实和法律、法规,提出《土地违法案件调查报告》。土地违法案件应当由土地管理部门领导集体审议,但实行行政首长负责制。经审议的土地违法案件,土地管理部门应当分别情况予以处理:一是认定举报不实或者证据不足,未发现违法事实的,发出《撤销立案决定书》,立案予以撤销,重大案件的撤销应当报上一级人民政府土地管理部门备案;二是认定违法事实清楚,证据确凿的,依法作出行政处罚决定,发出《土地侵权案件行为处罚决定书》,送达当事人;三是认定侵犯土地的所有权或者使用权的,依法作出处理决定,发出《土地侵权行为处理决定书》,送达当事人;四是认定当事人拒绝、阻碍土地管理工作人员依法执行职务的,应当提请公安机关处理;五是认定国家工作人员违法,依法应当给予行政处分的,应当提出书面建议并调查报告有关证据,移送当事人所在单位或者上级机关处理,处理结果应当抄送移送案件的机关;六是认定违法行业构成犯罪的,应当将案件及时移送司法机关依法追究刑事责任。

《土地违法案件行政处罚决定书》、《土地侵权行为处理决定书》等作出后,土地管理部门应当在3日内送达当事人及利害关系人。《土地违法案件行政处罚决定书》、《土地侵权行为处理决定书》等送达当事人后,作出决定的机关应当督促当事人履行,并将履行情况记入《土地违法案件行政处罚(处理)决定执行笔录》。当事人对土地管理部门作出的行政处罚或者处理决定不服的,可以依照《行政复议条例》或者《中华人民共和国行政诉讼法》的有关规定,申请行政复议或者提起行政诉讼。当事人对土地管理部门作出的行政处罚决定,在法定期限内既不申请复议,也不向人民法院起诉,又不履行的,期满后由作出处罚决定的土地部门提出《土地违法案件行政处罚强制执行申请书》,连同案卷副本送交人民法院,申请人民法院强制执行,当事人对土地管理部门作出的土地侵权处理决定,在法定期限内既不申请复议,又不向人民法院起诉,又不履行的,期满后被侵权人可以申请人民法院强制执行。

依法受到限期拆除新建的建筑物和其他行政处罚的单位和个人,继续施工的,作出处罚决定的土地管理部门有权对继续施工的设备、建筑材料予以查封,并发出《查封决定书》,送达当事人,被查封的财物,由作出处罚决定的土地管理部门加封条,任何人不得擅自动用。

承办人在案件处理完毕后,应当填写《土地违法案件结案报告》,经土地管理部门主管领导批准后结案。土地违法案件的罚没财物和追回的赃款和赃物,由国家法律、法规规定的机关收缴。

2. 土地督察机制

早在1994年,原国家土地管理局适应机构改革,加强土地监察工作的需要,专门召开了土地监察体制改革会议,确定了土地监察体制改革的基本思路:一是监察机构实行垂直管理;二是监察机构提高规格;三是设立监察队伍(即执法监察队)作为辅助力量,并选择了黑龙江省牡丹江市等4个城市进行试点。但是在执法实践中发现,土地违法主体除了公民、法人之外,地方政府也成为违法主体之一。因此,必须建立一个能够解决地方政府违法问题的监督检查机制。经过反复研究并借鉴外国经验,1995年,原国家土地管理局正式向中央编办提出了建立国家土地总监制度的报告。从此,开始了对建立国家土地督察制度的酝酿研究工作。在1998年修订《土地管理法》时,曾试图解决这个问题,但囿于"法律不能设机构"而未能突破,作为体制问题留待以后专门解决。但是,1998年修订的《土地管理法》明确了国务院土地行政主管部门具有土地执法监察权。1998年国土资源部组建时,再次提出了设立国家土地总监的问题,但当时考虑到新组建的部有一个转变职能、重新定位的问题,因此暂缓了这项工作。2003年,在党中央、国务院的领导下,在全国开展了以清理开发区为重点的土地市场治理整顿。从土地市场治理整顿反映出来的问题看,主要是地方政府大量圈占土地兴办开发区,以低地价甚至零地价招商引资,造成土地资源闲置浪费、地区之间恶性竞争和国有资产大量流失,地方政府成为重要的违法主体。为了加强中央对土地管理的监管能力,国土资源部开展了建立国家土地督察制度的研究和设计,并与中央编办进行了沟通,报送了关于建立这一制度的初步思路。2004年10月下发的《国务院关于深化改革严格土地管理的决定》(国务院28号文件)明确提出了"完善土地执法监察体制,建立国家土地督察制度,设立国家土地总督察,向地方派驻土地督察专员,监督土地执法行为"的要求,并将其作为加强土地调控、管住土地闸门的重要手段。国务院28号文件的发布,标志着国家土地督察制度已经确立。

到目前为止,关于土地督察制度的法律法规还不够全面,特别是在《土地管理法》中没有体现,而且也没有专门的法律法规加以规定,所以关于土地督察法律制度的具体内容还比较模糊。但是值得期待的是《土地管理法》正在修改过程中,可能会将土地督察制度在修改中予以确定,另外《土地督察条例》也在征求意见中,此条例也将会在不久出台。虽然关于土地督察制度的法律规范不够全面,但是经过多年的发展,我国的土地督察制度已经初具规模,下面我们将予以简单介绍。

(1)土地督察主体。土地督察主体是指根据法律、法规的授权而享有国家土地督察权力,能够以自己的名义独立从事土地督察活动,并对行为后果承担法律责任的国家机关。根据《国务院办公厅关于建立国家土地督察制度有关问题的通知》(国务院办公厅 50 号文),我国的土地督察主体包括国家土地督察机构和派驻地方的土地督察局。

国务院办公厅 50 号文准确地表述了国家土地督察机构的法律地位:一是"国务院授权国土资源部代表国务院对各省、自治区、直辖市,以及计划单列市人民政府土地利用和管理情况进行监督检查";二是"国家土地总督察、副总督察负责组织实施国家土地督察制度"。由此可知,国家土地督察机构是经国务院授权专门对省、自治区、直辖市以及计划单列市人民政府行使土地监督检查权的机构。授权的主体是国务院,被授权的主体是国土资源部。国土资源部则通过土地总督察、副总督察来行使监督检查的权力。国家土地总督察、副总督察是根据国务院的授权,代表国务院领导土地督察机构,并行使土地督察权力。

另外,国务院办公厅 50 号文还规定,派驻地方的国家土地督察局,代表国家土地总督察履行监督检查职责。所以派驻各地土地督察局是代表国家土地总督察行使监督检查职权的法定机构。也就是说,派驻地方的国家土地督察局代表总督察对督察范围内的土地利用和管理情况进行监督检查。国家土地督察局的督察范围分别是:国家土地督察北京局,督察范围为:北京市、天津市、河北省、山西省、内蒙古自治区;国家土地督察沈阳局,督察范围为:辽宁省、吉林省、黑龙江省及大连市;国家土地督察上海局,督察范围为:上海市、浙江省、福建省及宁波市、厦门市;国家土地督察南京局,督察范围为:江苏省、安徽省、江西省;国家土地督察济南局,督察范围为:山东省、河南省及青岛市;国家土地督察广州局,督察范围为:广东省、广西壮族自治区、海南省及深圳市;国家土地督察武汉局,督察范围为:湖北省、湖南省、贵州省;国家土地督察成都局,督察范围为:重庆市、四川省、云南省、西藏自治区;国家土地督察西安局,督察范围为:陕西省、甘肃省、青海省、宁夏回族自治区、新疆维吾尔自治区、新疆生产建设兵团。

(2)土地督察机构的职责。在国土资源部设立国家土地总督察办公室(正局级),其主要职责是:拟订并组织实施国家土地督察工作的具体办法和管理制度;协调国家土地督察局工作人员的派驻工作;指导和监督检查国家土地督察局的工作;协助国土资源部人事部门考核和管理国家土地督察局工作人员;负责与国家土地督察局的日常联系、情况沟通和信息反馈工作。

派驻地方的国家土地督察局,代表国家土地总督察履行监督检查职责。其主要职责是:监督检查省级以及计划单列市人民政府耕地保护责任目标的落实情况;监督省级以及计划单列市人民政府土地执法情况,核查土地利用和管理中的合法性和真实性,监督检查土地管理审批事项和土地管理法定职责履行情况;监督检查省级以及计划单列市人民政府贯彻中央关于运用土地政策参与宏观调控要求情况;开展土地管理的调查研究,提出加强土地管理的政策建议;承办国土资

第十章 我国土地管理中的监督检查及归责制度

源部及国家土地总督察交办的其他事项。

(3) 土地督察机构的职权及其行使。国务院办公厅50号文件主要是按照以下几个原则来确定国家土地督察机构的职权的：一是坚持不改变、不取代地方人民政府及其土地主管部门的行政许可、行政处罚等管理职权。二是坚持对省级和计划单列人民政府土地利用和管理行为进行事前、事中、事后全方位的监督检查。三是坚持监督与调查研究并重。

具体来说土地督察机构的职权主要有：

第一，调查权。调查的内容主要是地方政府的耕地和基本农田保护情况，土地利用规划和年度计划的执行情况，土地审批、征用、出让或划拨等过程中的违法违规情况等。调查方式包括巡回检查、接受举报、调查研究、相关部门提供的材料等。

第二，审核权。国务院办公厅50号文件对此作了明确规定，主要是合法性审查。为了使国家土地督察机构实施监督检查的关口前移，强化事前和事中监督，规定由国务院审批的农用地转用和土地征收事项，省级人民政府应将上报文件同时抄送派驻地区的国家土地督察局；由省级和计划单列市人民政府审批的农用地转用和土地征收事项，应及时将批准文件抄送派驻地区的国家土地督察局。国家土地督察局应对农用地转用和土地征收两项审批事项是否符合法律法规规定的权限、标准、程序等进行合法性审查。对农用地转用审批的合法性审查，主要是控制农用地转为建设用地的总量和速度，保护耕地；对土地征收的合法性审查，主要是规范地方政府的征地行为，保护被征地农民的合法权益，防止因征地而引发群体性事件的发生。合法性审查不影响省级和计划单列市人民政府现有土地管理职权的行使，这只是一道把关环节，不涉及中央与地方政府职权的划分。

第三，纠正权。国务院办公厅50号文件对此也有明确规定。为了强化国家土地督察机构的权威性和监督的有效性，规定对于监督检查中发现的问题，先由土地督察局向督察范围内的有关省级和计划单列市人民政府提出整改意见。整改不力的，由国家土地总督察依照有关规定责令限期整改。整改期间，暂停被责令限期整改地区的农用地转用和土地征收。结束整改，要经派驻地区土地督察局审核后，报国家土地总督察批准。

第四，建议权。这主要是对地方政府改进土地管理工作提出建议。通过认真细致的实地调查研究，对于各地好的做法和典型经验进行总结推广，对于不足的地方向地方人民政府提出改进的建议。由此可以看出，国家土地督察机构职权的设计，是紧紧围绕更好地履行职责服务的。

(4) 国家土地督察机构的责任制度。有权必有责，在赋予国家土地督察机构一定职权的同时，也规定了相应的责任：一是时效制度，主要是对审核期限有规定。派驻地方国家土地督察局对省级和计划单列市人民政府农用地转用和土地征收批准文件的审核，必须在30个工作日内完成。二是问责制度。要严格国家土地督察局及其工作人员的管理，建立健全各项规章制度，防止失职、渎职和其他违纪行为。国家土地督察局的人员实行异地任职，定期交流。国家土地督察局不认真履行职责、监督检查不力的，应承担相应责任。在自己的督察的范围内能不能及时发现问题是第一位的责任，发现问题要及时上报。

（5）督察专员派出工作制度。根据《国家土地督察专员派出工作规范（试行）》的规定，督察专员派出工作是指派驻地方的国家土地督察局（以下简称"派驻国家土地督察局"）根据工作需要，可以适时向其督察区域内的有关省、自治区、直辖市以及计划单列市派出督察专员和工作人员，对督察区域内地方人民政府的土地利用和管理情况进行监督检查。

督察专员需要开展的工作。根据派驻国家土地督察局的部署，督察专员组织领导派出工作人员开展以下工作：①对督察区域内地方人民政府耕地保护责任目标的落实情况进行督察；②对督察区域内地方人民政府执行土地管理法律法规情况、土地管理审批事项和土地管理法定职责履行情况进行督察；③对督察区域内地方人民政府贯彻中央关于运用土地政策参与宏观调控要求情况进行督察；④对农用地转用和土地征收审批事项督察中发现的问题进行核查；⑤及时了解并向派驻国家土地督察局报告督察区域内土地利用和管理的重要事项和事件；⑥对督察区域内的土地利用和管理问题进行调查研究，提出加强和改进土地管理的政策建议；⑦完成派驻国家土地督察局交办的其他任务。

督察专员进行巡视与督察，可以采取以下方式：①要求提供并查阅、复制督察工作需要的文件资料；②要求就督察事项涉及的问题作出解释和说明，并根据需要开展实地调查。

对督察中发现的土地违法违规问题，督察专员应及时督促地方人民政府予以纠正。对重大土地违法违规问题，应按以下程序处理：①向派驻国家土地督察局报告；②开展调查，并提交调查报告；③根据土地违法违规情节，向派驻国家土地督察局提出处理建议。派驻国家土地督察局作出处理决定后，督察专员应督促督察区域内省级或者计划单列市人民政府组织实施纠正整改，并向派驻国家土地督察局及时报告有关情况。

三、土地违法行为的归责制度

土地违法行为的归责，是指国家专门机关以及获得国家授权的其他社会组织根据宪法和法律规定，依照法定程序而将土地违法行为造成的损害归结特定担责主体的专门活动。简单地说，归责就是指通过监督检查后对土地违法行为追究法律责任。对此，《土地管理法》第70条规定："县级以上人民政府土地行政主管部门在监督检查工作中发现国家工作人员的违法行为，依法应当给予行政处分的，应当依法予以处理;自己无权处理的,应当向同级或者上级人民政府的行政监察机关提出行政处分建议书,有关行政监察机关应当依法予以处理。"第71条规定:"县级以上人民政府土地行政主管部门在监督检查工作中发现土地违法行为构成犯罪的,应当将案件移送有关机关,依法追究刑事责任;尚不构成犯罪的,应当依法给予行政处罚。"第72条规定:"依照本法规定应当给予行政处罚,而有关土地行政主管部门不给予行政处罚的,上级人民政府土地行政主管部门有权责令有关土地行政主管部门作出行政处罚决定或者直接给予行政处罚,并给予有关土地行政主管部门的负责人行政处分。"由此可以看出,根据土地违法行为的程度不同,土地违法行为可能导致两个后果:一是情节较为严重、构成犯罪的,追究刑事责任;二是情节较轻、不构成犯罪,追究行政责任,包括行政处罚和行政处分。

1. 土地刑事责任

土地犯罪是指行为人违反土地管理及其与之相关的法律、法规,严重侵犯土地法律、法规所保护的土地关系,危害正常的土地管理活动,危害土地市场秩序,妨害国有土地资产价值的实现和增益,依照刑事法律及其附属刑事法律应当承担刑事责任的行为。土地法律法规中规定了一些土地违法情形,其中严重者就构成了犯罪,应当承担相应的刑事责任。根据《土地管理法》等规定,情节严重的土地违法行为可能构成非法转让倒卖土地使用权罪、非法占用耕地罪、非法批准征用占用土地罪、非法低价出让国有土地使用权罪、贪污罪、挪用公款罪、侵占罪、挪用公司企业或者其他单位资金罪、玩忽职守罪、滥用职权罪,等等。[1]在我国现行《刑法》中,典型的土地犯罪主要包括四个,分别为非法转让、倒卖土地使用权罪,非法占用农用地罪,非法批准征用、占用土地罪和非法低价出让国有土地使用权罪。下面我们就分别介绍一下。

(1)非法转让、倒卖土地使用权罪。《刑法》第228条规定:"以牟利为目的,违反土地管理法规,非法转让、倒卖土地使用权,情节严重的,处3年以下有期徒刑或者拘役,并处或者单处非法转让、倒卖土地使用权价额百分之五以上20%以下罚金;情节特别严重的,处3年以上7年以下有期徒刑,并处非法转让、倒卖土地使用权价额5%以上20%以下罚金。"由此可知,非法转让、倒卖土地使用权罪是指自然人或单位,以牟利为目的,违反土地管理法规,转让、倒卖土地使用权破坏国家对土地使用权的正常管理制度和公平的土地使用权市场交易秩序,情节严重的行为。本罪是选择性罪名,在司法实践中应根据具体案情,选择适用或合并适用。非法转让、倒卖土地使用权的构成特征:第一是客体特征,本罪侵

---

[1] 参见陈利根主编:《土地法学》(第二版),中国农业出版社2008年版,第307页。

犯的直接客体为国家土地管理制度；第二是客观方面，本罪的客观方面表现为违反土地管理法规，非法转让、倒卖土地使用权，情节严重的行为；第三是主体特征，本罪的犯罪主体为一般主体，包括自然人和单位；第四是主观方面，本罪主观上是故意，而且是直接故意，即明知自己在非法转让、倒卖土地使用权，并明知这一行为会发生危害社会的结果，但仍执意为之，并追求这种危害结果的发生。此外，构成本罪，行为人主观上还需以牟利为目的，如行为人主观上不具备牟利目的，一般不能构成本罪。

（2）非法占用农用地罪。《刑法》第342条规定："违反土地管理法规，非法占用耕地、林地等农用地，改变被占用土地用途，数量较大，造成耕地、林地等农用地大量毁坏的，处五年以下有期徒刑或者拘役，并处或者单处罚金。"由此可知，非法占用农用地罪是指违反土地管理法规，非法占用耕地、林地等农用地，改变被占用土地用途，数量较大，造成耕地、林地等农用地大量毁坏的行为。非法占用农用地罪的构成特征：第一是客体特征，本罪的客体是国家对土地资源之保护管理制度；第二是客观方面，本罪在客观上表现为违反土地管理法规，非法占用耕地、林地等农用地，改作他用，数量较大，造成耕地、林地等农用地大量毁坏的行为；第三是主体特征，本罪主体为一般主体，可以是自然人或单位；第四是主观方面，本罪主观上要求故意，即行为人明知自己的行为属于非法对农用地的占用，且实施该行为会造成大量农用地毁坏的结果发生而仍进行占用，以致发生了农用地的用途被改变，农用地遭到毁坏的结果，不管其谋取的为个人利益或单位利益并不影响本罪之成立。

（3）非法批准征用、占用土地罪。《刑法》第410条规定："国家行政机关工作人员徇私舞弊，违反土地管理法规，滥用职权，非法批准征用、占用土地，情节严重的，处3年以下有期徒刑或者拘役；致使国家或者集体利益受到特别重大损失的，处3年以上7年以下有期徒刑。"由此可知，非法批准征用占用土地罪是指国家行政机关工作人员徇私舞弊，违反土地管理法规，滥用职权，非法批准征用、占用土地，情节严重的行为。非法批准征用占用土地罪的构成特征：第一是客体特征，本罪侵害的客体是国家机关的正常活动和国家土地管理制度；第二是客观行为，本罪在客观上表现为国家机关工作人员徇私舞弊，违反土地管理法规，滥用职权，非法批准征用、占用土地，情节严重的行为；第三是主体特征，本罪主体中的国家机关工作人员，通常是指在各级政府以及国家各级土地管理行政机关中具有土地征用、占用批准权的工作人员，以及那些直接负责土地规划、审批征用、占用土地的主管人员；第四是主观方面，本罪主观方面必须出于故意，即明知自己批准征用、占用土地的行为属于非法，也明知自己的行为会发生危害社会的结果，但为了徇私也进行非法批准占用，并且希望这种危害社会结果的发生。

(4) 非法低价出让国有土地使用权罪。《刑法》第 410 条规定:"国家行政机关工作人员徇私舞弊,违反土地管理法规,滥用职权,非法低价转让国有土地使用权,情节严重的,处 3 年以下有期徒刑或者拘役;致使国家或者集体利益受到特别重大损失的,处 3 年以上 7 年以下有期徒刑。"由此可知,非法低价出让国有土地使用权罪是指国家行政机关工作人员徇私舞弊,违反土地管理法规,滥用职权,非法低价转让国有土地使用权,情节严重的行为。非法低价出让国有土地使用权罪的构成特征:第一是客体特征,本罪侵犯的客体是土地管理部门的正常职务活动和国家土地管理制度。第二是客观方面,本罪的客观方面行为表现为徇私舞弊,违反土地管理法规,滥用职权,非法低价出让国有土地使用权,情节严重的行为。第三是主体特征,本罪的主体为特殊主体,即国家机关工作人员,主要包括三种类型,一是具有土地管理职权的国家机关工作人员。二是依法受委托代表国家机关从事公务的人员。三是未经法律、法规授权以及没有委托关系的国家机关工作人员,此类人员由于无法实施出让国有土地使用权的行为,一般不能构成本罪,但在共同犯罪的情形下则可能成为本罪的犯罪主体。这里需注意,单位不能成为本罪主体。如果将单位通过出让方式获得的使用权非法转让、倒卖,构成犯罪的,应以非法转让、倒卖土地使用权罪论处,不构成本罪。第四是主观方面,主观方面必须为故意,且为直接故意。并通常以徇私为动机。

2. 土地行政责任

行政法律责任是法律责任体系的重要组成部分,对于它的含义,目前我国行政法学界存在较大分歧,归纳起来,主要有以下三种观点:一是行政相对人责任论。这种观点认为行政法律责任是行政相对人违反行政法规范所应承担的法律后果,不包括行政主体及其公务员的义务和责任。[①] 二是行政主体责任论。这种观点认为行政法律责任是行政机关或行政机关及其公务员的责任。[②] 三是行政法律关系主体责任论。这种观点认为行政法律责任是行政法律关系主体包括行政主体和行政相对人的责任。[③] 由此可知,行政责任有广义和狭义之分。广义行政责任是行政法律规范要求的行政法主体(行政主体和行政相对人)在具体行政法律关系中履行的义务;狭义行政责任仅指行政主体因违反行政法律规范而必须依法承担的法律责任,是违法行政及部分不当行政所引起的法律后果。我们采纳广义上

---

① 这种观点主要盛行于前苏联,对我国早期的行政法学研究影响较大,随着政府法治论的确立,片面强调行政相对人责任忽视行政主体责任的理念正在逐渐退出历史舞台。
② 参见张正刊:《行政法学》,中国人民大学出版社 1999 年版,第 246 页;皮纯协、胡锦光:《行政法与行政诉讼法教程》,中央广播电视大学出版社 1996 年版,第 212 页;胡建淼编:《行政法教程》,法律出版社 1996 年版,第 279 页。
③ 参见罗豪才:《行政法学》,北京大学出版社 1996 年版,第 318 页;张国庆主编:《行政管理学概论》,北京大学出版社 1990 年版,第 412 页。

的行政责任,包括行政主体和行政相对人两方面的行政责任。① 土地行政责任按照行政责任主体来划分,有"两分法",即行政主体及其公务人员的行政责任和行政相对人的行政责任。其中,行政主体的责任形式包括:撤销违法的抽象行政行为,履行职务,纠正不当,返还权益、恢复原状,停止侵权行为,撤销侵权决定,通报批评,行政赔偿等。行政人员的责任形式包括通报批评、赔礼道歉、承认错误,停止侵害行为,行政追偿,行政处分等。而行政相对人的责任形式主要是行政处罚。由于行政责任的形式比较多,我们将对主要的几个行政责任进行介绍。

(1)行政处罚。它是指行政主体为达到对违法者予以惩戒,促使其以后不再犯,有效实施行政管理,维护公共利益和社会秩序,保护公民、法人或者其他组织的合法权益的目的,依法对行政相对人违反行政法律规范尚未构成犯罪的行为,给予人身的、财产的、名誉的及其他形式的法律制裁的行政行为。② 根据《行政处罚法》第8条规定,行政处罚的种类主要有警告,罚款,没收违法所得、没收非法财物,责令停产停业,暂扣或者吊销许可证、暂扣或者吊销执照,行政拘留,以及法律、行政法规规定的其他行政处罚。大体上可以概括为四大类:一是人身罚;二是财产罚;三是行为罚;四是申诫罚。根据《土地管理法》第71条、72条的规定,县级以上人民政府土地行政主管部门在监督检查工作中发现土地违法行为尚不构成犯罪的,应当依法给予行政处罚。依照本法规定应当给予行政处罚,而有关土地行政主管部门不给予行政处罚的,上级人民政府土地行政主管部门有权责令有关土地行政主管部门作出行政处罚决定或者直接给予行政处罚。而根据《土地管理法》第七章"法律责任",我国土地行政处罚的措施主要有罚款、没收等,主要是财产罚。另外,强制拆除违法建筑也是对土地违法者的一种处罚,但是从严格意义上来讲,它应当属于行政强制执行,而非行政处罚。目前《国土资源行政处罚办法》正在征求意见之中,相信在不久将会出台,这将会对土地行政处罚作出更好的规范。具体来说,《土地管理法》及其《实施条例》规定的土地行政处罚主要有:

第一,买卖或者以其他形式非法转让土地的,由县级以上人民政府土地行政主管部门没收违法所得;对违反土地利用总体规划擅自将农用地改为建设用地的,限期拆除在非法转让的土地上新建的建筑物和其他设施,恢复土地原状,对符合土地利用总体规划的,没收在非法转让的土地上新建的建筑物和其他设施;

---

① 目前我国行政法学界主流的观点认为行政责任主要是指行政主体的行政责任。我们这里采用广义上的行政责任的概念主要是为了可以将行政主体及行政相对人两方的土地行政责任一起进行论述。
② 姜明安主编:《行政法与行政诉讼法》(第三版),高等教育出版社、北京大学出版社2007年版,第309页。

第十章 我国土地管理中的监督检查及归责制度

可以并处罚款。罚款额为非法所得的50%以下。

第二，违反法律规定，占用耕地建窑、建坟或者擅自在耕地上建房、挖砂、采石、采矿、取土等，破坏种植条件的，或者因开发土地造成土地荒漠化、盐渍化的，由县级以上人民政府土地行政主管部门责令限期改正或者治理，可以并处罚款。罚款额为耕地开垦费的2倍以下。

第三，违反法律规定，拒不履行土地复垦义务的，由县级以上人民政府土地行政主管部门责令限期改正；逾期不改正的，责令缴纳复垦费，专项用于土地复垦，可以处以罚款。罚款额为土地复垦费的2倍以下。

第四，未经批准或者采取欺骗手段骗取批准，非法占用土地的，由县级以上人民政府土地行政主管部门责令退还非法占用的土地，对违反土地利用总体规划擅自将农用地改为建设用地的，限期拆除在非法占用的土地上新建的建筑物和其他设施，恢复土地原状，对符合土地利用总体规划的，没收在非法占用的土地上新建的建筑物和其他设施，可以并处罚款。超过批准的数量占用土地，多占的土地以非法占用土地论处。罚款额为非法占用土地每平方米30元以下。

违反《土地管理法实施条例》第17条的规定，在土地利用总体规划确定的禁止开垦区内进行开垦的，由县级以上人民政府土地行政主管部门责令限期改正；逾期不改正的，依照上述规定处罚。

第五，农村村民未经批准或者采取欺骗手段骗取批准，非法占用土地建住宅的，由县级以上人民政府土地行政主管部门责令退还非法占用的土地，限期拆除在非法占用的土地上新建的房屋。超过省、自治区、直辖市规定的标准，多占的土地以非法占用土地论处。

第六，依法收回国有土地使用权当事人拒不交出土地的，临时使用土地期满拒不归还的，或者不按照批准的用途使用国有土地的，由县级以上人民政府土地行政主管部门责令交还土地，处以罚款。罚款额为非法占用土地每平方米10元以上30元以下。

第七，擅自将农民集体所有的土地的使用权出让、转让或者出租用于非农业建设的，由县级以上人民政府土地行政主管部门责令限期改正，没收违法所得，并处罚款。罚款额为非法所得的5%以上20%以下。

第八，阻碍土地行政主管部门的工作人员依法执行职务的，可以依法给予治安管理处罚。

第九，建设项目施工和地质勘察需要临时占用耕地的，土地使用者应当自临时用地期满之日起1年内恢复种植条件。逾期不恢复种植条件的，由县级以上人民政府土地行政主管部门责令限期改正，可以处耕地复垦费2倍以下的罚款。

另外，依照法律规定，责令限期拆除在非法占用的土地上新建的建筑物和其他设施的，建设单位或者个人必须立即停止施工，自行拆除；对继续施工的，作出处罚决定的机关有权制止。建设单位或者个人对责令限期拆除的行政处罚决定不服的，可以在接到责令限期拆除决定之日起15日内，向人民法院起诉；期满不起诉又不自行拆除的，由作出处罚决定的机关依法申请人民法院强制执行，费用由违法者承担。在临时使用的土地上修建永久性建筑物、构筑物的，由县级以上人民政府土地行政主管部门责令限期拆除；逾期不拆除的，由作出处罚决定的机关依法申请人民法院强制执行。对在土地利用总体规划制定前已建的不符合土地利用总体规划确定的用途的建筑物、构筑物重建、扩建的，由县级以上人民政府土地行政主管部门责令限期拆除；逾期不拆除的，由作出处罚决定的机关依法申请人民法院强制执行。违反土地管理法律、法规规定，阻挠国家建设征用土地的，由县级以上人民政府土地行政主管部门责令交出土地；拒不交出土地的，申请人民法院强制执行。

（2）行政处分。行政处分有狭义和广义之分。狭义的行政处分指国家行政机关对违法违纪尚未构成犯罪或已构成犯罪但依法不负刑事责任的国家公务员的制裁。这是指行政法上的行政处分，是一种内部行政行为。广义的行政处分，泛指国家机关、企事业单位等对违法违纪成员的制裁。也可以称为纪律处分，但后者还包括党纪处分、团纪处分，党纪、团纪等处分并不是行政处分。[①] 我们这里主要采狭义上的行政处分概念。

《土地管理法》第70条规定："县级以上人民政府土地行政主管部门在监督检查工作中发现国家工作人员的违法行为，依法应当给予行政处分的，应当依法予以处理；自己无权处理的，应当向同级或者上级人民政府的行政监察机关提出行政处分建议书，有关行政监察机关应当依法予以处理。"第72条规定："依照本法规定应当给予行政处罚，而有关土地行政主管部门不给予行政处罚的，上级人民政府土地行政主管部门有权责令有关土地行政主管部门作出行政处罚决定或者直接给予行政处罚，并给予有关土地行政主管部门的负责人行政处分。"由此可知，国家机关工作人员有土地违法行为，应当给予行政处分。《公务员法》第56条规定："处分分为：警告、记过、记大过、降级、撤职、开除。"这里的行政处分同样适用于国家机关工作人员的土地违法行为。《土地管理法》第7章"法律责任"对国家机关工作人员的土地违法行为的行政处分做了一些规定，但是并没有进行细化和具体化，也就是说国家机关工作人员土地违法行为主要是由国家有关机关视其具体行为的情节作出处分。《土地管理法》规定的行政处分情形主要有：

（1）买卖或者以其他形式非法转让土地的，对直接负责的主管人员和其他直

---

① 参见曾庆敏主编：《精编法学辞典》，上海辞书出版社2000年版，第374–375页。

接责任人员,依法给予行政处分。

(2)未经批准或者采取欺骗手段骗取批准,非法占用土地的,对非法占用土地单位的直接负责的主管人员和其他直接责任人员,依法给予行政处分。

(3)无权批准征收、使用土地的单位或者个人非法批准占用土地的,超越批准权限非法批准占用土地的,不按照土地利用总体规划确定的用途批准用地的,或者违反法律规定的程序批准占用、征收土地的,其批准文件无效,对非法批准征收、使用土地的直接负责的主管人员和其他直接责任人员,依法给予行政处分。

(4)侵占、挪用被征收土地单位的征地补偿费用和其他有关费用,尚不构成犯罪的,依法给予行政处分。

(5)土地行政主管部门的工作人员玩忽职守、滥用职权、徇私舞弊,尚不构成犯罪的,依法给予行政处分。

四、典型土地违法案件的介绍与分析

我国一直以来都对土地违法行为进行严格的监督检查,并对相关人员进行追责。下面我们将选取一些比较典型的土地违法案件,来具体说明一下我国土地监督检查与归责制度。

1. 典型案例的介绍

(1)江苏省徐州成日钢铁有限公司违法占地扩建钢厂案。[①] 2008年12月,徐州市经贸委批复同意徐州成日钢铁有限公司整合徐州市福林钢铁制品有限公司和徐州宏利特钢有限公司资产及在建的4个技改扩建项目。2009年1月,徐州成日钢铁有限公司注册成立。10月,徐州市经贸委批复同意徐州成日钢铁有限公司收购淮安长锋钢铁有限公司热轧带肋钢筋生产线及全套生产许可资质,在贾汪区江庄镇企业现厂区内实施异地迁建技改项目。2009年5月,徐州成日钢铁有限公司与江庄镇铙钹村村委会签订租用协议,租用集体土地283亩;7月,未经农用地转用和土地征收审批,违法占用267.1亩集体土地(其中耕地159.5亩、未利用地28.1亩、其他土地79.5亩)扩建厂房。2009年7月,贾汪区国土资源局下发了《责令停止违法行为通知书》。2010年5月,贾汪区国土资源局对徐州成日钢铁有限公司违法占地行为作出行政处罚,责令退还土地,没收建筑物和其他设施,并处罚款267.1万元;对江庄镇铙钹村村委会违法出租集体土地进行非农业建设行为依法作出责令限期改正的行政处罚。截至目前,罚款已收缴到位,没收的建筑物已交贾汪区财政局国有资产办公室管理,现场已停止建设。徐州市

---

① 案件来自国土资源部网站,访问地址 http://www.mlr.gov.cn/tdsc/wfaj/201012/t20101222_806946。htm。

贾汪区纪委已给予负有责任的江庄镇党委书记施兴程、人大主席徐士吉党内警告处分；江庄镇党委已给予负有主要责任的江庄镇饶钹村党支部书记朱庆亮撤销党内职务处分。

我国《土地管理法》第44条规定："建设占用土地，涉及农用地转为建设用地的，应当办理农用地转用审批手续。"第78条规定："无权批准征收、使用土地的单位或者个人非法批准占用土地的，超越批准权限非法批准占用土地的，不按照土地利用总体规划确定的用途批准用地的，或者违反法律规定的程序批准占用、征收土地的，其批准文件无效，对非法批准征收、使用土地的直接负责的主管人员和其他直接责任人员，依法给予行政处分；构成犯罪的，依法追究刑事责任。非法批准、使用的土地应当收回，有关当事人拒不归还的，以非法占用土地论处。"在该案中，徐州成日钢铁有限公司与江庄镇饶钹村村委会签订租用协议，未经农用地转用和土地征收审批，违法占用集体土地，这些行为都违反了现行法的规定。所以贾汪区国土资源局对徐州成日钢铁有限公司违法占地行为作出行政处罚，责令退还土地，没收建筑物和其他设施，并处以罚款。另外，徐州市贾汪区纪委还给予负有责任的有关人员以行政处分。这些处罚和处分行为都符合法律规定。

（2）河南省查处金达和金元房地产开发公司非法占地案。[①] 2005年6月和2006年5月，金达和金元两家房地产开发公司分别非法占用开封市金明区西郊乡集体土地99.78亩（其中耕地84.78亩）和32.09亩，进行连体别墅和多层住宅等房地产开发。金明区建设局购买了金达公司非法建设的住宅楼作为职工宿舍。2006年6~9月，开封市国土资源局依法作出行政处罚，责令退还非法占用的土地，没收非法建筑物，并处罚款共计55.6万元；将金达公司责任人移送司法机关追究刑事责任。2007年12月，开封市和金明区纪检监察部门分别给予金明区原主管土地城建副区长阎国宾行政警告处分；给予金明区建设局局长徐磊行政记大过处分；给予西郊乡党委副书记、乡长戴继田行政警告处分；给予西郊乡原副乡长禹文杰行政记过处分；给予马市街村党支部原书记曹顺河、村委会主任吴金峰、高屯村党支部书记孙志学、村委会主任孙随生党内严重警告处分；给予金元公司总经理陈伟党内严重警告处分。

我国《土地管理法》第76条规定："未经批准或者采取欺骗手段骗取批准，非法占用土地的，由县级以上人民政府土地行政主管部门责令退还非法占用的土地，对违反土地利用总体规划擅自将农用地改为建设用地的，限期拆除在非法占用的土地上新建的建筑物和其他设施，恢复土地原状，对符合土地利用总体规划

[①] 案件来自中国政府网，访问地址 http://www.gov.cn/gzdt/2008-07/09/content_1040031.htm。

第十章 我国土地管理中的监督检查及归责制度

的,没收在非法占用的土地上新建的建筑物和其他设施,可以并处罚款;对非法占用土地单位的直接负责的主管人员和其他直接责任人员,依法给予行政处分;构成犯罪的,依法追究刑事责任。"在此案中,金达和金元两家房地产开发公司分别未经批准非法占用开封市金明区西郊乡集体土地,进行房地产开发,严重违反了相关法律法规,甚至可能已经达到较重情节,应当追究其刑事责任。所以开封市国土资源局依法作出行政处罚,责令退还非法占用的土地,没收非法建筑物,并处以罚款。另外,在这起案件中,金明区建设局购买了金达公司非法建设的住宅楼作为职工宿舍,这种行为严重违反了相关法律和纪律。开封市和金明区纪检监察部门分别给予金明区原主管土地城建副区长和金明区建设局局长等相关人员以行政处分。

(3) 安徽省查处郎溪县政府及国土资源局非法出让土地和发证案。① 2002年12月至2004年4月,郎溪县政府及国土资源局非法将429.5亩集体土地作为国有建设用地协议出让给郎溪县金丰置业发展有限公司、金陵置业有限公司、华欣置业有限公司3家单位和郑某个人,并办理了土地登记手续,颁发了17本《国有土地使用证》。2004年6月,宣城市国土资源局调查认定郎溪县政府及国土资源局非法出让土地,提出撤销出让土地合同、注销非法颁发的《国有土地使用证》等处理意见。但郎溪县国土资源局一直未办理土地注销登记和收回《国有土地使用证》,导致上述部分土地被非法转让。2007年9月,在安徽省国土资源厅的督促下,郎溪县政府注销了上述17本《国有土地使用证》。金丰公司等单位和个人非法转让土地案件,已移送公安机关立案调查。2008年4~5月,纪检监察部门分别给予郎溪县原县长、现宣城市经济开发区副主任、工委书记郑明才行政警告处分;给予郎溪县委常委、县政府副县长吕曼党内严重警告处分;给予郎溪县国土资源局原局长李定顺开除党籍和行政开除处分。

《土地管理法》第73条:"买卖或者以其他形式非法转让土地的,由县级以上人民政府土地行政主管部门没收违法所得;对违反土地利用总体规划擅自将农用地改为建设用地的,限期拆除在非法转让的土地上新建的建筑物和其他设施,恢复土地原状,对符合土地利用总体规划的,没收在非法转让的土地上新建的建筑物和其他设施;可以并处罚款;对直接负责的主管人员和其他直接责任人员,依法给予行政处分;构成犯罪的,依法追究刑事责任。"在本案中,郎溪县政府及国土资源局非法将集体土地作为国有建设用地协议出让给郎溪县金丰置业发展有限公司、金陵置业有限公司、华欣置业有限公司3家单位和郑某个人,并办理了土地登记手续,颁发了《国有土地使用证》,这些行为都严重违反了现行法的

---

① 案件来自中国政府网,访问地址 http://www.gov.cn/gzdt/2008-07/09/content_1040031.htm。

规定，构成了非法出让土地。对此，宣城市国土资源局调查认定郎溪县政府及国土资源局非法出让土地，提出撤销出让土地合同、注销非法颁发的《国有土地使用证》等处理意见。应当说，这些处理都是非常正确的。但是郎溪县国土资源局一直未办理土地注销登记和收回《国有土地使用证》，导致上述部分土地被非法转让，造成了更为严重的后果。对此，就需要追究相关人员的行政责任及其刑事责任。

2. 案件分析与结论

这些案件只是当前各类土地违法案件中比较典型的几个，但是通过这几个案件我们也可以发现非常多的问题，例如政府部门在某些土地违法案件中发挥了巨大的作用，某些土地违法案件时间跨度相当大、占用耕地也相当多，土地违法形式多样化、不断出现法律未规定的情形，某些土地违法案件严重侵害了农民的合法权益，对土地违法行为存在着执法不严、违法不究的现象，某些土地违法案件的处理没有得到很好的执行等。虽然我国近几年逐步通过立法建立起了土地监督检查机制，但是不可否认的是这个机制还存在或多或少、这样那样的问题。如何看待这些问题，并且解决之，是当前我国土地管理工作的一项重要任务。应当说土地违法案件的发生并不是法律制度不完善这一单方面的原因，还有其他方面的原因存在，例如土地财政问题、房价过高问题、贪污腐败问题等。但是需要看到的是，土地监督检查和归责制度在某种程度上确实有需要进一步改进的空间。我们相信，土地监督检查与归责制度的完善将会对遏制土地违法行为起到重要的作用。

第二节 国外土地监督检查及归责制度的比较研究

尽管国外大部分国家在土地管理机构中没有专设土地监察机构或类似具有我国土地监察职能的机构，但是土地行政管理作为政府的一种行政行为，很多国家也积累了一些对政府及其行政人员和行政相对人的监督检查的经验。当然也有一些国家在土地管理部门专门设立了监督机构，例如，新加坡、俄罗斯和泰国等，这些国家往往都有自己独特的一套土地监督检查机制。另外，除泰国等国家的土地监督外，世界大多数国家的土地管理监督的对象大都是行政管理相对方，而土地行政机关人员及有关政府的行政法制监督大都由土地管理机关之外的国家专门授权的监督机关进行监督，这一点与我国国家是不同的。虽然这些国家在政治制度、经济发展水平等方面与我们国家有较大差异，但是笔者认为这些国家在土地监督检查方面的经验和制度对我国土地管理，特别是土地监督检查制度的完善提

第十章 我国土地管理中的监督检查及归责制度

供了可资借鉴之处。下面我们就选取比较有代表性的国家的相关制度进行介绍，并对这些经验和制度予以分析和研究，以期有裨益于我国的相关制度建设。

一、典型国家土地监督检查与归责制度的介绍

1. 日本

日本是一个岛国，总面积为3778万公顷，其中森林2529万公顷，占总面积的66.9%；农业用地547万公顷，占14.5%；水面131万公顷，占3.5%；道路用地109公顷，占2.9%；城市用地43.3万公顷，占11.4%。日本总人口为1.2亿人，其中绝大部分居住在城市地区。城市人口比较集中。特别是东京都，人口更为集中，全都人口1985年为1183万人，占全国总人口的9.8%。而这1183万人中又有70%，即834万人居住在面积为598平方公里的市区，因而使市区的人口密度提高为每平方公里13974人。如此众多的人口，再加上日本繁荣庞大的经济，给土地带来巨大的压力和沉重的负担，使城市的人口密度和建筑密度越来越高，人们的活动空间越来越狭窄，生活环境日趋恶化，土地价格与日俱增。因此，土地问题，特别是城市土地问题越来越受到政府和人们的重视和关注。长期以来政府集中相当的人力和财力，调动各方面的力量，制定土地管理法律，设置土地管理机构，研究调整土地政策，实施和强化土地管理。其中，在土地执法和监察中创设了比较先进的制度，积累了丰富的经验。这些制度和经验对于我国、特别是大城市地区的土地监督具有特别重要的借鉴意义。

日本土地执法的突出特点就是"三管齐下"，即运用行政、法律、经济手段相结合的办法进行综合执法管理。另外，日本实行司法监督制度，对行政执法予以监督。①

首先，行政手段。在明治宪法下，日本是采取行政强权执行体制的国家。《日本国宪法》颁布一年后，除特别的强制执行方法由法律特别规定以外，行政上的强制执行，一律根据《行政代执行法》的规定来实施。通常是根据法律规定，事前对国民发布有关命令（如建筑物拆除命令等），赋予其具体的义务，并督促其自发地履行该义务。当履行期限届满而义务人不履行其义务时，行政厅可以施行强权，以强制达到行政目的。虽然《日本国宪法》颁布后，日本的强制执行体制较以前有所缓和，但行政手段仍是政府执法过程中普遍采用的手段。

其次，法律手段。所谓法律手段，即采用法律形式把各种行之有效的手段固定下来，并加强执法监督措施，使违法者受到应有的法律制裁。日本的土地管理

---

① 关于日本的土地执法监督措施和手段，主要参考汪秀莲、王静主编：《日本韩国土地管理法律制度与土地利用规划制度及其借鉴》，中国大地出版社2004年版，第10—11页。

完全纳入法制轨道,一切重大国土问题都制定有特定法律,并根据各种法律,限制土地的利用。如为限制城市得到土地利用,只制定了《都市计划法》,规定城市内部不同地区的土地利用方向,不能乱用;为限制农业区域的土地利用,制定了《农地法》,规定农业用地不能任意被占,不同的农业用地也不许任意转用。凡是违反以上法律,将受到应有的法律制裁。例如日本制定的《国土调查法》和《国土利用计划法》中规定:未得到许可签订土地买卖合同者,判处3年以下徒刑或100万日元以下的罚款;不提出申请签订土地买卖合同者,判处6个月以下徒刑或30万日元以下的罚款;等等。这些严厉的制裁措施,大大减少了国土资源管理中的违法行为,提高了国土资源管理的效力,保证了国土资源的有序开发和合理利用。

再次,经济手段。日本政府在执法过程中所采取的手段主要是行政手段和法律手段,但为了确保这两种手段执法的实效性,往往离不开经济惩罚。尤其在土地资源利用管理方面,从某种意义而言,经济手段最直接、最有效。如对违反纳税法者,赋课各种加算税;对违反土地使用的法律法规等,可以罚款。

最后,执法监督。日本实行的是立法权、司法权和行政权三权分立的政治体制。同时又是一个法治的国家,在法制上,奉行"依法执政"的原则。这意味着日本政府的施政权力来自国会立法,同时必须在法律条文明文授权范围内,并且政府所属行政部门受到法院的监督。也就是说政府的土地执法行为要受到国会立法的约束,同时要受到法院的监督。

2. 俄罗斯

俄罗斯土地基本情况介绍。俄罗斯位于亚欧大陆的北部,地跨东欧北亚的大部分地区,其国土陆地面积为1709万平方公里,占地界陆地总面积的12.5%。截止到2008年,俄罗斯总人口是1.41亿人,人口密度8.3人/平方公里。俄罗斯人口分布极不均匀,欧洲部分人口约占全国人口的4/5。而广大东部地区人口密度每平方千米不足1人。城市人口占全国的73%。虽然俄罗斯的国土面积非常大,但是其自然环境并不是很好,其中冻土面积占世界第一位。近几年,随着俄罗斯工业化程度的日益提高,环境状况在不断恶化,其后条件也日趋恶劣。这对俄罗斯土地的质量专款产生了非常大的负面影响。1991年苏联解体后,俄罗斯的经济状况一直欠佳,因此国家对土地资源保护的投入也相继减少。这使得俄罗斯的土地质量状况有逐渐下降的趋势。在近几年,随着俄罗斯经济状况的好转,俄罗斯对土地的管理力度也在加大,专门制定了《俄罗斯联邦土地法典》等法律法规。对于土地违法的查处也在逐步完善和加强,其中《俄罗斯联邦土地法典》第十二章规定了对遵守土地法、保护和利用土地的监察,第十三章规定了对土地保护和使用方面的违法行为应承担的责任,另外2006年俄罗斯还专门制定了《国家土地督察条例》以加强土地监督检查。

第十章 我国土地管理中的监督检查及归责制度

对遵守俄罗斯土地法律法规的情况和土地利用及保护情况进行国家监察是俄罗斯土地资源管理部门的职责之一。根据《俄罗斯土地法典》，俄罗斯的土地监督分为三个层次：一是国家土地监督，即由特别授权的国家机关，对各个组织（不管其法律组织形式和所有制形式如何）及其领导人、公务员和公民遵守土地法规、遵守土地保护和利用的要求实施国家土地监督。国家土地监督，根据俄罗斯联邦立法，依照俄罗斯联邦政府规定的程序实施。二是市政土地监督，即对市政组织区域内土地利用的市政土地监督，由地方自治机关或其授权的机关实施。对市政组织区域内土地利用的市政土地监督，根据俄罗斯联邦立法，依照地方自治机关规范性法律文件规定的程序实施。三是社会土地监督，即地区社会自治机构、其他社会组织（团体）、公民，对本法典第 29 条规定的国家执行权力机关和地方自治机关是否遵守拟定和通过涉及本法典规定的公民和法人的权利及合法利益的决定的规定程序以及遵守土地利用和保护要求，进行社会土地监督。

俄罗斯联邦土地法典、行政违法处罚条例、俄罗斯总统 1993 年"关于在土地改革过程中加强国家对土地利用和保护的监督"令军罗列了土地违法行为。俄罗斯公民、公职人员和法人的行为如果违反了土地法律法规，将对其追究行政、刑事和民法责任，以此确保对土地法律法规的贯彻与实施。也就是说，实施土地违法行为的责任人员，依照立法规定的程序承担行政责任或刑事责任。追究实施土地违法行为责任人员的刑事责任或行政责任，并不解除其纠正所犯土地违法行为和赔偿所致损害的义务。对于公务员的土地违法行为的纪律责任，法律规定：对实施土地违法行为负有责任的公务员和组织的工作人员，在因其不适当执行自己的公务或劳动义务致使组织为给土地状况产生不良（有害）影响的项目设计、布局和投产，以及土地受到化学物质、放射性物质、生产废物和污水污染而承担行政责任的情况下，承担纪律责任。

这里需要特别介绍一下俄罗斯的土地督察制度。根据俄罗斯 2006 年新修订的《国家土地督察条例》，在土地管理部门专门设立俄联邦土地督察局，专门负责对土地的利用与保护进行督察。具体来说，俄罗斯土地督察管理机构分为三级：联邦（中央）、主体（省）和地区（这一级包括城市）。除了中央设有土地督察局外，联邦各主体均设有土地督察局，而地区和城市这一级，并不是都设有土地督察局。没有单独设立土地督察局的地区，并不意味着就不开展土地督察工作，就没有土地督察员，只是这一职能一般被挂靠在其他部门，并由专门人员具体负责实施。国家土地督察局有权向俄联邦执行权力机关及其地方机构询问并无偿取得为实行国家土地督察所必需的有关土地现状、利用和保护的信息和资料。有权访问有关单位，调查处于他人所有、占有、使用和租用状况下的土地，以及被军事、国防及其他特殊用途占用的土地。有权请求内务部协助防止或杜绝阻止

· 287 ·

国家督察人员执行公务的活动，以及追查违反土地法的有关人员。①

3. 法国

法国是西欧面积最大的国家，位于欧洲大陆西部，领土呈对称的六边形，三边临海，三边靠岸，阿尔卑斯山和比利牛斯山脉分别是法国与意大利、西班牙最天然的地理分界线。法国国土面积55万平方公里，国土资源相对不足。法国的国土资源管理方式，在市场经济国家中有较高的代表性，国土资源管理政府指令性行为，以法律、行政管理手段为主，以经济手段为辅，主要负责制定和执行相关的法规和政策、制定资源的总体规划、确定资源所有权、颁发资源利用许可证、征收资源税费等。由于人地矛盾较突出，法国中央政府设置统一土地管理主管部门，对国有土地进行监督管理。即采取中央政府集权式的垂直管理模式，基本特征是国家设唯一的土地管理主管部门对国有土地实行条条管理。

当公众对土地管理行政机关或其公务员的执法行为有争议时，可以向行政法院或行政调解专员申诉。法国的行政法院是专门解决行政争议的行政审判机关。它通过审理公民的申诉案件，有效地实施对行政机关活动的监督，因而在整个国家政治生活中占有重要地位。同时，为解决违法或不良行政问题，缓解政府和公民之间的张力，设立了行政调解专员制度。调解专员受理当事人对行政机关、地方团体行政机关、公务法人机关以及执行公务的私人机构的各种申诉案件。调解专员享有调查权、调停权、建议权、命令权、追诉权和促进行政改革权，但他的决定不具备执行力。这一制度的建立，主要是政府和公民之间的关系日趋紧张，政府回应公民改革需求的产物。法国不但在发达的行政法院救济途径之外建立了行政调解专员制度，而且使这一制度在防止政府权力侵蚀公民利益，缓解政府和公民之间的张力等方面发挥了重要作用。②

二、对国外相关经验和制度的分析和借鉴

通过以上国家土地监督检查与归责制度的简单介绍，我们可以发现我国相关制度还是存在着一些不足和缺陷，所以有必要对这些国家的经验和制度予以借鉴，以吸收其有益成分，能为我所用。

（1）借鉴国外相关制度经验，完善相关立法，建设完整的土地监督检查和归责法律制度。虽然我们国家在经过多年发展后，在土地立法上已经取得了很大的成绩，但是不得不承认的是，在土地监督检查与归责法律制度方面的立法却并不

---

① 参见梁光明：《俄罗斯〈国家土地督察条例〉》，访问地址 http://www.wh.gjtddc.gov.cn/dcsy/200809/t20080917_8773.htm。
② 关于法国的土地监督检查机制主要参考史伯强、卢源源：《国外土地管理监督的经验及对我国土地监察制度的启示》，访问地址 http://www.cxs.gov.cn/file_bm_read.aspx?id=31444。

第十章　我国土地管理中的监督检查及归责制度

完善。这种情况与我们国家土地违法日益严峻的情况形成反差，在某种程度上来说，土地监督检查与归责制度的不完善是导致土地违法情况发生的原因之一。相较于国外的立法，我们国家确实存在着不足。虽然许多国家并没有对土地监督检查与归责进行专门立法，但是其在对违法行为的监督与归责方面却有着丰富而先进的制度经验，这些制度经验当然应当为我们所借鉴。例如，1998年修改《土地管理法》时引入了土地用途管制制度，该项制度对于限制农地转用、保护耕地等具有重要的意义，应当值得肯定。这里需要注意的是，国外的制度经验是建立在其社会、经济、文化等元素之上的，其是否适合我国的情况则需要我们持一个审慎的态度加以研究。任何法律的移植都必须考虑到我国的特殊国情，否则可能导致引入的制度与我国不相适应，发挥不了其应有的作用。

（2）加强司法监督和社会监督，形成对土地监督检查的多方制衡机制。虽然我国并不实行"三权分立"，而且法院也没有"司法审查"的权能，但是仍然需要肯定法院、检察院对实行违法行为的监督和归责不受其他人的干预。这里需要特别强调的是，某些地方政府非常不理解法院、检察院对于土地监督检查的司法监督，认为法院、检察院在诉讼活动中对政府机关的土地利用和管理行为的审查是在妨碍其执行公务，不愿意接受司法监督。应当说，法院、检察院的司法监督正是为了更好地遏制土地违法行为，如果没有司法监督，那么某些行政机关可能就会任意而为，最终导致"行政权独大"，政府机关的土地违法行为不断出现。另外，在司法监督之外，社会各方的监督也是非常重要的。社会监督，属于广义上的法律监督，即非国家机关的监督。社会监督虽然不具有国家监督那样的法律效力，但是在我国，它与国家监督之间有密切的联系，是国家监督的基础。同时，社会监督还有自己的独特意义，即它更能体现广大人民群众自己当家做主，直接参与管理国家和社会事务，直接监督国家机关及其工作人员的活动的重要作用。在我国社会监督涉及的范围广、形式多、手段和途径也比较全，归纳起来，主要有中国共产党的监督，人民政协、各民主党派和群众团体的监督，新闻舆论的监督，人民群众的直接监督。①笔者认为，对土地违法行为的查处仅仅依靠国家机关是不现实的，这还需要广大社会力量的参与，只有整个社会一起行动才能从根本上限制住土地违法的势头。

（3）加强土地监督检查机构的建设，提高其独立性和监督检查人员的素质，使其更好地发挥职能。不同的国家有不同的土地管理模式，但无论哪种模式，都遵循"所有权人管理所有物"的原则，因此表现出明显集中统一的色彩，由权力主体集权管制，下级机构往往是上级的分支或派出机构。而我国目前由于各级土

---

① 参见朱景文主编：《法理学》，中国人民大学出版社2008年版，第505-509页。

中国土地法体系构建与制度创新研究

地监督机构的人员、财物隶属于作为同级政府职能部门的土地管理部门。各级机构进入地方政府的行政序列或保持地方事业编制,上下监督机构之间没有行政关系,造成本应集中的权力在中央和地方之间分散了。在分灶吃饭的财政体制下,地方成为相对独立的利益主体,在地方利益的驱动下,使得国家土地所有权的监督管理权被地方利益主体所削弱。因此我们是不是考虑,借鉴外国相关监督经验,将土地执法监察机构单设出来,既独立于土地管理部门,同时也与政府部门形成相对平行的机构。这方面的经验可以在我国的土地督察制度建设中予以参考适用。另外,外国极其注重监察人员个人的道德品行、社会声望,对此都有相当高的要求。专业素质也有要求,监察人员一般都是律师或法官出身,都有很丰富的行政工作经验,品行、业务知识要求都很高。我国的土地监督检查人员的整体素质还有待于加强,特别是在法律知识和法律意识方面,"依法执政"的理念还需要提高。因此我们需要对土地监督检查人员进行考核录用,并且要在工作中对其进行常态化培训。

第三节 我国土地监督检查及归责制度的检讨与改进

一、土地监督检查概念的再厘定

目前,"土地监督检查"或"土地监察"、"土地督察"在很多立法文件中都出现过,这些概念的范畴、具体内容以及各自之间的关系却存在着很大的模糊性,学界对此关注度也不够,很少有学者进行分析论述。上文中我们已经对这三者之间的关系有所论述,但是还不够深入,这里我们将从行政法学的角度对"土地监督检查"、"土地监察"和"土地督察"的概念及其之间的关系予以厘定。

1. 我国立法对土地监督检查、土地监察和土地督察的规定

对于土地监督检查,我国立法并没有对其概念予以专门规定。《土地管理法》第 66 条规定:"县级以上人民政府土地行政主管部门对违反土地管理法律、法规的行为进行监督检查。"根据这一概念,土地监督检查是指县级以上人民政府土地行政主管部门对违反土地管理法律、法规的行为进行监督检查的行政活动。也就是说,土地监督检查的主体是县级以上人民政府土地行政管理部门,其对象是违反土地管理法律、法规的行为。关于土地监督检查的规定是在 1998 年修订《土地管理法》时增加的内容,这主要是因为当时面临着保护耕地的巨大压力,笔者认为这一规定是非常有必要的。

第十章　我国土地管理中的监督检查及归责制度

对于土地监察，1995年的《土地监察暂行规定》对其概念作了规定，其第2条规定："土地监察，是指土地管理部门依法对单位和个人执行和遵守国家土地法律、法规情况进行监督检查以及对土地违法者实施法律制裁的活动。"由此可知，土地监察的主体是土地管理部门，其对象是单位和个人执行和遵守国家土地法律、法规的情况，并对违法者实施制裁。

对于土地督察，由于我国现在并没有对土地督察制定相关的法律法规，其法律依据缺乏，但是根据国家出台一些规范性文件以及《国家土地督察条例（征求意见稿）》，可知国家土地督察是指国家土地督察机构根据国务院的授权，依照规定对省、自治区、直辖市和计划单列市人民政府的土地利用和管理情况进行监督检查的活动。由此可知，其主体是根据国务院授权的国家土地督察机构，其对象是省、自治区、直辖市和计划单列市人民政府的土地利用和管理情况。

通过以上三个概念的具体规定可以发现：

（1）这三个概念均有"监督检查"，但都没有对"监督检查"这一行政行为予以详细规定。

（2）《土地管理法》第66条规定的"土地监督检查"的对象是违反土地管理法律、法规的行为，而《土地监察暂行条例》的"土地监察"的对象是单位和个人执行和遵守国家土地法律、法规情况，而且还包括对违法者实施制裁。似乎"土地监察"这一概念的范围和内容要比"土地监督检查"要广。

（3）土地督察的对象只是省、自治区、直辖市和计划单列市人民政府的土地利用和管理情况，也就是说土地督察的对象只限于省级和计划单列市的政府机关的土地利用和管理情况，并不包括行政相对人和省级、计划单列市以下行政机关的执行和遵守国家土地法律、法规情况。这就表明，土地督察的概念范围要比土地监察和土地监督检查得小。

由此可知，与土地相关的监督的概念不是很一致，甚至说是混乱的。笔者认为在今后的土地立法中，必须对此现象予以纠正，对与土地相关的各种监督的概念进行厘定，并厘清各自之间的关系。

2. 与土地相关的监督的定性——行政法制监督与行政监督检查

目前，在行政法上涉及监督的有两个概念，一是行政法制监督，[①]二是行政监督检查。这两种监督可以说存在着非常大的差异。首先，最大的区别在于行政

[①] 关于行政法制监督这一概念，理论界还存在着一定争议。比较有代表性的大体上有两类不同提法，一是行政法制监督；二是监督行政行为或对行政的监督，以区别于以行政作为监督主体的行政监督。参见应松年主编：《行政法与行政诉讼法》（第二版），法律出版社2009年版，第397页。

法制监督的对象是行政主体及其公职人员,①而行政监督检查的对象只是行政相对人。其次,监督主体也不同,行政法制监督的主体可以说非常广泛,不仅包括国家机关(包括立法机关、司法机关、政府行政机关),还包括社会组织和个人,②而行政监督检查的主体是行政主体。最后,监督的内容不同,行政法制监督主要是对行政主体行为合法性的监督和对公务员遵纪守法的监督,而行政监督检查主要是对行政相对人遵守法律和履行行为法上义务的监督。

目前与土地相关的监督主要有土地监督检查、土地监察和土地督察,其概念的具体内容我们已经在上文中有所论述。通过与上述行政法上的行政法制监督和行政监督检查的概念相对比和分析,我国现行法上与土地相关的监督的概念可以说是比较模糊和混乱的。首先,土地监督检查与行政监督检查相比,明显多了对政府机关及其公职人员的监督,这就导致土地监督检查的性质到底是行政法制监督还是行政监督检查,存在着很大的疑惑,另外《土地管理法》中规定的"土地监督检查"的概念没有对违法行为的处理的内容,是一大欠缺。其次,土地监察的概念有失偏颇,因为行政监察属于行政法制监督的内容,是指行政监察机关对行政机关及其公职人员的执行国家法律法规和决定命令情况以及违法乱纪行为进行监视、督察和惩戒的活动,而土地监察则是指土地管理部门依法对单位和个人执行和遵守国家土地法律、法规情况进行监督检查以及对土地违法者实施法律制裁的活动,与行政监察的概念明显不符。笔者认为现行"土地监察"的概念应当属于行政监督检查的范畴,但是我们并不主张使用"土地监察"这一概念。最后,土地督察,根据上文中提到的概念,与行政法制监督相对比分析,可发现土地督察是一种行政法制监督,具体来说应当是政府机关的内部监督,但是与行政法制监督相比,土地督察的范围又太过狭小,因为其主要是对省级和计划单列市的行政机关的执行和遵守国家土地法律、法规情况的监督。

综上所述,笔者认为对于与土地相关的监督应当分为两种,一是土地监督检查;二是土地督察。土地监督检查主要是指行政主体对行政相对人遵守土地相关法律法规的情况进行监督,并依法处理土地违法行为的活动。也就是说土地监督检查不再包含对行政机关的监督。而土地督察则根据行政法制监督制度发展成为专门对行政主体及其公职人员的土地利用和管理情况的监督,这里的监督对象不应局限于省级和计划单列市的政府,而应扩大到县级及以上人民政府及其公职人员。

---

① 当然有法律授权、行政委托等组织及其人员也可能包含在监督的范围之内。
② 当然也有人认为,行政法制监督的主体只限于有法律特别授权的国家机关,非国家机关的组织和个人对行政机关的监督不是严格意义上的法律监督。参见应松年主编:《行政法与行政诉讼法》(第二版),法律出版社2009年版,第398页。

二、土地监督检查"难"的问题检讨

上文中我们已经提到,根据有关数据,1999~2008年,全国共发现土地违法行为130多万件,涉及土地面积近800多万亩。通过卫星遥感监测对新增建设用地进行检查发现,前几年违法用地平均占新增建设用地总宗数的46%,有的地方高达80%以上。[①] 根据国土资源部2009年公报,当年全国共结案查处土地违法案件4.2万件,涉及土地面积3.2万公顷,其中耕地1.4万公顷。最新国土资源部公布的数据显示,2010年全国发生的违法用地行为5.3万件,涉及土地面积41.8万亩,其中耕地16.4万亩。2011年一季度,全国发现违法违规用地行为9832件,涉及土地面积7.3万亩。通过这些数据我们可以发现,我国的土地违法情况是比较严重的,土地违法案件可以说也是非常之多。

图10-1是2001~2009年全国土地违法案件查处的情况。

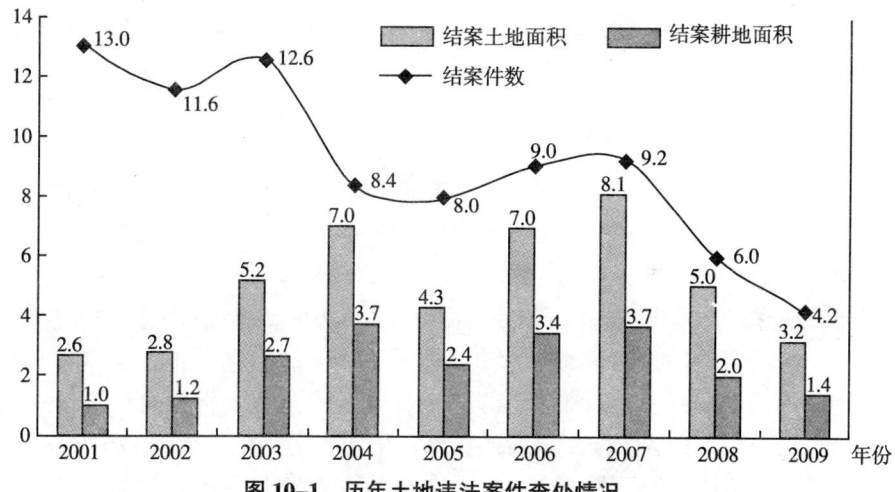

图10-1 历年土地违法案件查处情况

资料来源:国土资源部:《2009年中国国土资源公报》。

1. 土地监督检查"难"的问题分析

归纳起来,土地监督检查有五难:[②]

(1) 发现难。由于土地监督检查人员少、交通工具缺乏,而土地管理辖区面积广阔,土地监察任务繁重,土地案件发生范围大,违法占地现象时有发生,特

---

① 王雪峰、葛燕平:《当前土地违法行为的原因分析及其对策》,《国土资源》2008年8月号。
② 林少波:《浅谈土地执法监察难现象、原因及对策》,《广东土地科学》2006年第3期。

别是在农村地区，土地监督检查人员经常处于顾此失彼状态中，实际发生的案件不能发现或发现不及时。此外加上日趋复杂的土地隐形市场，如联合开发、私自交易等违法现象则更难被发现。

（2）定性难。一些比较特殊的用地项目或随意批准设立的开发区、工业园区，违法主体是当地政府。由于土地管理部门隶属于本级政府，党政领导出面并干涉，土地管理部门在执法管理上就陷入了两难境地，有时明知违法也不敢查处。而且这些用地项目，投资额较大、占地面积大，对当地的社会经济具有重大的效益，所以这类违法用地受到查处时，难免因为地方保护主义、经济上的短期行为和利益驱动而受到行政干预，所以很难定性。

（3）制止难。《土地管理法》赋予了土地管理部门对土地违法行为的制止权，但缺乏实施强制执行的有效手段。如对于那些不听劝阻的违章者，依照现行的法律，只能宣传教育，明确责任，交代后果，等待事后经法定程序落实处罚措施，再申请人民法院强制执行。有些违法者对土地部门下达的停工或处罚通知置若罔闻，形成你来我停、你走我做的局面。另外在执法过程中，特别是查处农村非法私分土地时，很多农民对于国家干预其私分土地的行为不解，所以导致土地监督检查人员被围攻，辱骂、殴打的情况时有发生。

（4）处理难。在执法过程中，很多土地违法案件的处理，需要公安、法院等部门的配合，但往往有些部门，本身的任务就极为繁重，加上协调困难，经费难到位，所以就出现部分土地违法案件处理难。一旦涉及单位或企业的土地违法案件，土地管理部门更是束手无策，有的回避矛盾，有的以罚款代替处罚，或不了了之。

（5）执行难。据我国现行的土地管理法律、法规和有关行政处罚的执法程序规定，一般的土地违法案件查处起来少则两三个月，多则半年一年，时间一拖，自然给土地违法案件的执行带来难度，违法建筑也建成，拆之可惜，留之不能。特别是一些需要人民法院强制执行的案件，依法申请人民法院强制执行，因人民法院自身需强制执行的任务繁多，土地违法案件能够及时执行自然有难度。加上强制执行的费用按要求由违法者承担，实际上却是由土地主管部门承担，所以强制执行也不可能完全解决问题。

2. 土地监督检查"难"的问题之解决

这些问题的发生可以说是多方面原因造成的，它是一个综合性的社会问题，主要有社会因素、法律因素、体制因素和其他等因素。这里我们主要从法律制度方面论述解决土地监督检查"难"的问题。

（1）建立土地违法预警机制。因为我国目前土地违法案件的数量非常巨大，所以有必要建立提前的发现机制，这样可以及时地发现问题、及时地解决问题。例如可以采取以下措施：一是及时提示用地单位和个人在实施用地之前应向国土资源管理部门申请用地;二是将当事人可能实施的违法用地行为和可能触犯的有关法律、法规及其违法后果进行预先告知,减少当事人损失;三是实行"人性化"执法,提前介入,及时处理,力争将违法用地造成的损失降到最低限度。

(2) 加快完善土地督察制度。我国已经初步建立了土地督察制度,以加强对政府机关土地利用和管理情况的监督检查,笔者认为这一制度有其必要性。但是应当看到,土地督察制度才刚刚建立,还有一些问题需要解决。关于土地督察制度的完善我们将在下文中予以论述,在此就不再赘述。

(3) 建立土地监督共同责任机制。长期以来,土地管理工作一直是"一家管,大家用",面对当前土地违法案件量多、面广、社会影响大的这一形势,单靠国土资源部门孤军作战已不能适应土地监督检查工作的实际需要,而必须形成一种土地监督检查大格局,即在各级党委政府的统一部署下,与土地监督检查相关的规划、城管、建设、环保、工商、税务、公安、检察院、法院、纪检、监察等部门,以及电力、供水、供气等公用企业和相关金融机构相互配合协作,形成土地监督检查的合力,共同做好土地监督检查工作。对于相关部门、单位拒不履行土地执法共同监管职责,违法为当事人办理相关批准手续或提供服务的,必须明确规定相应的法律责任,并严格落实到位。

(4) 加强完善土地监督检查程序和执法处罚力度。要强化国土资源部门对违法用地行为的制止权,包括没收在非法占地现场的施工设备和材料,查封、冻结违法当事人的银行账号等方面的权力,以及赋予地方政府对违法用地上建筑物的拆除权,缩短土地违法案件的查处时限,明确拆除或没收违法用地上建筑物的方法、途径等,切实畅通土地执法监察程序,让行政处罚措施在实践中得到切实贯彻实施。

三、土地督察制度的建构

1. 建立和完善土地督察制度的必要性

有人认为,土地督察制度这种行政体系内的监督设计会和中国的审计制度一样,无论审计署刮起怎样的"审计风暴",似乎都难以走出"屡犯屡审,屡审屡犯"的内部监管的怪圈。[①] 笔者认为,这种观点虽然有其一定合理之处,但是土地督察制度确有其建立的必要性。这主要是因为我国土地管理体系中对政府机关土地利用和管理情况的监督检查机制的缺失,需要建立一套内部监督机制对地方政府的土地违法行为进行查处。

我们一直以来都认为,"我国现行政府是一个理性的政府,追求公益的最大

---

① 参见朱中原:《土地督察难跃制度陷阱》,《中国改革》2007 年第 4 期。

化是其理性所在"。①所以我们的政府在土地管理中必然也是为了社会公共利益而考虑。但是事实情况却并不如此,很多地方政府都参与当前中国的"圈地运动"中,为了"土地财政"而不惜违法违规批地、征地、占地,可以说政府在当前土地违法现象中起到了重要的作用。虽然我国土地管理部门改为省级以下垂直领导,土地管理部门能够相对独立的行使土地监督权力,但是由于这种"垂直领导只是干部关系上的垂直,即下一级土地管理部门的领导干部由上一级土地行政主管部门决定,而不是人、财、物三方面全面垂直领导",②导致了土地管理部门并没有完全脱离地方人民政府,其监督权在执行过程中仍然受到很大的阻碍,土地管理部门对地方人民政府的土地行政行为的监督很难发挥应有的效力。从实践结果来看,地方土地管理部门很难行使土地监督职权,难以抵挡本级人民政府的压力,对本级人民政府的违法批地、乱占耕地等滥用职权的行为处于监督缺位状态。

因此,针对土地管理体系中监督缺位,为了从制度上确立中央人民政府对地方人民政府的土地管理和利用行为的监督权,填补地方各级人民政府尤其是省级人民政府的土地利用和管理行为中监督机制的缺位状况,完善中央人民政府对地方政府的土地行政行为的监督检查制度,需要在行政管理体制上把土地的监督权从政府行政管理权力中分离出来,确立中央政府对地方人民政府土地行政行为的监督权,由中央政府负责对地方政府行使国有土地所有权的过程进行监督。国家土地监督制度就是在此种情况下产生的。从2006年建立国家土地督察制度以来,土地督察制度在查处土地违法案件中发挥了重要的作用,取得了积极的效果。

2. 土地督察制度的建构

(1) 法律依据的补足。土地督察必须依法进行,否则就会混乱不堪,导致监督的随意性和盲目性。因此,健全的监督法律体系是保证土地督察效能充分发挥的法律基础。一方面它赋予土地督察机构应有的权力,保障监督者的合法权益,使其能更好地行使土地监督权力,发挥土地督察的作用;另一方面它对监督工作加以规范和制约,确保监督工作能在正常的轨道内运行,遏制监督领域腐败现象的发生。而现实是,由于种种原因,我国的监督立法进展并不顺利,致使土地监督法规供给不足,土地督察缺少法律依据。

笔者认为,土地督察制度需要在《土地管理法》占据一定的位置,为其提供法律依据。当然《土地管理法》没有必要对土地督察制度的具体内容进行规定,可以通过授权国务院制定《国家土地督察条例》。目前《土地管理法》正在修改中,从公布的征求意见稿来看,国家土地督察制度在其中有所规定,这是值得肯定

---

① 罗豪才主编:《现代行政法制的发展趋势》,法律出版社2004年版,第334页。
② 李元、吕萍主编:《土地行政学》,中国人民大学出版社2006年版,第204页。

的。《土地管理法》可以写明，将有关国家土地督察制度的立法授权给国务院制定条例。目前《国家土地督察条例》也在征求意见当中，该《条例》（征求意见稿）共六章五十三条。《条例》（征求意见稿）结合国家土地督察工作的实践，参考国内外有关督察方面的先进制度和实践经验，对督察机构和督察人员、督察职责、督察职权、督察权的行使以及法律责任等作出了规范。我们希望该条例能够尽快获得通过，为土地督察提供法律依据。

（2）土地督察机构与职能的再划分。事实上土地督察部门与地方国土资源部门同隶属于国土资源部，由此就会出现人们普遍关注的一个问题：原来就隶属于国土资源部的地方国土资源管理部门没能解决的地方政府违法违规用地问题，新增设的同样隶属于国土资源部的土地督察局是否就一定能从根本上解决地方国土资源管理部门没能解决好的问题？另外，国家土地督察局向各地方政府的派驻，会形成土地监督权向土地督察机构的集中，而省、自治区、直辖市以及计划单列市人民政府国土资源部门应当具有何种监督权以及如何行使这一监督权，国家土地督察制度的实施是否意味着省、自治区、直辖市以及计划单列市人民政府国土资源部门土地监督权的缺失？而且，国家土地督察制度的建立，使中央对省、自治区或计划单列市人民政府的监督权向土地督察部门集中，土地督察机构的监督权也实现了高度的独立性，然而，并没有相关的法律法规规定土地督察机构及其工作人员受何种部门、何种形式的监督？

国家土地督察制度建立以前，地方国土资源局隶属于国土资源部，对地方政府的用地行为也进行着相关的监督工作，国家土地督察制度建立以后，并不意味着剥夺了地方国土资源局的监督检查权，但要理顺土地督察机构与地方国土局及土地行政主管部门间的职能划分或关系。具体而言，地方国土局应当积极支持和配合土地督察局的监督检查工作，它们之间不存在领导与被领导的关系，但要确保能够避免多头管理、责任推诿等问题的出现。我们在上文中已经提出，应当将对土地利用情况的监督分为行政法制监督和行政监督检查，前者主要是指国家土地督察，后者是指土地监督检查。国家土地督察机构负责国家土地督察，主要是对政府机关的土地利用和管理情况进行监督检查，而地方政府土地管理机关则主要对非行政机关的单位和个人的土地利用情况进行监督检查。两者分工不同，职能也不同。

这里需注意的是，土地督察局直接隶属于国土资源部，这并不意味着土地督察机构的监督检查工作不受监督与制约，土地督察工作的有效开展，同样也需要各方面的监督与指导。土地督察局要受到国土资源部、各地土地督察局以及地方人民政府及其土地管理部门等的监督和制约，特别是要受到社会舆论和人民群众的监督。

（3）土地督察权的配置。土地督察制度在建立时，就注重将违法事件遏制在萌芽状态，加强了事前监督环节，但是事前的预防固然重要，事后的查处也不能放松。而在事后监督过程中，土地督察机构所拥有的权力，最有力的也只是对省级政府土地管理利用过程中的土地违法行为责令整改和问责建议，没有直接的强制的制裁措施。现行的土地督察权力配置对发现土地管理利用的违法行为有了相应的重视，但是对违法行为的改正没有赋予土地督察机构以相应的强制改正的权力，使土地督察机构所拥有的权力与其所肩负的重要使命不对称。

笔者认为应当赋予土地督察机构以处罚权和强制执行权。这里的处罚应当主要是指政治和人事方面的处罚，即土地督察机构有权对地方政府主要领导在土地管理和利用方面的违法、违纪、失策、失职行为，向当地人大或上级组织要求弹劾，对土地管理部门的主要领导人事任免和奖励方面的"一票否决权"。另外，土地督察权的行使必须有强制力作为保障。这里需要注意的是，土地督察机构只是监督检查机构，并非执法机构，所以其强制力并不是可以对主要负责人采取强制措施或直接进行刑事或行政处罚。土地督察机构可以通过其他方式强制实现其督察的目标，例如国家土地督察局在对地方政府提出整改意见后，已经派驻人员参与监督地方的土地整改执行过程，监督意见的落实情况和结果报告的整理、撰写和上缴。

（4）土地督察程序的设置。我国已经初步建立了包括启动程序、调查程序、督察决定程序以及决定的实施程序在内的土地督察程序，但是笔者认为，我国土地督察仅建立了行政监察程序的基本框架，有些制度还是立法空白。

为了及时预防和制止土地管理和利用中的违法违规行为，保证土地督察权力合法行使，充分发挥土地督察的功能，建立土地督察长效机制，笔者认为，应当从以下几个方面进行完善：

第一，将听证程序引入到土地督察程序中，充分听取被监督者和利益相关人的意见，使自身决策更加合理。例如建立专家咨询制度，或者通过座谈会、讨论会、论证会等方式获得群众的看法和意见等。

第二，土地督察审核机制的完善。笔者认为，要将审核情况进行说明，对地方政府必须接受整改的情况进行列举细化，使得土地督察更加有理有据。如《老挝土地法》就将土地管理各具体情况进行列举，防止出现由于规定过于宽泛而有法律漏洞可钻。同时，要进一步明确土地管理审批事项和法定职责这两个督察的主要事项的审批程序、指标内容和材料上报流程，使得督察工作开展时对地方政府的违法行为有更明确的衡量尺度和判定依据。

第三，信息反馈机制的完善。《国家土地督察条例（征求意见稿）》虽然规定了被监督者执行结果的报告义务，但是，就信息反馈的程序以及如何保证反馈信息的真实性未作规定。笔者认为可以从如下几个方面入手：一是规定向土地督察机构报告执行结果所需要提供的具体材料种类及其材料中的内容；二是明确土地督察机构对反馈材料进行审查的义务，审查的内容主要是违法主体是否按照土地督察机构的建议进行，在执行过程中是否存在其他违法违规行为，审查采取书面审查和实地调查相结合的方式；三是规定提交整改结果材料的期限和方式，相关机关应当在整改完成之日起15日内，以书面的形式，将有关材料报派驻地方的国家土地督察局；四是明确所提交的整改结果不真实或者不提交整改结果的法律责任，对于所反馈的信息不真实或者不提交的，应当追究地方政府主要负责人的法律责任。

(5) 土地督察的群众参与。国家土地督察制度的特点决定了这种监督是中央对地方的政府内部自我监督。改革开放以来，随着市场经济的发展，我国在政府机构改革、转变工作方式、促进政务公开等方面取得了很大成绩，但政府"暗箱操作"现象时有发生，政务公开的范围、内容和法制化程度与强化行政监督效能的要求还有一定距离。对公众而言，在这种政务公开程度下实施的国家土地督查制度，更显"神秘化"。国家土地督查制度实施以来，公众对这种新的土地管理制度及管理方式缺少深刻的了解，对在土地监督过程中发现违法违规行为的政治也缺乏了解和监督的途径，因此从这个层面上讲，土地监督机构的监督工作内容及实际操作方式、违法违规行为的处理方式及程度等，对公众都缺乏足够的透明度。

笔者认为，公众作为主体广泛参与到政府工作已成为一种不可避免的趋势，但在目前的国家土地督察相关法律法规或其他规定中对公众参与都流于形式化的规定。所以要真正健全国家土地督察法律法规体系，必须为公众参与国家土地督察出台专门的配套制度或规定，通过确立"人民监督员"等方式让其参与到国家土地督察发现违法行为、提出整改意见、违法行为整改过程监督和最终整改结果验收等全面过程中，这样也可以对上下级政府之间开展工作进行一种牵制，出台专门的制度规定后让公众参与有法可依，也更能提高土地督察工作的透明度和效率。

四、土地行政处罚的改进

虽然我国对土地违法科以行政处罚，但是通过近几年的实践情况来看，其效果还是存在不足。很多法律责任条款在具体执行过程中却存在诸多制约因素，难以落实到位，使得土地执法监管效果大打折扣，一定程度上也造成土地违法行为屡禁不止，耕地保护形势非常严峻。

1. 违法用地上建筑物的拆除

拆除违法用地上的建筑物，是当前土地执法中最为严格、最具震慑力的行政处罚措施,① 但现行《土地管理法》对此问题的规定却弊端重重，严重影响了土地执法效果。修订《土地管理法》时必须改变原有思路，通过对违法用地上建筑物拆除权的科学设置，有效解决土地执法难的问题。

(1) 法律规定方面的问题。根据《土地管理法》第 73 条和第 76 条的规定，对于违反土地利用总体规划将农用地改为建设用地的，要拆除非法转让或非法占用的土地上新建的建筑物和其他设施。从土地违法案件执法程序来看，对土地违法案件的查处要经过比较烦琐的程序，发现违法用地后，国土资源部门要履行下达责令停止违法行为通知书、立案、调查取证、听证、下达处罚决定等程序，一般需要 2~3 个月的时间,② 而当事人往往在这段时间内加紧建设，到下达处罚决定时很多违法建筑已成事实。

更为重要的是，《土地管理法》未赋予土地行政主管部门对违法用地上新建的建筑物和其他设施的强制拆除权，如果当事人拒不拆除，则应依照该法第 83 条的规定，依法申请人民法院强制执行。而按照《行政诉讼法》及其司法解释，对于行政机关下达的处罚决定，要在当事人享有的法定诉讼和复议期限届满后，才能申请法院强制执行。虽然《土地管理法》规定当事人对于拆除地上建筑物的处罚决定诉讼期限为 15 天，但是再加上 60 日的复议期限，到申请法院强制执行时，违法用地上的建筑物大多已经有人入住或建成投产，实际已难以拆除。

据了解，各地国土资源部门移交法院申请强制拆除的案件，真正执行到位的非常少，即使一些执行的也是在上级部门检查、督察的压力下，最后由地方政府组织拆除。国土资源部门在分析土地违法案件执行不到位的原因时，大多归责于法院，认为由于法院不作为，导致大量土地行政处罚案件久拖不决。客观地讲，法院执行涉及拆除的土地违法案件也存在很大的难度，主要受两方面因素的制约：一方面，目前法院多由行政庭受理土地非诉执行案件，经审核后直接予以执行或转交执行局执行，但面对数量较大的土地非诉执行案件，无论是行政庭还是执行厅都由于人手不足等原因，会有力不从心的感觉；另一方面，如上所述，等到国土资源部门将土地行政处罚案件送交法院强制执行的时候，违法建筑大多已经建成并且有人入住或投入使用，当事人出于自身利益的考虑，会百般阻挠执行，拆除每一宗违法用地都要花费大量的人力、物力，拆除的难度进一步加大。

(2) 拆除权应赋予地方政府。笔者认为，修订《土地管理法》时，应调整思路，把违法用地上建筑物的拆除权赋予地方政府，原因主要有以下几点：

---

① 这里需要说明的是，行政处罚行为从本质上来说是行政强制措施，属于广义上的行政强制。但是狭义上来说，行政强制与行政处罚并不相同。强制拆除违法用地之上的建筑物从严格意义上来说属于行政强制执行，而不是行政处罚。但是为了体系的完整，我们这里所称的"行政处罚"包括了强制拆除行为。
② 孙一铭：《强制执行率低的原因和对策》，《中国土地》2010 年第 8 期。

第一，地方政府对查处违法用地、拆除违法建筑的责任更大。在加强土地管理、坚守耕地红线方面，地方政府负有不可推卸的责任，特别是监察部、国土资源部等三部委联合发布的《违反土地管理规定行为处分办法》（15号令）实施以后，地方政府查处土地违法行为的责任进一步加大，对于"土地管理秩序混乱，致使一年度内本行政区域违法占用耕地面积占新增建设用地占用耕地总面积的比例达到15%以上或者虽然未达到15%，但造成恶劣影响或者其他严重后果的"，将对县级以上地方政府主要领导人员进行问责。在这种压力下，地方政府相对于人民法院而言，对于拆除违法用地上的建筑物的责任更大，更具主动性。

第二，地方政府在组织拆除违法建筑物方面更具优势。由于拆除违法用地上建筑物面临的阻力非常大，需要耗费大量的人力、物力和财力，地方政府相对于人民法院而言，在组织拆除地上建筑物方面更具优势，可以组织其所属的行政执法、公安等部门和基层政府工作人员，采取联合执法的方式来实施拆除，解决法院在这方面人力、物力不足的问题。

第三，《城乡规划法》已经赋予地方政府对违法建筑的拆除权。自2008年1月1日起施行的《城乡规划法》第68条规定，"城乡规划主管部门作出责令停止建设或者限期拆除的决定后，当事人不停止建设或者逾期不拆除的，建设工程所在地县级以上地方人民政府可以责成有关部门采取查封施工现场、强制拆除等措施。"这就意味着在城乡规划管理方面已经迈出了重要一步，将违法建筑的拆除权赋予了地方政府，而实践中同一违法建设行为可能既违反《土地管理法》的规定，同时又违反《城乡规划法》的规定，从土地和规划管理的角度都需要将违法建筑拆除。所以，《土地管理法》有必要在对违法建筑物的拆除方面与《城乡规划法》相一致，将拆除权赋予地方人民政府，促进行政执法的协调统一。

（3）关于办案时限的问题。由于当前土地违法案件查处程序烦琐，造成很多违法用地不能及时制止和处理，即使将来将违法用地上建筑物的拆除权赋予地方政府，也应建立案件快速处理机制。对于非法占用耕地特别是基本农田，严重违反土地利用总体规划的，要尽量缩短办案时限，案件承办人员应当在规定的期限内调查清楚并提出处理意见，及时组织拆除违法用地上新建的建筑物，防止给国家和当事人造成更大的损失。据悉，近期国土资源部正在酝酿出台《国土资源行政处罚办法》，对土地违法案件查处程序进行规范，希望能够对办案程序进行科学设置，便于对违法案件的及时、快速查处。

2. 关于没收的问题

没收也是土地违法案件行政处罚中一项重要的措施，既有对违法用地上建筑物的没收，也有对当事人非法所得的没收。但现行《土地管理法》对没收的规定存在过于笼统、不便操作等问题，应当在修订《土地管理法》时作出相应调整，增强法律规定的适用性和可操作性。

(1)关于没收建筑物法律条款的适用问题。按照《土地管理法》第73条和第76条的规定,对于非法占用或转让的土地,以是否符合土地利用总体规划为标准,分别对违法用地上的建筑物进行拆除或没收,如果非法转让、占用的土地符合土地利用总体规划,则地上建筑物应一律没收。由于土地违法案件大多发生在农村,其土地性质为集体所有,这就出现了没收地上建筑物后房屋与土地产权不一致的问题:没收的建筑物归国家所有,而建筑物所占用的土地归集体所有。将来政府处置没收的地上建筑物时,必然要受到一定的限制,还需要办理农用地转用和征地、供地手续,操作起来非常复杂。此外,对于违法用地上建筑物建到一定程度但尚未竣工的项目,政府对其没收了以后,又当如何处理呢?难道要组织人力、物力继续施工,再根据情况作出处理?

笔者认为,从土地执法监察实际出发,作为对地上建筑物的处理措施,应进一步缩小没收地上建筑物法律条款的适用范围,一般情况下只有符合土地利用总体规划,且可以保留下来用于公共设施、公益事业的项目才可以予以没收,并及时办理土地使用手续,其他的则全部予以拆除。

(2)关于没收建筑物的主体和程序问题。《土地管理法》规定了对于符合规划的违法用地,要没收违法用地上新建的建筑物和其他设施,但对于没收的具体操作程序,包括没收后移交给谁、如何对建筑物内的人员和物品予以腾空、如何对建筑物进行处置等问题,均没有明确的规定,导致在实际操作中对没收建筑物的处罚决定难以落实,大部分是罚款了事。

笔者认为,修订《土地管理法》时,应明确规定没收的主体和程序,在国土资源部门对违法用地上的建筑物作出没收的处罚决定以后,应移交政府财政部门,由其代表政府统筹安排处理。同时,对于已经有人入住或投入使用的建筑物,实施没收程序最关键的还是如何将建筑物内的人员和物品腾空,为下一步处置打好基础。这个问题可以按照拆除的程序,由地方人民政府组织相关政府部门来实施腾空,确保对违法用地上建筑物的产权没收能够执行到位。

关于没收和拆除地上建筑物的交叉适用问题。按照现行《土地管理法》规定,对违反土地利用总体规划擅自将农用地改为建设用地的,限期拆除在违法用地上新建的建筑物和其他设施;符合土地利用总体规划的,则要没收在违法用地上新建的建筑物和其他设施。但是,对于违法建筑一部分符合土地利用总体规划,一部分不符合土地利用总体规划的该怎么处罚?实践中这类问题很多,如果仅对符合规划的一部分进行没收,对不符合规划的其余部分予以拆除,那么一栋建筑物拆除了一部分后很可能失去其原有价值,没收剩余的部分还有何意义?

笔者认为,对于违法用地部分符合土地利用总体规划、部分不符合土地利用总体规划的情况,应从实际出发,参考以下几个因素作出相应的处理:对于符合土地利用总体规划的部分占到总违法用地面积的50%以上,且属于公益性质的违法用地或符合国家产业政策、经济效益好，能给人民生活、地方经济带来发展的优先发展产业项目应予以没收；对于不符合土地利用总体规划的部分占到总违法用地面积的50%以上或虽未达到50%但不属于公益性质或优先发展产业项目的，则应坚决予以拆除。

（3）关于没收非法所得的问题。没收非法所得也是土地行政处罚的一种重要方式。但现行《土地管理法》只规定了对非法转让土地方要没收非法所得，而并未规定对非法占地方或非法受让方是否没收非法所得。例如《土地管理法》第73条规定，买卖或者以其他形式非法转让土地的，由县级以上人民政府土地行政主管部门没收违法所得，但对受让方是否没收非法所得未作规定；第76条对非法占地行为法律责任的规定，也未规定是否没收占地方非法所得。

实际上，非法占地方或非法受让方利用土地也可能会有一定的收入，例如进行旧村改造的项目，在将楼房建设完毕并对外销售后，其违法所得的数额可能比较大，这种情况下如果只对占地方进行罚款，而不没收其非法所得，很难动摇违法者的根本利益，不会对其构成很大的冲击，执法效果将大打折扣。当然，这种情况下没收非法所得，需要进一步核实因违法用地产生的收益是多少，因为违法占地人的非法所得实际是土地、建筑、营销等多个因素综合产生的，这种情况下应通过评估来确定违法占地人（或非法转让土地案件中的受让方）通过非法占用土地取得的收益占多大比重，从而对其作出合理处罚。

此外，这里还涉及"没收非法所得"是否包含对所占用的土地进行没收的问题。对此，全国人大常委会法制工作委员会在《关于"没收非法所得"是否包含没收土地问题的答复》中指出，"没收非法所得不能解释为包含没收土地，对非法出卖自留地的农民，在给予没收非法所得和罚款的处罚后，可以不收回该自留地的使用权；同时，农村集体经济组织也可以对该自留地的使用权作出处理。"笔者认为，土地从集体变为国有只能有一种途径——征收，如果出现违法行为即没收集体土地，则会为有关单位和个人非法使用集体土地提供了依据，也会对集体土地所有权人的合法权益造成损害。所以，《土地管理法》所规定的"没收非法所得"不应包含对非法占用土地的没收。

3. 关于罚款的问题

罚款也是土地违法案件行政处罚中一项非常重要的处罚措施，在实际工作中适用最多、最为常见，几乎在每一类土地违法行为法律责任的规定中都有体现。但是现行《土地管理法》关于罚款的相关规定在具体操作中也存在一些问题，需要在修订《土地管理法》时予以改进和完善。

（1）进一步规范执法部门在罚款方面的自由裁量权。《土地管理法》第73条、第74条、第75条、第76条、第80条、第81条都规定了罚款的内容，但执法实践中却存在自由裁量权过大、容易造成权力滥用的问题，主要表现为以下两个方面：

第一，《土地管理法》对罚款的表述有"可以并处罚款"、"可以处以罚款"、"处以罚款"、"并处罚款"四种情况。其中"处以罚款"、"并处罚款"是硬性规定，对土地违法行为必须适用，但"可以并处罚款"、"可以处以罚款"却是可以选择适用的，由土地管理部门根据实际情况决定是否予以罚款。

第二，《土地管理法》对罚款的具体标准规定了较大幅度的自由裁量权，例如根据《土地管理法实施条例》的规定，对于非法占地行为的罚款额为"非法占用土地每平方米30元以下"，对于非法出让、转让或者出租集体土地的罚款额为"非法所得的5%以上20%以下"，这些条款都只规定了罚款额的上限，而对于具体罚款数额却没有明确规定。

由于上述原因，基层国土资源管理部门在作出罚款的处罚决定时，很容易有意无意地产生这样那样的问题：一方面，执法人员存在对《土地管理法》上述罚款规定如何准确理解与把握的问题，容易因理解的不同在具体执法中存在偏差；另一方面，执法人员也容易受到来自政府领导和相关部门等多方面的干预与干扰，对违法用地当事人予以"照顾"，对于"可以并处罚款"的直接不再罚款，对于仅有最高限额的罚款则按非常低的标准进行处罚等，严重影响了土地执法的严肃性和权威性，也容易造成权力的滥用和腐败。

应当指出的是，如果《土地管理法》限于篇幅的原因不宜对土地违法行为的罚款作出非常明确的规定，那么在《土地管理法》实施条例及其他相关法规规章中，应进一步细化对罚款的规定，减少自由裁量权。例如关于非法占地罚款的具体标准，可以区分基本农田、耕地、一般农用地、其他土地等几种情况，分别规定相应的处罚标准，以便实践中具体操作。

（2）适当提高罚款的额度。现行《土地管理法》及其实施条例颁布于1998年，至今已经有十多年时间，这期间经济、社会形势发生较大变化，特别是地价上涨幅度较大，由此给用地人带来的经济利益也直线飙升。如果修订《土地管理法》时还沿用原来的处罚标准，则当事人对其违法行为付出的代价与其可能获得的收益相比差距较大，难以起到震慑土地违法行为、有效保护耕地的效果，一些人可能会置国家法律法规于不顾，肆意占用土地。

针对当前土地违法行为屡禁不止、耕地保护形势日益严峻的现状，治乱就要用重典，要根据当前经济社会发展水平，适当提高对违法行为罚款的标准，让社会公众领会法律的精神，意识到土地违法行为对社会所造成的危害及其将因此付出的代价，从而促进对土地管理法律法规的自觉遵守，减少土地违法行为的发生。

（3）关于加处罚款的问题。加处罚款也是土地行政处罚案件中经常遇到的一个难题。按照《行政处罚法》第51条的规定，"当事人逾期不履行行政处罚决定

第十章 我国土地管理中的监督检查及归责制度

的,作出行政处罚决定的行政机关可以采取下列措施:(一)到期不缴纳罚款的,每日按罚款数额的3%加处罚款……"这里规定的"加处加罚"在促使当事人主动履行处罚决定、保障执行效果方面有着积极的作用,但在土地执法实践中会存在实际难以执行的尴尬。由于《行政处罚法》对加处罚款没有规定最高限额,如果当事人较长时间没有履行罚款的处罚决定,则将来行政机关申请法院强制执行时加处罚款的数额将非常大,使被处罚人无法承受,执行起来难度很大。①

按照《行政诉讼法》的规定,行政机关申请法院强制执行已经生效的行政法律文书,要在当事人法定起诉、复议期限届满之后才能提起,一个案件从行政处罚决定送达后,到起诉、复议期限届满要有60天甚至90天时间,扣除行政处罚法规定的15天履行期限,则被处罚当事人至少得缴纳60天的加处罚款,按3%计算,60天就是180%,也就是原处罚数额的1.8倍。而土地行政处罚案件的罚款数额一般都比较大,即计算加处罚款的基数比较大,以一个罚款1万元的案件为例,当事人仅加处罚款就要至少缴纳18万元,已经远远超出了罚款本身数额,显然不符合"罚当其罚"的要求。

为了解决上述问题,笔者认为在《行政处罚法》的修改工作尚未提上日程的情况下,可以先在修订《土地管理法》及其配套法规时对土地违法案件加处罚款的问题作出单独的规定,对加处罚款的数额规定上限,不能超过罚款本金数额的一定比例,从而更好地适应土地执法工作实际的需要。

五、土地犯罪规定的缺陷与补足

在上文中我们已经简单地介绍了土地犯罪的刑法规定,但是并没有深入地进行探讨。由于土地犯罪的内容非常繁多,限于篇幅原因,这里我们只对刑法规定的四种土地犯罪的缺陷和完善进行论述。

1. 非法转让、倒卖土地使用权罪的缺陷与补足

我国《宪法》明确规定:"任何组织或者个人不得侵占、买卖或者以其他形式非法转让土地。土地的使用权可以依照法律的规定转让。"也就是说,在我国,土地所有权除归国家和集体所有外,任何组织或者个人都不得拥有土地所有权。但是土地使用权可以进行转让前提是要依照法律的规定,如果没有依照法律规定进行转让,那么就是非法的转让土地使用权的行为。由于我国的土地市场正处于逐步发展阶段,国家的宏观调控和微观管理相对薄弱,导致非法转让、倒卖土地使用权的行为时有发生,且情节恶劣,破坏了国家对土地使用权合法转让、交易的管理制度,严重地扰乱了市场经济秩序,也破坏了我国的土地资源。鉴于非法

---

① 王波:《非诉行政案件执行之我见》,《人民法院报》2009年4月17日。

转让、倒卖土地使用权的行为通过采用行政制裁、民事制裁的手段并不能得到有效的抑制,考虑到这种行为所具有的严重社会危害性,为了保护我国有限的土地资源,禁止非法倒卖和转让土地使用行为,设非法转让、倒卖土地使用权罪,是非常必要的。关于非法转让、倒卖土地使用权罪的刑法规定和构成特征我们已经在上文中有所论述,在此不赘。这里我们主要谈谈这项土地犯罪的立法缺陷和不足。

非法转让、倒卖土地使用权罪的定罪标准存在着问题,因为在现行的《土地管理法》与《刑法》规定中,土地违法行为与土地犯罪行为的区分标准主要是数量上的区分。这容易使违法者在数量上找到差别,实施刑法不能追究的但是违法的转让、倒卖土地使用权的行为,只能按照行政处罚追究责任,这样可以利用行政处罚逃避刑事处罚。例如,非法转让、倒卖基本农用田土地使用权的数量在5亩以上,才可以追究刑事责任,没有达到此标准的,只能作为违法的行为,予以行政处罚。那么行为人可能采取每一次占用4亩的行为来达到转让、倒卖土地使用权的目的而又不触犯刑法。这样,违法转让、倒卖土地使用权的案件多,非法转让、倒卖土地使用权的犯罪案件少。违法所涉的面积总数往往大大地超过了犯罪所涉面积的总数,巨大的违法数量同样地对我国的土地资源也产生着巨大的危害。这样的规定,对保护土地资源没有起到实际作用。所以,有必要对非法转让、倒卖土地使用权的定罪标准进行重新界定。笔者认为转让、倒卖土地使用权的违法行为与犯罪行为的分界线不应拘泥于数量,而更应该重行为的过程和造成的损害结果。

2. 非法占用农用地罪的缺陷与补足

关于非法占用农用地罪的规定,主要有两点缺陷。

(1)"非法占用农用地改作他用,数量较大,造成农用地大量毁坏"的表述似乎可以理解为需要具备两个条件,即占用的农用地改作他用数量较大和造成农用地大量毁坏,只有具备这两个条件才能追究非法占用农用地罪。但是从这个罪名来看,并没有包含"毁坏"的内容,也就是说"非法占用农用地罪"要求只是占用农用地就可以了,并没要求"毁坏"农用地。所以说,此罪的罪名与具体内容不相符。从《刑法》及其司法解释来看,似乎非法占用农用地罪的客观行为的认定要求当事人的行为造成农用地大量毁坏。我们建议这个罪名可以修改为"非法占用、毁坏农用地罪",同时其条文改为"违反土地管理法规,非法占用农用地改作他用,数量较大,并且造成农用地大量毁坏的"。

(2)对土地保护的规定不够全面。我国《刑法》规定的破坏土地资源的犯罪中,直接破坏土地资源的犯罪仅有非法占用农用地罪,实践中大量破坏土地的行为并没有犯罪化,如破坏草原的行为、破坏性使用土地、损害土地质量的行为等。我国已有学者建议增设这方面的犯罪,有学者认为应增设破坏草原罪和损害土地质量罪。① 还有学者认为应规定破坏公用土地罪和污染土地罪。② 笔者认为这些建议应当值得肯定。

3. 非法批准征用占用土地罪（和非法低价出让国有土地使用权罪）的缺陷与补足

该罪为职务犯罪，而在我国《刑法》中职务土地犯罪不能以单位作为犯罪主体，这一规定具有一定的弊病，因为会出现为达到非法批准征用、占用土地使用权的人以单位的名义进行非法批准征用与占用土地使用权，以单位集体讨论、集体决策的形式规避犯罪。根据"法无明文规定不为罪"的原则，没有单位犯罪的规定，就不能以单位犯罪给予刑法处罚。那么是否可以对集体讨论与决策中的非法批准征用占用土地的人给予刑事处罚呢？这里就有问题需要进行讨论。因为批准土地征用是由集体讨论，集体作出决定，少数服从多数，执行的也是集体的决策，那么非法批准征用、占用土地的行为的主观基础为集体决策，而非个人意志。集体决策中，执行集体讨论之决策，并非是集体中每个人的意思，有可能其中某人不同意集体讨论的意见。如果将集体决策的所有人都定罪，显然对于某些人是不公平的。但是在现实中确实有一些单位为了自己单位的利益非法批准征用占用土地，这种情况也是存在的。笔者认为，没有单位犯罪的规定，不利于打击土地管理运行中为牟取非法的集体利益而非法利用职权的行为，而且在现实中，政府违法征收占用土地的情况非常严重，如果仅仅依靠行政处分的手段很难达到规制的效果，所以有必要对其进行刑事制裁。

本罪规定以"徇私"为动机，所谓徇私，一般是指行为人由于贪图私利、照顾私情等原因。这种规定对于构成本罪要求过于苛刻。实际上根据我国《刑法》第 397 条规定的渎职罪等都没有将徇私舞弊作为必要的构成要件，而是作为加重处罚的条件加以规定。修正案对"国有企业公司人员渎职罪"的修改也是将原来作为必备要件的"徇私舞弊"作为处罚的加重条件，这些立法意图可以看出立法者不再将徇私舞弊作为构成要件处理。笔者认为，需要以后的立法对此加以修改。但是目前造成我国土地大面积流失和土地市场混乱的一个主要原因就是地方政府部门的大量非法、违法圈地造成的，其公开打出的旗号是"为了公共利益"、"为了发展本地经济"，统称为"为公违法"，这种为了本单位、集体的利益，滥用职权违法破坏土地资源的行为，应当构成《刑法》第 410 条规定的非法批准征用、占用土地罪与非法低价出让国有土地使用权罪，笔者认为该《刑法》条文中的"徇私"应当包括"徇单位、集体之私"。

---

① 王蓉:《论我国刑法应当规定而尚未规定的环境犯罪》,《环境资源法论丛》（第 3 卷）,法律出版社 2003 年版,第 170–177 页。
② 付立忠:《环境刑法学》,中国方正出版社 2001 年版,第 358–371 页。

还有一个问题就是该罪的罪名，因为2004年《宪法修正案》已经将"土地征用"改为"土地征收和征用"，而《刑法》中关于此罪的规定较早，所以有必要对该罪的罪名和具体条文表述进行一定的修改。《物权法》已经对原来的"国有土地使用权"进行了物权化改造，使用了"建设用地使用权"这一概念，所以也有必须要对非法低价出让国有土地使用权罪进行修改。

参考文献

白呈明:《"农户"内部法律关系解析》,《法学论坛》2003 年第 4 期。
陈锋:《中国古代的土地制度与田赋征收》,《清华大学学报》(哲学社会科学版) 2007 年第 4 期。
晁乐红、陈林娟:《农村宅基地管理制度探析》,《台州学院学报》2006 年第 1 期。
崔建远:《我国物权法应选取的结构原则》,《法制与社会法》1995 年第 3 期。
崔建远:《土地上的权利群论纲——我国物权立法应重视土地上权利群的配置与协调》,《中国法学》1998 年第 4 期。
曹建民:《土地承包经营权物权化的意义》,《中国土地》2005 年第 1 期。
陈矫健:《建设项目用地预审是行政许可吗》,《浙江国土资源》2009 年第 5 期。
陈利根主编:《土地法学》(第二版),中国农业出版社 2008 年版。
陈明:《农地产权制度创新与农民土地财产权利保护》,湖北人民出版社 2006 年版。
陈甦:《论土地权利与建筑物权利的关系》,《法制与社会发展》1998 年第 6 期。
陈锡文:《公益性征地私人理应吃亏毫无道理》,http://finance.ifeng.com/news/20101001/2676655.shtml,访问时间 2010 年 9 月 29 日。
陈志刚、王青、赵小风、黄贤金:《中国土地违法现象的空间特征及其演变趋势分析》,《资源科学》2010 年第 7 期。
曹务坤:《农村土地承包经营权流转研究》,知识产权出版社 2007 年版。
陈立夫:《土地法研究》,(台湾)新学林出版股份有限公司 2007 年版。
[德] 哈特穆特·毛雷尔:《行政法学总论》,法律出版社 2000 年版。
丁关良:《〈物权法〉中"土地承包经营权"条文设计研究》,《浙江大学学报》(人文社会科学版) 2005 年第 2 期。
丁关良:《土地承包经营权基本问题研究》,浙江大学出版社 2007 年版。
丁文:《土地征收救济机制之比较研究》,《法学评论》2008 年第 1 期。
迪特尔·梅迪库斯:《德国民法总论》,邵建东译,法律出版社 2001 年版。
范力军:《农村宅基地即将入市》,《中国农村科技》2007 年第 6 期。
付立忠:《环境刑法学》,中国方正出版社 2001 年版。
符启林:《房地产法》(第四版),法律出版社 2009 年版。
房绍坤:《物权法·用益物权编》,中国人民大学出版社 2007 年版。

房绍坤、王洪平:《不动产征收法律制度纵论》,中国法制出版社 2009 年版。
房绍坤:《关于用益物权体系的三个问题》,《金陵法律评论》2005 年春季卷。
房绍坤:《用益物权三论》,《中国法学》1996 年第 2 期。
范愉:《非诉讼程序教程》,中国人民大学出版社 2002 年版。
顾昂然:《关于〈中华人民共和国农村土地承包法(草案)〉修改情况的汇报》,《全国人民代表大会常务委员会公报》2002 年第 5 期。
关涛:《我国土地所有权制度对民法典中物权立法的影响》,《法学论坛》2006 年第 2 期。
郭明瑞主编:《中华人民共和国物权法释义》,中国法制出版社 2007 年版。
郭明瑞:《关于我国物权立法的三点思考》,《中国法学》1998 年第 2 期。
郭明瑞:《关于宅基地使用权的立法建议》,《法学论坛》2007 年第 1 期。
郭明瑞、唐广良、房绍坤:《民商法原理(二)——物权法知识产权法》,中国人民大学出版社 1999 年版。
高延利:《土地权利理论与方法》,中国农业出版社 2008 年版。
高圣平:《土地管理法修改专题之二:建设用地使用权设立规则研究——兼及〈土地管理法〉与〈房地产管理法〉之间调整范围的区分》,《中国土地》2009 年第 11 期。
高圣平:《宅基地性质再认识》,《中国土地》2010 年第 1 期。
高圣平:《物权法:原理·规则·案例》,清华大学出版社 2007 年版。
关涛:《大陆法系民法中的人役权》,《法学论坛》2003 年第 6 期。
胡康生:《中华人民共和国土地承包法释义》,法律出版社 2002 年版。
胡吕银:《土地承包经营权的物权重构》,《扬州大学》(人文社会科学版)2004 年第 5 期。
胡吕银:《土地承包经营权的物权法分析》,复旦大学出版社 2004 年版。
贺日开:《我国征地补偿安置争议裁决机制构建研究》,《江海学刊》2008 年第 2 期。
韩俊、李果:《征地制度改革与失地农民权利保护》,《调查研究报告》(国土资源部内部资料)专刊 48 期。
韩松:《论土地法律制度体系》,《政法论坛》1999 年第 5 期。
韩松:《关于土地承包经营权调整的立法完善》,《法学杂志》2010 年第 12 期。
黄松有主编:《〈中华人民共和国物权法〉条文理解与适用》,人民法院出版社 2007 年版。
黄松有:《农村土地承包法律、司法解释导读和判例》,人民法院出版社 2005 年版。
胡建淼主编:《行政法教程》,法律出版社 1996 年版。
胡廷松、汪琴:《论农村宅基地使用权流转制度》,《内蒙古农业大学学报》2007 年第 4 期。
梁慧星主编：《中国民法典草案建议稿附理由·物权编》，法律出版社 2005 年版。
黄祖辉等：《我国土地制度与社会经济协调发展研究》，经济科学出版社 2010 年版。
J.STOTER 等：《三维地籍》，《国土资源情报》2002 年第 9 期。
姜建明：《改革完善建设用地审批制度》，《浙江国土资源》2008 年第 12 期。
姜明安主编：《行政法与行政诉讼法》（第三版），高等教育出版社、北京大学出版社 2007 年版。
江平主编：《中国土地立法研究》，中国政法大学出版社 1999 年版。
江平主编：《中华人民共和国物权法精解》，中国政法大学出版社 2007 年版。
江平：《中国物权法教程》，知识产权出版社 2007 年版。
江义雄：《日本法上公用征收补偿制度之探讨》，《中正大学法学集》1999 年第 13 期。
卡尔·拉伦茨：《德国民法通论》，王晓晔、邵建东、程建英、徐国建、谢怀栻译，法律出版社 2003 年版。
蒋序刚：《无偿收回土地使用权的成立条件——城镇国有土地使用权出让和转让暂行条例第十七条解析》，《中国土地》2005 年第 2 期。
刘保玉：《物权法》，中国法制出版社 2007 年版。
林甘泉：《中国封建土地制度史》（第一卷），中国社会科学出版社 1990 年版。
梁慧星：《中国物权法草案建议稿附理由》（第二版），社会科学文献出版社 2007 年版。
梁慧星：《中国物权法研究》，法律出版社 1998 年版。
梁慧星：《民法总论》（第三版），法律出版社 2007 年版。
梁亚荣、王崇敏：《不动产登记机构设置探析》，《法学论坛》2009 年第 1 期。
刘道元、谭奕和：《土地征收中集体土地权利研究：基于物权法视角之思考》，《法学杂志》2007 年第 3 期。
刘俊：《论土地法律体系的建立与完善》，《现代法学》1993 年第 3 期。
刘俊：《中国土地法理论研究》，法律出版社 2006 年版。
刘俊：《划拨土地使用权的法律问题研究》，《江西社会科学》2007 年第 1 期。
柳经纬：《我国土地权利制度的变迁与现状——以土地资源的配置和土地财富的分配为视角》，《海峡法学》2010 年第 1 期。
李蕾、陈成：《西班牙〈土地法〉介绍及其对我国〈土地管理法〉修改的启示》，《国土资源情报》2007 年第 10 期。
李集合、邹爱勇：《土地征收补偿之同地同价的理性分析》，《河北法学》2009 年第 9 期。
刘庆：《论国有土地使用权与建筑物所有权的关系》，安徽大学 2007 年硕士学位论文。

刘绍先、张传毅：《收回国有土地使用权法律适用若干疑难问题探析》，《山东审判》2010年第1期。

刘燕：《由房地产权登记谈不动产统一登记制度》，《中国土地》2006年第1期。

刘云生：《永佃权之历史解读与现实表达》，《法商研究》2006年第1期。

刘杨、黄贤金、吴晓洁：《失地农民的维权行为分析——以江苏省铁本事件征地案件为例》，《中国土地科学》2006年2月。

林少波：《浅谈土地执法监察难现象、原因及对策》，《广东土地科学》2006年第3期。

梁光明：《俄罗斯〈国家土地督察条例〉》，http：//www.wh.gjtddc.gov.cn/dcsy/200809/t20080917_8773.htm。

李凤章：《登记生效主义和登记对抗主义的比较考察》，《贵州大学学报》2004年第6期。

李元：《依法推行征地补偿安置争议裁决制度 切实维护社会稳定》，《国土资源通讯》2006年第3期。

李元、吕萍主编：《土地行政学》，中国人民大学出版社2006年版。

李延敏、罗剑朝：《国外农地金融制度的比较及启示》，《财经问题研究》2005年第2期。

龙开胜：《农村集体建设用地流转：演变、机理与调控》，南京农业大学2009年博士学位论文。

龙翼飞：《完善我国土地立法的思考》，《中国土地科学》1996年第5期。

梁治平：《清代习惯法：社会与国家》，中国政法大学出版社1996年版。

罗豪才、宋功德：《行政法的失衡与平衡》，《中国法学》2001年第2期。

罗豪才：《行政法学》，北京大学出版社1996年版。

罗豪才主编：《现代行政法制的发展趋势》，法律出版社2004年版，第334页。

曼弗雷德·沃尔夫：《物权法》，吴越、李大雪译，法律出版社2002年版。

毛泽东：《毛泽东选集》（第4卷），人民出版社1991年版。

毛雷尔：《行政法学总论》，高家伟译，法律出版社2000年版，第662-667页。

孟勤国：《中国物权法草案建议稿》，《法学评论》2002年第5期。

孟勤国：《物权二元结构论——中国物权制度的理论重构》，人民法院出版社2004年版。

马怀德：《行政法与行政诉讼法》，中国法制出版社2007年版，第54-56页。

马栩生：《论城市地下空间权的物权登记规则》，《法学杂志》2010年第8期。

马茹萍：《完善我国土地使用权租金制度之法律反思》，《辽宁大学学报》（哲学社会科学版）2010年第4期。

马特:《土地承包经营权流转刍议——兼评〈物权法〉第一百二十八条》,《河北法学》2007年第11期。

梅夏英、高圣平:《物权法教程》,中国人民大学出版社2007年版。

钱明星:《我国物权法的调整范围、内容特点及物权体系》,《中外法学》1997年第2期。

蒲坚:《中国历代土地资源法制研究》,北京大学出版社2006年版。

皮纯协、胡锦光:《行政法与行政诉讼法教程》,中央广播电视大学出版社1996年版。

全国人大常委会法工委:《中华人民共和国物权法释义》,法律出版社2007年版。

全国人民代表大会常务委员会法制工作委员会民法室:《物权法立法背景与观点全集》,法律出版社2007年版。

史伯强、卢源源:《国外土地管理监督的经验及对我国土地监察制度的启示》,http://www.cxs.gov.cn/file_bm_read.aspx?id=31444。

宋从越:《农村土地承包经营权物权性流转》,《阴山学刊》2006年第6期。

上海市房地产登记处:《不动产登记机关的审查职责研究》,《房地产权产籍》2010年第3期。

史尚宽:《土地法原论》,正中书局印行1975年版。

沈守愚:《土地法学通论》,中国大地出版社2002年版。

孙宪忠:《论我国土地权利制度的发展趋势》,《中国土地科学》1997年第6期。

宋志红:《土地承包经营权入股的法律性质辨析》,《法学杂志》2010年第5期。

孙一铭:《强制执行率低的原因和对策》,《中国土地》2010年第8期。

佟绍伟、蔡卫华:《城市房屋拆迁实质是土地使用权的收回与补偿》,《中国国土资源经济》2010年第6期。

吴春岐、孙广青:《房屋拆迁冲突的法律制度性成因分析——兼谈相关立法完善》,《中国房地产》2010年第12期。

吴芳:《出让土地使用权提前收回法律研究》,西南政法大学2008年硕士学位论文。

韦德:《行政法》,徐炳译,中国大百科全书出版社1993年版。

汪军民:《土地利用制度的法经济学思考——兼论我国古代土地制度的法律特征》,《武汉大学学报》(哲学社会科学版)2008年第3期。

汪秀莲、王静主编:《日本韩国土地管理法律制度与土地利用规划制度及其借鉴》,中国大地出版社2004年版。

王雪峰、葛燕平:《当前土地违法行为的原因分析及其对策》,《国土资源》2008年8月号。

王君、朱玉碧、郑财贵:《对城乡建设用地增减挂钩运作模式的探讨》,《农村经济》,2007年第8期。

中国土地法体系构建与制度创新研究

王利明:《物权法研究》(修订版),中国人民大学出版社2007年版。
王利明:《中国民法典学者建议稿及立法理由(物权编)》,法律出版社2005年版。
王利明主编:《中国民法典草案建议稿及说明》,中国法制出版社2004年版。
王利明:《民法》,中国人民大学出版社2008年版。
王利明:《民法新论》,中国政法大学出版社1998年版。
王利明:《〈物权法〉颁布后土地承包经营权征收中的若干法律问题》,《法学》2009年第5期。
王明锁:《论我国他物权体系的整合与重构》,《政法论坛》2005年第2期。
王胜明主编:《中华人民共和国物权法解读》,中国法制出版社2007年版。
王胜明:《试论个体工商户、农村承包经营户》,《中国法学》1986年第4期。
王雪峰、葛燕平:《当前土地违法行为的原因分析及其对策》,《国土资源》2008年8月号。
温世扬、廖焕国:《物权法通论》,人民法院出版社2005年版。
温世扬:《征收、拆迁与不动产物权变动及其相关立法问题》,《福建政法管理干部学院学报》2008年第4期。
王波:《非诉行政案件执行之我见》,《人民法院报》2009年4月17日。
王蓉:《论我国刑法应当规定而尚未规定的环境犯罪》,《环境资源法论丛》(第3卷),法律出版社2003年版。
王晓慧、李志君:《土地承包经营权的性质与制度选择》,《当代法学》2006年第4期。
王名扬:《法国行政法》,北京大学出版社2007年版。
王名扬:《英国行政法》,中国政法大学出版社1995年版。
王万茂主编:《土地利用规划学》(第7版),中国大地出版社2008年版。
王卫国:《中国土地权利研究》,中国政法大学出版社1997年版。
王艳玲:《我国农村集体建设用地使用权流转的制度变革》,《北方经济》2008年第2期。
王泽鉴:《民法物权》(第二版),北京大学出版社2010年版。
王泽鉴:《民法物权2:用益物权·占有》,中国政法大学出版社2001年版。
王泽鉴:《民法总则》(增订版),中国政法大学出版社2001年版。
吴冠岑、牛星:《构建城乡一体化的建设用地市场探讨》,《广东土地科学》第8卷第4期。
魏振瀛、王贵国:《市场经济与法律》,北京大学出版社1995年版。
徐纯先:《论民法之平等原则》,《广西社会科学》2002年第6期。
徐先友:《青岛住宅土地使用权续期的标本意义》,《中华民居》2009年第4期。
解玉娟:《农村宅基地使用权性质探析》,《河南省政法管理干部学院学报》2008年第 3 期。

谢哲胜：《不动产财产权的自由与限制———以台湾地区的法制为中心》，《中国法学》2006 年第 3 期。

尹飞：《物权法·用益物权》，中国法制出版社 2005 年版。

严金明：《土地立法与〈土地管理法〉修订探讨》，《中国土地科学》2004 年第 18 卷第 1 期。

杨建顺：《司法裁判、裁执分离与征收补偿——〈国有土地上房屋征收与补偿条例〉的权力博弈论》，《法律适用》2011 年第 6 期。

杨立新：《疑难民事纠纷司法对策》，吉林人民出版社 1998 年版。

杨磊：《国土部宣战小产权房》，《南风窗》2010 年 3 月 3 日。

杨明：《完善征地补偿安置争议协调裁决制度的思考》，《资源与人居环境》2006 年第 7 期。

应松年主编：《行政法与行政诉讼法》（第二版），法律出版社 2009 年版。

姚洋：《中国农地制度：一个分析框架》，《中国社会科学》2000 年第 2 期。

张东伟：《建设用地使用权法律适用与疑难释解》，中国法制出版社 2008 年版。

张正刊：《行政法学》，中国人民大学出版社 1999 年版。

中国物权法研究课题组：《中国物权法草案建议稿条文、说明、理由与参考立法例》，社会科学文献出版社 2003 年版。

中国人民银行三明市支行：《农村土地承包经营权流转与抵押信贷的实践与探索》，《福建金融》。

朱虎：《土地承包经营权流转中的发包方同意——一种治理的视角》，《中国法学》2010 年第 2 期。

朱金东：《建设用地使用权分层设立问题研究》，《理论导刊》2009 年第 12 期。

朱景文主编：《法理学》，中国人民大学出版社 2008 年版。

朱中原：《土地督察制度难跃陷阱》，《中国改革》2007 年第 4 期。

曾庆敏主编：《精编法学辞典》，上海辞书出版社 2000 年版。

张红霞：《罗马法上的永佃权制度与我国农地承包经营制度的改革》，《法学》1999 年第 9 期。

张昌民、张海龙：《不动产登记审查应摒弃实质与形式之分》，《人民法院报》2010 年 3 月 3 日。

张国庆主编：《行政管理学概论》，北京大学出版社 1990 年版。

张晋藩：《中华法制文明的演进》（修订版），法律出版社 2010 年版。

张晋藩：《中华法系特点再议》，《江西社会科学》2005 年第 8 期。

张履鹏、孙陶生、李扬、张翔迅：《中国农田制度变迁与展望》，中国农业出版社 2009 年版。

张文显:《法理学》(第二版),高等教育出版社、北京大学出版社 2003 年版。

赵俪生:《中国土地制度史》,齐鲁书社 1982 年版。

赵忠君:《论新形势下的集体建设用地流转与城乡土地市场构建》,《安徽农学通报》2010 年第 7 期。

钟京涛:《我国土地立法评价》,《国土资源科技管理》2003 年第 3 期。

朱景文:《比较法社会学的框架和方法——法制化、本土化和全球化》,中国人民大学出版社 2001 年版。

朱岩:《"宅基地使用权"评释评〈物权法草案〉第十三章》,《中外法学》2006 年第 1 期。

张平华:《农村土地承包权的个案调查与研究》,载王利明主编:《物权法专题研究》,吉林人民出版社 2002 年版。

左平良:《土地承包经营权流转法律问题研究》,中南大学出版社 2007 年版。

赵旭东主编:《公司法学》(第二版),高等教育出版社 2006 年版。

郑晓俐、占超:《我国土地违法行为现状及治理对策》,《池州学院学报》2007 年第 6 期。

索 引

B

补偿 11, 16, 17, 18, 40, 43, 62, 64, 65, 66, 67, 68, 69, 70, 79, 99, 101, 102, 107, 119, 120, 121, 122, 123, 129, 151, 153, 154, 155, 156, 162, 181, 205, 206, 208, 209, 210, 211, 212, 213, 214, 215, 218, 219, 220, 221, 222, 225, 226, 227, 228, 229, 230, 231, 232, 233, 234, 235, 236, 237, 238, 239, 240, 241, 242, 243, 244, 245, 246, 247, 248, 249, 250, 251, 252, 253, 254, 255, 256, 257, 258, 259, 281

搬迁 18, 162, 182, 212, 214, 215, 216, 218, 219, 221, 222, 223, 236, 237, 251

C

产权 3, 5, 13, 18, 39, 40, 41, 47, 52, 53, 55, 57, 58, 59, 72, 90, 100, 101, 104, 107, 118, 120, 121, 126, 141, 142, 143, 155, 156, 160, 161, 163, 165, 169, 172, 176, 180, 181, 183, 192, 193, 197, 198, 201, 202, 204, 205, 206, 207, 208, 209, 212, 214, 215, 217, 218, 219, 220, 228, 230, 236, 247, 252, 302

创新 14, 21, 31, 33, 35, 37, 39, 41, 43, 45, 47, 49, 51, 53, 55, 57, 59, 61, 63, 65, 67, 69, 71, 73, 75, 77, 79, 81, 83, 85, 87, 89, 91, 93, 95, 97, 99, 101, 103, 105, 107, 109, 111, 113, 115, 117, 119, 121, 123, 125, 127, 129, 131, 133, 135, 137, 139, 141, 143, 145, 147, 149, 151, 153, 155, 157, 159, 161, 163, 165, 167, 169, 173, 175, 177, 178, 179, 181, 183, 185, 187, 189, 191, 193, 195, 197, 199, 201, 203, 205, 207, 209, 211, 213, 215, 217, 219, 221, 223, 228, 247

城乡建设用地增减挂钩 157, 158, 159, 160, 161, 162, 182

程序 3, 16, 17, 18, 45, 55, 61, 62, 64, 65, 68, 70, 71, 73, 74, 94, 103, 110, 111, 113, 114, 119, 120, 122, 127, 132, 135, 136, 137, 144, 149, 163, 166, 168, 169, 178, 179, 182, 185, 192, 199, 202, 204, 205, 206, 208, 209, 210, 211, 212, 215, 221, 222, 229, 230, 231, 235, 237, 238, 239, 240, 244, 245, 246, 247, 248, 249, 252, 255, 257, 258, 264, 268, 269, 273, 274, 281, 282, 287, 294, 295, 298, 300, 301, 302

D

登记 4, 9, 10, 18, 29, 46, 47, 48, 49, 50, 83, 86, 88, 90, 91, 97, 98, 103, 105, 106, 107, 112, 113, 121, 123, 137, 139, 141, 143, 165, 166, 167, 168, 169, 170, 171, 172, 173, 174, 175, 176, 177, 178, 179, 180, 181, 182, 183, 184, 185, 186, 187, 188, 189, 190, 191, 192, 193, 194, 195, 196, 197, 198, 199, 200, 201, 202, 203, 204, 230, 231, 232, 237, 239, 246, 247, 248, 249, 265, 268, 283, 284

登记机构 90, 105, 123, 173, 174, 175, 176, 177, 178, 179, 185, 189, 191, 193, 195, 196, 197, 199, 202, 203, 204

F

法律 1, 2, 3, 4, 5, 6, 7, 8, 9, 10, 11, 12, 13, 14, 15, 16, 17, 18, 19, 23, 24, 25, 26, 27, 28, 29, 31, 32, 33, 34, 35, 36, 37, 38, 39, 40, 41, 42, 43, 44, 45, 46, 47, 48, 49, 50, 51, 52, 53, 54, 55, 56, 57, 58, 59, 60, 61, 62, 63, 65, 66, 67, 68, 69, 70, 71, 72, 73, 74, 75, 76, 77, 78, 79, 80, 81, 82, 83, 84, 85, 86, 87, 88, 89, 90, 91, 92, 93, 94, 95, 97, 98, 99, 100, 101, 102, 103, 104, 105, 106, 107, 108, 109, 111, 112, 113, 114, 115, 116, 117, 118, 119, 120, 121, 122, 123, 125, 126, 127, 128, 129, 130, 131, 132, 133, 134, 135, 136, 137, 138, 139, 140, 141, 142, 143, 145, 146, 147, 148, 149, 150, 151, 152, 153, 154, 155, 156, 157, 159, 161, 162, 163, 165, 166, 167, 169, 171, 172, 173, 174, 175, 176, 177, 178, 179, 180, 181, 182, 183, 184, 185, 187, 188, 189, 190, 191, 192, 193, 195, 197, 198, 199, 200, 201, 203, 205, 206, 207, 208, 209, 210, 211, 212, 213, 214, 215, 216, 217, 218, 219, 221, 222, 223, 225, 226, 228, 230, 231, 232, 234, 237, 238, 239, 240, 241, 244, 245, 247, 249, 252, 253, 254, 255, 256, 258, 261, 262, 263, 264, 265, 266, 267, 268, 269, 270, 271, 272, 273, 274, 275, 277, 278, 279, 280, 281, 282, 283, 284, 285, 286, 287, 288, 289, 290, 291, 292, 294, 295, 296, 297, 298, 299, 300, 301, 302, 303, 304, 305, 307

法规 2, 4, 5, 9, 10, 12, 13, 17, 27, 35, 42, 43, 45, 49, 55, 57, 58, 60, 62, 68, 70, 74, 79, 81, 84, 87, 88, 92, 93, 99, 101, 102, 103, 104, 107, 108, 111, 112, 114, 121, 127, 128, 130, 134, 136, 137, 138, 139, 140, 142, 145, 146, 162, 163, 165, 166, 167, 175, 176, 181, 182, 192, 194, 195, 198, 199, 209, 210, 211, 216, 217, 218, 225, 226, 228, 231, 232, 238, 240, 241, 247, 251, 252, 253, 256, 261, 262, 263, 265, 266, 267, 268, 269, 270, 271, 273, 274, 275, 276, 277, 278, 280, 283, 286, 287, 288, 290, 291, 292, 294, 295, 296, 297, 299, 304, 305, 306

房地产统一登记 197, 198, 199, 200, 201, 202, 203, 204

G

公法 5, 11, 12, 100, 101, 165, 206, 207

管理 2, 3, 4, 5, 6, 7, 8, 9, 10, 11, 12, 13, 15, 16, 17, 18, 19, 27, 28, 29, 31, 35, 42, 44, 46, 48, 49, 56, 57, 58, 60, 67, 68, 72, 75, 76, 77, 79, 80, 81, 83, 84, 85, 86, 87, 90, 92, 93, 94, 95, 99, 100, 101, 102, 103, 104, 105, 106, 107, 108, 109, 110, 111, 112, 114, 115, 116, 117, 119, 120, 121, 123, 127, 128, 131, 132, 134, 135, 136, 137, 138, 139, 140, 141, 142, 143, 144, 145, 146, 147, 149, 150, 151, 152, 153, 154, 157, 158, 159, 160, 161, 162, 163, 165, 166, 169, 178, 180, 182, 184, 185, 187, 188, 189, 191, 192, 194, 197, 198, 199, 200, 201, 202, 203, 204, 205, 206, 209, 211, 213, 216, 225, 228, 229, 231, 233, 234, 235, 268, 240, 241, 242, 244, 245, 246, 247, 248, 251, 252, 254, 255, 258, 259, 261, 262, 263, 265, 266, 267, 268, 269, 270, 271, 272, 273, 274, 275, 276, 277, 278, 279, 280, 281, 282, 283, 284, 285, 286, 287, 288, 289, 290, 291, 292, 293, 294, 295, 296, 297, 298, 299, 300, 301, 302, 303, 304, 305, 306, 307

规章 2, 4, 9, 10, 12, 49, 81, 114, 134, 181, 182, 185, 198, 268

构建 1, 3, 4, 5, 7, 9, 11, 12, 13, 15, 17, 19, 26, 28, 29, 82, 131, 135, 163, 164, 165, 197, 202, 246, 256

国有 6, 7, 8, 9, 11, 17, 19, 21, 22, 23, 24, 25, 26, 27, 28, 29, 32, 35, 37, 41, 42, 57, 75, 76, 77, 78, 79, 80, 82, 83, 84, 85, 86, 87, 92, 93, 94, 95, 96, 99, 100, 101, 102, 103, 104, 105, 106, 107, 112, 113, 116, 117, 119, 120, 121, 122, 123, 129, 130, 141, 142, 144, 145, 146, 147, 149, 150, 151, 152, 154, 157, 161, 163, 164, 165, 167, 168, 169, 170, 171, 172, 181, 182, 183, 188, 191, 192, 193, 200, 204, 205, 207, 209, 210, 211, 213, 214, 215, 216, 217, 218, 219, 220, 221, 222, 223, 226, 227, 237, 239, 243, 250, 252, 264, 271, 275, 277, 279, 282, 283, 284, 288, 296, 303, 306, 307, 308

概念 4, 5, 6, 12, 27, 33, 35, 36, 37, 38, 44, 56, 75, 76, 77, 78, 79, 80, 81, 82, 83, 84, 85, 88, 90, 93, 130, 131, 147, 155, 165, 174, 201, 206, 217, 230, 258, 263, 265, 266, 278, 280, 290, 291, 292, 308

国有土地上房屋 79, 119, 154, 205, 207, 209, 211, 213, 215, 216, 217, 218, 219, 221, 222, 223, 252

公共利益 17, 18, 29, 52, 62, 65, 101, 102, 114, 118, 119, 122, 205, 206, 207, 208, 209, 211, 213, 214, 216, 217, 218, 219, 220, 225, 230, 237, 238, 240, 244, 250, 252, 253, 257, 278, 296, 307

归责 261, 262, 263, 265, 267, 269, 271, 273, 274, 275, 277, 279, 281, 283, 284, 285, 287, 288, 289, 290, 291, 293, 295, 297, 299, 300, 301, 303, 305, 307

J

经济法 3，12，13，93

建设用地 3，5，6，7，8，9，10，11，14，15，17，19，25，26，46，49，57，66，75，76，77，78，79，80，81，82，83，84，85，86，87，89，90，91，92，93，94，95，96，97，98，99，100，101，102，103，104，105，106，107，108，109，110，111，112，113，114，115，116，117，118，119，120，121，122，123，129，130，131，132，133，136，140，141，142，143，145，146，147，148，149，150，151，152，153，154，155，156，157，158，159，160，161，162，163，164，165，168，169，170，171，172，181，182，183，184，185，190，191，193，199，213，220，226，228，242，261，265，268，273，278，279，282，283，293，300，301，302，308

建设用地使用权 5，6，7，8，11，14，15，25，26，49，57，75，76，77，78，79，80，81，82，83，84，85，86，87，88，89，90，91，92，93，94，95，96，97，98，99，100，101，102，103，104，105，106，107，108，109，111，113，115，116，117，118，119，120，121，122，123，129，130，131，132，133，141，143，146，147，149，150，151，152，153，154，155，156，157，160，161，163，165，168，169，170，171，172，181，183，184，190，191，193，199，213，220，308

交易安全 47，123，165，172，175，197，200，201

纠纷解决机制 11，68，70，73，235，256，257，259，265

强制执行 174，206，212，215，221，222，223，270，278，280，285，294，298，300，305

集体土地 5，6，7，10，14，15，25，28，29，37，43，51，53，59，64，76，77，83，84，85，86，102，129，130，132，134，135，138，141，142，143，145，146，147，148，149，150，152，153，154，155，156，157，160，161，163，165，167，168，169，170，172，180，181，182，183，199，205，206，213，225，226，227，228，229，231，233，234，235，236，237，238，239，241，243，244，245，246，247，249，251，252，253，255，257，259，281，282，283，303，304

集体建设用地 6，11，15，17，75，76，77，78，83，85，93，110，113，141，142，143，145，146，147，148，149，150，151，152，153，154，155，156，157，159，160，161，162，163，164，165，168，170，181，182，183

集体建设用地使用权流转 141，156，157，160，161，163

监督检查 3，9，11，19，87，262，263，265，266，267，268，269，271，272，273，274，275，277，278，279，280，281，283，284，285，287，288，289，290，291，292，293，294，295，296，297，298，299，301，303，305，307

L

利用 2，3，5，6，7，9，10，11，12，13，14，15，16，17，19，23，29，32，35，36，40，41，43，46，49，52，53，57，61，63，64，75，76，77，78，79，80，

81, 82, 83, 84, 87, 88, 89, 90, 91, 93, 95, 96, 100, 106, 108, 109, 110, 112, 114, 115, 116, 117, 120, 122, 128, 132, 135, 136, 142, 145, 146, 147, 148, 150, 151, 152, 153, 154, 157, 158, 159, 160, 161, 162, 163, 179, 180, 182, 183, 184, 185, 188, 199, 200, 203, 205, 214, 216, 230, 259, 261, 262, 263, 264, 266, 267, 268, 272, 273, 274, 278, 279, 280, 281, 282, 283, 285, 286, 287, 288, 289, 291, 292, 295, 296, 297, 298, 300, 301, 302, 303, 306, 307

历史 2, 3, 6, 13, 14, 21, 22, 23, 24, 25, 26, 27, 28, 29, 31, 32, 34, 37, 39, 48, 80, 98, 103, 125, 128, 129, 131, 133, 145, 155, 157, 176, 180, 181, 202, 204, 210, 214, 218, 226, 228, 277

流转 3, 6, 7, 14, 15, 17, 22, 23, 27, 29, 31, 35, 38, 40, 41, 42, 43, 46, 47, 48, 49, 50, 51, 52, 53, 54, 56, 57, 58, 60, 61, 62, 64, 65, 66, 69, 80, 82, 83, 85, 86, 92, 102, 103, 107, 119, 129, 132, 135, 136, 137, 138, 139, 140, 141, 142, 144, 145, 147, 150, 151, 152, 154, 155, 156, 157, 160, 161, 162, 163, 164, 180, 181, 182, 183, 225, 242, 252, 253

类型化 263

M

民法 1, 2, 4, 9, 10, 13, 25, 28, 33, 35, 36, 37, 38, 39, 40, 44, 45, 46, 47, 54, 59, 60, 63, 66, 69, 70, 73, 74, 76, 77, 78, 80, 81, 82, 83, 84, 88, 89, 93, 98, 122, 130, 131, 137, 146, 148, 155, 167, 171, 172, 173, 174, 175, 186, 188, 194, 195, 199, 206, 207, 212, 213, 215, 221, 222, 228, 236, 241, 253, 255, 258, 259, 270, 280, 287, 294, 300, 301, 305

N

内部体系 4

农地 3, 31, 32, 33, 35, 36, 39, 40, 41, 42, 47, 48, 51, 55, 58, 63, 67, 127, 141, 156, 158, 225, 228, 242, 250, 251, 253, 286, 289

农村土地承包法 2, 31, 35, 38, 39, 40, 41, 42, 44, 45, 46, 47, 48, 49, 51, 54, 56, 58, 59, 60, 61, 62, 64, 65, 66, 68, 69, 70, 72, 261

P

平衡 15, 16, 51, 68, 109, 156, 159, 160, 203, 205, 206, 207, 208, 225, 250

Q

取得 2, 6, 7, 8, 17, 18, 25, 33, 39, 41, 42, 44, 45, 46, 47, 48, 49, 50, 51, 54, 56, 57, 58, 59, 60, 61, 62, 64, 65, 66, 69, 75, 76, 77, 79, 82, 84, 85, 86, 92, 93, 95, 96, 97, 99, 100, 101, 102, 103, 104, 105, 106, 120, 121, 122, 123, 128, 129, 131, 132, 133, 134, 135, 136, 137, 139, 140, 141, 144, 147, 150, 151, 160, 161, 162, 163

S

私法　5，11，12，100，207

生产力　17，21，22，24，25，26，27，28，29，32，34，53，88，114，227

设立　8，10，11，19，38，42，43，46，47，48，55，57，58，61，72，76，77，82，85，86，87，88，89，90，91，92，93，94，99，100，101，102，104，105，111，116，117，119，120，121，123，133，134，135，137，146，153，163，166，167，169，178，183，184，187，188，197，199，202，203，212，213，255，256，258，266，271，272，284，287，288，294

T

土地　1，2，3，4，5，6，7，8，9，10，11，12，13，14，15，16，17，18，19，20，21，22，23，24，25，26，27，28，29，31，32，33，34，35，36，37，38，39，40，41，42，43，44，45，46，47，48，49，50，51，52，53，54，55，56，57，58，59，60，61，62，63，64，65，66，67，68，69，70，71，72，73，74，75，76，77，78，79，80，81，82，83，84，85，86，87，88，89，90，91，92，93，94，95，96，98，99，100，101，102，103，104，105，106，107，108，109，110，111，112，113，114，115，116，117，118，119，120，121，122，123，125，126，127，128，129，130，131，132，133，134，135，136，137，138，141，142，143，144，145，146，147，148，149，150，151，152，153，154，155，156，157，158，159，160，161，162，163，164，165，166，167，168，169，170，171，172，173，174，175，176，177，178，179，180，181，182，183，184，185，186，187，188，189，190，191，192，193，194，195，196，197，198，199，200，201

土地法　1，2，3，4，5，7，9，10，12，13，14，22，28，33，37，41，46，51，54，58，63，64，67，82，86，91，93，97，98，109，111，120，127，128，131，133，140，141，142，143，144，162，164，168，175，176，180，181，186，199，209，211，213，220，223，229，230，231，232，233，234，236，238，240，242，244，261，262，271，276，277，279，281，282，283，285，293，300，307

土地管理法　2，4，5，6，8，9，10，11，12，13，15，16，17，18，19，28，29，31，35，44，46，58，60，67，75，76，77，79，80，81，83，84，85，86，87，92，93，99，102，103，104，108，110，112，114，115，116，117，119，127，128，131，132，134，135，136，138，139，142，144，145，146，147，149，150，151，152，153，158，165，166，178，180，182，191，205，225，228，229，231，233，234，235，240，241，242，244，245，246，247，248，251，252，255，261，263，265，266，267，271，272，274，275，276，277，278，279，280，282，283，285，289，290，291，292，294，296，297，300，301，302，303，304，204，306

土地管理法实施条例　2，9，77，92，102，112，127，139，146，229，231，234，235，240，244，245，246，255，263，279，304

土地权利法　1，4，5，10，156

· 322 ·

土地管理法　2，4，5，6，8，9，10，11，12，13，15，16，17，18，19，28，29，31，35，44，46，58，60，67，75，76，77，79，80，81，83，84，85，86，87，92，93，99，102，103，104，108，110，112，114，115，116，117，119，127，128，131，132，134，135，136，138，139，142，144，145，146，147，149，150，151，152，153，158，163，165，166，178，180，182，191，205，225，228，229，231，233，234，235，238，240，241，242，244，245，246，247，248，251，252，255，261，263，265，266，267，271，272，274，275，276，277，278，279，280，282，283，285，289，290，291，292，294，296，297，300，301，302，303，304，305，306

土地私有制　21，22，23，24，32，33，82，227

土地公有制　21，23，25，26，32，82，86，126，242

土地使用制度　23，24，25，31，32，40，80，103，129

土地所有制度　21，23，32，99

土地承包经营权　5，6，7，8，14，15，25，26，28，29，31，33，35，36，37，38，39，40，41，42，43，44，45，46，47，48，49，50，51，52，53，54，55，56，57，58，59，60，61，62，63，64，65，66，67，68，69，70，71，73，81，83，85，129，131，132，133，134，165，231，251，253

土地市场　4，11，12，17，18，29，85，95，103，104，105，108，142，152，157，160，163，164，165，175，195，197，225，241，242，250，271，275，305，307

土地整治　10，11，15，157，158，161，162，182

土地登记　4，9，10，88，90，105，112，113，123，165，166，167，168，169，170，171，172，173，174，175，177，178，179，180，181，183，185，187，189，191，192，193，194，195，196，197，198，199，200，201，203，265，283，284

土地登记办法　9，10，105，123，165，166，167，179，180，181，182，183，185，189，191，192，193，194，195，196，197，199，200

体系　1，2，3，4，5，6，7，9，11，12，13，14，15，17，19，35，36，53，55，67，68，77，84，90，91，95，99，129，130，131，137，201，207，227，228，231，268，277，295，296，299，300

W

物权法　2，4，5，6，7，8，9，10，12，13，18，23，28，31，35，36，37，38，39，40，41，42，44，46，47，48，49，50，53，54，58，59，60，61，62，63，65，67，75，76，77，79，80，81，82，83，84，85，86，87，88，89，90，91，92，93，94，97，98，101，102，105，106，107，117，118，119，121，122，123，125，128，129，130，131，132，133，134，135，136，137，138，139，140，146，148，149，150，153，163，165，166，174，175，177，178，179，180，181，183，184，185，187，188，189，190，191，192，195，196，197，198，199，200，205，206，209，211，212，213，220，228，230，231，240，241，243，244，245，251，252，253，261，308

违法行为 19, 103, 106, 178, 261, 262, 263, 264, 265, 266, 267, 268, 269, 270, 274, 275, 278, 280, 281, 284, 286, 287, 289, 292, 293, 294, 295, 298, 299, 300, 301, 303, 304, 306

X

行政法 2, 3, 4, 12, 13, 17, 43, 57, 92, 93, 100, 101, 102, 103, 109, 111, 112, 116, 121, 175, 199, 208, 209, 216, 217, 221, 223, 239, 241, 242, 244, 245, 249, 256, 277, 278, 280, 284, 288, 290, 291, 292, 296, 297, 305

限制 1, 3, 6, 7, 14, 15, 16, 17, 29, 38, 40, 48, 49, 50, 51, 52, 53, 54, 60, 76, 77, 78, 85, 89, 91, 92, 93, 95, 99, 101, 102, 103, 105, 107, 114, 115, 116, 121, 128, 129, 132, 133, 134, 135, 136, 137, 138, 139, 140, 141, 142, 144, 145, 147, 149, 150, 151, 152, 153, 154, 155, 156, 157, 160, 163, 173, 183, 185, 186, 187, 188, 189, 190, 192, 195, 196, 205, 206, 207, 208, 212, 221, 234, 243, 249, 253, 254, 286, 289, 302

Z

制度 1, 2, 3, 4, 7, 8, 9, 10, 11, 12, 13, 14, 15, 16, 17, 18, 19, 20, 21, 22, 23, 24, 25, 26, 27, 28, 29, 31, 32, 33, 34, 35, 36, 37, 39, 40, 41, 42, 43, 45, 47, 48, 49, 51, 52, 53, 54, 55, 56, 57, 58, 59, 60, 61, 62, 63, 65, 67, 68, 69, 70, 71, 72, 73, 75, 77, 79, 80, 81, 82, 83, 85, 86, 87, 89, 91, 92, 93, 94, 95, 96, 97, 98, 99, 100, 101, 102, 103, 105, 107, 108, 109, 110, 111, 112, 113, 114, 115, 116, 117, 119, 121, 123, 125, 126, 127, 128, 129, 130, 131, 133, 135, 137, 139, 140, 141, 143, 144, 145, 147, 148, 149, 150, 151, 152, 153, 154, 155, 156, 157, 159, 160, 161, 162, 163, 165, 167, 169, 171, 172, 173, 175, 176, 177, 178, 179, 180, 181, 182

宅基地使用权 5, 6, 7, 14, 15, 25, 26, 29, 81, 83, 84, 85, 125, 127, 128, 129, 130, 131, 132, 133, 134, 135, 136, 137, 138, 139, 140, 141, 143, 144, 148, 151, 153, 165, 168, 251, 253

中国特色 3, 24, 25, 31, 33, 131

征收 10, 11, 12, 14, 15, 18, 19, 21, 24, 32, 40, 43, 62, 64, 66, 67, 68, 69, 70, 77, 79, 88, 98, 99, 100, 102, 111, 119, 120, 122, 125, 132, 152, 153, 154, 172, 181, 182, 183, 204, 205, 206, 207, 208, 209, 210, 211, 212, 213, 214, 215, 216, 217, 218, 219, 220, 221, 222, 223, 225, 226, 227, 228, 229, 230, 231, 232, 233, 234, 235, 236, 237, 238, 239, 240, 241, 242, 243, 244, 245, 246, 247, 248, 249, 250, 251, 252, 253, 254, 255, 256, 257, 258, 259, 264, 273, 274, 284, 282, 288, 303, 307, 308

征用 4, 10, 11, 13, 15, 18, 43, 77, 100, 112, 113, 114, 115, 151, 153, 205, 207, 209, 210, 211, 219, 226, 228, 229, 230, 231, 232, 233, 234, 236, 240, 245, 249, 254, 273, 275, 276, 280, 307, 308

自由 7, 23, 28, 40, 49, 50, 57, 58, 62, 89, 107, 125, 126, 127, 128, 129, 135, 137, 141, 142, 144, 150, 152, 155, 206, 207, 208, 213, 243, 258, 303, 304

争议解决机制 11, 18, 225, 226, 227, 228, 229, 230, 231, 233, 234, 235, 236, 237, 238, 239, 241, 243, 245, 246, 247, 249, 251, 253, 254, 255, 257, 259

征收补偿 11, 18, 40, 64, 66, 67, 69, 120, 154, 205, 206, 210, 211, 212, 214, 215, 218, 219, 220, 221, 222, 225, 226, 227, 228, 229, 230, 231, 233, 234, 235, 236, 237, 238, 239, 240, 241, 242, 243, 244, 245, 246, 247, 248, 249, 250, 251, 252, 253, 254, 255, 256, 257, 258, 259

后　记

关于《中国土地法体系构建与制度创新研究》书稿的写作缘起，还要追溯到自己在王利明老师指导下攻读博士学位期间的学习心得和体会。我是2006年9月进入中国人民大学法学院学习的，期间正值我国《物权法》立法的关键时期，学术界关于物权法的讨论如火如荼。民众和社会各界也对物权法寄予厚望，印象最深刻的一件事情是，自己作为中国民商法网的"民商法前沿论坛"的主持人，在《物权法》通过后主持召开了一场"《物权法》视野下的重庆的'最牛钉子户'"的研讨会，在会议上播放的视频资料中，"重庆最牛钉子户"业主杨武、吴萍在孤悬于周围十几米的土台上站在自己随时可能被强拆的房屋顶上手持《物权法》奋力抗争的场景令人倍感震撼和唏嘘。王利明老师在这段时间更是夜以继日、呕心沥血，一方面要研究物权法立法中尚存的诸多学术疑难问题，另一方面还要奔走呼吁，凝聚各方面的共识，推动之前曾一波三折、命运多舛的《物权法》早日顺利完成立法程序。其时，我已经将自己的博士论文的选题确定为物权法领域的不动产法方向。王老师在与我讨论时多次指出，中国的土地制度在城市化的大背景处于剧烈的变动之中，许多制度有待完善和建立，但因为相关理论研究尚待深入，社会共识尚须进一步凝聚，所以关于不动产征收、集体建设用地使用权、宅基地使用权等问题只能做原则性规定，具体制度的完善和建立有待在《土地管理法》修订等适当时机加以推进。王老师对土地问题的深切关注和深入思考，使我自攻读博士学位期间就开始思考如何通过土地法的制度创新来解决关系中国社会发展和国计民生的土地问题。

博士毕业后王利明老师推荐我进入中国人民大学公共管理学院博士后流动站，在中国人民大学土地政策与制度研究中心主任叶剑平教授的指导下进行不动产法（土地法、矿产法、房地产法）的博士后研究工作。还记得在向叶老师汇报我的博士后研究计划时，叶老师期望我潜心于我国的不动产法研究工作，争取用三五年的时间做出自己的创新性贡献，走向该领域的前沿。对老师的要求谨记，也从此片刻不敢放松，只担心辜负了老师的厚望。在接下来的研究过程中，我深深地体会到有幸能在叶老师的指导下研究土地法，对于自己深入研究土地法以致自己知识结构的完善都具有至关重要的作用和意义。之所以这样讲，原因有两方面：一方面，叶剑平教授作为我国著名的土地管理学者，其关于加强我国土地的科学管理、加强土地法律制度创新和完善的许多学术思想在学术界、政府管理机关和实务界具有广泛而深刻的影响，能在叶老师的指导下进行研究自然就进入了这个领域的最前沿。另一方面，关于土地法的研究从形式上看是法律领域的研究，但因为法律制度的科学创新必须建立在土地问题的管理学、社会学、经济学等研究成果之上，否则没有这些学科强力支撑的土地法律制度的改革和创新只能是无本之木、无源之水，只能算闭门造车。而叶老师在涉及土地问题的管理学、社会学、经济学等学科都有很深的造诣，他不但在我的研究过程中给予了全面、深入而权威的指导，而且还为我提供了许多参与土地问题社会调研的机会，让我有机会更全面地了解我国土地问题的实际和全貌，并由此思考如何开展切实可行的土地制度创新和体系构建。

在开展土地法研究和撰写本书稿的过程中，我就诸多问题请教国土资源部政策法规司王守智司长，王司长多次对我提出的土地法体系构建和制度创新等问题给予了高屋建瓴的方向性指导，并在百忙中通读了书稿全文，提出了许多宝贵的改进建议。同时，中国矿业联合会樊志全副会长、国土资源部政策法规司姚义川副司长、《法学论坛》主编陈泽源老师、中国人民大学法学院叶林教授、中国人民大学法学院王轶教授、山东社科院法学所于向阳所长等诸位领导和老师对我从事土地法研究和本书稿的写作给予了许多鼓励和关心，在此特表谢意。

对于我的土地法研究和本书稿写作，我的博士同门司法部律师公证工作指导司周苑生师兄、济南市中级人民法院王旭光师兄、最高人民法院麻锦亮师兄、最高人民法院王娟师姐、韩国大使馆徐东旭师兄、中国化工集团张海涛师弟、住房和城乡建设部政策法规司王策师弟、博士后同门国土资源部政策法规司协调处莫晓辉师妹、济南国土资源局张骞之师弟、中国人民大学公共管理学院肖明滋师弟、宋家宁师弟、孙超师弟、田晨光师弟、黄卓师妹、李嘉师弟等给予我的诸多鼓励和帮助真的无法用语言来表达。在此我想引用莫晓辉对我曾说过的一句话来表达我此刻的感受："正是由于有你们这样的同门好友，我的思想才不会停滞，让我们共同学习、进取！"在我的土地法研究和本书稿写作中，我还要特别感谢我的硕士研究生同班同学、济南市国土资源局政策法规处刘彦。作为我们民商法硕士班品学兼优的老同学，他在考入济南市国土资源局政策法规处之后，在出色的实务工作基础上同时开展理论研究工作，先后参与了国土资源部、北京大学林肯研究中心等多个土地政策和法律法规研究课题，贡献突出。在这部《中国土地法体系构建与制度创新研究》写作过程中，其中的诸多问题特别是涉及土地法事务的诸多问题，老同学刘彦不吝赐教，不辞辛苦地帮助我搜集整理资料，对我的许多思想和观点的形成和完善贡献颇多。我心中的感激之情无以言表，只希望我们共同从事的土地法研究事业能为我国土地问题的解决贡献绵薄之力。在我的土地法研究和本书稿写作中，还需要特别感谢我的学生孙广青。因缘际会，广青自

后记

2010年9月进入人大民商法专业学习，因为对土地法有特别兴趣，所以利用课余时间跟随我进行了两年的土地法学习和研究。两年中，我们朝夕相处，教学相长。我们不知道多少次一边讨论土地法问题，一边围着人大的操场转了一圈又一圈，直到渐渐的转圈锻炼的人越来越少，不知不觉中只剩下我们两个人。在本书的写作过程中，广青没黑天没白天地帮我查找和整理资料。可以讲，没有广青的协助，我真不知是否能如期完成这部书稿。广青2012年7月硕士毕业后进入了一家房地产上市公司任职。我们虽然现在不能像以前那样常常面对面地交流了，但我们还常常通过电话和邮件交流土地法研究心得，我感觉我们的思想还在一起！

我同时非常感谢《中国社会科学博士后文库》组委会的资助，感谢经济管理出版社对本书的出版所做的细致周到的各项工作。

从博士三年中缘起，在博士后三年中完成，《中国土地法体系构建与制度创新研究》凝聚了师长的谆谆教诲，汇集了同窗好友和无数亲朋的殷殷期望和无私帮助。又经过三轮的严格评选，最终进入了《中国社会科学博士后文库》首批成果，在即将付梓出版之际，希望该书能为我国土地法的完善和发展略尽绵薄之力，也希望各位读者提出宝贵意见！

吴春岐

2012年9月23日于人民大学求是楼